LARRY COLLINS

Co-auteur avec Dominique Lapierre, son complice depuis le service militaire, de nombreux best-sellers internationaux, Larry Collins est à la fois un grand enquêteur et un formidable raconteur d'histoires. Marié et père de deux enfants, il partage son temps entre Londres, le midi de la France et les États-Unis.

DEMAIN EST À NOUS

DU MÊME AUTEUR

CHEZ POCKET

FORTITUDE
LES AIGLES NOIRS

en collaboration avec Dominique Lapierre

PARIS BRÛLE-T-IL ?
...OU TU PORTERAS MON DEUIL
Ô JÉRUSALEM
CETTE NUIT LA LIBERTÉ
LE CINQUIÈME CAVALIER

LARRY COLLINS

DEMAIN EST À NOUS

ROBERT LAFFONT

Titre original :
TOMORROW BELONGS TO US

Traduit de l'américain
par Nathalie GOUYÉ-GUILBERT

ISBN 2-266-08949-8

Pour ma nièce Lauretina,
la fille que j'aurais tant voulu avoir

LIVRE UN

Cinq visiteurs en janvier

Encore ce bruit. Il l'avait déjà entendu, certaines nuits sans lune, après minuit. C'était le bourdonnement d'un avion abordant la piste du petit aérodrome privé de Hartenholm, niché à l'orée de la forêt qu'il apercevait de sa fenêtre, au sud-est de ses champs.

Le vrombissement s'accrut en se rapprochant, puis se tut. Seul le vent troublait de nouveau le lugubre silence qui enveloppait cette plaine du Schleswig-Holstein allemand s'étendant du nord de Hambourg à la frontière danoise. Trois minutes plus tard, l'avion redécolla au-dessus de la ferme isolée et s'éloigna à l'est vers la mer. Vers quelle destination ? La Pologne ? Les États baltes ? Un modeste terrain d'Allemagne de l'Est ?

— Heinrich ! l'interpella sa femme de son ton le plus péremptoire. Tu veux attraper la mort ? Reviens te coucher. Tu n'as rien à faire debout.

L'homme soupira, referma la fenêtre et regagna son lit.

— Combien de fois devrai-je te répéter que ce qui se trame là-bas ne te regarde pas ? N'y pense plus. C'est pas des choses qui concernent les gens comme nous.

Le fermier se glissa doucement sous la couette comme dans un cocon de chaleur bienfaisante. Quand ses orteils touchèrent le bout de l'édredon, il s'immobilisa, les yeux fixés sur les ombres opaques qui masquaient les poutres du plafond. Alors, s'adressant à ces ombres, à sa femme, ou peut-être à lui-même, il murmura, dans son patois d'Allemagne du Nord :

— *De Voss de brut allwedder*, le renard est reparti en chasse.

À tout juste deux kilomètres de là, un minibus Volkswagen noir se faufilait, tous feux éteints, sur le chemin d'accès du petit aérodrome. Il s'arrêta à la jonction de la N206. Le chauffeur regarda à droite ; le passager assis près de lui à gauche. Pas un véhicule en vue. Il n'en circulait jamais beaucoup sur cette petite route de campagne à deux heures et demie du matin.

— C'est bon, articula le passager. Vas-y.

Le conducteur actionna les phares et prit, à l'ouest, la direction de l'autoroute A7, à sept kilomètres de là. Son voisin tira de sa poche un paquet de Marlboro, alluma une cigarette et se tourna vers les cinq gaillards qui occupaient les sièges arrière. Ils étaient muets et restaient de marbre devant le paysage, totalement nouveau pour eux, qui défilait sous leurs yeux.

C'était le comportement exact qu'on leur avait inculqué. Bouche fermée. Profil bas. Éviter d'attirer l'attention sur soi ou ses compagnons. Rassuré, l'homme inhala une grande bouffée et cala sa nuque contre l'appuie-tête. Le Cessna 210 devait maintenant voler à son altitude de croisière, cap au sud-ouest, et serait bientôt de retour à sa base, sur le terrain privé aménagé aux abords d'une ferme, à cent cinquante kilomètres de Vienne.

Cela avait été un jeu d'enfant, comme d'habitude. Ces Européens ! Ils étaient persuadés que leurs cieux constituaient un domaine sacré, confié à la vigilance de milliers de radars.

Il y avait de quoi rire. La loi, ici, interdisait aux avions privés de voler la nuit sans un transpondeur émettant sur 022 ou 021 selon leur altitude. Ainsi, ils s'inscrivaient automatiquement sur les radars géants de l'aéroport de Fulsbuttel, à Hambourg. Ces radars ne prenaient en compte que les cibles secondaires — sinon, ils auraient enregistré le moindre vol de moineaux naviguant entre Hambourg et la frontière danoise. Alors ? Il suffisait de laisser le transpondeur sur *off* et le Cessna 210 traversait la nuit nordique comme un insecte invisible.

Les gens s'imaginaient l'Europe bardée de systèmes de détection sophistiqués, de dispositifs mis en place par l'OTAN à l'époque de la guerre froide pour repérer les appareils et missiles soviétiques. Il n'en était rien. Il était aussi facile de franchir incognito l'espace aérien de l'Europe que de sillonner ses autoroutes depuis l'apparition du Marché commun.

L'homme secoua la tête, admirant une fois de plus la sagacité dont le Professeur avait fait preuve le jour où il avait décidé d'acquérir ce petit aérodrome. En Europe, on pouvait acheter même ce qu'on n'était pas censé s'offrir sans encourir la moindre objection. Le Professeur le savait. Il se trouvait toujours un Allemand, un Suisse, un Italien ou un Français prêt à vendre sa propre mère contre un bon prix. La difficulté consistait, une fois les marchandises obtenues, à les transférer à l'Est. Le terrain d'aviation avait résolu ce problème. Ils avaient ainsi expédié en Iran huit hélicoptères en pièces détachées, des pièces de rechange pour F14, des têtes de guidage pour missile Hawkeye.

Il considéra ses cinq passagers taciturnes. Autres temps, autres frets. Le conducteur s'engagea sur l'autoroute. Quarante-neuf kilomètres plus loin et moins d'une heure plus tard, ils débouchaient dans le centre de Hambourg, traversaient le Kennedybrucke à la pointe du lac Alster et contournaient la masse de verre et d'acier de la Hauptbahnhof, la gare centrale, pour dévaler le Klosterwall qui déclinait doucement vers les rives de l'Elbe. Enfin, surgit un alignement de quatre tours grises de douze étages — le maximum autorisé pour les bâtiments reconstruits sur les cendres du bombardement de 1943, de sorte qu'aucun ne dépasse la flèche du plus haut clocher de la ville. Le chauffeur gara le minibus devant la deuxième tour.

Son voisin descendit, scruta l'avenue puis, d'un mouvement de la tête, fit signe aux cinq voyageurs de le suivre dans le hall d'entrée. Il se garda d'allumer. Il appela l'ascenseur à la lueur de son briquet et y entraîna sa petite troupe.

Ils émergèrent au deuxième étage. Une vague lumière filtrait à travers l'unique porte donnant sur le palier. Une plaque annonçait l'« Iran Teppich GmbH », la Société des tapis iraniens. Le guide frappa trois coups secs. Un homme à la trentaine avancée vint ouvrir. Sans un regard pour son premier visiteur, il observa les cinq silhouettes massées dans la pénombre. Un sourire chaleureux éclaira son visage austère.

— Mes frères ! s'exclama-t-il avec l'enthousiasme d'un curé de campagne entonnant son sermon dominical. Soyez les bienvenus ! C'est Allah qui vous envoie. Venez, venez !

Afin de souligner la sincérité de son accueil, il ouvrit grand les bras pour les inviter à entrer dans son bureau. Un par un, il les gratifia d'une accolade et d'un franc baiser sur les deux joues.

Quatre lustres de cuivre façonnés main ornaient le plafond de la grande salle de l'Iran Teppich GmbH, jetant mille éclats de lumière colorée sur le sol où s'entassaient les plus belles pièces du marchand, des tapis de Chiraz, d'Ispahan, du Kachgar, de Nain, dont les tons bleus, rouges, mauves, pourpres et or chatoyaient à la clarté.

— Asseyez-vous, asseyez-vous ! ordonna leur hôte.

Les cinq hommes prirent place en demi-cercle autour de lui. Pour sa part, il s'adossa au mur de son bureau, tel un cheikh devant ses étudiants dans une *madrasseh*, une école coranique d'enseignement supérieur.

La comparaison n'était d'ailleurs pas complètement incongrue. Le patron de l'Iran Teppich tenait à la fois une humble position dans la hiérarchie religieuse et une place de choix au panthéon des héros de la révolution iranienne. Hosain Faremi avait reçu l'essentiel de sa formation dans l'environnement résolument laïc d'un camp d'entraînement à la guérilla de l'Organisation de libération de la Palestine. Lorsque la révolution de Khomeiny avait commencé à ébranler les fondements du trône impérial du Shah, il avait aussitôt regagné Téhéran pour s'engager dans le premier contingent de recrues des gardes révolutionnaires.

Son adhésion fervente à la justice brutale et sommaire réservée aux partisans de l'ancien régime lui avait gagné une nomination au conseil du « Mollah exécuteur », Sadegh Khalkhali. Il y était chargé d'asséner, d'une balle dans la tête, le coup de grâce aux victimes des peines capitales arbitrairement prononcées par ce tribunal expéditif. Le zèle avec lequel il s'acquittait de sa tâche lui avait valu le surnom de « Bras de Dieu » et la réputation d'un homme prêt à tout, même aux actes les plus sanguinaires, pour servir la cause de la révolution. C'était aussi ce qui avait motivé son affectation à Hambourg, où se trouvait la plus forte concentration d'exilés iraniens d'Europe occidentale. Il vivait depuis six ans dans ce port hanséatique, gérant au vu de tous son affaire de vente en gros de tapis persans à la beauté intemporelle et, en annexe, une petite librairie spécialisée dans la littérature de langue farsi. À vrai dire, Hosain Faremi, le Bras de Dieu, avait pour les tapis persans et la poésie farsi autant d'attirance que l'ayatollah Khomeiny pour le whisky écossais et les films pornos.

En réalité, il dirigeait la branche armée allemande de l'organisation terroriste secrète contrôlée par la *Vezarate Etelaat va Aminyate Keshvar*, le ministère iranien de l'Information et de la Sécurité de la nation, qui avait remplacé la célèbre Savak du Shah. La Vevak était, plus encore que la police du Shah, si tant est que cela soit possible, adepte de la violence, des effusions de sang et de la cruauté calculée.

L'organisation avait pour fonction première de fomenter la mise à mort des opposants au régime des mollahs qui avaient fui en Europe ou aux États-Unis et d'abattre les personnes accusées de trahison envers le gouvernement de Téhéran. En moins de trois ans, les tueurs du groupe, appelé en farsi *Gouroohe Zarbat*, la force de frappe, avaient assassiné une bonne soixantaine d'hommes et de femmes en France, en Italie, en Angleterre et aux États-Unis. Seuls quelques-uns de ces meurtriers avaient été arrêtés et traduits en justice.

Le magasin de tapis de Faremi représentait un exemple parfait de la façon dont la Vevak finançait ses réseaux. Téhéran lui assurait le quasi-monopole de l'importation des tapis persans en Allemagne du Nord, en les lui fournissant à prix coûtant. En échange, Faremi les écoulait auprès de quelques Iraniens en exil adonnés au négoce de tapis et affectait les bénéfices au fonctionnement de son organisation. L'argent ainsi récolté couvrait les frais d'un certain nombre de caches où ses hommes de main pouvaient trouver refuge, faux papiers, armes et explosifs. Il lui permettait en outre d'entretenir une équipe d'une trentaine d'informateurs, des concitoyens qui surveillaient les activités de leurs comparses iraniens ou allemands, chargés de repérer les hommes d'affaires engagés dans la cession de matériel de haute technologie, susceptibles, contre dédommagement, de fermer les yeux sur les restrictions à l'exportation appliquées par l'Allemagne.

Faremi et ses frères clandestins de Düsseldorf, Francfort, Londres et Paris possédaient un réseau de communication particulier les reliant directement au siège de la Vevak à Téhéran, ce qui leur évitait tout rapport compromettant avec les consulats et ambassades d'Iran. Il observa les cinq hommes assis devant lui. Leurs visages paraissaient étrangement dénués d'expression, des pages vierges sur lesquelles la vie n'avait pas encore laissé l'empreinte de ses triomphes et de ses tragédies. Il s'en dégageait comme un air d'innocence, à moins que ce ne fût le rayonnement que prête la foi absolue.

Ils avaient entre vingt et vingt-cinq ans. Tous venaient des taudis du sud de Téhéran, de ces creusets de misère et de détresse dont la jeunesse privée d'avenir et d'espoir va si souvent grossir les rangs des fanatiques armés de la révolution. Ils étaient un peu les petits frères des braves adolescents qui allaient, en Irak, nettoyer les champs de mines au sacrifice de leur vie et couraient au-devant de la mort et du paradis en criant le nom du prophète chiite Ali. Ils avaient été soigneusement sélectionnés, Faremi le savait, triés sur le volet avant d'être préparés à la mission qu'ils allaient maintenant devoir accomplir.

Ils portaient tous les cinq la barbe des croyants, juste assez longue pour tenir dans un poing fermé. Il faudrait les raser, songea Faremi. Ces pilosités trahissaient trop ostensiblement l'appartenance de ceux qui les arboraient à la foi musulmane.

Il frappa dans ses mains. Un domestique surgit, portant une bassine de cuivre finement ciselée remplie d'eau de rose et une serviette en coton repassée de frais. Les cinq hommes se lavèrent les mains, obéissant au rite d'accueil traditionnellement offert en Orient aux pèlerins qui arrivent au terme d'une longue route.

— Ainsi, mes frères... Faremi sourit. Un long voyage s'achève. Un autre commence. Votre mission, la grande mission pour laquelle vous avez été choisis et entraînés, vous attend.

Il s'interrompit un instant, inclina légèrement la tête, comme assailli de crainte respectueuse devant la gravité de ce qu'il allait dire ; puis il reporta son regard sur son auditoire.

— Les jeunes musulmans que vous êtes doivent apprendre à chérir l'abnégation, à s'élever au-dessus des tentations de ce monde et de ses vils plaisirs. Souvenez-vous des paroles de notre vénéré maître, l'ayatollah Khomeiny, paix à son âme : « Le glaive est la clé du paradis. »

Il laissa planer un silence, pour imprégner de dignité les propos qu'il s'apprêtait à tenir, et reprit :

— Aujourd'hui, mes frères, c'est vous qui détenez ce glaive. À vous qu'échoit le devoir historique d'exercer la vengeance du juste sur l'impie.

Faremi circulait en chaussettes, tout comme ses ouailles, qui s'étaient déchaussées à l'entrée de son bureau. Il était vêtu d'un pantalon noir et d'une chemise blanche boutonnée au col, sans cravate, à la mode iranienne. Une barbe de trois jours obscurcissait ses joues. D'un geste contenu, il sortit de sa poche de poitrine un morceau de papier qu'il déploya sur le tapis devant lui. C'était un arrêt de mort, un décret rédigé de la main de Sadegh Izaddine, le directeur adjoint de la Vevak responsable de la force de frappe. Il décrivait en détail la mission que les cinq hommes étaient appelés à remplir en Europe.

— Selon la règle de l'islam, leur rappela Faremi, nul ne peut attenter à la vie d'autrui sans l'autorisation expresse d'un haut membre du clergé, un ordre tel que celui contenu dans la *fatwa* prononcée par notre Guide suprême en personne à l'encontre de Salman Rushdie, l'apostat. Vous exécuterez cet ordre comme un commandement religieux, leur déclara-t-il quand il eut achevé la lecture du texte. N'oubliez jamais qu'un peuple qui n'est pas prêt à tuer et à mourir pour l'avènement d'une société juste ne peut compter sur le soutien d'Allah.

« D'ailleurs, ajouta-t-il d'une voix désormais empreinte de solennité, si l'un de vous venait à mourir dans l'accomplissement de sa mission, sachez qu'il accédera automatiquement au titre de *shaidid*, de martyr. Hour al-Ayn, la plus belle d'entre toutes les femmes, l'attendra au seuil de la mort pour le conduire aux portes du paradis. Elles s'ouvriront toutes grandes pour lui sur les champs de fleurs infinis et les tendres faveurs des houris qui leur seront acquises pour l'éternité.

« Donnez-leur un fusil et promettez-leur le ciel. » Tel était le mot d'ordre qu'appliquait, en moins laconique, un aréopage cynique de mollahs sénescents en place à Téhéran afin de convaincre des gamins désemparés d'aller risquer leur vie pour le régime.

Faremi connaissait même un cheikh de Haute-Égypte qui embellissait les délices qu'il prédisait à ses partisans dans l'au-delà en leur garantissant une érection perpétuelle et, s'ils le souhaitaient, les attentions d'une nuée de jeunes garçons en plus de celles prodiguées par les houris.

De son point de vue, Faremi n'était pas sûr de trouver très raisonnable de mettre sa vie en péril au nom d'hypothétiques joies célestes dans un paradis dont personne, à sa connaissance, n'était revenu pour en confirmer l'existence et en préciser l'exacte nature. En vérité, après tant d'années passées parmi les infidèles de Hambourg, il ne dédaignait pas lui-même les plaisirs terrestres, dont il prenait sa part à l'occasion de visites régulières et néanmoins subreptices aux dames exposées dans les vitrines de la célèbre Herbertstrasse.

— Deux d'entre vous m'accompagneront à l'aube à

la gare, annonça-t-il en pointant un index décisif sur ceux à qui revenait ce rôle. Je vous mettrai dans un train pour Düsseldorf.

Faremi plongea la main dans sa poche et en extirpa un bout de papier, un morceau de plan arraché à la carte de la ville.

— J'ai indiqué sur ce plan le trajet que vous devrez suivre pour aller de la gare au 87, Prinz Georg Strasse. Vous lirez attentivement les noms inscrits sur la plaque de cuivre à l'entrée de l'immeuble. Le dernier est « Nabi ». Vous sonnerez trois fois et irez vous poster sur le trottoir d'en face. Quelqu'un disposera un pot de géranium derrière les rideaux de dentelle de la fenêtre du deuxième étage. Cela voudra dire qu'on a bien reçu votre message. L'un des nôtres arrivera plus tard en tenant cette revue à la main.

Faremi alla piocher sous son tapis un numéro de l'hebdomadaire allemand *Der Spiegel*.

— Il vous demandera en farsi comment se rendre à la gare. Vous lui répondrez, en anglais, que vous venez de débarquer du train et il vous emmènera à notre repaire. Vous trois, poursuivit-il en s'adressant au trio restant, vous prendrez le train pour Francfort cet après-midi. Je vous expliquerai plus tard ce que vous devez savoir. Vous allez tous recevoir une somme d'argent et de nouveaux papiers d'identité, mais vous n'en aurez besoin qu'à votre arrivée en Angleterre. On ne les exige pas ailleurs. Vous vous retrouverez tous les cinq dans notre planque de Londres. Là, on vous exposera tous les détails de votre mission et on vous montrera le bâtiment dans lequel se trouve votre cible. Dès que vous aurez rempli votre mandat, vous repartirez séparément pour Francfort et Düsseldorf. Vous reviendrez ici et j'organiserai votre retour à Téhéran par le même canal qu'à l'aller. Des questions ?

— Les armes ? demanda l'un d'eux.

— Elles vous seront remises à Londres. Mieux vaut, si possible, ne pas en transporter sur vous.

— Côté explosifs ? s'enquit un autre.

— Nous espérons que vous pourrez vous en passer.

— Dans ce cas, comment allons-nous pénétrer dans le bâtiment ? s'inquiéta le même.

— On vous le dira à Londres. Vous aurez une petite charge de Semtex à utiliser éventuellement à l'intérieur, mais seulement en cas d'absolue nécessité, car le bruit de l'explosion risquerait de compromettre l'opération. Rappelez-vous, comme vous l'expliquera notre correspondant à Londres, le but est double. En premier lieu, il s'agit d'infliger le châtiment de l'islam à celui qui nous a trahis, ensuite, et plus important encore, de récupérer ce qui nous appartient de droit.

Il se leva, signalant ainsi la fin de l'entretien.

— Je vous ai fait préparer un repas en signe de bienvenue, annonça-t-il avec un sourire en coin, un repas très spécial, vous verrez. Mais nous devons d'abord modifier votre apparence pour que vous passiez inaperçus parmi les infidèles. Connaissez-vous la doctrine du *tagiyeh ?*

Deux mains se levèrent. Faremi manifesta son approbation d'un hochement de tête.

— C'est, proclama-t-il pour l'édification de tous, la doctrine de la dissimulation pour la défense de la foi. Nos ancêtres chiites l'ont instaurée afin de se protéger des Ottomans et des califes abbassides. Il vous est désormais permis de cacher la vraie nature de vos convictions pour échapper à vos ennemis, les empêcher de découvrir qui vous êtes réellement. Ainsi, vous allez tous commencer par vous raser la barbe et vous resterez glabres jusqu'à votre retour sur la terre de nos ancêtres. Au cas où des Anglais ou des Allemands vous demanderaient si vous êtes musulmans, vous avez le droit de le nier. Dites-leur que vous êtes chrétiens. Ou même juifs. S'ils vous proposent des *haram*, des choses défendues, de la bière, des saucisses, de la viande de porc, vous pouvez accepter sans crainte. Vous vous habillerez comme eux, vous agirez comme eux, vous vous comporterez comme ils se comportent, afin qu'ils ne puissent percer votre véritable identité et contrarier la mission qui vous est confiée.

Pendant que Faremi discourait, son assistant déversait des brassées de vêtements et de chaussures sur le tapis : tennis et baskets haut de gamme griffés Reebok ou Adidas, jeans, sweat-shirts, blousons de cuir, parkas.

— Allons, lança Faremi. Servez-vous. Revêtez l'accoutrement de la jeunesse dégénérée d'Occident dont vous serez un jour les maîtres.

Pour la première fois depuis que le Cessna 210 les avait lâchés sur le tarmac de Hartenholm, les cinq hommes se laissèrent aller à sourire et même à rire en farfouillant dans le tas de hardes. L'un d'eux enfila un sweat-shirt bleu. Faremi lui-même fut gagné par leur hilarité en lisant les mots qui y étaient imprimés : « Université de Notre-Dame — Équipe féminine de basket. »

— Il faudra s'en contenter, s'esclaffa-t-il.

À la fin de leur séance d'habillage, ils ressemblaient à une palette de jeunes Occidentaux en partance pour leur virée du samedi soir dans les quartiers animés de la ville. Faremi les expédia à la salle de bains pour parfaire leur métamorphose d'un coup de tondeuse dans la barbe.

Quand ils reparurent, le repas très « spécial » qu'il leur avait promis les attendait, servi sur de grands plateaux de cuivre posés à même le sol. L'adjectif « frugal » l'aurait mieux qualifié. Il se composait de yaourts, de poireaux et de thé.

Devant le maigre enthousiasme qu'il pressentait chez ses convives affamés, Faremi leur révéla, en guise de consolation, que c'était là le dîner préféré de l'ayatollah Khomeiny, qui voyait dans son ascétique sobriété un rappel du style de vie pratiqué par le Prophète. Cette nouvelle ne rendit sans doute pas l'austère collation plus appétissante, mais la faim des cinq hommes était telle qu'ils l'engloutirent en un clin d'œil.

Quand ils se furent restaurés, Faremi leur présenta un coffret de cèdre abondamment ciré, au couvercle incrusté de nacre. Il l'ouvrit sous leurs yeux. Il contenait cinq petites clés de métal reliées à une boucle de plastique blanc. Il en saisit une pour bien la leur montrer.

— Ces clés, leur dit-il, ouvrent les portes du paradis. Elles sont identiques à celles que portaient les milliers de valeureux *Basiji* qui se sont dévoués en se lançant dans les champs de mines de l'ennemi pendant la guerre d'Irak. Chacune de ces clés est marquée d'un nom, celui de l'un de ces martyrs. Ils savourent désormais dans l'au-delà leur juste récompense.

Il se leva et accrocha solennellement une clé au cou de chacun de ses cinq protégés.

— Puisse le souvenir de ces héros, dont ces clés immortalisent les noms, vous soutenir dans l'accomplissement de votre tâche. Souvenez-vous, c'est Allah qui arme notre bras, mais il ne faut pas attendre qu'il presse la détente si on manque de courage.

Sa harangue achevée, il adressa un signe aux deux jeunes gens qu'il avait choisis pour aller à Düsseldorf.

— Suivez-moi. Votre heure est venue.

Il s'empara d'un Coran et le leur tendit. Ils y posèrent leurs lèvres chacun à son tour. Alors, il leva le livre saint et le brandit à bout de bras pour leur permettre de passer dessous, invoquant, par ce geste rituel, la protection de Dieu sur le voyage qu'ils allaient entreprendre.

Les deux hommes sortirent, sur les talons de Faremi, dans le froid hivernal de la nuit finissante. Le Klosterwall était sombre et désert. Ils se dirigèrent vers la gare de Hambourg. La structure convexe en verre entrelacé de poutres d'acier avait survécu par miracle aux bombardements de la Seconde Guerre mondiale ou, comme l'insinuaient certains vieux habitants de la ville, témoignait de l'incompétence des aviateurs alliés qui avaient pourtant largué des tonnes d'explosifs sur Hambourg.

Sous la conduite de Faremi, le trio arriva derrière la gare et, au détour d'une station de métro, déboucha sur l'esplanade qui aboutissait à l'une des deux grandes entrées du bâtiment. C'était là, sur cette esplanade, que vibrait l'âme du microcosme hambourgeois de la drogue. Alors que l'aube se levait à peine, il y grouillait une foule compacte et fluctuante. Les dealers se frayaient dans ce flot un chemin sinueux, tels des serpents ondulant dans un pré d'herbes folles, en murmurant au passage les noms des produits qu'ils avaient à vendre : héroïne, hasch et la toute dernière nouveauté, le *skonk*, puissant mélange de haschisch, d'héroïne et de tabac roulé en joint.

Une demi-douzaine de Noirs à peine sortis de l'enfance rôdaient aux limites de l'esplanade. Nigériens ou Ghanéens, c'étaient les rabatteurs qui connaissaient les planques des dealers. Sur un signe de leur employeur, ils filaient chercher une dose de came ou quelques sachets de poudre. Ils avaient tous moins de quatorze ans, un âge encore assez tendre pour leur permettre, au regard de la loi allemande, d'échapper aux poursuites judiciaires. La plupart étaient les jouets d'une forme moderne d'esclavage pratiquée par des gangs d'Accra ou de Lagos, qui les vendaient aux dealers de drogue et s'assuraient leur docilité en exerçant un chantage sur leurs familles écrasées de misère.

Quelques camés, blottis les uns contre les autres pour se réchauffer, s'étaient regroupés à l'abri du mur de béton de la station de métro, penchés sur l'un des leurs qui chauffait un fixe dans une cuillère. À droite de la bouche de métro, une jeune fille et son ami s'agrippaient l'un à l'autre, tremblant moins de froid que d'un dramatique état de manque. Une voiture de police blanc et vert stationnait le long du trottoir. Le conducteur était affalé sur le volant, profondément endormi.

Comme les Iraniens traversaient l'esplanade, une fille en anorak rouge déchiré et pantalon de ski jaune, aux cheveux sales collés sur son front comme des filaments de serpillière, s'approcha, l'œil vague. Elle aborda l'un des hommes de Faremi et lui plaqua la main au bas-ventre en bredouillant :

— Une pipe, une nique, cinquante marks.

Faremi se délectait de ce spectacle. Il résumait à ses yeux la décadence, l'avilissement, toute la déchéance morale de l'Occident dont il méprisait souverainement les valeurs et la société.

— Regardez-les, ricana-t-il à l'adresse de ses deux séides. Voilà leur liberté. Ils n'ont qu'elle à la bouche. Pour quoi faire ? Retourner à l'état de bêtes, comme toute cette racaille !

Il hâta le pas, stimulé par le plaisir qu'il prenait à voir toute cette fière jeunesse réduite à l'impuissance à cause de son irrésistible besoin de drogue.

— Ils disent que nous cherchons à les détruire, ironisa-t-il. C'est trop drôle. Ils n'ont pas besoin de nous pour ça. Ils s'en chargent eux-mêmes avec leurs vices ignobles. Il est vrai, ajouta-t-il, que nous les y aidons à l'occasion. Ils se décomposent peu à peu et leur monde avec eux.

Dans le grand hall, il leur acheta leurs billets et les entraîna vers le quai 9 d'où le train pour Düsseldorf devait partir cinq minutes plus tard. Il leur donna l'accolade.

— Avec l'aide de Dieu, vous mènerez à bien votre mission sacrée, leur promit-il. Grâce aux vaillants jeunes gens comme vous, le monde, demain, nous appartiendra.

« Centre de véliplanchisme du lac Sebago » annonçait la pancarte surmontant le bureau du gérant de la station-service Texaco située à la jonction des routes 13 et 14, dans le Maine. Là commençait le tracé touristique de la route 14 qui longeait le lac dans un paysage ordinairement spectaculaire. Ordinairement, car le panorama n'avait rien de spectaculaire en ce matin frileux de janvier. Une croûte de neige tassée recouvrait le macadam. La conduite d'une voiture s'y avérait aussi périlleuse que la traversée d'une patinoire en chaussures de ville. Les conifères s'inclinaient à l'est sous le poids de la neige amassée dans leurs branches. L'eau du lac était gelée et retenait à sa surface de glace un manteau de givre parfaitement lisse dont la blancheur, sur cette étendue ronde, évoquait une immense hostie. Le ciel gris chargé de nuages prometteurs d'autres flocons achevait d'alourdir l'atmosphère oppressante.

Les pieds sur son bureau, le gérant de la station-service et du Centre de véliplanchisme du lac Sebago regardait une énième rediffusion de la série *Hôpital Central* à la télévision quand il vit une Honda noire ralentir sur la route et pénétrer sur son périmètre. Pourtant, elle ne s'arrêta pas à la hauteur des pompes à essence, mais alla se garer derrière l'atelier de graissage.

Immatriculée en Géorgie, remarqua l'homme quand la voiture passa devant sa vitrine. Sans doute louée à l'aéroport de Portland ou de Logan qui desservent la ville de Boston. Un instant plus tard, pile au moment où une équipe de médecins en blouse verte apportait dans un hurlement de sirènes leurs appareils de réanimation cardiaque dans la salle des urgences cadrée sur le petit écran, le chauffeur de la Honda poussait la porte.

C'était un homme de grande taille, bien habillé, le genre costume cravate sous un manteau bleu marine, les tempes grisonnantes, les cheveux courts, arborant la coupe nette adoptée par les « futures élites de la nation » quand lui, le garagiste, n'était encore qu'un enfant. Il portait des souliers noirs bien cirés. Un coup à se casser le coccyx sur le verglas s'il ne fait pas gaffe, se dit le gérant, qui lança, les pieds toujours résolument calés sur son comptoir :

— 'Jour.

— Bonjour, répondit son visiteur.

— Personnellement, je ne vois pas ce que ce jour a de bon.

— Certes. L'homme frotta ses mains gantées l'une contre l'autre. Il doit bien faire moins dix par ici.

— Moins treize.

— Si vous le dites. Je me demandais si vous pourriez me renseigner.

— On va essayer.

— Je cherche un vieil ami. Il est installé dans le coin depuis peu. C'est un fan de planche à voile.

L'homme balaya du regard le matériel exposé dans la salle, derrière le comptoir. On y voyait deux mannequins revêtus de combinaisons de plongée. Un peu plus loin, un entassement de planches. Au fond, un alignement de voiles roulées, aux couleurs vives, semblables à d'immenses parapluies attendant, pour s'ouvrir, l'invitation d'une main de géant.

— C'est sûrement un de vos bons clients.

Le gérant considéra l'étendue gelée du lac Sebago.

— Pas vraiment la saison, pour la planche.

— En effet, acquiesça le citadin en s'efforçant de dissimuler l'agacement que lui inspirait cet échantillon de bon sens populaire. Mais mon ami est ici depuis le mois d'août. Il a loué une maison à l'année sur les bords du lac. Il a dû s'en donner à cœur joie avant l'arrivée de l'hiver.

— Sans doute.

— Il s'appelle Duffy, Jim Duffy. Un homme plutôt grand, un mètre quatre-vingt-cinq à peu près, la cinquantaine, un début de calvitie, le haut du crâne assez dégarni. Il jouait au football américain dans l'équipe de l'Oklahoma il y a quelques années. Il a gardé l'accent de ces fiers-à-bras.

— Connais pas cet accent-là. Qu'est-ce qu'il fait dans la vie ?

L'expression concentrée du bonhomme visait à montrer avec quel zèle il fouillait sa mémoire pour y retrouver le souvenir de ce monsieur Duffy. En réalité, il se demandait : « Qu'est-ce qu'il veut, ce gars-là ? Pourquoi il me pose toutes ces questions ? »

— Il est retraité.

— Retraité ? À cinquante ans ?

— Il était fonctionnaire du gouvernement.

— J'aurais dû m'en douter. Y a vraiment que dans ce cas-là qu'on peut prendre sa retraite à cinquante piges. Vous avez pas son adresse ?

— Seulement une boîte postale.

— Un numéro de téléphone ?

— Il n'est pas dans l'annuaire.

— La poste se trouve dans Main Street. Vous n'avez qu'à y aller et attendre qu'il vienne chercher son courrier.

— Je n'ai pas vraiment le temps. Je viens le voir pour une affaire urgente.

— Demandez donc à Mme Hurd, la postière. Elle doit savoir où il habite.

— Les employés des postes n'ont pas le droit de donner l'adresse des détenteurs de boîte postale. Et puis je préférerais que ma petite enquête ne s'ébruite pas. Or vous savez comme les dames des postes sont bavardes.

— Hum-hum.

Comme la plupart de ses compatriotes du Maine, le gérant de la station n'était pas enclin à prononcer trois ou quatre mots quand il pouvait se contenter d'un seul. Il soupçonnait son poseur de questions d'appartenir à la gent des avocats et de venir de Boston houspiller le pauvre M. Duffy au sujet d'une pension alimentaire impayée ou autre avanie de ce genre. Il ne fallait pas compter sur lui pour lui faciliter la tâche.

Entre-temps, son visiteur avait posé les yeux sur la plaque dédiée à la Légion américaine qui ornait le mur.

— Ancien combattant, à ce que je vois.

— Vietnam. 1er de cavalerie.

L'homme prit sa carte dans son portefeuille et la lui remit.

— Voyez-vous, Duffy et moi sommes d'anciens collègues. Nous avons travaillé ensemble un certain temps. Lui aussi s'est battu au Vietnam. Ceci vous permettra peut-être de comprendre pourquoi je tiens tellement à le retrouver.

Le gérant examina la carte. Un écusson bleu s'étalait en son centre, couronné d'un aigle déplumé posé de profil sur un blason. Trois mots s'enroulaient autour du cachet : CENTRAL INTELLIGENCE AGENCY.

Le garagiste n'était pas volubile, mais il était patriote. Duffy avait servi au Vietnam. Il se redressa sur sa chaise.

— Suivez la route 14 jusqu'au troisième feu. Tournez à droite en direction du lac. Prenez la première à gauche. C'est la troisième maison à votre droite. Les pieds dans l'eau.

Son interlocuteur hocha la tête.

— Merci de votre aide, monsieur, lâcha-t-il en s'éloignant vers la porte.

Le gérant avait déjà reporté son attention sur son téléviseur. Seigneur, commenta-t-il intérieurement, ils sont encore en train de masser le cœur de ce pauvre bougre. C'est vraiment tout ce qu'ils savent faire dans ce bon Dieu d'hôpital.

Les échos de la civilisation troublaient si rarement la paisible existence de Jim Duffy depuis quelque temps qu'il sursauta en entendant le crissement des pneus dans son allée enneigée. Il regarda avec méfiance la Honda noire inconnue s'immobiliser à cinquante mètres de lui. De savoir son P.38 enfermé à l'intérieur de la maison, il se sentait tout nu. Qui cela pouvait-il bien être ? s'étonnait-il quand il reconnut la silhouette de l'homme qui émergeait de la voiture.

— Mon Dieu ! s'écria-t-il. Qu'est-ce qui t'amène ici par un temps pareil ?

— Toi.

— Et merde ! Duffy planta dans le billot la hache avec laquelle il était occupé à fendre du bois pour sa cheminée. Qu'est-ce que je dois comprendre ?

— Invite-moi donc à boire un café et je t'expliquerai.

— Entendu.

Duffy ôta ses gants de cuir qu'il fourra dans sa poche et alla à la rencontre de son visiteur, le sourire aux lèvres et la main tendue.

— J'admets que je te dois bien ça.

Il le précéda dans la maison. Elle était meublée avec une simplicité presque spartiate, et son dépouillement semblait proclamer : « Ici habite un célibataire. » Comme Duffy l'emmenait dans la cuisine, son ami remarqua une bouteille vide de cabernet-sauvignon qui trônait, rebouchée, sur le Formica du plan de travail, et deux canettes de Coors allégée, sans doute vides elles aussi, échouées dans la poubelle...

Une vague odeur de tabac froid imprégnait les rideaux et le tapis du salon. Un numéro du *Boston Globe*, ouvert à la page des sports, gisait au pied d'un fauteuil tapissé de chintz. En y jetant les ycux, le nouveau venu constata, d'après le score des Celtics rapporté dans le gros titre, que le journal datait de deux jours.

Un contingent des bûches que Duffy s'employait à débiter un instant plus tôt flanquait la cheminée d'un tas soigneusement agencé. L'âtre en contenait déjà quelques-unes qui n'attendaient plus qu'une étincelle. Duffy brandit une allumette de trente centimètres de long et démarra un feu en allumant une dizaine de petits foyers savamment espacés.

— Le café est en train de passer. Installe-toi pendant que je vais le chercher.

Il revint avec deux tasses. À en croire l'emblème or et bleu qui les décorait, elles venaient tout droit du carré du commandant de la VIe flotte de la marine américaine. Pendant son absence, son visiteur avait contemplé avec fascination un tableau accroché au-dessus de la cheminée. C'était le portrait d'une femme tout juste quadragénaire, auréolée d'un halo de cheveux blonds, dont les yeux bleu pâle posaient un regard désenchanté sur un horizon invisible et lointain.

— Joli, murmura-t-il quand Duffy reparut. Et tellement ressemblant !

— Ouais. Duffy lui tendit une tasse et posa la sienne sur une table proche de son fauteuil. Le peintre a exécuté cette toile trois mois avant que le cancer l'emporte. À son tour, il leva les yeux vers le tableau. Il a saisi quelque chose de particulier, tu ne trouves pas ? J'ai l'impression parfois qu'elle avait déjà un pied dans l'autre monde et qu'elle se retournait pour m'observer de là-haut.

— Pour voir si tu es sage. Si tu n'as pas trouvé quelqu'un pour la remplacer.

— Elle est irremplaçable.

— Ça fait combien de temps maintenant ?

— Bientôt sept mois.

Ce doit être dur d'essayer de se remodeler une vie sans elle.

— Ouais. Le pire, c'est la solitude.

— Tu sors un peu ?

Duffy répondit par un rire amer.

— Pour quoi faire ? traîner au club de bridge ? Honorer de ma présence le dîner du jeudi soir à la paroisse ? C'est ce que la vie ici a de plus passionnant à offrir.

— Dans ce cas, pourquoi restes-tu ?

— J'aime le surf. Les bois. Et, tu vois, bizarrement, l'isolement, la solitude dont je me plaignais à l'instant, m'aide d'une certaine manière. Je la sens près de moi dans le silence de ce petit chalet, du lac, de la forêt. Si je retourne en ville, dans le bruit, l'agitation risque d'effacer sa présence. D'étouffer définitivement ce qu'il me reste d'elle... Il émit encore un petit rire désabusé en pointant sa tasse vers les livres alignés au hasard dans la bibliothèque. Et puis je peux enfin me cultiver. C'est la première fois de ma vie que j'ai le temps de lire autre chose que des rapports et des dossiers.

Duffy souffla sur son café et reporta son regard sur son visiteur.

— Alors, que me vaut l'honneur de cette visite inattendue ?

— Disons que je suis venu t'offrir une occasion de remettre dans ta vie un peu de l'exaltation du bon vieux temps. Nous voulons que tu reviennes travailler avec nous, Jim.

— Quoi ? Le mot avait jailli de sa gorge comme la première détonation d'un moteur de hors-bord à l'allumage. Retourner dans cette ménagerie ? Après la façon dont Woolsey m'a viré ? Humilié ? Délibérément, publiquement ?

— Oublie Woolsey, Jim. Nous avons déjà connu trois directeurs depuis qu'il est reparti rédiger ses testaments pour les petites vieilles ou reprendre je ne sais quelles activités qui étaient les siennes avant que Clinton lui livre la CIA. Tout le monde sait là-bas qu'on t'a salement maltraité. On t'a obtenu ta pension complète, non ?

— Oh oui !

De nouveau, la blessure de son renvoi de la CIA après vingt-six ans de bons et loyaux services écorchait Duffy. Buenos Aires, Bagdad, Khartoum, la guerre en Afghanistan, il avait œuvré partout. Le chef des opérations le plus décoré de toute la corporation. Le chéri de Casey dans les années quatre-vingt. Sur le mur de son bureau, des médailles décernées aussi bien par le Mossad israélien que par les Saoudiens. Combien d'officiers de la Grande Agence pouvaient se vanter d'avoir accumulé autant de citations ?

Et voilà que, la guerre d'Afghanistan réglée, on le rapatrie à Langley pour moisir dans un bureau. Chef adjoint de la division des Affaires soviétiques. Il occupait ce poste depuis trois semaines quand son assistant lui apporte une liasse de papiers à signer. La routine : évaluation destinée au dossier 201 d'un officier, allocation d'avances sur frais, formulaires de transfert de personnel, le genre d'idioties dont il n'avait pas à se préoccuper quand il opérait sur le terrain. Dans ce tas de paperasses se trouvait l'avis de détachement d'un dénommé Aldrich Ames des Affaires soviétiques pour affectation au tout nouveau Centre antidrogue. Il signe. Des années plus tard, quand le Congrès avait assailli Woolsey de reproches pour n'avoir pas su canaliser les anciens de l'agence au moment de l'affaire Ames, qu'était-il arrivé ? Woolsey l'avait jeté en pâture aux députés comme on jette un os aux chiens pour détourner la meute.

— Pourquoi y retournerais-je ?

— Je te l'ai dit. Pour ramener un peu d'animation

dans ton existence. Et puis parce que nous avons besoin de toi.

— Oh, mon Dieu, je me demande bien pourquoi.

— Tu te rappelles ton copain Said Djailani ?

Un sourire effleura les lèvres de Duffy, crispées en un rictus depuis que son vis-à-vis avait réveillé le souvenir de sa mise à pied.

— Le « Gucci Moudj », dit-il en riant.

Il le voyait encore se pavaner dans les avenues de Peshawar à bord de sa Pajero au plus fort de la guerre d'Afghanistan. Djailani et son escadrille de bolides, ses tuniques brodées d'or comme ses sandales, son amour des grandes marques qui lui avait valu son surnom de Gucci Moudj.

— Un sacré requin, ce basané ! Qu'est-ce qu'il a encore fabriqué ?

— Il s'est échappé de la réserve.

— Comment ça ?

— Je préférerais que tu attendes d'être à Langley pour qu'on te mette au parfum.

— Allez, Frank. C'est moi, ton vieux pote. T'as pas oublié ! On se connaît depuis plus de vingt-cinq ans.

En effet, Duffy et Frank Williams avaient intégré la CIA dans la même promotion, suivi côte à côte leur entraînement de « boy-scout » à Camp Peary, aiguisé leurs dents ensemble lors du programme Phœnix au Vietnam. La carrière de Williams s'était orientée vers l'administration tandis que celle de Duffy s'épanouissait dans les actions à l'étranger. Pendant les trois années qu'avait passées Duffy à traiter la guerre d'Afghanistan pour le compte de la CIA depuis le Pakistan, Williams avait été son interlocuteur au siège. C'était lui qui avait calmé le jeu quand les choses tournaient au vinaigre, susurré les mots qu'il fallait à l'oreille de Charlie Wilson, le député du Texas chargé d'entretenir le flambeau de la résistance afghane dans les salons du Congrès. Lui qui avait organisé l'opération secrète visant à acheter, sous le nez des Russes, en Pologne, Tchécoslovaquie et Roumanie, les armes destinées à la guerre. Après quoi, il les avait fait expédier au Pakistan via Gdansk sur des cargos grecs appartenant à la CIA, mais officiellement affrétés pour livrer lesdites armes aux braves combattants soutenus par les Soviétiques, les Syriens ou l'OLP. Les Polonais et les Tchèques avaient été enchantés de vendre aux émissaires de l'agence les armes qui serviraient à tuer leurs frères russes en Afghanistan ! Cette guerre avait été et restait environnée du plus grand secret. Frank Williams et Jim Duffy étaient sans doute les deux seules personnes vivantes à en connaître tous les tenants et aboutissants.

— C'est vrai, Jim, je sais. Mais j'aime mieux que tu reçoives tes informations de quelqu'un qui est plus au fait que moi. Comme le nouveau directeur, celui qui veut te voir rappliquer en uniforme. Cela dit, voilà en gros ce qui se passe : Djailani s'est acoquiné avec les Iraniens, ces salauds font cause commune avec leurs *pas daran*, leurs gardes révolutionnaires et les mollahs les plus fous.

— Cela n'a rien d'étonnant. Son compère Gulbuddin Hekmatayar et lui ont toujours eu le béguin pour Khomeiny et ses mollahs azimutés. Nous le savions, nom d'une pipe. Est-ce que ça nous a jamais empêchés de leur fourguer des armes ? Et autant de Stinger qu'ils en voulaient ? Bon sang, non !

— Le problème, Jim, c'est que les mollahs sont dans la merde.

— Eh bien, voilà une bonne nouvelle.

— C'est aussi dans ces cas-là que les gens deviennent dangereux. Le revenu par tête des Iraniens est tombé en dessous du tiers de ce qu'il était du temps du Shah. Des millions de personnes sont sans emploi. Les revenus du pétrole couvrent à peine la moitié de leur budget national. Malgré cela, ils distribuent de l'argent dans le monde entier pour s'équiper d'armes nucléaires, de missiles, de moyens de guerre bactériologique. Ils versent cent millions de dollars par an rien qu'à leurs copains terroristes du type Hezbollah. D'où vient tout cet argent ?

— De la vente des cacahuètes ?

— À notre avis, de la drogue. La production de pavot sur ton vieux terrain de chasse afghan crève le plafond...

— Oh ! merde, Frank. Duffy secoua sa tasse. Qu'y a-t-il de nouveau là-dedans ? Les Afghans ne sont bons qu'à deux choses, faire la guerre et cultiver le pavot...

— Peut-être. Mais, il y a dix ans, c'était la guerre qui comptait. Dorénavant, c'est la came.

— Écoute, les types qui font pousser du pavot aujourd'hui sont les mêmes qui taillaient des shorts aux Russes pour nous il y a dix ans.

— Il n'empêche que l'héroïne est de retour, et en force. Personne n'osait en parler jusqu'au jour où le président a sorti son couplet sur ce qu'il appelle « la vogue de la défonce » quand on a retrouvé ce photographe de mode mort d'une overdose à New York. Il y avait cinq ans que ça durait quand Clinton s'est enfin décidé à aborder le sujet. Cette saloperie inonde le pays. Et l'Europe par la même occasion. Le sentiment court à Washington que, nous dit-on, eh bien, la CIA a sa part de responsabilité puisque cette drogue provient essentiellement des régions du monde régies par ceux que nous avons armés et entraînés.

Duffy se leva, s'approcha de la cheminée et y lança une bûche avec tant de fureur qu'un bouquet d'étincelles fusa aux alentours.

— Écoute, j'en ai plus que marre de ces libéraux à la Clinton qui trouvent de bon ton de gémir et pleurer sur les horreurs que la CIA est censée avoir commises en ce bas monde. Quand ils vont se coucher, le soir, ils peuvent dormir sur leurs deux oreilles. Ils ne passent plus leurs nuits à se retourner dans leur lit en se demandant si l'Union soviétique n'aura pas envahi l'Allemagne et déclenché une guerre thermonucléaire pendant leur sommeil, n'est-ce pas ? Non. Grâce à qui ? Grâce à nous, grâce à l'action de la CIA en Afghanistan. Quand les beaux soldats blonds aux yeux bleus ont commencé à réintégrer leur Russie natale dans des sacs de macchabées, c'est là que les rouges ont vu leur bel édifice se déglinguer. C'était la première fois depuis quarante-cinq ans que l'Armée rouge était engagée dans une vraie guerre. Eh quoi ? Elle s'est fait moucher par une bande de paysans et de bergers illettrés. Nous avons gagné la guerre froide là-bas, en Afghanistan, que ces crétins de Washington le veuillent ou non.

— Gorbatchev nous a donné un coup de pouce, si tu t'en souviens bien.

— Gorbatchev n'aurait jamais eu le cran de s'en prendre à l'Armée rouge si nous ne lui avions pas d'abord dégonflé la baudruche.

Duffy était trop furieux pour regagner le confort de son fauteuil. Il allait et venait devant la cheminée, le regard arrimé aux flammes dont les formes changeantes lui évoquaient des scènes vieilles de dix ans, Landi Kotal et le Khyber Pass, les plateaux désertiques d'Afghanistan, les Afghans blessés, silencieux et stoïques, qui surgissaient derrière un coteau à dos de mulet, recroquevillés de douleur et n'accordant à leur souffrance que l'obole d'un soupir. Le député Charley Wilson avait déclaré un jour qu'il avait lu la défaite de l'Armée rouge sur les visages intraitables des moudjahidin soignés dans un hôpital proche de Peshawar. Et les saintes-nitouches du gouvernement voulaient salir les plus belles heures de la CIA en agitant le prétexte de la drogue et du fondamentalisme islamique. C'est vrai, les types qui tuaient le plus de Russes à l'époque étaient aussi ceux qui produisaient le plus de drogue maintenant. Comment aurait-on pu l'éviter ? En cessant de leur fournir les armes avec lesquelles ils dégommaient leurs ennemis ? Il avait une fois signalé la chose à Charley Wilson pour tenter de sonder le sentiment du Congrès à ce sujet.

— Ces gens ont tous plus ou moins leur champ de pavot, lui avait-il avoué.

— J'en ai rien à foutre, avait répondu le député.

Williams l'arracha à ses pensées.

— Jimbo, que ça te plaise ou non, nous n'en avons pas fini avec l'Afghanistan. Les gens assurent que nous n'avons pas été assez attentifs aux dangers que nous suscitions en armant et en soutenant ces intégristes musulmans. Le Centre de lutte antiterroriste vient de pondre un rapport de soixante-sept pages, pas moins, que je te montrerai à Langley. Nous l'avons baptisé le « Journal du moudjahid errant ». Un aperçu de la tendance qu'ont ces fondus à se répandre partout de nos jours. Pour trancher des gorges en Algérie. Faire sauter des voitures piégées au Caire. Montrer à une bande de chiites saoudiens comment descendre nos aviateurs à Dhahran. Peut-être même pour poser une bombe à bord du vol 800 de la TWA, qui sait ?

— Les Afghans seraient derrière ?

— Oh, mon Dieu, non. Ils sont bien trop occupés à s'entretuer. Ce sont les Égyptiens, les Pakistanais, les Soudanais, les Algériens qui sont allés gagner à Peshawar leur brevet d'aptitude au combat dans le djihad. Maintenant, ils font le jeu des Iraniens. D'accord, il n'existe pas d'organisation façon Komintern, de commandement centralisé auquel obéiraient tous ces radicaux musulmans. Les Algériens ne reçoivent pas leurs ordres de Téhéran. Mais ils admirent les Iraniens. Tout comme les Égyptiens, les Pakistanais, les chiites saoudiens. Du coup, les Iraniens mènent la danse.

Duffy retourna à son fauteuil et laissa tomber sa solide carcasse dans ses arceaux rembourrés, toute colère dissipée.

— Et que vient faire mon vieux camarade le Gucci Moudj dans tout ça ?

— La drogue. La came mine la santé physique et morale des enfants du Grand Satan, n'est-ce pas ? En même temps, elle apporte l'argent dont les mollahs ont besoin pour financer leur programme terroriste. Elle intoxique l'Ouest tout en hâtant le triomphe de l'islam. Parfait. Son boulot à lui consiste à prélever la part des mollahs sur le moindre kilo de drogue qui transite par l'Iran. Et à veiller à ce que la production afghane, en augmentation fulgurante ces temps-ci, soit acheminée à l'Ouest via l'Iran, sans passer surtout entre les mains de quelque douanier pakistanais un peu trop avide.

— Mais pourquoi moi ? Pourquoi voulez-vous me soustraire à mon existence idyllique de fendeur de bois au cœur du Maine ?

— Parce que le fait est, Jim, que personne ne connaît la région mieux que toi. Personne ne connaît les protagonistes aussi bien que toi. Notre directeur pense que si quelqu'un est capable de découvrir d'où opère ce filou de Djailani et d'infiltrer son organisation, c'est toi. Alors peut-être, je dis bien peut-être, arriverons-nous à savoir où va l'argent qu'il récolte pour les mollahs. Et à quoi il sert. Et puis, comme je te le signalais, nous voulons rendre à ta vie son éclat d'antan. Hanter le Capitole, le cœur battant de la seule vraie superpuissance de la planète. Déjeuner avec les gouvernants dans leur salle à manger. Se rendre à la Maison-Blanche en limousine. Ouah ! quel bonheur !

— Tu parles d'un bonheur ! Travailler pour un patron qui songe davantage à peaufiner son avancement qu'à cueillir un terroriste iranien, même s'il n'a qu'à tendre la main pour la lui mettre au collet ? Subir les tracasseries de députés qui sont persuadés de tout savoir sur le renseignement sous prétexte qu'ils ont lu un James Bond ? Être malmené par une presse de cuistres qui ignorent tout des réalités du monde ? Un bonheur, ça ?

— Écoute, Jimbo, tu te souviens de l'affiche qu'on voyait partout au moment de la campagne de mobilisation, l'oncle Sam affirmant, le doigt pointé : « Ton pays a besoin de toi. » Tu n'as pas oublié ? Eh bien, la vérité est là. Tu n'as pas dit non quand ton pays avait besoin de toi. Vas-tu me dire non aujourd'hui ?

— Salaud. Je déteste les gens qui raisonnent à coups de sentiments au lieu d'arguments logiques.

— Dois-je comprendre que tu acceptes ?

— Que j'accepte quoi ?

— De revenir à Washington. Un Lear de l'Agence nous attend à l'aéroport de Portland.

— C'est si grave que ça ?

— Oui.

— Ai-je quand même le temps de prendre une brosse à dents et quelques slips et chaussettes de rechange ?

— Bien entendu. Ravi de te ramener au bercail.

Les hommes étaient assis en cercle sur le sol de terre battue, le dos appuyé aux murs blanchis à la chaux, jambes croisées sous les longs pans des *chalwar* que portent traditionnellement les hommes afghans. Devant eux gisaient les restes du repas qu'ils venaient de terminer. Les récipients d'argile qui avaient contenu les mets étaient amassés au centre, près du brasero de cuivre dont les dernières braises répandaient une maigre chaleur.

Les femmes étaient absentes, naturellement. Elles avaient allumé le feu, apporté les plats et s'étaient retirées à la cuisine. Elles ne reparaîtraient plus avant le départ du dernier convive.

Il aurait pu s'agir d'une *shura*, une assemblée communautaire, en miniature, ou d'une *jirga* de tribu, telle que la tradition afghane les pratique. De fait, les hommes regroupés ce soir-là autour des cendres tièdes de leur brasero étaient unis par le plus fort des liens, celui du sang. Fils, oncles, frères, pères, cousins, même éloignés, ils appartenaient tous au même clan, lui-même affilié au réseau baloutche, dont les membres se répartissent entre le sud de l'Afghanistan, le nord-ouest du Pakistan et le sud-est de l'Iran. Ils étaient tous musulmans. Depuis que les talibans régentaient leur province, la plupart affichaient une piété plus ostentatoire qu'avant la mainmise de ces apôtres d'un islam radical. Cependant, c'était un souci économique et non religieux qui les rassemblait dans la cahute rustique en ce soir frisquet de janvier. Ils étaient tous, d'une façon ou d'une autre, impliqués dans le trafic d'opium.

Leur minuscule village de Regay était situé dans la province afghane du Helmand, presque à égale distance des frontières du Pakistan et de l'Iran. Il faisait partie des quelque cinq mille bourgades consacrées en Afghanistan à la culture du *papaver somniferum*, le « pavot somnifère », d'où sont tirés l'opium, la morphine et, plus nocive, l'héroïne. Les terres bien arrosées qui entourent la douzaine de maisons composant leur hameau comportaient cinquante *jerib* (la mesure de surface en usage là-bas) de plantation d'opium. Cela ne représentait qu'une infime partie des 71 433 hectares affectés, selon une estimation des Nations unies, à l'exploitation de cette plante dans ce pays. Depuis 1994, l'Afghanistan avait acquis le rang de premier producteur mondial d'opium brut, surpassant largement, en dépit des pieuses dénégations du Département d'État américain, le fameux Triangle d'or du nord de la Birmanie.

Parmi les hommes ainsi assemblés, dix cultivaient les terres dont ils étaient propriétaires ou métayers. Deux étaient marchands, *Tudjarha-a-afin*, au bazar voisin de Sangin. Ils remplissaient en quelque sorte la fonction de banquier des agriculteurs de la région. Ils leur avançaient l'argent nécessaire à l'achat des semences en leur garantissant la reprise d'un certain pourcentage de leur récolte à un prix déterminé au préalable. Ils ne demandaient ni ne prélevaient aucun intérêt en échange de leurs services. L'islam le leur interdisait. Ils n'imposaient qu'une condition : le pavot demeurait la seule production agricole pour laquelle ils acceptaient d'accorder leurs prêts.

L'un des marchands avait près de lui son frère, le transporteur local. À son côté, le mollah nommé par les talibans pour la région. Sa présence obéissait à des motivations plus financières que religieuses. Les chefs du parti radical islamique taliban, majoritaire presque partout en Afghanistan, avaient entrepris leur marche vers le pouvoir en proclamant leur opposition au trafic de l'opium. Pourtant, lorsqu'ils avaient mesuré l'immense apport pécuniaire que pouvait engendrer ce négoce, ils avaient changé d'attitude. Désormais, ils encourageaient plutôt les paysans dans cette voie. Ils obligeaient les hommes à porter la barbe, les femmes à sortir emmitouflées dans les drapés noirs du *burqa*, mais le commerce de l'opium échappait à leur sainte colère. Au lieu de le proscrire, ils le soumettaient à un impôt qui constituait leur principale source de revenus. Dix pour cent des gains des agriculteurs allaient aux talibans. Ces derniers s'en servaient avant tout pour acheter les armes avec lesquelles ils supprimaient ceux de leurs compatriotes qui refusaient de se plier à leurs tentatives d'instauration d'un État islamique.

Les deux marchands encadraient l'invité d'honneur de la soirée, l'homme à l'origine de leur petite réunion. Comme ceux qui l'entouraient, Ghulam Hamid était baloutche, né en Iran. Dans les dix dernières années du règne du Shah, il était officier dans la Savak, chargé du trafic d'opium au Baloutchistan. « Chargé » en ce sens qu'il arrêtait et jetait en prison les trafiquants qui ne lui avaient pas versé sa part, et facilitait la tâche des autres.

À la révolution, il avait fui à Quetta, au Pakistan. Il n'avait pas pour autant changé d'activité. Dorénavant, au lieu d'utiliser sa connaissance du milieu de l'opium pour tenter d'en enrayer le commerce, il la mettait à profit pour au contraire le soutenir. Il occupait pour ce faire une position rêvée. Les hommes groupés autour du feu agonisant se moquaient de savoir s'il était né en Iran, au Pakistan ou en Afghanistan. Il était baloutche, et c'était tout ce qui comptait.

Certains de ses anciens collègues de la Savak reconvertis dans la Vevak voyaient en lui l'intermédiaire idéal pour faire transiter par Miran l'opium afghan afin qu'ils perçoivent leur tribut au passage.

— Mes frères, la demande, en ce qui concerne notre produit, ne cesse d'augmenter, commença-t-il quand il jugea le moment venu de délaisser les considérations politiques qui avaient alimenté la conversation pendant tout le repas pour aborder des questions plus sérieuses. Les Occidentaux, surtout leur jeunesse, en veulent toujours davantage. J'ai dit à nos frères — cette fois, il désigna du menton les deux marchands assis à ses côtés — que je souhaitais acheter tout l'opium que vous pourrez me vendre.

Il s'interrompit et se délectait déjà de la joie que ne manquerait pas de procurer à son auditoire la suite de son discours.

— Et je leur ai promis qu'ils en retireraient, ainsi que vous-mêmes, un très, très bon prix. Je m'y engage solennellement.

— Quel prix es-tu prêt à payer ? s'informa l'un des propriétaires terriens.

— Un prix vraiment exceptionnel, assura Hamid en coulant sur l'assistance un sourire pétri de sincérité. Quinze cents roupies pakistanaises le kilo, pérora-t-il comme s'il présentait une offre mirifique et leur parlait d'échanger un kilo d'or contre un kilo d'opium.

Néanmoins, le chiffre ne parut pas satisfaire l'agriculteur. Son petit coin de Helmand était certes isolé du monde, mais pas au point de le tenir dans l'ignorance des prix qui se pratiquaient à Quetta.

— Mon frère, nous travaillons dur pour nourrir nos enfants, reconstruire nos maisons détruites par cette guerre terrible. Pendant un instant, il sembla sur le point de fondre en larmes à l'évocation de si rudes épreuves. Tu dois sûrement pouvoir faire un effort. Disons dix-neuf cents roupies le kilo.

À voir Hamid, on aurait cru qu'il allait succomber à un arrêt cardiaque simplement en entendant ce montant. Alors, il s'employa longuement à expliquer qu'une somme aussi extravagante n'entrait pas dans ses moyens, qu'il risquait d'attirer la ruine sur lui et sa famille rien que d'y penser. Là-dessus, il proposa mille six cent cinquante.

De toute l'assemblée, le neveu des propriétaires terriens était sans nul doute le plus attentif à leur marchandage. Tout jeune, Ahmed Khan avait combattu bravement aux côtés des moudjahidin de Haji Abdul Khader, jusqu'au jour où une roquette tirée par un hélicoptère soviétique Hind lui avait sectionné la jambe sous le genou.

Pendant des années, il avait dépéri dans le camp de réfugiés de Girdjangal, à la frontière pakistano-afghane, entouré des quelques soins médicaux rudimentaires que pouvaient lui accorder les moudjahidin. Alors que, désespérant de jamais mener une existence normale et de pouvoir un jour faire vivre sa femme et ses deux filles, il était au bord du suicide, son oncle l'avait débusqué au fond de son camp.

« Reviens vivre parmi nous », l'avait-il supplié.

Il possédait cinq *jerib*, un peu plus dun hectare, qu'il désirait lui confier en fermage. Une terre parfaite pour le pavot, riche, bien irriguée, bénéficiant d'un bon arrosage et d'un bel ensoleillement. La culture du pavot à opium n'exigeait que peu de travail entre les semailles et la récolte. Il fournirait les semences à Ahmed, tout le matériel dont il aurait besoin et de la main-d'œuvre pour planter et récolter. En échange, Ahmed céderait à son oncle la moitié de sa production. Il garderait le reste pour le vendre à sa guise.

Pour Ahmed, c'était comme s'il voyait s'ouvrir devant lui les portes qui le libéraient de l'enfer. Il s'était installé avec sa famille dans une cahute dévastée par la guerre et s'était mis à l'œuvre. Il avait clopiné à travers ses champs sur ses béquilles de bois pour assister au jaillissement d'innombrables pousses vertes, à leur épanouissement en tiges de plus d'un mètre de haut et à l'éclosion de fleurs roses au début d'avril. Trois semaines plus tard, les pétales tombaient et les cœurs se mettaient à gonfler tandis que leur belle couleur verte virait peu à peu au gris.

Une semaine après la chute des pétales, les têtes avaient pris un aspect de gros fruits charnus. Ahmed, sa femme, ses deux filles et deux ouvriers envoyés par son oncle s'étaient dispersés dans les champs au coucher du soleil. Ils étaient armés chacun d'un *nechtar*, une sorte de couteau à six lames avec lequel ils incisaient les bulbes. Une gomme rose, l'opium dans sa toute première forme, suintait des fentes profondes d'un millimètre. Le lendemain matin, ils étaient tous à nouveau dans le champ pour recueillir la sève, devenue brun foncé, dans des récipients de terre. Ils avaient répété l'opération tous les soirs et tous les matins jusqu'à ce que se tarisse l'écoulement de résine des têtes trop criblées de cicatrices pour subir de nouvelles entailles.

La moisson s'était révélée prodigieuse. Ahmed en avait donné la moitié à son oncle, près de soixante kilos d'opium « humide », fraîchement collecté. Il avait entreposé le restant dans sa ferme. Depuis, l'humidité contenue dans l'opium frais s'était en grande partie évaporée. Son poids s'en trouvait réduit de près de quarante pour cent, mais sa valeur considérablement augmentée. Ahmed avait réparti la pâte noirâtre qui en résultait en quarante-deux plaques d'un kilo. Il écoutait avec fascination son oncle et les marchands débattre du prix avec leur acheteur.

— Dix-huit cents roupies pakistanaises, lâcha Hamid. L'afghani, la monnaie locale, était rarement employé dans ce genre de transaction. C'est mon dernier mot. Spécialement pour vous, parce que vous êtes mes amis, mes frères. Mais ne révélez à personne le prix de faveur que je vous accorde, je vous en conjure. Sinon, c'est la faillite.

Le lendemain, le cousin camionneur d'Ahmed débarquait chez lui avec Hamid, le mollah et l'un des marchands du bazar. Ils pesèrent et comptèrent ensemble ses quarante-deux plaques d'opium. Puis le marchand exhiba une grosse liasse de billets et remit soixante-quinze mille six cents roupies à Ahmed. L'invalide de guerre n'avait jamais vu tant d'argent.

Son extase fut de courte durée. À peine avait-il eu le temps de tenir son gain dans sa main que le mollah s'avançait pour réclamer les dix pour cent du taliban. Le religieux n'ignorait pas que cette récolte était la première d'Ahmed. Il voulait s'assurer que ce ne serait pas la dernière.

— Mon fils, lui dit-il, sache que rien dans notre livre saint, le Coran, n'interdit au fidèle disciple de la seule vraie foi que tu es de cultiver le pavot si tel est ton choix.

Ahmed lui décocha un sourire narquois. Son long calvaire dans le camp de réfugiés lui avait inspiré une conviction religieuse au moins aussi profonde, sinon plus, que celle du mollah. Il n'était pas de ceux qui récitent leurs prières quotidiennes en guettant du coin de l'œil d'éventuels espions du taliban.

— Il n'existe dans le livre saint aucune prescription condamnant la production d'opium, ronronnait le mollah d'un ton mielleux, à condition, bien sûr, que tu n'en consommes pas toi-même et n'en vendes pas à tes frères musulmans. Tant que ton activité nous aide à affaiblir nos ennemis, tu ne fais rien qui aille à l'encontre de la sainte loi.

— Nos ennemis ? s'étonna Ahmed. Quels ennemis ? Nous en avons tellement.

— Les *kafirs*. C'est à eux qu'est destinée cette marchandise.

Ahmed n'avait vu dans sa vie que deux kafirs, à l'état de cadavres, deux soldats russes tués dans une embuscade au Pansher. Il haussa les épaules d'un air désabusé tandis que le mollah grimpait derrière le marchand dans le camion de son cousin qui allait les ramener au bazar de Sangin. Il les regarda cahoter sur le chemin de terre, emportant le produit de ses cinq jerib qui aboutirait, au terme d'un long et périlleux parcours, dans les veines, les poumons, les cerveaux de kafirs anonymes de Londres ou Liverpool, New York ou Philadelphie, Paris ou Marseille, Madrid ou Barcelone, Hambourg ou Francfort. Les soixante-huit mille roupies pakistanaises qui lui restaient après le prélèvement de la taxe des talibans représentaient une misère auprès des sommes faramineuses que le produit de sa terre rapporterait à d'autres au détour des rues obscures du lointain Occident.

Ahmed Khan ne s'en souciait guère. Une seule chose importait : la vente de ses quarante-deux kilos d'opium allait lui permettre de remplir l'une des premières obligations auxquelles doit se conformer tout bon musulman, l'entretien de sa famille. Ils lui avaient rendu sa dignité car, grâce à eux, il pourrait nourrir sa femme et ses filles pendant toute une année et commencer à rebâtir la cahute délabrée dans laquelle ils vivaient. Il s'en retourna vers la maison ; pour la première fois depuis qu'un projectile soviétique lui avait déchiqueté la jambe, il était un homme heureux.

— Ça te rappelle de bons souvenirs, hein, Jimbo, de te retrouver ici ?

Frank Williams engloba d'un geste la salle d'attente à l'élégance elliptique. Il en existait deux qui tenaient lieu d'antichambre au bureau du directeur de la CIA, au septième étage du siège de l'Agence à Langley, en Virginie. La première accueillait les notables venus de l'autre rive du Potomac, députés, sénateurs, hauts fonctionnaires de la Maison-Blanche, hommes d'affaires. La seconde, celle dans laquelle se trouvaient Frank Williams et Jim Duffy, était réservée aux visiteurs que la prudence vouait à l'incognito : représentants de services étrangers amis, contacts dont les relations avec l'Agence demeuraient secrètes, agents clandestins.

— Des bons et des moins bons, grommela Duffy. En tout cas, je n'ai pas oublié ce jour de 1985 où toi et moi attendions dans cette même pièce de voir Casey. Je rentrais du Pakistan, tu te souviens ?

— Ouais. Tu as déboulé dans son bureau en déclarant que, pour gagner cette foutue guerre d'Afghanistan, il fallait qu'il t'accorde quelques missiles Stinger. Personne, absolument personne dans cette ville, n'y croyait.

— Nom de nom, personne n'a imaginé une seconde que nous pourrions réussir. Il s'agissait de combattre les Soviétiques jusqu'à la dernière goutte de sang afghan. Tel était le pacte, notre or contre leur sang.

— Eh oui ! Frank Williams s'agita sur son siège pour soulager la gêne qu'éveillaient ces souvenirs. Tu penses bien que les moudjahidin se doutaient que nous ne nous étions pas jetés dans la bagarre à leur côté par pure philanthropie.

Devant eux, la table noire laquée était jonchée d'exemplaires du *Times* et de *Newsweek*. Une secrétaire attentionnée leur avait apporté des cafés et des cacahuètes salées. Williams en enfourna une pleine poignée dans sa bouche.

— Tu sais quoi, Jimbo ? Notre victoire dans la guerre d'Afghanistan comportait deux facettes. L'ennui, c'est que nous n'avons voulu en voir qu'une.

— Que veux-tu dire ?

— Pour nous, elle signifiait la défaite de l'Armée rouge, la fin de la guerre froide, l'effondrement du communisme. Mais pour les moudjahidin ? Pour tous les fondamentalistes islamiques répandus à travers le monde ? Avons-nous jamais essayé de nous demander ce qu'elle représentait pour eux ?

Duffy plongea la main dans les cacahuètes.

— Je sais que tu meurs d'envie de me le dire, Frank. Je ne te priverai pas de ce plaisir.

— Elle impliquait qu'ils avaient vaincu la grande Armée rouge à la seule force de leur foi — et avec l'aide de quelques Stinger pour faire bonne mesure. Leur succès prouvait, aux yeux des extrémistes de l'islam, que le djihad pouvait porter ses fruits, comme l'avait assuré le Prophète, même en plein XXe siècle, à l'ère des prodiges technologiques. « Vous le pouvez si votre foi est assez forte. » Crois-moi, ce postulat sous-tend tous les cauchemars que nous vivons aujourd'hui.

Une femme d'âge mûr en tailleur strict parut à la porte, escortée d'un agent de sécurité en blazer bleu d'uniforme.

— Messieurs, le directeur va vous recevoir, annonça-t-elle.

— Et ceux que tu vas découvrir maintenant, souffla Williams à l'oreille de Duffy alors que les deux hommes se levaient.

Le directeur alors en poste était un homme émacié, presque frêle, affublé d'énormes lunettes cerclées de corne qui semblaient destinées à accentuer son aspect déjà étonnamment sérieux. On le verrait plutôt enseigner le latin dans une école privée de Nouvelle-Angleterre, songea Duffy. Il fut tenté de psalmodier « *Omnia Gallia in tres partes divisa est* » en guise de salut, mais se contenta d'enfermer dans sa grande patte la menue menotte du directeur en disant :

— Bonjour.

— Nous sommes ravis de vous retrouver parmi nous, monsieur Duffy, répondit le directeur. Je crois que vous connaissez notre directeur adjoint aux opérations, Jack Lohnes, ajouta-t-il en agitant la main vers l'homme qui se tenait à sa gauche.

Duffy le connaissait. Jack était un garçon sympathique envers lequel il n'éprouvait aucune animosité même s'il occupait, en tant que directeur des services secrets, la fonction qui aurait dû lui revenir.

— Tim Harvey, que voici, continua le directeur en désignant cette fois l'homme situé à sa droite, est chargé du dossier iranien.

Là-dessus, il leur indiqua la table de conférence qui trônait sur une estrade légèrement surélevée à gauche de son vaste bureau. Un plateau de café les attendait. Le directeur vouait au café la même vénération qu'un commissaire de bord de la marine.

— Je voudrais pour commencer demander à Tim Harvey de vous raconter ce que manigancent les Iraniens en ce moment.

Harvey fit tournoyer son café dans sa tasse avant de lever les yeux sur Duffy.

— Tout d'abord, Jim, il ne fait aucun doute que les Iraniens s'emploient activement à acquérir des armes de destruction massive et les moyens de les utiliser.

Il haussa les épaules, comme pour admettre qu'il n'énonçait là qu'une vérité première.

— Ils suivent deux voies, la première, celle des Pakistanais, plus lente, plus méthodique. Ils se procurent des centrifugeuses, se constituent peu à peu une réserve de matières fissiles et se mettent à fabriquer des stocks d'armes. À ce régime, nous estimons qu'ils seront devenus une puissance nucléaire en 2005.

— Bon. Ça nous donne du temps.

— D'autant qu'ils appliquent en même temps une formule plus rapide, qui consiste à aller acheter des systèmes existants, essentiellement à des Russes, officiers dépités ou civils ayant accès aux armements nucléaires de leur pays. C'est là, nous le craignons, que réside le danger immédiat. Vous comprenez, les Soviétiques eux-mêmes ignorent combien ils possèdent de têtes nucléaires non stratégiques. Ils en évaluent le nombre à huit ou treize mille, dispersées dans cent cinquante-cinq lieux de stockage différents. Nous, nous savons que nous en avons quatorze mille, conservées dans trois endroits.

— Avez-vous la preuve qu'ils ont déjà réussi à entrer en possession d'engins de ce type ?

— Dieu sait que j'aimerais pouvoir répondre à cette question avec une absolue certitude, Jim. Malheureusement, ce n'est pas le cas. Jusqu'à présent, nous avons reçu cinq rapports, que nous prenons très au sérieux. Le plus crédible nous a été transmis par le Mossad fin 1992. Ils avaient des informations indiquant que les Iraniens s'étaient approprié trois engins nucléaires de nature indéterminée lors du retrait des Soviétiques du Kazakhstan. Avec le MI6, les Français, les Allemands, tous, nous avons effectué un criblage minutieux autour de ce rapport pour essayer de mesurer son authenticité. Nous avons tout tenté. Nous avons épluché toutes les écoutes et les vues aériennes. Nous avons même envoyé des gens sur le terrain, en Iran, pour s'en occuper.

Harvey esquissa le geste résigné d'un homme à l'air blasé pour qui une nouvelle ne peut être que mauvaise.

— Hélas, nous ne savons pas si ce rapport est digne de foi, poursuivit-il. Mais une désagréable intuition me dit qu'il est vrai et, si j'ai raison, nous risquons de nous réveiller un beau matin devant un sacré merdier.

— Mais, pour le moment, nous naviguons à l'aveuglette, c'est ça ? glissa Duffy.

— Monsieur Duffy, euh, Jim..., intervint le directeur.

En voilà un qui a du mal à se décoincer, pensa Duffy.

— Permettez-moi d'être très clair. Le plus grand cauchemar qu'ait à redouter notre pays en cette période d'après-guerre froide tient à la possibilité de voir une bande de terroristes arriérés du style de ces extrémistes islamiques se munir d'engins nucléaires. Le président se garde de l'avouer ouvertement pour ne pas semer la panique. Vous imaginez les conséquences s'ils arrivaient à introduire un de ces machins, caché au fond d'un coffre de voiture, dans la ville de New York ? Ou de Tel-Aviv ? Si les types qui ont fait péter le World Trade Center avaient assaisonné leurs explosifs de matières radioactives, le centre de Manhattan serait devenu invivable pour au moins vingt-cinq mille ans.

— Pourtant, monsieur, je me rappelle avoir étudié ici tous les scénarios envisageables et il demeure que quelques paires de dispositifs atomiques ne suffisent pas à faire d'une nation une puissance nucléaire. Et puis il faut toujours s'attendre à des représailles. Mettez un seul de ces engins au cœur de Tel-Aviv et vous déclenchez la contre-attaque et le processus d'anéantissement de l'ennemi. Les Israéliens se mettront à tuer et à massacrer jusqu'à plus soif. Les Iraniens seront exterminés jusqu'au dernier.

— Vous n'êtes plus au parfum, Jim. Vous ignorez ce qu'est la doctrine stratégique de l'époque actuelle.

En effet, du temps de la guerre froide, notre politique reposait sur la destruction mutuelle assurée, la MAD, *mutually assured destruction*. Tu me tues, je te tue. Tout le monde y passe. Le système s'appuyait sur cette logique brutale, mais simple. Ce n'est plus comme ça que ça marche.

— Et pourquoi donc ?

— Parce que, pour ces fanatiques de l'islam, la destruction massive qu'autorisent ces armes prend valeur de génocide. Le but est la purification à grande échelle. La loi de la destruction mutuelle assurée ne les arrête pas. C'est au contraire un objectif à poursuivre avec ferveur.

— Quand même, monsieur le Directeur, vous croyez ces mollahs iraniens assez fous pour risquer l'anéantissement de leur nation ?

— Jim, ils mènent leur guerre terroriste avec une extrême habileté. Ils jouent le rôle de l'entraîneur qui met la balle en jeu en restant sur la touche. Ils ne vont jamais sur le terrain eux-mêmes. Le World Trade Center, le centre juif de Buenos Aires, notre base aérienne d'Arabie Saoudite, qui était derrière ? Toujours les Iraniens. Mais ils brouillent les pistes pour se protéger. Afin de commettre leur attentat à Buenos Aires, ils créent pour l'occasion un groupe terroriste dont personne n'a jamais entendu parler. Ainsi, les Israéliens ne peuvent les accuser. Il suffit qu'une poignée de fanatiques purs et durs tombe sur un engin de ce type pour qu'ils le fourguent à quelques jeunes mal dégrossis et leur montrent la direction de New York ou de Tel-Aviv en leur disant : « Allez, le paradis, c'est par là. » Le risque est énorme.

— Jim, renchérit Jack Lohnes, certains mollahs sont très doués pour embobiner les jeunes analphabètes désenchantés qu'ils embrigadent et les convaincre qu'ils peuvent sauver le monde avec une bombe. Si le cheikh d'une mosquée de Nablus peut persuader un garçon de vingt ans de se barder de plastic pour aller sauter au milieu d'un bus bondé de Tel-Aviv, ne croyez-vous pas qu'il peut de la même manière inciter un gamin tout aussi naïf à se propulser dans le centre-ville à bord d'une voiture chargée d'explosifs nucléaires ? Avec la promesse de devenir le père de tous les martyrs en foudroyant l'allié infâme du Grand Satan dans une héroïque déflagration, pour la plus grande gloire de l'islam militant et sa suprématie dans les siècles à venir ?

— D'accord, acquiesça Duffy. C'est un réel problème, je l'admets. Mais je ne vois vraiment pas ce que je viens faire là-dedans.

Harvey pouffa de rire.

— J'ai cru que vous ne poseriez jamais la question... Il se pencha et avala une longue gorgée de café avant de formuler sa réponse. La base de tout en fin de compte, c'est l'argent.

— N'est-ce pas toujours le cas ?

— L'idéologie est une chose, mais elle ne nourrit pas son homme. Rien de tel, pour alimenter une organisation terroriste, qu'un bon afflux de liquidités et pour gagner beaucoup d'argent en peu de temps de nos jours, rien ne vaut la drogue. Je ne vais pas vous débiter une conférence sur le marché international de la drogue. Nos spécialistes à l'étage inférieur s'en chargeront.

Harvey se leva et se dirigea vers une carte murale du Proche-Orient. Il saisit une règle qu'il pointa vers l'Afghanistan. C'est fou ce que les habitants de cette ville aiment jouer avec ces fichues badines, se dit Duffy. Substituts phalliques pour bureaucrates frustrés.

— Je me contenterai de vous dire simplement ceci : les champs de pavot d'Afghanistan produisent actuellement plus de trois mille tonnes d'opium brut par an. Dont la totalité ou presque est destinée à l'exportation. Harvey traça un cercle autour des frontières de l'Iran du bout de sa baguette. La Vevak, le service de sécurité iranien, a installé une ceinture de sûreté d'un rayon de trente à soixante kilomètres autour du territoire. À l'intérieur de ce périmètre, ils règnent sans partage. Ils ont les pleins pouvoirs pour interpeller, fouiller, arrêter qui bon leur semble.

« Les Stups, Interpol, les polices européennes, les Nations unies et nous-mêmes, tous, nous pensons que près des trois-quarts de la production afghane d'opium suivent cet itinéraire. La règle glissa vers Herat, au nord-ouest de l'Afghanistan. Elle traverse le nord de l'Iran pour passer en Turquie où elle est transformée en héroïne. Ou alors elle est acheminée au nord par le Turkménistan, de là dirigée vers la Caspienne à l'ouest et transportée par bateau en Iran, puis en Turquie.

Harvey se détourna de la carte pour aborder le point crucial de sa démonstration.

— Quel que soit le parcours adopté, il est impossible de trimbaler toute cette came en franchissant la barrière de sûreté dressée par les Iraniens à l'insu de leurs services de sécurité et sans leur complicité et leur bénédiction.

— Vous en déduisez donc qu'ils se sucrent au passage.

— Exactement.

— Et combien peut leur rapporter ce trafic ?

— À notre avis, et en comptant au plus juste dois-je préciser, au moins trente-cinq millions de dollars par an.

Duffy siffla entre ses dents, ramené à ses souvenirs du temps de la guerre d'Afghanistan.

— Un tiers de leur budget consacré au terrorisme. Avec des sommes pareilles, ils ont de quoi faire dans ces régions !

— Ou de quoi s'acheter des systèmes ultra-sophistiqués en Europe. Le directeur avait pris la relève. Nous voulons arriver à remonter la filière de ces dollars de la drogue, Jim. Voir où elle mène. Par elle, nous accéderons peut-être à leurs modes d'approvisionnement d'armes. À leurs groupes terroristes. Et en dernier lieu, avec un peu de chance, à leurs programmes nucléaires. C'est là que vous entrez en scène.

— Votre confiance me flatte. Mais pourquoi moi ?

Le directeur retourna une feuille de papier juchée au sommet de la pile de dossiers qui encombrait son bureau.

— Parmi les communications récemment interceptées par la NSA, l'agence nationale de la Sécurité chargée des écoutes, certaines semblent indiquer que votre vieil ami Djailani joue un rôle décisif dans cette affaire. Quel genre d'homme est-ce ?

— Sans scrupules. D'une autorité despotique. L'esprit résolument tourné vers La Mecque, une conviction obsessionnelle qui légitime à ses yeux toutes les horreurs et toutes les effusions de sang infligées en punition aux ennemis de l'islam. Extrêmement intelligent, par ailleurs. Charmant quand il veut. Il savait quelle fourchette utiliser. On peut être tyran et avoir des manières. Terriblement nerveux. Toujours en train de tripoter des billes.

— Officiellement, annonça le directeur, nous allons vous nommer à notre Centre antidrogue. Vous savez qui Djailani est susceptible de connaître, de contacter, de faire travailler. Et naturellement, vous connaissez le son de sa voix. Votre boulot consistera à écouter tous les messages que nous avons pu intercepter et que nous intercepterons encore pour voir si vous arrivez à le reconnaître sur l'un d'eux. Si vous repérez sa voix ne serait-ce que sur un seul extrait, nous pourrons alors effectuer une analyse des caractéristiques propres à sa voix. Cela nous permettra de les intégrer dans un logiciel grâce auquel nous pourrons retrouver toutes les traces de cette voix que nous aurions dans nos archives. Qui sait ce qui en sortira ? Cela nous ouvrira peut-être une piste nous indiquant la destination de cet argent de la drogue.

« En réalité, vous travaillerez avec Jack, au service des opérations. Nous ne tenons pas à faire savoir à la terre entière que vous êtes de retour. Cela éveillerait trop de soupçons. Mais je peux vous assurer que tous les moyens des services secrets sont à votre disposition. Agissez à votre guise, mais toujours sous couvert de l'antidrogue. Et n'oubliez pas que le bureau auquel vous êtes affecté emploie des gens des Stups, du FBI, des Douanes, du Trésor. Pour eux, cette conversation n'a jamais eu lieu. Ce qui s'est dit entre ces murs ne doit pas sortir de cette pièce.

De l'autre côté de l'Atlantique, la nuit précoce de l'hiver tendait sur Londres ses voiles d'ombre. Un homme de grande taille en manteau de cachemire bleu à la coupe parfaite se dirigeait vers l'entrée du 4, Victoria Street, à deux cents mètres à peine des gargouilles grimaçantes de Westminster. Un avis, placardé bien en vue au-dessus de la porte, annonçait : « Zone sous surveillance permanente. Défense de pénétrer sous peine de poursuites. »

La menace ne semblait pas troubler l'homme qui traversait la nuit d'un pas décidé. Il arborait la martiale assurance de ceux qui ont l'habitude de commander et de forcer le respect. Souliers luisants de cire, tête nue malgré le froid, un détail détonnait cependant dans son allure par ailleurs élégante. Il ne s'était pas rasé depuis plusieurs jours.

Il n'avait pas atteint la porte qu'un agent de sécurité discrètement posté à l'intérieur l'ouvrait pour lui.

Il le remercia d'une brève inclinaison de la tête et marcha droit vers l'ascenseur, sans un regard pour les photographies de la raffinerie de pétrole d'Abadan qui tapissaient le hall minuscule. Il monta directement au sixième étage, officiellement occupé par la NIOC, la National Iranian Oil Company. L'immeuble de verre et d'acier, acheté par le Shah au temps du pétrole-roi des années soixante-dix, avait été conçu comme un monument à la gloire du pétrole, de la Perse et des Pahlavi au milieu de la ville sevrée de carburant. Sous le gouvernement révolutionnaire de l'Iran, il restait le siège londonien de la compagnie, avec une entrée principale en façade, qui n'était pas celle que venait d'emprunter le nouveau venu.

À vrai dire, la NIOC ne s'occupait pas seulement de pétrole. C'était devenu, selon les termes d'un dissident iranien, un « nid d'espions ». Le sixième étage en était fermé à toute personne n'ayant pas auparavant obtenu le visa des services de sécurité iraniens. Il abritait des archives, un centre de communication et trois appartements confortables quoique exigus. Le plus spacieux était exclusivement réservé à l'homme au manteau de cachemire qui y trouvait un refuge clandestin quand il était de passage à Londres.

Pour la galerie, Kair Bollahi, connu de ses amis et subordonnés sous le surnom de « Professeur », était le directeur de la NIOC à Londres. Il n'occupait ce poste qu'en théorie. En réalité, il appartenait au cercle réduit de ceux qui gouvernaient l'Iran révolutionnaire. Pendant des années, sa fonction première avait été définie en ces termes : « Obtenir tout ce qui est interdit à l'Iran. L'acheter. En effectuer le paiement. Le faire parvenir en Iran par tous les moyens possibles. »

— Où est Mehdi ? demanda-t-il à son garde du corps en débarquant de l'ascenseur.

Mehdi « Mike » Mashad était l'un de ses principaux adjoints.

— À l'Intercontinental du Parc. Il attend votre appel.

Il avait évidemment choisi l'hôtel le plus luxueux et le plus cher, constata le Professeur.

— Vous pourriez peut-être lui demander de s'arracher quelques instants aux bras de sa call-girl pour venir me rejoindre.

Sur ces belles paroles, il entra dans son appartement. Les messages qu'il avait reçus l'attendaient sur son lit. Téhéran lui fournissait un supplément d'informations utiles à la conversation qu'il s'apprêtait à avoir avec Mike. Mais une note surtout l'avisait que les cinq hommes étaient arrivés à Londres sans encombre.

Il ouvrit son attaché-case, et en sortit son bien le plus précieux, un exemplaire du Coran que lui avait dédicacé son ami et maître spirituel, l'ayatollah Khomeiny, de ces quelques mots : « Que ce livre te serve à tout moment de guide. » Il le posa délicatement à la place qu'il lui destinait toujours, sur sa table de chevet. Puis il saisit son ordinateur portable.

Bollahi incarnait un type de partisans de la révolution iranienne beaucoup plus nombreux que ne le pensaient les ennemis occidentaux du régime. C'était un homme extrêmement cultivé, titulaire d'un diplôme d'ingénieur et d'un doctorat en mécanique de l'université de Téhéran. Malgré son opposition au régime du Shah, il avait contribué au plus haut niveau à la réalisation de bon nombre des projets grandioses du souverain, beaucoup voyagé en Europe et acquis une connaissance parfaite de l'anglais et de l'allemand.

Fils d'un petit fonctionnaire d'Ispahan, il avait été subjugué par l'ayatollah et son interprétation rigoriste de la philosophie déjà rigide du chiisme imamite. Contrairement à ses trop nombreux compatriotes de Téhéran qu'il appelait avec mépris les « mollahs Mercedes » et qui avaient attrapé leur foi comme on attrape un virus, le Professeur vouait à l'islam une fidélité profonde, solide et sans compromission.

L'islam renaissant constituait selon lui le moteur idéologique le plus puissant de l'après-guerre froide.

« Objectivement, aimait-il à proclamer dans son

entourage, l'avenir est à nous. Voyez les Occidentaux avec leur libéralisme, leur démocratie, leur oubli de Dieu. Qu'y ont-ils gagné ? Le sida, l'homosexualité, la promiscuité sexuelle sous toutes ses formes, l'appât du gain, un matérialisme à tout crin. Avec leurs satellites, leur prospérité, leur pouvoir, leur pseudo-culture et leur arrogance magistrale, ils cherchent à imposer leurs valeurs au monde entier. Ils n'y parviendront pas. L'islam leur barrera la route. L'islam s'imposera dans les esprits au nom de la justice et d'un ordre spirituel et non matériel. »

Le Professeur avait consacré sa vie à la réalisation de cette conquête. Il y travaillait avec l'inflexible assurance d'un zélateur et l'appui de sa vive intelligence.

Il finissait de déballer ses affaires quand son acolyte, Mehdi « Mike » Mashad, arriva.

Les deux hommes se saluèrent avec plus de politesse que de chaleur. Le Professeur désigna un siège à Mike.

— Thé, café, jus d'orange ?

Mike aurait préféré un whisky, mais il se gardait de boire en présence du Professeur. Chez lui, à Madrid ou à Marbella, sur la Costa del Sol, quand il demandait un jus d'orange devant le Professeur, ses domestiques savaient le lui apporter allongé de vodka. Mais, ici, il ne fallait pas y compter.

— Café, s'il vous plaît.

On ne pouvait imaginer contraste plus flagrant entre ces deux hommes. Le Professeur était un personnage strict, plutôt sérieux, menant une vie à peine moins puritaine que celle de son idole, l'ayatollah Khomeiny. Mike aimait le luxe, l'ostentation et la facilité, toutes choses que le Professeur méprisait chez les Occidentaux. Il pratiquait le mensonge et la duplicité avec autant de naturel que la gent féline, alors que le Professeur, au contraire, souffrait presque d'un excès d'honnêteté. Pourtant, leur association fonctionnait en toute harmonie depuis plusieurs années, chacun étant animé par la poursuite de son idéal, islamique pour le Professeur, financier pour Mike.

Mike était l'unique employé d'une société panaméenne au capital d'un million de dollars, l'Armex. Ce n'était guère plus en réalité qu'un amas de papiers enfermés au fond d'un tiroir de son bureau, dans sa superbe villa de Marbella. Elle avait pour principal actionnaire une autre société panaméenne, Falcon, dont les actions, propriété du Professeur, avaient été transférées par lui au gouvernement iranien. Mike s'abritait derrière l'écran d'Armex pour se porter acquéreur à l'intérieur du Marché commun, sur instruction du Professeur, de matériels de haute technologie réglementés.

C'était lui qui avait eu l'idée d'acheter le petit terrain d'aviation de Hartenholm, au nord de Hambourg. Ils s'étaient en même temps rendus propriétaires de deux sociétés allemandes, Nordair, qui s'occupait d'entretien et de réparation d'avions, et LFE, Luftfahrt Electronic, une entreprise spécialisée dans les appareils électroniques et de navigation, qui avait momentanément suspendu ses activités commerciales.

« Achetez le terrain, avait conseillé Mike, et Armex pourra jouer le rôle de courtier auprès de Nordair et de Luftfahrt. C'est d'elle qu'émaneront les commandes d'équipements sophistiqués qui seront expédiés à Hartenholm. Personne ne viendra poser de questions embarrassantes au sujet de la destination finale ou des permis d'exportation puisque, sur le papier, les marchandises ne circuleront qu'à l'intérieur du Marché commun. Pas besoin d'autorisation spéciale dans ce cas. Naturellement, une fois les marchandises livrées à Hartenholm, rien ne nous empêchera de les envoyer en douce à Téhéran. »

Le Professeur attendit pour parler affaires que son garde du corps se fût retiré après avoir servi le café. Il décida de se passer des préliminaires habituels visant à s'informer de la santé de la petite famille. C'était inopportun dans le cas de Mike, dont la femme venait de mourir en tombant de la fenêtre de leur appartement de Madrid, situé au huitième étage, une chute fatale à laquelle, murmurait la rumeur, Mike aurait donné un coup de pouce.

Le Professeur ouvrit le tiroir de sa table de nuit d'où il extirpa un cylindre de métal de la taille d'un stylo. D'une extrémité jaillissait un câble entortillé en spirale. Il le posa avec d'infinies précautions.

— Qu'est-ce que c'est que ce truc ? s'étonna Mike en tendant la main vers l'objet.

Le Professeur lui saisit le poignet.

— Non ! Un faux mouvement et adieu !

Mike retira sa main et se dressa dans son fauteuil.

— Un détonateur d'un nouveau genre, c'est ça ?

Le Professeur sirotait son café en se délectant de sa surprise. Alors, il puisa dans son tiroir un catalogue publié par une société américaine dénommée EG & G, et pointa son doigt sur une ampoule de verre minuscule d'où pendaient trois fils de sept centimètres de long, un rouge, un vert, un blanc. Il coucha le prospectus sur la table d'un geste presque affectueux.

— Et ça, c'est quoi ? demanda Mike. Un têtard à tête de verre ?

— Pas exactement, répliqua le Professeur avec un sourire réjoui. Tu dois bien, j'imagine, prendre le temps de lire parfois notre livre saint. Tu connais donc notre histoire religieuse, avança le Professeur d'un ton doctoral.

— Naturellement.

— Tu te souviens sûrement, par conséquent, de Khalid, justement surnommé « l'Épée de Dieu », ce général qui a traversé le désert de l'Euphrate à Damas à la tête de sept cents hommes et repoussé l'armée de l'empereur byzantin Héraclius à l'ouest de Jérusalem pour ouvrir aux Arabes la route de la Palestine.

— Évidemment, affirma Mike avec une fermeté qui n'avait d'égale que l'étendue de son ignorance.

— Nos gouvernants de Téhéran ont un sens des subtilités de l'Histoire qui semble te faire défaut, ironisa gentiment le Professeur. Ils ont baptisé « opération Khalid » le plan dans lequel ces objets tiendront un jour une place décisive. Comme l'épisode historique auquel elle doit son nom, l'opération Khalid a pour but de rouvrir aux Arabes les portes de la Palestine, de chasser une fois pour toutes les Israéliens du territoire qu'ils ont volé à nos frères palestiniens, afin qu'il redevienne *Dar el-Islam*, « terre d'Islam ».

— Et ils comptent y arriver avec un... Mike cherchait les mots appropriés. Un stylo qui mord et un têtard à tête de verre ? Ils ont pété les plombs, à Téhéran !

— Je ne crois pas. Le Professeur affectait l'air de sage supériorité d'un prédicateur porté par une foi inébranlable en sa vérité. « Notre tâche dans l'affaire va consister à procurer une quantité importante de ces appareils à nos frères de Téhéran. Ce sera la plus cruciale et la plus secrète de toutes nos missions.

— À quoi servent donc ces bitoniaux ?

Le Professeur posa son doigt sur la photo de la petite ampoule que Mike qualifiait de « têtard à tête de verre » et la contempla avec l'attendrissement d'un moine copte pour la plus précieuse de ses icônes.

— Cela s'appelle un « krytron ». C'est tout bêtement un interrupteur, un commutateur électrique capable de transmettre, de la source à la cible, une charge électrique prédéterminée d'une puissance considérable en un temps tellement bref que notre esprit humain ne peut le concevoir.

— OK. Je n'essaierai pas. Et quel est le but ?

— Tel qu'il est conçu, ce « têtard », comme tu dis, a trois usages. Le premier : produire des rayons laser extrêmement intenses et rapides. Ils permettent de couper ou souder des métaux très denses. Le deuxième est lié à des programmes de recherches universitaires ultra-pointues.

— Et le troisième ?

Le Professeur agita dans le vide sa main fine et soignée pour indiquer qu'il n'avait nulle intention de répondre à cette question.

— Il y a quelques années, les génies cupides de l'Occident pensaient qu'en fabriquant des lasers surpuissants ils créeraient une de ces technologies modernes susceptibles de rapporter beaucoup d'argent à beaucoup de gens. C'est la ruine qu'ils ont apportée à la plupart.

Mike se taisait. Il avait subi assez de cours magistraux du Professeur pour savoir s'en tenir au mutisme respectueux sans manifester sa curiosité.

— Parmi eux, un certain Rudolf Steiner, propriétaire d'une entreprise intitulée Lasertechnik qui se trouve à Pinneberg, en Allemagne, tout près de Hambourg. Nos contacts de la région m'ont signalé que *Herr* Steiner se débat dans des problèmes financiers tout à fait dramatiques.

Cette fois, Mike ne put résister à l'envie d'intervenir.

— Comme notre dentiste de Hambourg ? s'esclaffa-t-il. Celui qui s'employait davantage à remplir les poches de sa petite amie qu'à soigner les dents de ses clients ?

— Quelque chose comme ça. Mike, je veux que tu ailles à Hambourg. Que tu te renseignes sur Herr Steiner. Ses idées politiques. Ses sentiments à l'égard du Proche-Orient. La gravité réelle de sa situation financière. Les risques qu'il encourt. Lui et sa famille. S'il est susceptible de faire partie de ces hommes d'affaires allemands prêts à pactiser avec le diable pourvu que ce soit bien payé.

Bollahi pointa sur Mike un index impératif.

— Sois discret. Tu ne dois en aucun cas t'adresser toi-même à ce monsieur Steiner sans mon autorisation. Évite également nos correspondants de la librairie. Je ne veux pas qu'ils sachent que tu es dans le coin ni pourquoi.

Le Professeur ferma les yeux, peut-être pour activer sa pensée.

— Examine son passé familial. Vois si tu y trouves une raison de présumer un antisémitisme latent. D'anciens SS parmi ses parents, par exemple. Ou des jugements pour crime de guerre, pour avoir été gardien dans un camp de la mort.

— Sa vie privée aussi ? Ses habitudes sexuelles ? On découvre parfois de drôles de perversités chez ces businessmen allemands.

— Tu peux toujours y jeter un coup d'œil, Mike, mais je préférerais que nos relations éventuelles avec M. Steiner restent sur le mode amical. Pas de chantage. Il nous faut un homme qui nous soit proprement reconnaissant d'avoir volé à son secours. Assez reconnaissant pour nous aider à obtenir un certain nombre de ces petites bêtes.

— Quand dois-je commencer ?

— Tout de suite. Le plus important, Mike, c'est la discrétion. Je sais que ce n'est pas chez toi une qualité innée. Mais personne, tu m'entends, personne ne doit se douter que nous nous intéressons à Herr Steiner et à sa société.

Dès que Mike fut parti, le garde du corps remit au Professeur un message ultra-secret en provenance de Téhéran. Bollahi en prit connaissance avec un soulagement évident. Tout était prêt pour cette nuit. Il alluma un briquet, mit le feu au message et le lâcha dans un cendrier. Comme il le regardait se consumer, une idée lui traversa l'esprit. Pour l'opération Khalid, ils allaient devoir concevoir un système de communication différent, totalement sûr, suffisamment inviolable pour que les Américains, avec leur fichue NSA et leurs maudits programmes de surveillance électronique, ne puissent jamais le pénétrer.

À trois kilomètres à peine du studio du Professeur, dans un bel hôtel particulier de Belgravia, au 5, Chester Square précisément, une jolie femme blonde contemplait son reflet dans le miroir de sa psyché XIXe à cadre d'acajou rehaussé de cuivre. Elle examinait l'image d'elle qu'il lui renvoyait avec une attention digne d'un lapidaire anversois devant un assortiment de diamants bruts. Nancy Burke Harmian était ravissante. Incontestablement. Depuis sa petite enfance, sa beauté l'accompagnait comme un double immatériel toujours présent à son côté sur les chemins de la vie.

Elle l'acceptait, comme un aspect de sa personne parmi d'autres, un privilège dont elle pouvait user sans en abuser. Mais là, dans le miroir, elle apercevait un supplément d'éclat que toute la beauté du monde n'aurait pu lui donner, celui du bonheur. Rien ne sied aux femmes comme le bonheur, songea-t-elle. C'était de cette douce lumière qu'elle rayonnait ce soir-là.

Elle porta machinalement la main à son oreille. Elle avait mis les pendants en lapis-lazuli qu'elle avait achetés lors d'un voyage en Ouzbékistan. Elle repoussa ses longs cheveux pour mieux les admirer. Leur teinte azurée s'alliait magnifiquement à la couleur plus profonde de ses yeux, que son père prétendait aussi bleus que les eaux du Connemara un matin de printemps. Rodomontade d'Irlandais. Quand elle avait enfin vu les eaux du Connemara longtemps après sa mort, elle avait dû se rendre à l'évidence. Elles étaient tout sauf bleues.

Néanmoins, ces pendeloques, en dépit de leur élégance, seraient-elles à la hauteur de l'événement très spécial qui marquait cette soirée et qui expliquait l'aura de béatitude dont elle était enveloppée ? Ils fêtaient leur premier anniversaire de mariage. Elle faillit pouffer de rire à cette pensée. L'idée qu'on pouvait puiser dans le mariage une telle félicité lui aurait paru, il n'y avait pas si longtemps, aussi incongrue qu'un problème d'algèbre à un Indien inculte d'Amazonie. Elle allait étrenner sa veste bleu marine de chez Armani sur un chemisier de pure soie au dîner qu'elle et son mari devaient partager au Mark's Club avec leurs huit meilleurs amis. L'occasion méritait mieux que ces babioles.

— Chéri !

À l'instant, celui qui répondait à cette tendre appellation s'encadra dans le passage qui séparait la chambre du dressing-room. Tari Harmian, « Terry » pour ses amis anglo-saxons, accusait dix ans de plus que Nancy, un bon mètre quatre-vingts et une ligne encore assez svelte pour exciter la jalousie de ses contemporains moins gâtés par la nature. Il avait le teint basané de ce qu'il appelait avec humour « le Moyen-Oriental d'extraction indéterminée ». Pour sa part, il ne faisait pas mystère de ses origines. Il était iranien, mais il préférait se dire persan, réfugié à l'Ouest depuis la révolution de Khomeiny. Un duvet brun s'épanouissait sur son torse. Son visage revêtait l'apparence d'une sculpture inachevée : un nez busqué dont la courbe s'inclinait à mi-course ; des yeux très noirs logés au fond d'orbites trop vastes qui prêtaient à son regard une expression perpétuellement offusquée. Son menton proéminent semblait le précéder dans l'existence comme la proue d'un galion fendant les flots à l'assaut de l'aventure.

Il glissa un baiser sur l'épaule nue de sa femme.

— Mmm, ronronna-t-elle. Chéri, ce soir, j'aimerais porter les boucles d'oreilles en diamant que tu m'as données pour mon anniversaire.

— Bien. Allons les chercher.

Ils descendirent ensemble deux volées de marches moquettées et pénétrèrent dans le bureau de Terry, qui se trouvait dans l'entrée à droite en venant de la rue. Il se dirigea vers le coffre encastré dans le mur, imprima au bouton quatre rotations et, quand il entendit le déclic, en tira la lourde porte.

Nancy s'agenouilla et y plongea la main. À part sa boîte à bijoux de cuir vert, le coffre était réservé aux affaires de Terry. En l'occurrence, le coffret disparaissait en partie sous une grande enveloppe de papier kraft. En l'écartant, Nancy remarqua sur la couverture brune une inscription en écriture farsi, ou arabe, elle n'avait jamais su faire la différence. Elle posa le coffret à terre, l'ouvrit et y cueillit les boucles d'oreilles qu'elle souhaitait. D'un geste vif et précis, elle les fixa à ses lobes et secoua la tête pour s'assurer qu'elles tenaient.

— Bon, un peu flashant, mais l'occasion en vaut la peine, n'est-ce pas ? dit-elle en riant.

Vingt minutes plus tard, ils étaient prêts à partir.

— Rebecca, lança Nancy à la femme de chambre, ne nous attendez pas. Nous risquons de rentrer tard.

Ils dévalèrent le perron de leur maison XVIIIe, l'une des plus belles de Londres.

— Nous sommes garés douze numéros plus loin, annonça Terry.

Même avec une carte de résident plaquée sur le pare-brise, le stationnement demeurait un vrai casse-tête à Chester Square. Ils se mirent en route main dans la main.

Tandis qu'ils traversaient les jardins privés de Chester Square, deux paires d'yeux les épiaient du trottoir d'en face.

— Parfait, murmura une voix au moment où la Jaguar de Terry s'éloignait dans la rue. Rameute les autres. C'est le moment.

LIVRE DEUX

Nancy

De la salle du trône aux dépendances, songeait Jim Duffy dans l'ascenseur qui le rapatriait de l'étage de la direction, le septième, au rez-de-chaussée. C'était là que les sommités de l'Agence avaient installé le Counter Narcotics Center, le Centre de lutte antidrogue, qui témoignait, à en croire les cyniques, de l'importance de la mission dont l'organisation se sentait investie. Le centre avait été créé tout de suite après la chute du mur de Berlin, à un moment où l'Agence, soudain privée de la guerre froide, cherchait désespérément à justifier aux yeux du Congrès et de l'opinion publique l'énormité de son budget.

Les débuts avaient été houleux. Duffy était bien placé pour le savoir, puisque la première équipe comptait parmi ses membres ce fumier d'Aldrich Ames dont le transfert lui était retombé sur le nez quand Ames s'était révélé être un espion soviétique.

Eh bien, pensa-t-il en sortant de l'ascenseur, me voilà à mon tour enrôlé au PC de la guerre contre la drogue. Moi qui ai travaillé pour l'Agence au Vietnam et en Afghanistan où on nous accuse d'en avoir encouragé le trafic !

Ses nouveaux collègues l'attendaient autour de la classique table de conférence. Il y avait là des représentants du FBI, des Douanes, des Stups, du Trésor et, naturellement, de la CIA. Au milieu de l'écrasante majorité d'hommes se trouvait une seule femme, l'officier des douanes. Devant chacun d'eux fumait un mug de café paré des couleurs et de l'insigne du service auquel il ou elle appartenait. Rien de nouveau sous le soleil, constata Duffy.

L'accueil qu'il reçut tenait à la fois de l'ovation au héros conquérant et du retour de l'enfant prodigue. Le directeur du centre, qui était donc son patron, avait cinq ans de moins que lui. Il poussa Jim vers le siège du président de table avec un empressement dénotant soit une déférence sincère, soit une maîtrise parfaite de cet art de la flagornerie qui est pour les bureaucrates un réflexe de survie.

— Jim, commença-t-il après les présentations, on nous a demandé de vous brosser un tableau de la situation mondiale actuelle en matière d'héroïne.

Le directeur considéra sa tasse de café comme s'il lisait à la surface de ce noir breuvage le reflet du sombre rapport qu'il s'apprêtait à dresser.

— Il se trouve, Jim, telle est la navrante réalité, que la consommation d'héroïne a considérablement augmenté dans le monde au cours des trois dernières années. C'est particulièrement flagrant aux États-Unis et en Europe de l'Ouest. D'une façon générale, l'héroïne reste au cœur du problème de la drogue dans le monde. Le président Clinton lui-même a déclaré récemment que c'était là que résidait le danger le plus grave.

C'est dingue cette manie qu'ils ont de citer la Maison-Blanche à tout bout de champ pour marquer leurs moindres paroles du sceau de la crédibilité, s'énerva Duffy. Cela lui rappelait les jésuites du lycée qui leur ressortaient toutes les phrases de saint Augustin sur les bienfaits du célibat pour tenter de maintenir leurs hordes d'adolescents bouillonnants sur la voie de la virginité.

— L'héroïne n'a pas déferlé d'un coup comme le crack en 1985, continuait le directeur. Elle s'est insinuée peu à peu sans que nous y prenions garde. La production mondiale d'opium a plus que doublé depuis cinq ans. Cela signifie qu'il y a deux fois plus d'héroïne à écouler. C'est Interpol à Lyon, en France, qui détient à notre avis les données les plus précises à ce sujet. D'après leurs estimations, la production mondiale d'héroïne est passée de cent vingt-cinq tonnes en 1984 à cinq cents en 1994, le quadruple en dix ans.

— Ouah !

Duffy ne s'était jamais spécialement préoccupé des problèmes de drogue, mais les chiffres avaient pour lui une signification et ceux-là le laissaient pantois.

— Et ce n'est pas tout. De 1985 à 1996, soit à peu près dans le même temps, les saisies d'héroïne en Europe sont, elles, passées de deux tonnes un à onze tonnes. Là, il ne s'agit plus d'estimations, mais de chiffres bruts. Cinq fois plus.

— Doit-on en déduire que la consommation a quintuplé en dix ans ? demanda un Duffy abasourdi.

— C'est malheureusement la conclusion qui s'impose.

— Mon Dieu ! c'est affolant !

Il avait bien fumé quelques joints de hasch quand il couvrait la guerre d'Afghanistan. En avalant la fumée par-dessus le marché, pas comme Clinton ! Il y avait pris plaisir, mais pas au point de chambouler pour autant toute son existence. Il restait avant tout un adepte du whisky et de la vodka. Il avait, comme bon nombre de ses concitoyens, une vision stéréotypée des toxicomanes. Ils représentaient une petite minorité d'êtres prédisposés à l'usage des drogues qui les minaient par une faiblesse de caractère innée. Il alliait au camé l'image d'un hippy sur le retour qu'on retrouvait inanimé dans les toilettes d'une gare routière, un ruban de caoutchouc serré autour du bras, une aiguille plantée dans la veine. Il n'éprouvait pour eux ni pitié ni mépris, seulement un abîme d'indifférence. C'était un souci qu'il laissait à d'autres. Mais là, le pouvait-il encore ?

— Maintenant, l'Afghanistan, enchaîna le directeur.

Au nom de son ancien terrain d'action, Duffy redoubla d'attention.

— Votre bonne vieille aire d'activité est devenue le plus gros producteur d'opium du monde. Interpol estime que la récolte atteindra cinq mille tonnes en l'an 2000. C'est plus que n'en produisait la planète entière en 1994.

Le sourire du directeur se fit amer et résigné.

— Cependant, le gouvernement préfère ne pas admettre officiellement cette réalité, ni la commenter publiquement. Nous ne souhaitons pas non plus insister sur le fait que le Pakistan et la Turquie sont impliqués jusqu'à la garde dans ce trafic. Nous avons trop besoin d'eux.

— C'est l'heure des constats. Et alors, quoi de neuf ? Sans les gars de l'ISI, nos copains des renseignements pakistanais, nous n'aurions pas pu mener notre guerre en Afghanistan.

— Exact, reconnut le directeur avec une grimace. Et sans l'argent qu'ils tirent du trafic d'héroïne, ils ne pourraient pas non plus entretenir une guérilla au Cachemire.

Duffy haussa les épaules. Il n'avait pas l'intention de se laisser entraîner dans un débat déprimant sur le bien ou le mal-fondé des actions passées de l'Agence.

— Qui consomme toute cette héroïne ?

— Jim.

C'était la dame des douanes qui prenait la parole. Devant sa silhouette ramassée, solide et compacte, on l'imaginait presque chargeant sur son épaule un plein bidon de came pour aller le mettre à l'abri dans un de ses entrepôts.

— L'héroïne, expliquait-elle, touche une nouvelle génération de consommateurs. Finis les drogués à la Lenny Bruce qui se piquaient à qui mieux mieux pour décoller. La clientèle actuelle est jeune, rarement plus de trente ans. Pour une raison que nous n'avons pas éclaircie, la proportion de femmes est largement excédentaire.

— Avez-vous lu ce rapport qui est sorti l'année dernière et qui montrait que les adolescents sont de plus en plus nombreux à tâter de l'héroïne ? demanda quelqu'un.

— Son usage ne se limite pas à une couche sociale bien définie, contrairement au crack qui intéresse presque exclusivement le ghetto afro-américain, poursuivit la dame des douanes sans attendre la réponse de Duffy. Il affecte tous les échelons de la société. Aucun n'y échappe. Stars du rock, cambistes de Wall Street, obscurs scénaristes et réalisateurs de Hollywood, créateurs de mode, photographes et un paquet de mannequins qui croient éviter ainsi les kilos superflus. Ce fou de Calvin Klein a créé la « vogue de la défonce » avec les filles décharnées et inconsistantes à l'air ravagé qu'il aime habiller. À cause de lui, c'est devenu à la mode de se droguer.

— Jim, reprit le directeur, les mœurs des toxicos ont radicalement changé depuis trois ans. Avant, il fallait se piquer pour planer. Cela avait un vague effet dissuasif. Personne n'aime les piqûres. Les nouveaux consommateurs ne s'injectent plus leur dose.

— Comment font-ils ? Ils la bouffent ?

— Ils la fument. Ou la sniffent, comme la coke. C'est devenu simple comme bonjour. Et il court parmi toute cette jeunesse une rumeur trompeuse selon laquelle l'héroïne sniffée ou fumée n'entraîne pas d'accoutumance. C'est un mensonge gros comme une maison que les plus avertis, malheureusement, avalent sans broncher.

— Monsieur Duffy.

C'était le tour, cette fois, de l'officier des Stups, un certain Mike Flynn. Avec ses cheveux noirs et ses yeux bleus, il ne pouvait renier ses origines irlandaises. Une petite trentaine, d'après Duffy. Et le « monsieur » dont il l'accablait trahissait sans doute une éducation confiée à des prêtres et religieuses de quelque école privée.

— Cette brusque épidémie d'héroïnomanie, appelons-la ainsi, est liée à trois phénomènes. D'abord, comme le disait M. le directeur à l'instant, l'augmentation astronomique que connaît la production mondiale d'opium. Ensuite, la baisse tout aussi impressionnante qu'accusent parallèlement les prix à la vente dans la rue. L'héroïne se vendait traditionnellement sur le trottoir trois à quatre fois plus cher que la cocaïne. Depuis 1991, le prix au gramme s'est mis à diminuer partout dans le monde. Actuellement, les deux produits se négocient à peu près au même tarif.

Duffy observait l'homme des Stups. À force de tenter de recruter des agents pour la CIA, il avait appris à déchiffrer le caractère d'un homme sur son visage. Celui-là était sérieux, certainement d'une grande sincérité, mais Duffy pressentait autre chose, une forme de dureté peut-être, le genre capable de pressurer un indicateur en le pendant par les pieds et d'aller ensuite tranquillement boire une bière avec les copains. En passant éventuellement par le confessionnal pour se soigner l'âme.

— Cela dit, la véritable raison de cette explosion réside encore ailleurs, déclara Flynn avec conviction. Dans le degré de pureté de la drogue. Dans les années cinquante et soixante, lors de la dernière épidémie en date, le degré de pureté se situait aux alentours de trois à dix pour cent. À ce niveau-là, il fallait s'injecter la dope pour obtenir un effet. Si on se contentait de la renifler, on en était quitte pour une crise d'éternuements. Maintenant, on atteint des degrés de pureté de soixante-cinq pour cent, six fois mieux qu'avant. Du côté de Boston, pour des raisons qui nous échappent, on arrive à quatre-vingts pour cent. En Europe, on tourne autour de cinquante-soixante. C'est ce qui explique qu'on ne se pique plus. Ce n'est plus nécessaire. À de tels pourcentages de pureté, il suffit de sniffer son content. Ou de fourrer la came dans une cigarette et de la fumer.

— J'ai comme l'impression, commenta Duffy, qu'il y a derrière ça des cadres à la Procter et Gamble, bien affûtés aux techniques de marketing, qui ont soigneusement prémédité la chose de façon à encourager la demande en visant de nouvelles espèces de consommateurs.

— Nous sommes plusieurs à la brigade à partager cet avis, confirma Flynn.

— Jim, intervint de nouveau la dame des douanes. Permettez-moi de vous passer un petit bout de film pris clandestinement par la police de New York ces jours derniers, dans le salon réservé d'une boîte de nuit du centre-ville, le Limelight. Cela vous donnera une idée du problème.

Elle actionna deux ou trois boutons. La lumière s'éteignit et un écran se déroula. Une image noir et blanc un peu floue s'y imprima.

— Ces images ont été filmées un samedi vers trois heures du matin. Rien que du beau monde, membres du show-biz et du spectacle. On n'accède au salon réservé qu'avec de l'argent et des relations. Regardez leurs bras. Vous voyez, ils sont tous en train de se gratter. On dirait qu'on a lâché sur eux un nid de fourmis rouges. C'est un réflexe typique des héroïnomanes. Ils le sont probablement tous. Et c'est un des rendez-vous de la jeunesse dorée les plus courus de New York.

Elle ralluma.

— J'ai mon point de vue de sociologue amateur sur

la question. La coke était la drogue des années quatre-vingt. À plein. Ça cadrait avec les *golden boys* et les années fric. L'héroïne symbolise mieux les valeurs des années quatre-vingt-dix. Il suffit d'écouter ce qu'en disent tous ces jeunes. « Avec l'héroïne, on est dans un état second. On ne perd pas les pédales. On est juste bien. » Ils ont réussi à se persuader que c'était moins dangereux que le crack. Sympa, super-cool.

Elle souligna ces derniers mots d'un ricanement bref.

— L'ennui, c'est que, pour beaucoup d'entre eux, le paradis artificiel va devenir un enfer.

— Et côté sexe, s'informa Duffy. Ça les stimule ?

— Pas l'héroïne. C'est pas le truc pour se mettre en condition. Ils éprouvent une sorte de détachement, la sensation de flotter à l'extérieur d'eux-mêmes. C'est pourquoi les proxos essaient de droguer leurs prostituées. Elles ont moins de mal à s'envoyer le premier barjot qui se présente avec quelques billets en poche.

Maintenant, je sais pourquoi je n'ai jamais pris goût à cette saloperie, se dit Duffy.

— À combien évalue-t-on le nombre des toxicos à l'heure actuelle ?

En tant que spécialiste des stupéfiants, Flynn se chargea de la réponse.

— Les statistiques officielles estiment à six cent mille la population de drogués vraiment accros, ceux qui se piquent. De l'avis général, ce chiffre est inférieur à la réalité. Mais ce n'est pas le plus inquiétant. Ce qui nous préoccupe sérieusement, c'est le nombre des consommateurs occasionnels, ceux qui fument ou sniffent de temps en temps. Nous évaluons leur effectif à trois millions. Flynn courba l'échine. La vérité, c'est que nous ne savons pas combien ils sont. La dépendance à l'héroïne est un processus lent, insidieux. Elle n'est pas instantanée comme dans le cas du crack. Elle s'installe doucement, sans qu'on s'en aperçoive, alors qu'on proclame haut et fort : « Moi, j'arrête quand je veux. » Malheureusement, nous n'avons aucun moyen de prévoir le nombre de toxico-dépendants en devenir ni le temps qu'il faut à chaque individu pour tomber dans l'accoutumance. En tout cas, une fois pris, on a autant de chance de décrocher que de vaincre un cancer généralisé.

— Qu'est-ce qu'on a comme délai approximatif ?

— Trois, quatre, cinq ans. Pour l'héroïne injectée. Pour les autres formes d'absorption, mystère. Ceux qui fument et qui sniffent passeront à l'injection quand ils seront dépendants, ne serait-ce que par économie. Combien parmi ces trois millions de sniffeurs à la petite semaine iront grossir les rangs des indécrochables ? Quels sont ceux qui seront gagnés par l'accoutumance ? Quels sont ceux qui parviendront à l'éviter ? Nous n'en avons pas la moindre idée. Mais, quand ils vireront du loisir de week-end à la toxicomanie en bonne et due forme, c'est là que nous allons voir ce que nous allons voir.

Duffy se remémora l'entretien qu'il avait eu avec le grand patron du septième un moment auparavant.

— Et les intégristes islamiques ? Pensez-vous qu'ils sont pour quelque chose dans ce déferlement ?

— Nous savons qu'ils refilent de la drogue à la bonne jeunesse occidentale et s'appliquent à la détraquer pour accomplir les desseins de Dieu. Vous avez à Bruxelles des dealers marocains qui défendent à leurs sœurs de sortir autrement que voilées et à plus forte raison de fréquenter des « infidèles », mais qui vendent allègrement leur came aux Bruxellois dans la rue. On voit de plus en plus d'Algériens et de Marocains affiliés au FIS, le Front islamique du salut, écouler de la drogue en France et dans le sud de l'Allemagne, avec ordre de la vendre aux Européens uniquement et pas à leurs frères musulmans. On assiste à des guerres de territoires entre Pakistanais et Italiens en Suisse et en

Italie. Quelle part attribuer à l'idéologie ? Quel rôle tient le bon vieil appât du gain ? Allez savoir. À vous de nous le dire, si vous parvenez à le découvrir.

— Eh bien, je vous remercie, soupira Duffy en avalant une dernière gorgée de café, l'œil rivé sur sa montre.

Seize heures quinze. Il se trouvait au milieu de fonctionnaires qui avaient certainement la ferme intention de quitter les lieux à la demie pile. Il était temps de plier bagage.

— Bon. Vous me voyez enchanté de reprendre du service. C'est autrement plus réjouissant que de débiter du bois au fin fond du Maine... enfin, j'espère.

Le Mark's Club de Londres s'abrite dans un vieil hôtel particulier de la fin du XVIIIe siècle situé au 46, Charles Street, à quelques pas de Berkeley Square, l'antique jardin ovale où aurait chanté le rossignol de la légende. Les oiseaux peuvent toujours y gazouiller, leur chant se perd dans le tumulte des voitures qui, en cette fin de siècle, abolit la paix du square.

Rien sur la façade n'indique au passant qu'il s'agit d'autre chose que d'une demeure cossue. L'élégance discrète qui règne à l'intérieur rappelle aux membres et aux visiteurs les autres clubs typiquement anglais auxquels celui-ci s'efforce de ressembler. À une différence près toutefois. Le Mark's Club fonde son existence sur l'idée que l'humanité est composée de deux sexes et non d'un seul. À l'époque iconoclaste des années soixante, son fondateur, Mark Burley, s'était avisé que les hommes de son milieu social préféreraient peut-être dîner en compagnie de quelques jolies femmes plutôt que dans l'atmosphère lénifiante et sans surprise qu'entretenait l'immuable présence de leurs vieux compères d'Eton et de Harvard.

Billy, le portier, reconnut le ronflement de la Jaguar

de Terry Harmian lorsqu'elle s'immobilisa devant le club peu après neuf heures. Une fable amusante, quoique sans doute inventée, nimbait son personnage d'une aura particulière. On prétendait que c'était lui qui conduisait la voiture des fuyards lors du cambriolage de la Brinks Matt en novembre 1983. Il ouvrit d'abord la porte de Nancy et lui tendit le bras pour l'aider à s'extraire du siège encaissé, en admirant secrètement le galbe de ses jambes.

— Bonsoir, monsieur Harmian, dit-il alors en contournant le capot pour prendre la place du chauffeur afin d'aller garer la voiture.

Dès qu'ils eurent franchi le seuil, James jaillit de son vestiaire pour se porter à leur rencontre.

— Quelle bonne idée d'avoir choisi de célébrer votre anniversaire de mariage chez nous, déclara-t-il, rayonnant, en débarrassant Nancy de son manteau.

Il émanait de cet Irlandais sexagénaire un air de distinction dont bien peu de membres attitrés du club pouvaient se prévaloir.

— Vos invités vous attendent là-haut, je crois, ajouta-t-il en désignant d'un mouvement imperceptible de la tête l'escalier qui jouxtait l'entrée de la grande salle à manger.

En raison du caractère exceptionnel de la réception, Terry et Nancy avaient réservé le salon particulier du premier étage. Ils s'engagèrent bras dessus bras dessous dans l'escalier aux murs tapissés de tableaux animaliers, de portraits d'enfants et de scènes de chasse qui semblaient synthétiser tous les goûts artistiques du propriétaire des lieux.

Bruno, le maître d'hôtel, se tenait à la porte pour les accueillir avec l'empressement contenu que réclamait la circonstance. Dix couverts occupaient la longue table fleurie de trois bouquets d'azalées et de camélias, ainsi que l'avait demandé Nancy. Au fond, un authentique feu de bois pétillait dans l'âtre. Leurs invités avaient déjà quitté les fauteuils et canapés pour les entourer.

Bruno désigna une femme mûre en jupe de satin noir et tablier blanc qui semblait prête à passer une audition pour le rôle de la camériste dans une pièce de boulevard.

— Henrietta va s'occuper de vous.

Ses derniers mots se fondirent dans le brouhaha d'exclamations et de vœux qui s'abattaient sur les héros de la fête. Amorçant un mouvement circulaire, Terry vers la droite, Nancy vers la gauche, ils firent le tour de leurs amis qu'ils saluèrent et embrassèrent un à un.

Ils formaient un essaim cosmopolite de nationalités diverses, saoudienne, syrienne, australienne, française, russe, polonaise et flamande, avec, au milieu de cette arche de Noé, un ou deux vrais Britanniques. Soirée londonienne type, sourit Nancy en son for intérieur.

Le dîner fut somptueux, délicieux et merveilleusement gai, de ceux qui restent gravés dans les mémoires de longues années durant.

Il était plus d'une heure quand ils regagnèrent Chester Square. Il n'y avait, comme d'habitude, pas une place libre à l'horizon.

— Descends toujours, ma chérie, lui dit Terry. Je vais aller me garer de l'autre côté du square.

Puisque les Londoniens dignes de ce nom mettent un point d'honneur à n'habiter que les immeubles anciens, songeait Nancy en farfouillant dans son sac à la recherche de ses clés, ils ne doivent pas se plaindre, n'ayant pas de garage, d'avoir à se plier tous les jours à la quête horripilante d'un stationnement.

Elle entra, claqua la porte derrière elle et rajusta ses cheveux avant d'ôter son manteau.

C'est alors qu'un bras se referma sur sa gorge, l'enserrant dans un étau d'acier avec tant de vigueur qu'elle fut littéralement soulevée de terre. Au même instant, la pointe acérée d'un couteau se posa sur sa tempe.

— Silence ! chuchota une voix. Pas de bruit.

Nancy crut que son agresseur allait l'étrangler. La trachée bloquée, elle sentait déjà ses yeux près de saillir de leurs orbites. Une pensée traversa son esprit halluciné de terreur. Des voleurs ! Une bande de ces voyous dont les méfaits emplissent les journaux.

Un comparse surgit de la zone d'ombre protégée par l'escalier, le visage dissimulé derrière un bonnet de laine. Il tenait à la main un rouleau de ruban adhésif. Il en détacha un grand morceau, marcha vers Nancy et le lui plaqua en travers de la bouche, lui scellant lèvres et mâchoires.

Elle ne pouvait plus émettre qu'une plainte infime et pathétique. Ses genoux fléchirent, une nausée lui tordit l'estomac, un sentiment d'horreur impuissante l'assaillit. Terry, où donc était Terry ?

L'homme avait décroché de sa ceinture une paire de menottes dans lesquelles il emprisonna ses poignets.

— Emmène-la à l'étage, ordonna-t-il à celui qui la maintenait par le cou.

Il relâcha son étreinte, se planta devant elle et la saisit par les menottes pour l'entraîner, moitié poussant, moitié tirant, vers l'escalier. Il portait lui aussi un bonnet de ski baissé jusqu'au menton et percé de trois trous pour les yeux et le nez.

Dès les premières marches, Nancy trébucha.

— Debout ! aboya son gardien.

Épuisée, le genou endolori, elle parvint vaille que vaille à se hisser jusqu'au palier. Il poussa la porte de la chambre et l'envoya rouler sur le sol d'une violente bourrade dans le creux des reins. Il referma la porte et se pencha sur elle.

Seigneur, s'alarma Nancy, la joue écrasée contre les fibres rugueuses du tapis, il va me violer, là, dans ma propre chambre. Il n'en fut rien.

— Debout ! gronda-t-il encore une fois.

Elle se releva tant bien que mal. Sous son bas déchiré, son genou maintenant parcouru d'élancements commençait à enfler. Alors seulement elle aperçut Rebecca, sa femme de chambre, bâillonnée comme elle et ligotée sur une chaise. L'homme attira Nancy vers une autre chaise. Elle remarqua, tandis qu'il la malmenait, que le lit n'était pas préparé pour la nuit. Ce qui voulait dire que Rebecca était tombée aux mains de ces brutes peu après leur départ pour le Mark's Club. Ils occupaient la maison depuis un bout de temps et, pourtant, ils ne l'avaient pas dévalisée comme font les cambrioleurs ordinaires qui s'emparent du poste de télévision, de la chaîne stéréo, de l'argenterie. Pourquoi ? Avaient-ils attendu leur retour pour s'en prendre à eux ?

Nancy comprit soudain. Les bijoux ! Quelqu'un chez l'assureur les avait informés de leur valeur. C'était ainsi qu'ils travaillaient, sur indication.

Cette idée lui apporta un bref soulagement qui apaisa pour un moment la panique, la peur paralysante qui l'anéantissaient. Au moins, ils n'avaient pas l'intention de les tuer. Une fois en possession des bijoux, ils prendraient le large.

Et Terry ? Où était-il passé ? Il devait être rentré depuis le temps. Ils avaient fait capitonner la porte de leur chambre pour préserver leur sommeil des bruits extérieurs. Elle était captive d'un tombeau de silence, incapable de percevoir le moindre son provenant de la maison. Oh, mon chéri, suppliait-elle intérieurement. Ne joue pas au héros. Donne-leur les bijoux et qu'ils s'en aillent !

Tandis qu'elle se rongeait d'angoisse, son ravisseur lui avait enlevé les menottes et s'employait à l'attacher à la chaise à l'aide d'une corde. Malgré l'épouvante qui lui glaçait le corps et l'esprit, elle se souvint d'un détail qu'elle avait vu dans un téléfilm. Elle inspira pour gonfler sa poitrine au maximum. Ainsi, quand elle viderait ses poumons, la corde lui paraîtrait un peu moins serrée.

L'homme examina son œuvre, et, sans doute satisfait, traversa la pièce, éteignit et ouvrit la porte. Sa silhouette se découpa un court instant dans le rectangle de lumière venu du palier. Alors, il referma, les laissant transies d'effroi dans l'obscurité. Nancy avait eu beau tendre l'oreille quand l'homme était sorti, elle n'avait rien entendu, pas un murmure, pas un signe de vie.

Elle scruta la pénombre faiblement éclairée par la lueur des réverbères de Chester Square qui jetaient sur le plafond de la chambre de pâles rayons obliques. Le salut se trouvait à cinq mètres. Sur la table de nuit. La masse noire du téléphone. Cinq mètres ! Qui lui en paraissaient cent. Si elle parvenait jusque-là, ses mains étaient libres à partir des poignets. Elle devrait pouvoir décrocher et composer le numéro magique de la police. La standardiste saurait-elle entendre un appel au secours dans les plaintes inarticulées que lui enverraient les ondes ? Ou croirait-elle à la mauvaise blague d'un déséquilibré ?

Comment y arriver ? Comment franchir la distance infinie qui la séparait du téléphone ? En rampant avec la chaise ?

Tout à coup, la porte claqua avec fracas. Nancy cligna des yeux, atterrée et éblouie par le flot de clarté soudaine. Ses agresseurs se ruèrent sur elle. D'un geste brusque, ils la soulevèrent et l'emportèrent, rivée à sa chaise, comme une invalide que trimbaleraient des infirmiers dans les couloirs d'un hôpital. En atteignant le rez-de-chaussée, elle vit de la lumière dans le bureau de Terry. C'était là qu'ils l'emmenaient.

Un cri suraigu, guttural, jaillit derrière son bâillon quand elle découvrit le spectacle qui l'attendait. Elle faillit vomir, se dit qu'elle allait mourir étouffée par les restes de son repas de fête.

Terry était renversé sur son fauteuil, le visage réduit à un amas méconnaissable de chair et d'os ensanglantés. Son œil gauche, à demi-arraché, pendait au bord de son orbite. Son nez écrasé déversait sur sa bouche et son menton un flot de sang qui étalait sur sa chemise une grande tache brune. Derrière ses lèvres tuméfiées, les dents manquaient. L'une d'elles était restée accrochée au revers de sa veste. Il respirait avec difficulté, la bouche ouverte. Un bouillonnement sanglant s'en échappait au rythme de son souffle.

Deux autres hommes masqués encadraient son mari. Un troisième lui faisait face, courbé sur le bureau, dans la position du meneur chargé de superviser les tortures infligées à son pauvre Terry. Il se redressa et sortit de la pièce. Du coin de l'œil, Nancy le vit traverser le hall et décrocher du mur leur miroir vénitien du XVIe siècle.

Il revint en le brandissant comme un trophée et le plaça devant Terry.

— Regarde !

Il tendit le bras vers Nancy.

— Si tu ne m'ouvres pas ce coffre immédiatement, elle sera dans le même état dans cinq minutes.

Terry marmonna quelques mots déformés par le flux de sang qui lui emplissait la bouche. Nancy s'avisa tout à coup que ce n'était pas de l'anglais. Il parlait farsi. Ces sauvages n'étaient pas des cambrioleurs, mais des Iraniens. C'était ce que Terry essayait de lui dire en s'adressant à eux dans cette langue. Un vertige la saisit. S'agissait-il d'hommes de main des mollahs ? Si c'était le cas, c'étaient des tueurs. Tous les Iraniens connaissaient les méthodes de la Vevak, qui envoyait ses sbires exécuter à l'Ouest les ennemis du régime. Terry avait-il appartenu à un mouvement d'opposition sans qu'elle s'en doute ?

Celui qui tenait le miroir avait, lui aussi, compris son intention.

— Fumier ! s'écria-t-il en laissant tomber le miroir qui s'écrasa sur le sol.

Il prit un pistolet et en abattit la crosse sur le crâne de Terry. Puis il tournoya sur lui-même, fut en trois enjambées devant Nancy et lui asséna un féroce crochet du droit sur la pommette. Elle poussa ce qui aurait dû être un cri mais qui se résuma à un glapissement perçant, en suppliant mentalement son mari de leur ouvrir ce maudit coffre. Pour l'amour du ciel, Terry ! Donne-leur ce qu'ils veulent ! Quelle importance ?

Comme si quelque mystérieux phénomène télépathique lui avait transmis le message muet de sa femme, Terry bredouilla :

— D'accord. D'accord. 70 à droite.

L'un des hommes s'agenouilla devant le coffre, dont il actionna précautionneusement le bouton.

— 85 à gauche, reprit Terry quand l'homme eut terminé la première manœuvre.

Ce dernier s'exécuta.

— Encore 85 à droite.

L'homme suivait ses indications.

— Et 300 à gauche.

Il tourna la molette. À 300, un déclic se fit entendre. La lourde porte du coffre pivota d'un centimètre sur ses gonds.

— Bien, approuva le chef. S'adressant aux deux malabars qui avaient transbahuté Nancy telle la reine de Saba, il ajouta : Ramenez-la dans la chambre.

Cette fois, les deux porteurs ne s'embarrassèrent d'aucun ménagement. Ils la lâchèrent sans façon avec sa chaise au plus près et se carapatèrent aussitôt. Le souffle haché, Nancy s'efforçait de surmonter les tremblements et les assauts de nausée nés de l'horreur de ce qu'elle venait de vivre.

Les détails macabres de la scène dansaient dans sa mémoire, le corps martyrisé de son mari, son visage en sang, le craquement qu'avait produit le coup de crosse sur sa tête. Le monstre avait dû lui fracturer le crâne. Terry allait se vider de son sang ou mourir de ses blessures, si ces barbares ne l'achevaient pas avant d'une balle dans la tempe. Si son Terry bien-aimé avait la moindre chance d'en réchapper, elle devait essayer de le sauver.

En la posant juste derrière la porte dans leur hâte, les deux porteurs avaient réduit de moitié le chemin à parcourir jusqu'à la table de chevet. Il ne restait qu'un peu plus de deux mètres entre elle et le téléphone salvateur. Cette constatation ranima son espoir. Je peux y arriver, se répétait-elle. Il le faut.

Lentement, pour ne pas basculer et se retrouver affalée sur le tapis sans pouvoir bouger, elle s'inclina en arrière en prenant appui sur un pied de la chaise. Elle resta une seconde en équilibre instable. D'une poussée du genou et de la hanche, elle propulsa l'autre pied en avant. Elle réitéra son dandinement de l'autre côté.

Ça marchait ! Elle avait gagné dix centimètres.

Elle demeura un moment immobile, l'oreille aux aguets. Tout n'était que silence. Allaient-ils revenir les tuer, Rebecca et elle ? Ou avaient-ils déjà pris la fuite ?

Elle devait à tout prix atteindre ce téléphone. Elle le pouvait. Elle y mettrait toute son énergie. Et si elle devait mourir, au moins que ce soit en tentant quelque chose.

Elle reprit son pénible cheminement, progressant centimètre par centimètre vers l'appareil tapi dans l'ombre sur le plateau de la table de nuit. La corde lui meurtrissait la taille et les jambes à chaque élan. Chaque fois que son pied touchait terre, une douleur fulgurante éclatait dans son genou.

Combien de temps dura ce laborieux trajet ? Elle n'en avait pas la moindre idée. Mais elle savait qu'à chaque étape de cette interminable épreuve la même pensée lui martelait l'esprit : si je n'atteins pas ce téléphone, nous allons mourir.

Quand elle fut arrivée à moins d'un mètre, elle commença à distinguer les contours de l'appareil. Elle y puisa un regain de volonté pour accomplir les dernières contorsions qui l'en rapprochaient et venir à bout des derniers centimètres.

Alors elle saisit le cordon entre ses doigts et tira doucement l'appareil au bord de la table. Elle put dès lors attraper le combiné. En se penchant vers la table, elle réussit à le détacher de son support.

Rien.

Les salauds ! Ils avaient coupé la ligne. Elle resta un instant pétrifiée de peur et de désespoir et puis, soudain, elle eut une illumination. Son portable ! Pour que rien ne vienne troubler leur dîner d'anniversaire, elle l'avait retiré de son sac juste avant de partir et rangé dans le tiroir de la table de nuit. Là, à portée de sa main. Ces rustauds n'avaient pas dû y penser. Ils ne savaient sans doute même pas ce qu'était un téléphone mobile.

Elle vira sur sa chaise pour se trouver dos au tiroir. Elle se balança vers l'arrière pour y fouiller à loisir.

Elle le tenait ! Elle s'en empara, stabilisa sa chaise et se baissa autant que le lui permettaient ses liens pour réduire le plus possible l'écart entre ses lèvres scotchées et l'appareil coincé dans sa paume.

La merveille de ce petit gadget, c'était qu'on pouvait le manipuler d'une seule main. Elle l'alluma, reconnut la tonalité et composa sur les touches le numéro des urgences, 999. Au bout de trois sonneries, une voix féminine prononça les mots tant attendus, qui sonnèrent aux oreilles de Nancy comme la plus douce des musiques.

— Services d'urgence. Qui demandez-vous ? Pompiers, police ou ambulance ?

Elle proféra la seule réponse qu'elle était en mesure de fournir, trois couinements aigus incompréhensibles. À un grand kilomètre de là, au standard de Scotland

Yard, Doris Maloney entendit ces sons inintelligibles en fronçant les sourcils. Son écran lui indiquait que l'appel venait d'un cellulaire ayant pour numéro 083672587 et pour abonnée une certaine Mme Nancy Harmian, demeurant 5, Chester Square.

— Êtes-vous madame Nancy Harmian ? demanda-t-elle.

Une fois encore, Nancy répondit comme elle pouvait, par un autre couinement qui serait interprété, elle l'espérait, comme une affirmation.

Comme toutes les opératrices affectées au standard des urgences, Doris Maloney avait reçu une formation intensive avant de prendre son poste. Le central pouvait enregistrer jusqu'à dix mille appels certains soirs de fin de semaine. Les standardistes devaient savoir distinguer les vraies urgences des communications moins sérieuses, la petite vieille qui a perdu son chat, les fausses alertes à la bombe, les gamins éméchés qui téléphonent pour s'amuser. Elle eut vite fait de décider.

— Madame Harmian, essayez de rester en ligne. Je vous transfère sur la police qui pourra mieux vous aider.

« Je reçois des bafouillements étranges d'un téléphone mobile inscrit au 5, Chester Square, expliqua-t-elle au policier à qui elle transmit la communication. Je crois que c'est l'abonnée que nous avons en ligne.

L'agent 1023 Jake Cowe prit l'appel et examina les données qui apparaissaient sur son écran. Le 5, Chester Square se révélait une adresse sans histoires. Aucun incident n'y avait jamais été signalé, aucun de ses habitants n'était connu de la police, comme auteur, par exemple, de tapage ou de violences domestiques.

— Madame Harmian, est-ce que vous appelez de chez vous, du 5, Chester Square ?

À son tour, il n'obtint qu'une plainte indéchiffrable en guise de réponse.

— Madame Harmian, reprit-il, ne quittez pas. J'envoie une voiture de police à votre domicile.

À lui maintenant de prendre une décision. Il pouvait déplacer une voiture du Yard ou en charger le commissariat de Gerald Road, responsable du périmètre. Il pouvait s'agir d'une plaisanterie ou d'une mauvaise blague, or les véhicules du Yard étaient réservés aux interventions d'absolue priorité. Mieux valait avertir Gerald Road, trancha-t-il. D'un effleurement de touche, il renvoya les informations affichées à l'écran sur celui de la salle des CAD, les transmissions assistées par ordinateur, de Gerald Road, avec la mention : « mission locale ». Au commissariat, l'officier de service parcourut rapidement le message et appela aussitôt le radiotéléphone du véhicule en patrouille sur le secteur.

— Alpha Bravo 3, êtes-vous disponibles pour un déplacement sur zone ?

— Oui, allez-y.

— Il nous arrive des choses bizarres d'un téléphone portable, numéro 083672587, adresse 5, Chester Square. Peut-être un problème interne. Veuillez aller jeter un coup d'œil. Votre numéro de mission est le 19. Rendez compte dès votre arrivée sur les lieux, s'il vous plaît.

L'officier passa de son micro de radio au téléphone qui était resté branché.

— Madame Harmian ? Vous êtes toujours là ? Surtout ne raccrochez pas, dit-il après un nouveau chuintement insaisissable de son interlocutrice.

Par un heureux hasard, la voiture radioguidée ne se trouvait qu'à quelques centaines de mètres de Chester Square. Trois minutes plus tard à peine, elle annonçait :

— Mission 19, Alpha Bravo 3 sur place. La maison est sombre. L'agent Dansey va en reconnaissance.

Dansey, qui conduisait la voiture et était le plus gradé, sortit équipé d'une torche.

— Reste près de la radio en cas de pépin, recommanda-t-il à son coéquipier qui inaugurait sa première ronde de nuit.

Dansey fit lentement le tour de la maison, attentif à d'éventuels signes d'effraction. Il ne remarqua rien d'anormal. Il braqua sa torche sur les fenêtres du rez-de-chaussée pour tenter de surprendre une présence. Malheureusement, elles étaient toutes tendues de rideaux. Il colla son oreille contre une vitre. Peine perdue.

— Écoutez, Charley, rapporta-t-il à son correspondant quand il eut regagné la voiture. Tout est noir et parfaitement silencieux. Je ne tiens pas à débouler dans la maison en enfonçant la porte. Vous avez toujours vos sons inarticulés au bout du fil ?

— Affirmatif.

— Bon. Voici ce que je propose. Je vais retourner à la porte et sonner longuement. Au moment où j'appuierai sur la sonnette, je ferai un signe à Timmy, qui est avec moi. Vous demanderez à la personne que vous avez en ligne de vous adresser deux grognements, ou appelez ça comme vous voulez, dès qu'elle entendra la sonnerie. Ainsi, au moins, nous saurons s'il y a vraiment quelqu'un en difficulté à l'intérieur ou si c'est un plaisantin qui nous mène en bateau.

Dansey repartit se poster devant la porte. Il leva la main en direction de son coéquipier et pressa fermement le bouton de la sonnette.

— Ils ont entendu ! Ils ont entendu ! s'écria Timmy, tout excité par sa première nuit de patrouille.

Dansey revint à la voiture et se pencha sur la radio.

— Existe-t-il un passe pour cette maison ? demanda-t-il.

L'agent du Yard s'était déjà renseigné.

— Négatif.

— Dans ce cas, nous allons devoir forcer la porte, Charley.

— Cassez plutôt un carreau, Dansey. C'est moins cher à remplacer, n'est-ce pas ?

— J'ai vu une fenêtre juste à côté de la porte d'entrée. Je peux casser la vitre avec ma torche et pénétrer à l'intérieur, mais je préférerais que vous m'envoyiez un véhicule de renfort au cas où je trouverais du grabuge.

À Londres, les policiers qui patrouillent dans les Rover radioguidées des commissariats ne sont pas armés, contrairement à certains de leurs collègues des unités volantes.

— Alpha Bravo 6 en route, avertit l'officier du Yard.

Presque aussitôt, la voiture annoncée parut, surmontée du clignotement bleu de son gyrophare, et vint se garer derrière la Rover.

Après avoir exposé la situation aux nouveaux venus, Dansey appela son jeune coéquipier.

— Timmy, mon garçon, viens. On y va.

Dansey s'arrêta un instant devant la porte, espérant une dernière fois percevoir un bruit ou un mouvement. Alors, il se résigna en soupirant à fracasser la vitre de la fenêtre la plus proche. Puis il avança la main pour écarter les rideaux et dirigea le faisceau de sa lampe sur les ombres de la pièce. C'était le bureau de Terry Harmian.

— Doux Jésus !

— Qu'y a-t-il, patron ? s'informa son jeune adjoint, qui tendit le cou pour profiter lui aussi du spectacle.

Le rayon de sa torche rejoignit celui de Dansey, fixé sur un corps arrimé à un fauteuil au fond de la pièce, le visage déchiqueté avec, sur le mur noir auquel il était adossé, une constellation d'éclats d'os et de cervelle projetés là par le coup de feu qui lui avait éclaté la tête.

— Mon Dieu ! souffla Timmy, sentant monter en lui un incoercible haut-le-cœur.

— Quoi ? Tu n'as jamais vu de cadavre ?

— Pas dans cet état.

Pendant ce temps, Dansey avait allumé la radio qui le reliait à la salle des transmissions de Gerald Road.

— Ici mission 19. Il me faut une ambulance, l'officier de service et la PJ. Nous avons un sérieux problème ici. Et un mort, je le crains.

Il coupa la communication et se tourna vers Timmy.

— Une chose est sûre. Ce n'est pas lui qui poussait ces espèces de miaulements au téléphone. Il doit y avoir quelqu'un d'autre dans la maison.

Au poste de Gerald Road, l'officier des transmissions avait déjà demandé une ambulance à l'hôpital de Westminster, contacté l'inspecteur en chef à bord de son véhicule, et conversait maintenant avec le sergent détective de la police judiciaire qui arpentait la ville dans une voiture banalisée en compagnie de son adjoint.

— Alpha Bravo 1, on nous signale des faits criminels d'une extrême gravité qui requièrent votre présence au 5, Chester Square.

— Alpha Bravo 1. Nous sommes à Sloane Square. Nous nous rendons sur les lieux.

Devant la maison, Dansey en était encore à se demander comment il allait escalader la fenêtre du bureau de Terry Harmian lorsque le conducteur de la voiture de renfort lui cria :

— L'inspecteur et la PJ sont en route.

Presque aussitôt, Dansey entendit au loin la clameur d'une sirène.

Il hésitait. Dois-je entrer ? Ou vaut-il mieux attendre les spécialistes ? Timmy posait sur lui un regard interrogateur. Depuis vingt-cinq ans qu'il officiait dans la police métropolitaine, Dansey avait appris à juger des moments où il pouvait agir seul et des cas où la sagesse conseillait de laisser l'initiative à ses supérieurs. Il esquissa un geste vague vers le mugissement qui se rapprochait.

— Ils arrivent. Attendons-les, dit-il à Timmy.

L'inspecteur-chef bondit de sa voiture, gravit les marches au pas de course et observa le sinistre spectacle à la lueur des torches en écoutant les explications de Dansey.

— OK, dit-il à Dansey. Vous allez entrer et nous ouvrir la porte. Surtout, ne touchez à rien.

Dansey obtempéra. Quand la porte s'ouvrit, l'inspecteur s'adressa à Timmy :

— Vous, jeune homme, vous allez rester posté ici. Sortez votre calepin. Vous noterez les noms de toutes les personnes qui entrent, l'heure de leur arrivée et celle de leur départ. À part l'officier de la police judiciaire et l'équipe médicale, personne ne doit pénétrer sans mon autorisation expresse, c'est clair ?

— Oui, m'sieu.

Suivi à distance respectueuse par Dansey, l'inspecteur-chef gagna le bureau ; à la lueur de sa torche, il repéra l'interrupteur qu'il actionna après s'être enveloppé la main d'un mouchoir. Les deux policiers examinèrent la pièce d'un œil exercé, la silhouette brutalisée de Harmian dans son fauteuil, le coffre béant, le miroir vénitien gisant, démantelé, dans une profusion de verre brisé. L'inspecteur se dirigea vers le corps de Harmian, en se déplaçant avec circonspection. Il exhuma de sa poche une petite glace qu'il approcha des vestiges mutilés de son nez. Aucune condensation ne vint en troubler la surface.

— Pas besoin d'ambulance pour lui. Il est cuit.

Les deux hommes ressortirent en refermant derrière eux.

— Vous, dit l'inspecteur à l'un des agents de l'équipe de renfort, vous allez monter la garde devant cette porte.

Comme l'agent s'avançait pour prendre son poste, le détective de la police judiciaire parut à son tour.

— Inspecteur, dit-il d'un ton empli de respect, que se passe-t-il ?

Bien que moins gradé que l'inspecteur, c'était lui qui était désormais chargé de l'affaire.

— Bien, conclut-il quand l'inspecteur l'eut mis au fait, avez-vous fouillé la maison ?

— Pas encore.

— Alors, allons-y.

Dansey, l'inspecteur et le détective de la PJ entreprirent une exploration méthodique, en procédant pièce par pièce. C'est en abordant la chambre qu'ils découvrirent Rebecca et Nancy, toujours cramponnée à son téléphone mobile. Dansey se précipita pour ôter la bande adhésive qui lui barrait la bouche, mais le détective l'arrêta.

— Comme ceci.

Il saisit le ruban par un coin sous l'oreille gauche de Nancy et le décolla doucement. Sa méthode n'avait pas tant pour but d'atténuer la douleur induite par l'opération que d'éviter de contaminer le ruban qui pourrait servir de pièce à conviction.

— Mon mari ! fut le premier cri qui franchit les lèvres de Nancy dès qu'elle fut en mesure d'articuler. Où est mon mari ? Est-il en vie ? Est-ce qu'ils l'ont tué ? Où est-il, oh ! mon Dieu, où est-il ?

L'inspecteur et Dansey restèrent muets et immobiles. C'était au sergent détective qu'il appartenait de décider de la réponse à apporter à la femme affolée qui les pressait de questions.

— Nous nous occupons de votre mari, madame Harmian, assura le détective d'une voix aussi apaisante que possible. C'est bien à madame Harmian que je m'adresse, n'est-ce pas ?

— Oui, oui, sanglotait Nancy. Où est-il ? Amenez-moi auprès de lui. Je veux le voir.

Le sergent savait déjà qu'il ne laisserait en aucun cas cette femme affreusement éprouvée se rendre dans la pièce où avait eu lieu le meurtre. Cela ne ferait qu'aggraver l'état de choc dans lequel elle se trouvait. Elle avait avant tout besoin de soins médicaux, ainsi que l'autre personne qui était avec elle. Il allait y veiller en priorité. Après seulement, il jugerait du moment et de la manière qui conviendraient pour lui annoncer la mort de son mari et commencer à prendre sa déposition.

— Coupez les cordes, commanda-t-il à Dansey. N'essayez pas de défaire les nœuds. Ils sont parfois caractéristiques de certains truands qui y laissent comme une signature.

Tandis que Dansey s'employait à libérer Nancy, le détective s'agenouilla près d'elle.

— Vous venez de subir une terrible épreuve, madame. Comme je vous l'ai dit, nous nous occupons de votre mari. Maintenant, nous allons nous occuper de vous et de cette autre personne. L'ambulance qui est en bas va vous emmener à l'hôpital.

Nancy ne s'en laissait pas conter.

— Non ! je vais très bien. Je veux voir mon mari. Où est-il ? Déjà à l'hôpital ?

Nancy venait d'ouvrir la porte au pieux mensonge dont il avait besoin pour la convaincre d'aller se faire soigner.

— Oui. Je vous le répète. Nous prenons soin de lui, tout comme nous allons prendre soin de vous et de votre amie.

Les infirmiers venaient de débarquer dans la chambre avec leurs civières.

— Tout va bien se passer, promit le détective à Nancy. Ce policier va vous accompagner, ajouta-t-il en désignant Dansey. J'irai vous voir dès que j'en aurai terminé ici.

— Mais mon mari...

— Il est en de bonnes mains, je vous assure.

Malgré ses protestations, Nancy se retrouva allongée sur la civière et transportée vers l'ambulance qui attendait devant l'entrée. Quand elle démarra, l'inspecteur et le détective avaient déjà commencé leur travail d'inspection dans le bureau de la victime, les mains enfoncées dans les poches pour ne pas risquer de brouiller les empreintes.

— On dirait que ce gars-là avait des ennemis qui ne le portaient pas dans leur cœur, remarqua le détective. Vous avez des infos sur lui ?

— Pas grand-chose. Iranien. Vit à Londres depuis une douzaine d'années. Carte de résident permanent. Je ne suis pas très sûr, mais je crois qu'il est arrivé en Angleterre au titre de l'asile politique après la chute du Shah. Il doit avoir de l'argent parce qu'il a un bail de soixante-dix ans sur la maison.

— Sa femme ?

— Américaine.

— Bon. Le détective se tourna vers le policier qui l'assistait. Contactez le Yard. Nous allons avoir besoin de leur police scientifique, d'un médecin légiste, d'un photographe et d'un spécialiste des empreintes. Pendant que vous y êtes, prévenez le bureau des relations avec la presse et demandez-leur de nous envoyer quelqu'un pour nous débarrasser des chacals.

Deux étrangers, un meurtre atroce dans un quartier chic : une affaire trop importante pour qu'il s'en dépêtre tout seul, le détective de la PJ s'en rendait compte. La Police métropolitaine de Londres est répartie en quatre secteurs. Chacun possède son équipe d'investigation criminelle, composée d'une demi-douzaine de superintendants détectives qui assurent la permanence par roulement. Ceci est un crime à leur pointure, se dit le sergent en empoignant sa radio.

Le superintendant détective Fraser MacPherson dormait du sommeil du juste dans son lotissement de Clapham quand il reçut l'appel. Sans ouvrir les yeux, il tendit machinalement la main vers le combiné posé sur sa table de nuit.

— Désolé, monsieur, s'excusa le sergent, mais nous nous trouvons chargés d'enquêter sur un crime qui nous paraît assez épineux.

Ils commencent toujours par le meilleur, songeait MacPherson en écoutant, les yeux désormais grands ouverts, les explications de son interlocuteur. Mue par la force de l'habitude, sa femme prenait déjà le chemin de la cuisine pour lui préparer le café noir indispensable au bon démarrage de ces missions nocturnes.

— Entendu, approuva MacPherson quand l'autre eut terminé. Appelez le sergent de garde pour lui dire de venir me chercher. Nous arrivons au plus vite.

Merde, soupira-t-il en se traînant vers la salle de bains, encore une nuit de sommeil sacrifiée à la Couronne britannique. Comme son nom l'indiquait, MacPherson était écossais.

C'était aussi un homme de parole. Moins d'une demi-heure plus tard, il se présentait au 5, Chester Square, son sergent adjoint sur les talons. Les policiers en uniforme s'écartèrent avec respect sur son passage. C'était un homme à la stature imposante qui avançait de la démarche chaloupée d'un marin soucieux de garder l'équilibre sur un pont glissant. Ce balancement lui donnait un air vaguement menaçant alors qu'il le devait en réalité à un problème de dos hérité d'un saut en parachute qui avait mal tourné à l'époque où il servait dans le régiment parachutiste.

— Bonjour, monsieur, dit avec déférence celui qui avait interrompu sa nuit.

MacPherson ne répondit pas. Il observait déjà la pièce théâtre du meurtre, évaluait le travail effectué au cours de l'heure écoulée, s'il avait été bien ou mal exécuté, et ce qu'il restait à faire. Les policiers de Gerald Road avaient installé un cordon de sécurité autour de la maison. Le spécialiste des pièces à conviction s'employait déjà à répertorier tous les objets recueillis dans le bureau à titre de preuves pour être soumis au laser et au relevé d'empreintes. Pas de cheveux blancs, remarqua tristement MacPherson. C'était à lui qu'incombait le rôle le plus important. Une seule erreur dans ce prélèvement, si minime soit-elle, due à la négligence ou à l'inexpérience, et la défense s'en donnerait à cœur joie lors du procès. Le médecin légiste, une femme, avait constaté le décès. Elle n'a certainement pas besoin d'un doctorat en médecine pour ce diagnostic, se dit MacPherson, mais il fallait en passer par cette formalité.

Il aperçut le coffre ouvert.

— Je veux un jeu de photographies de ce coffre et de tout son contenu avant que vous touchiez à quoi que ce soit, ordonna-t-il au responsable des pièces à conviction.

MacPherson avait pour devise dans l'exercice de son métier de détective : « Agir sans précipitation, c'est agir avec raison. » Il n'aimait pas jouer les donneurs de leçon, mais il fallait parfois rappeler aux agités qu'on recrutait dans la police ces temps derniers quel était l'ordre des priorités.

Il s'apprêtait à aller examiner la victime quand le détective qui l'avait fait venir s'approcha, l'air embarrassé.

— Monsieur, nous avons un problème. L'agent que nous avons envoyé à l'hôpital avec la femme du mort vient d'appeler. Il dit qu'elle est complètement hystérique. Du point de vue médical, elle n'a absolument rien, mais elle passe son temps à hurler qu'elle veut voir son mari. « Où est mon mari ? Je veux lui parler. » Des choses de ce genre.

À l'heure présente, son époux prenait place dans un sac plastifié pour être emporté à la morgue de Horseferry Road.

— Il faudrait peut-être que quelqu'un aille lui dire qu'il est mort.

— Aïe, soupira MacPherson en fronçant la broussaille de sourcils noirs qu'il faisait teindre tous les quinze jours en même temps que ses cheveux chez son coiffeur chypriote.

Il savait qui ce « quelqu'un » allait être. Lui. Il avait le grade le plus élevé. Le sort le désignait donc.

— Trouvez-moi mon sergent. J'y vais.

— Il est mort ! Il est mort ! Je le sais !

Nancy se mit à hurler en voyant entrer dans sa chambre d'hôpital les trois détectives à la mine grave. MacPherson alla à son chevet et, avec une tendresse mal assortie à son physique de fort des Halles, lui posa la main sur le bras.

— Madame Harmian, j'ai le pénible devoir de vous informer du décès de votre époux bien-aimé.

— Les salauds ! Ils l'ont tué ! J'en étais sûre !

MacPherson adressa un signe de tête imperceptible à son adjoint, qui sortit de sa poche un magnétophone minuscule.

— De qui parlez-vous, madame Harmian ?

— De ces hommes. C'étaient des Iraniens. Des terroristes. Les sbires des mollahs !

— Comment le savez-vous ?

Nancy lui expliqua que son mari s'était exprimé en farsi pour le lui faire comprendre.

Dans toute enquête policière, le choix du moment est crucial. S'il avait voulu respecter scrupuleusement la procédure, MacPherson aurait dû laisser à Nancy le temps de se remettre du choc épouvantable que lui causait l'annonce de la mort de son mari et attendre quelques heures avant de l'interroger. Cependant, un bon détective doit saisir la balle au bond. Elle semblait prête à parler, même impatiente de le faire. Après lui avoir énoncé les formules légales d'usage, MacPherson lui demanda si elle était disposée à lui livrer ses premières déclarations.

— Oui, oui ! accepta-t-elle dans un sanglot.

MacPherson pria le sergent d'enclencher le magnétophone et, avec douceur mais fermeté, amena Nancy à lui rapporter les événements de la soirée.

Lorsqu'elle aborda l'épisode de l'ouverture du coffre, il interrompit pour la première fois son flot de paroles :

— Avez-vous une idée de ce qu'ils cherchaient dans ce coffre ?

— Pas la moindre.

— Savez-vous ce que votre mari y conservait ?

— Pas vraiment. Il y rangeait des papiers en rapport avec ses affaires.

— Quel genre d'affaires, si je peux me permettre ?

— Conseil financier à des particuliers. Il aidait quelques clients fortunés à investir leur argent.

— Je vois.

MacPherson reçut cette information avec un scepticisme forgé par de longues années d'enquête criminelle dans la bonne ville de Londres. Conseil financier, vraiment ? Un doux euphémisme pour « escroqueries en tout genre », oui. Il connaissait d'expérience ces acrobates de la finance. Des étrangers pour la plupart, Arabes ou Iraniens, comme dans ce cas. Depuis quelque temps, les Chinois de Hong Kong se mettaient aussi de la partie. Les plus honnêtes s'occupaient d'évasion fiscale. Les autres ? Blanchiment d'argent ou placement de fonds déjà blanchis par leurs confrères.

— Quand aviez-vous ouvert ce coffre pour la dernière fois, madame ?

— Quelques heures auparavant, juste avant de sortir pour dîner.

Bon, c'est un élément, remarqua mentalement MacPherson.

— Nous vidons ce coffre pièce par pièce, madame, pour tâcher de trouver des empreintes ou tout indice qui pourront nous conduire aux assassins de votre mari. Évidemment, tout vous sera restitué dès que nous en aurons terminé. Pensez-vous que vous pourriez venir au commissariat dans la matinée, quand vous aurez pris un peu de repos et jeter un coup d'œil à ce qu'il contient ?

— Certainement. Je ne sais pas si je vous serai d'une grande utilité, mais je ferai tout ce qui sera en mon pouvoir pour essayer de faire avancer votre enquête.

MacPherson se leva pour prendre congé.

— Monsieur.

— Oui.

— Mon mari était musulman. Les rites d'inhumation obéissent chez eux à des règles très strictes. Il faudrait qu'il puisse être enterré demain avant le coucher du soleil.

— Vous comprendrez, madame, que dans un cas comme celui-ci nous devons pratiquer une autopsie. Je ferai mon possible pour que vos souhaits soient exaucés, mais je ne peux rien vous promettre.

L'heure du déjeuner déversait son lot habituel de clients dans la librairie persane de Hosain Faremi, non loin de la gare principale de Hambourg : un couple de vieux Iraniens en exil, venus se procurer les derniers journaux de Téhéran ; deux étudiants en langue farsi à la recherche des livres imposés au programme ; un antiquaire, que Faremi reconnut, toujours à l'affût d'éditions anciennes qu'il pourrait acquérir à bas prix.

Le chef de la section allemande de la force de frappe de la police secrète iranienne ne leur prêtait aucune attention. Plongé qu'il était dans la lecture de la livraison hambourgeoise quotidienne de *Die Welt*, il ne leva le nez de son journal que lorsqu'il vit entrer dans sa boutique un jeune homme à la barbe naissante qui alla droit aux rayonnages de poésie ancienne. Faremi nota dans un coin de sa tête le titre de l'ouvrage qu'il consultait et reprit sa lecture.

Quelques minutes après son départ, il se dirigea vers le fond du magasin. Sous prétexte de remettre de l'ordre sur les étagères, il prit l'exemplaire relié de cuir rouge du *Shahnameh* du grand poète Ferdowsi et récupéra le billet qu'y avait glissé son messager. Les émissaires avaient regagné sans encombre, par le train et le ferry, les planques de Francfort et de Düsseldorf.

Deux heures plus tard, un employé de Faremi s'installait au comptoir du snack-bar de l'aéroport de Hartenholm, au nord de Hambourg, et commandait une tarte aux pommes et un café.

Il avait déjà largement entamé sa tarte quand un homme d'une trentaine d'années, aux yeux cachés derrière des Ray-Ban d'aviateur, vint occuper le siège voisin du sien. Il salua familièrement la serveuse et lui demanda un café. C'était l'assistant du directeur germano-iranien de l'aérodrome. Il était aussi membre des *pasdaran*, les gardes révolutionnaires iraniens, chargé de la surveillance du terrain de Hartenholm par ses propriétaires de Téhéran.

— Alors ? dit-il quand la serveuse partit s'activer à l'autre bout du comptoir.

— Tout s'est bien passé. Ils rentrent demain. Occupe-toi dès maintenant de faire le nécessaire pour les rapatrier.

Le superintendant détective Fraser MacPherson entoura Nancy Harmian de prévenances dont il n'aurait sans doute pas gratifié, vu ses ascendances écossaises, son employeur du sommet de la hiérarchie, Sa Majesté la reine d'Angleterre. D'abord, il lui attribua le fauteuil le plus confortable de tout le poste de police de Gerald Road. Ensuite, il lui offrit une tasse du meilleur thé local. Enfin, il la remercia avec effusion d'avoir bien voulu se déplacer à un moment qu'il savait ô combien douloureux pour elle.

— Superintendant, j'affronterais les feux de l'enfer si cela pouvait vous permettre de démasquer les sauvages qui ont assassiné mon mari.

Elle fondit en larmes. MacPherson lui tendit aussitôt un mouchoir de coton immaculé pour essuyer ses pleurs.

— Excusez-moi. Savez-vous quand je pourrai disposer de son corps ?

— J'ai eu l'institut médico-légal juste avant votre arrivée, madame. MacPherson consulta sa montre. Ils vont commencer... Il refoula le mot « autopsie » avec toutes ses connotations morbides... l'intervention d'un instant à l'autre. J'espère que vous pourrez le récupérer avant ce soir.

Alors, avec tact et diplomatie, il en revint à la raison de leur entretien.

Sachant que son mari avait résisté si longtemps avant de révéler à ses tortionnaires la combinaison du coffre, la police s'étonnait de l'avoir trouvé aussi plein et en ordre. Les éléments qu'il renfermait s'alignaient à présent, soigneusement étiquetés, sur un présentoir recouvert d'une feuille de plastique dans la salle des pièces à conviction. On pouvait voir également une série de photographies, prises par les policiers avant de le vider de son contenu.

MacPherson en choisit une qu'il montra à Nancy.

— Voici l'état exact dans lequel nous avons trouvé le coffre, madame. Comme vous le savez, vos agresseurs l'ont ouvert juste avant de vous ramener dans la chambre. Il désigna d'un geste large les objets étalés sur la table. Il restait une sacrée quantité de choses. Au point que nous nous demandons ce qu'ils pouvaient bien chercher. Pouvez-vous dire s'il manque quoi que ce soit ?

Nancy eut pour premier réflexe d'ouvrir sa boîte à bijoux. Elle l'examina. Tout y était. Les lapis-lazulis posés sur le dessus, tels qu'elle les avait mis la veille. En tout cas, ce n'était pas à ses bijoux qu'ils en voulaient.

MacPherson pointa l'index vers une pile d'enveloppes réunies par un élastique.

— Votre mari gardait beaucoup d'argent liquide dans son coffre. En plusieurs monnaies différentes.

— Oui. C'était pour ses voyages.

— Savez-vous quelle somme il avait en général ?

— J'avoue que non.

— Toutes devises confondues, nous avons calculé un montant de près de huit mille livres. C'est un joli magot. Ils n'y ont pas touché, alors qu'ils n'avaient qu'à se servir.

Nancy frissonna, soudain assaillie par les souvenirs de cette nuit d'horreur. Elle considéra les chéquiers, les dossiers, les lettres, les carnets d'adresses exposés devant elle. Était-ce tout ce qu'il restait de son Terry ? Un amas de papiers sur le bureau d'un policier ? Comment savoir si tout était là ?

Elle sursauta.

— Il y avait une enveloppe. Une grosse enveloppe brune qui cachait ma boîte à bijoux quand je suis venue prendre mes boucles d'oreilles. Je m'en souviens parce que j'ai dû la pousser pour atteindre ma trousse. Je ne la vois pas.

— Quelle taille, madame ? Le format standard du papier machine ?

— Oh non, plus grande. Beaucoup plus. Une très grosse enveloppe qui avait bien un centimètre d'épaisseur.

— Auriez-vous une idée de ce qu'elle contenait ?

— Non. Quand je l'ai écartée, je n'ai pas fait très

attention, mais on aurait dit de la paperasse, des documents, quelque chose comme ça.

— Autre chose ?

— Oui. Elle portait une inscription manuscrite. De l'arabe ou du farsi. Je ne sais pas les différencier.

— L'écriture de votre mari ?

— Je ne peux pas la reconnaître en farsi. Nancy examinait de nouveau l'éventail d'objets déployés sous ses yeux. Mais elle a disparu. Elle n'est plus là. Apparemment, c'est ça qu'ils voulaient. Cette grosse enveloppe.

La première journée de travail qui marquait le retour de Jim Duffy au sein de la CIA se révélait aussi peu passionnante que possible. Il avait beau devoir son rappel au directeur lui-même et passer pour le héros qui allait sauver le pays du risque de terrorisme nucléaire supposé peser sur lui, dans l'immédiat, il se sentait surtout menacé par l'ennui. Ou par une crise de claustrophobie vu la taille de la cellule qu'on lui avait attribuée en guise de bureau au rez-de-chaussée du siège de l'Agence. Il n'existait pas de tâche plus fastidieuse et plus abrutissante que cette quête d'un indice improbable dans la foule des messages interceptés par la NSA. Autant chercher une aiguille dans une meule de foin.

On lui avait fourni un ordinateur qui le reliait directement au quartier général de la NSA à Fort Meade, dans le Maryland. De là-bas, un fonctionnaire lui envoyait à la chaîne les communications captées par l'Agence sur les ondes au-dessus de l'Iran. Elles apparaissaient sur l'écran de Duffy, précédées chacune d'un certain nombre d'indications : la date et l'heure de la transmission, le numéro de téléphone d'où provenait l'appel avec, si possible, sa localisation et le nom du propriétaire de l'appareil, le numéro de destination avec, toujours si possible, le nom et la situation géographique du destinataire.

Ensuite, le texte s'affichait sur deux lignes superposées : la première dans la langue des interlocuteurs, le pachto ou le farsi ; la seconde, placée juste au-dessous, en traduction anglaise. En actionnant une commande de son ordinateur, Duffy pouvait obtenir le son dans ses écouteurs et suivre, ou tenter de suivre, la conversation qui défilait sur son écran.

Voilà comment il devait espérer reconnaître la voix de Said Djailani au cas où elle se trouverait gravée sur l'un de ces enregistrements. C'était insensé. Certes, il avait rencontré Djailani une bonne dizaine de fois pendant la guerre d'Afghanistan. À Peshawar, dans les caches secrètes de l'Inter Services Intelligence pakistanaise. Ils se parlaient toujours par l'intermédiaire d'un interprète, le pachto de Duffy se limitant à quelques phrases. Quant au farsi, il n'en savait pas un traître mot.

Il secoua la tête d'un air dépité et essaya de recréer en esprit l'atmosphère de ces rencontres, de soustraire aux recoins de sa mémoire les sonorités de la voix de Djailani. Il sourit au souvenir de l'entrevue qu'il avait organisée pour le député Charley Wilson avec Djailani et son supérieur, le radical islamiste Gulbuddin Hekmatayar qui avait tant bénéficié des largesses de la CIA.

Les femmes n'osaient même pas lever les yeux sur ces deux fervents de l'islam. Elles entraient furtivement, toutes drapées de noir, dans la pièce où ils étaient installés pour leur ôter leurs sandales et s'éclipser aussitôt.

Charley, quant à lui, était arrivé escorté d'une Miss Californie en robe suggestive à souhait, à peine plus couvrante qu'un mouchoir de poche. Djailani et Hekmatayar avaient failli tomber à la renverse. L'entretien n'avait servi à rien. Impossible de discuter. Leurs deux vis-à-vis n'avaient d'yeux que pour Miss Californie et nc savaient parler que des qualités plastiques de la naïade de Malibu.

Les messages qu'il épluchait à la file résultaient d'un programme top secret appelé « Échelon », conçu et supervisé par la NSA. Grâce à un lacis de postes d'écoutes situés aux États-Unis, au Royaume-Uni, au Canada, en Australie et en Nouvelle-Zélande, Échelon interceptait et enregistrait dans les ordinateurs de la NSA tous les appels téléphoniques, courriers électroniques, fax et télex qui transitaient sur les réseaux de télécommunication du monde entier. Toutes les communications entre gouvernements amis ou ennemis, entre particuliers ou hommes d'affaires, aboutissaient dans ses filets. Depuis les transferts bancaires impliquant des millions de dollars jusqu'au coup de fil amical du voyageur à sa petite amie, pas un échange ne passait sur les ondes sans en être détourné au profit d'un logiciel de la NSA baptisé du nom de code « Platform ».

Les écoutes soumises à Duffy avaient pour la plupart été recueillies par le poste de surveillance de la NSA basé à Bad Aibling, en Allemagne, parmi la manne provenant du nord-est de l'Iran d'où la CIA pensait que Djailani opérait. Mais toute cette extraordinaire technologie, que Duffy s'accordait à trouver prodigieuse, dépendait au bout du compte de l'aptitude de son oreille humaine à repérer un accent, une intonation, qui lui désignerait un homme dont il ne parlait pas la langue et qu'il n'avait pas vu depuis cinq ans. Il n'y avait pas lourd à parier sur le succès de cet exercice.

— Il ne s'agit visiblement pas d'une affaire de cambriolage classique, déclara le superintendant détective Fraser MacPherson aux hommes assemblés autour de lui au poste de police de Gerald Road. C'est un fait qu'ils n'ont pas touché aux bijoux. Mais, quand ils peuvent être catalogués et repérables, les pros préfèrent souvent s'abstenir. Cependant, pour autant que nous puissions en juger, ils n'ont pas non plus pris d'argent. Comment l'expliquer ?

Trente-six heures après le meurtre barbare de Tari Harmian, dit « Terry », MacPherson avait convoqué ses troupes pour dresser un bilan complet des circonstances entourant le crime. Une table, dans un coin de la pièce, était encombrée de restes de sandwiches, de sachets de chips froissés et de bouteilles de bière, vestiges du pique-nique qu'ils avaient avalé en hâte juste avant leur réunion.

— Monsieur, que penser de ce qu'a dit sa femme ? Que ce sont des terroristes qui ont abattu son mari. Des Iraniens, rappela le sergent détective qui, étant de service, s'était le premier rendu sur les lieux.

— Ce n'est pas ce qu'elle a dit, rectifia MacPherson. Vous interprétez ses paroles. Elle a seulement dit que son mari s'était adressé à eux en farsi. Une langue qu'elle ne comprend pas, elle l'avoue elle-même. Si ça se trouve, il leur a peut-être proposé un verre. Elle n'en sait rien.

MacPherson tenait ses grandes mains de boxeur croisées sur son ventre. Même dans cette attitude paisible, elles dégageaient une impression de force menaçante.

— N'oubliez pas, dans toute enquête criminelle, il faut avant tout garder l'esprit ouvert. C'est la première règle d'or. Attendons de voir où nous mènent nos investigations avant de tirer des conclusions hâtives. Évidemment, sa femme pense qu'on l'a massacré pour des raisons politiques. Elle est sans doute persuadée que son mari est un saint. Jusqu'à preuve du contraire, j'en doute.

— Est-ce qu'il ne vaudrait quand même pas mieux prévenir le 13 ? insista le sergent.

Il faisait référence aux Opérations spéciales 13, la brigade antiterroriste du Yard.

MacPherson éclata de rire.

— Vous croyez qu'il y a beaucoup d'Iraniens qui parlent gaélique ? S'ils n'ont pas l'accent irlandais, le 13 les ignore.

— Ne devrait-on pas informer le Box ? suggéra un jeune membre de l'équipe.

Le « Box », la « boîte », ainsi qu'on appelait collectivement en argot de Londres le MI6, les services secrets britanniques, et le MI5, le contre-espionnage, devait son surnom à son acharnement à se faire expédier son courrier à une boîte postale alors que tout le monde connaissait parfaitement les adresses des deux organismes.

— Oh, certainement. Nous les informerons, répondit MacPherson en souriant. Et, avec un peu de chance, nous verrons se pointer un bigleux en costume trois-pièces au col constellé de pellicules qui nous gratifiera de quelques plaisanteries en latin. Vous parlez tous couramment le latin, je présume ?

Quelques ricanements ponctuèrent son commentaire.

— Non, messieurs. Les pieds de MacPherson, qui reposaient jusque-là sur un classeur de métal, regagnèrent le sol avec un martèlement sourd. Si sa femme veut croire qu'il s'agit de terroristes, ce n'est pas mon avis. Pour moi, cela ressemble plutôt à une tractation qui a mal tourné. Ou à une histoire de dette de jeu. Ces Iraniens sont tous des joueurs invétérés.

— D'après la déclaration de la femme de chambre, glissa l'agent chargé des pièces à conviction, ils savaient qui il était. Ils l'ont demandé en donnant son nom quand ils ont sonné. C'est ce qu'elle a affirmé.

— Cela peut vouloir dire tout simplement qu'ils savent lire l'annuaire. Mais c'est une bonne remarque. Sinon, pourquoi les masques ? Ils devaient craindre d'être reconnus. Ce qui laisse supposer qu'il les connaissait. Alors que, dans le cas de terroristes, cela n'aurait pas été écrit sur leurs figures. Ils avaient dû observer ses allées et venues pour débarquer chez lui juste au bon moment. Des professionnels, je crois.

— Il y a quelque chose qui m'intrigue, reprit le sergent détective qui était de permanence ce soir-là. Tout cet argent et ces monnaies bizarres qu'il conservait dans des enveloppes dans son coffre. Combien avons-nous dit ? Huit mille livres ? Pour ses voyages, prétend sa femme. Une bonne partie en livres chypriotes. Une autre en billets hongrois, je veux bien être pendu si je sais quelle monnaie ils utilisent dans ce pays. Et pourtant, il n'a aucun visa, aucun tampon d'entrée dans aucun de ces pays sur son passeport. Comment cela se fait-il ?

— Excellente remarque, approuva MacPherson. Il a peut-être un autre passeport à l'abri quelque part dans un autre coffre. Vous savez, Chypre et la Hongrie ne sont sans doute pas des hauts lieux de la finance, mais, pour ce qui est du blanchiment de l'argent, ces pays sont champions.

— Une affaire de drogue, alors ? proposa quelqu'un.

— Pourquoi pas ? À la façon dont sa femme a décrit la grosse enveloppe manquante, elle pouvait bien contenir un kilo d'héroïne. Ou un million de livres en billets de banque, allez savoir.

MacPherson se leva en empoignant l'insigne qu'il avait usé au service de Sa Majesté et de son pays.

— Écoutez, lança-t-il, fidèle à la règle de modération qui gouvernait toutes ses enquêtes, gardez-vous d'en dégager des déductions trop rapides, mais nous allons partir du principe que cette affaire est liée de près ou de loin aux activités professionnelles de la victime.

Il s'était mis à arpenter la pièce de long en large.

— Nous allons examiner tous les aspects possibles

de sa vie. Ses comptes bancaires. Ses communications téléphoniques, téléphones fixe et mobile. Intcrroger les personnes dont il plaçait l'argent. Voir où il le plaçait. Faites-vous assister d'un ou deux membres de la brigade financière pour étudier ses dossiers. Ses relevés de cartes de crédit. Ses voyages. Où ? Avec qui ? Emmenait-il sa femme ? Passez la maison au peigne fin. N'oubliez pas ses ordinateurs. Tout le toutim.

Il s'étira.

— Briefing ici, tous les jours après le déjeuner. Rappelez-vous. Il s'agit d'une enquête policière, pas d'une partie de plaisir. C'est un travail long et laborieux. Prenez votre temps, mais faites-en bon usage.

Deux jeeps Cherokee de la General Motors se suivaient sur la route, avec chacune à son bord quatre passagers armés de AK47 provenant, comme les véhicules, des vieux surplus de l'armée américaine. La jeep de tête était en outre équipée de fusils-mitrailleurs de calibre 60, montés sur les essieux pour renforcer la puissance de tir. Le chauffeur avait à sa droite Ghulam Hamid, l'ancien des services de sécurité du Shah d'Iran qui avait acheté à Ahmed Khan ses quarante-deux kilos d'opium brut après un long marchandage.

Il en véhiculait maintenant à l'arrière de la jeep deux tonnes en plaques, en balles, en ballots de la taille d'un ballon de basket aplatis en feuilles. L'opium dégageait une telle puanteur que Hamid et ses compagnons devaient voyager toutes fenêtres ouvertes. C'était le fruit d'une semaine de travail, pendant laquelle Hamid avait sillonné la province du Helmand, visité tous les villages, parcouru tous les campements en discutant, suppliant, négociant afin d'obtenir le meilleur prix. Il s'était bien débrouillé. Les deux tonnes qu'il rapportait à son laboratoire clandestin de la frontière pakistano-afghane lui avaient coûté en moyenne trente dollars le kilo, payés cash en roupies pakistanaises. Ce n'était pas pour rien qu'on parlait de l'opium comme d'une culture à rendement immédiat.

Le petit convoi lourdement armé aborda Kandahar, la capitale de la province, par l'arc de triomphe que les talibans avaient érigé pour célébrer la prise de leur première ville importante d'Afghanistan en 1995.

Il s'ornait tout autour des trophées soustraits aux habitants par les talibans zélés, soucieux de rendre la cité à la pureté islamique. On voyait des CD, des cassettes vidéo et audio aux rubans déroulés en festons, des baladeurs, des numéros usagés de *Playboy* et de *Penthouse*, et tout un choix d'articles pornographiques illicites venus du Pakistan, autant de symboles de l'Occident décadent et moralement dévoyé que les talibans comptaient bien évacuer de leur nouvel État islamique épuré. Parmi tous ces CD et cassettes, un album figurait en plus grand nombre d'exemplaires que tous les autres ; c'était le préféré de la jeunesse masculine de Kandahar avant l'arrivée de leurs aînés talibans, celui de Madonna intitulé *Sex*, sorti à Noël 1992. En voilà un qu'on ne reverrait pas de sitôt, songea Hamid avec un sourire en coin tandis que les camionnettes s'élançaient sur l'unique voie goudronnée qui filait vers le sud.

Hamid se laissa aller contre le dossier de son siège et sombra dans une douce rêverie en partie induite par les vapeurs d'opium émanant de son chargement. Étrange. C'était dans un véhicule analogue à celui-ci qu'il avait débuté sa carrière au Pakistan quand il avait pu échapper à la vengeance des mollahs d'Iran. Au moment de l'invasion de l'Afghanistan par les Russes, il avait offert ses services à l'ISI, l'Inter Services Intelligence, l'organisation de sécurité secrète des Pakistanais. Il avait eu pour première mission d'acheminer les armes achetées par la CIA aux pays du bloc soviétique, des aérodromes discrets où elles atterrissaient aux camps des moudjahidin situés sur le flanc afghan du col du Khyber.

Il n'avait pas fallu à Hamid plus d'un ou deux voyages pour entrevoir tous les avantages économiques que pouvait présenter sa fonction. Ses camions repassaient le col à vide au retour, ce qui lui paraissait idiot sinon scandaleux. Il savait que le pavot poussait dans les champs environnant les camps des moudjahidin auxquels il allait livrer les AK47. Il savait aussi qu'avaient fleuri le long de la frontière pakistano-afghane une bonne dizaine de labos destinés à transformer leur opium en héroïne. Pourquoi ne pas monter une entreprise de fret routier pour le bénéfice de tous ? s'était dit Hamid. Au lieu de ramener ses camions vides, il les remplirait d'opium brut pour le déposer à la porte des labos. Qui irait inspecter les véhicules des services secrets pakistanais ? Personne, bien évidemment. Il était à même de fournir aux labos un service de livraison garanti sans accroc, en échange bien entendu d'une rémunération substantielle au kilo. Hamid avait eu la sagesse d'informer ses supérieurs de l'ISI de son projet. Ils en avaient vite apprécié toute la splendide symétrie.

Les quantités d'opium qui franchissaient le col du Khyber augmentaient considérablement au fur et à mesure que la guerre se propageait. Parallèlement, les coffres de l'ISI se remplissaient, de même que les poches de ses responsables. Surtout, l'organisation puisait dans ce trafic les fonds nécessaires à la réalisation d'opérations que le gouvernement ne voulait pas financer ouvertement, comme l'achat d'armes au profit des guérillas musulmanes menées contre la domination indienne au Cachemire.

Avec le temps, les centres de gravité du trafic d'opium s'étaient déplacés. Le monde de la drogue n'est jamais immuable. Hamid ne l'ignorait pas. Les combats s'intensifiant au nord et à l'est du Khyber, la production s'était concentrée plus au sud-ouest, dans le Helmand, là où Hamid venait de se procurer ses deux tonnes d'opium brut. Comme on se battait moins dans la région, un chef de guérilla clairvoyant, le mollah Nassim Akhundzada, qui avait compris que l'opium se métamorphosait en argent, lequel, à son tour, se métamorphosait en armes, en avait encouragé la culture. Il avait décrété que, dans la zone qu'il contrôlait, la moitié des champs serait consacrée à la production d'opium. Aux paysans qui renâclaient, il réservait un traitement des plus persuasifs : il envoyait ses hommes les clouer en croix sur le sol et les castrer. La production avait connu un essor fulgurant.

Dès lors, il était devenu plus facile et plus naturel de convoyer le produit des récoltes à Quetta, au Pakistan, via les étendues arides du Baloutchistan, sans avoir à traverser le col du Khyber. L'opium brut était transformé en héroïne dans des laboratoires de fortune aux alentours de la ville pakistanaise avant de repartir pour la côte du Makran. De là, la drogue était embarquée sur des bateaux pour être expédiée vers l'Europe et les États-Unis.

La donne s'était encore modifiée avec le retrait de l'Armée rouge en février 1989 et la fin de la guerre d'Afghanistan. La manne pécuniaire de la CIA s'était peu à peu tarie pour disparaître tout à fait. Les chefs de guerre afghans se trouvaient soudain privés de fonds pour acheter les armes avec lesquelles ils pourraient s'entretuer maintenant qu'ils n'avaient plus de Russes à massacrer. Des milliers de réfugiés comme Ahmed Khan rentraient dans leurs villages dévastés, impatients d'arracher à la terre des moissons qui rapportent vite beaucoup d'argent. Pour les chefs de guerre comme pour les paysans affamés, une même solution s'offrait : l'opium.

Trois familles de Quetta, les clans Issa, Rigi et Notezai, n'avaient pas tardé à s'arroger la maîtrise du nouveau trafic d'héroïne. Leur « alliance de Quetta », ainsi qu'on la baptisa, était devenue pour le commerce de l'héroïne des années quatre-vingt-dix ce que le cartel de Medellín avait été pour celui de la cocaïne dans les années quatre-vingt. Au bout de sept ans, on estimait à cinq cents le nombre de multimillionnaires en dollars vivant dans la région, qui s'étaient enrichis, directement ou indirectement, grâce à ce négoce. Parmi eux se trouvait Ghulam Hamid. Ils se faisaient construire des domaines fortifiés, des oasis de fraîcheur et de verdure au milieu du paysage désolé de Quetta, avec piscine, fontaines, roseraies, jardins suspendus de Babylone en miniature, pelouses foisonnantes. Ils entassaient dans leurs garages des BMW et des Mercedes comme les gamins riches de l'Occident collectionnent les petites voitures. Ils donnaient pour le mariage de leurs enfants des cérémonies somptueuses et, avec ce qui restait, achetaient pour leurs amis ou pour eux-mêmes des sièges de représentant dans les assemblées régionales. Il en résultait un gouvernement pakistanais qui, quel qu'en soit le chef, Benazir Bhutto ou son rival politique Nawaz Sharif, était aussi corrompu par l'argent sale que celui du Mexique et, à cause de l'importance stratégique du Pakistan, aussi imperméable aux pressions du gouvernement américain.

Hamid s'était allié à Mohammed Issa auprès de qui il jouait le rôle de vizir, de grand ordonnateur de ses activités. Issa ne se salissait jamais les mains en s'impliquant directement dans le trafic. Pour les deux tonnes d'opium brut que Hamid transportait dans son camion, l'affaire avait commencé, comme c'était désormais presque toujours le cas, par un coup de téléphone d'Istanbul, passé par un compatriote iranien, fervent partisan du régime des mollahs. Ce détail n'avait cependant aucune importance aux yeux de Hamid. L'enjeu pour lui, en l'occurrence, n'était ni religieux ni politique, mais seulement pécuniaire. Celui qui appelait exerçait la fonction d'intermédiaire financier auprès d'un des laboratoires fabricants d'héroïne qui opéraient dans la région d'Istanbul. Il avait commandé à Hamid deux cents kilos de morphine-base. La commande devait être remise dans les six semaines à un agent qui se trouvait en Iran et se chargerait de son envoi au laboratoire d'Istanbul. Ils avaient fixé à douze cent cinquante dollars le kilo le prix qui serait versé à Issa à la livraison. Les deux tonnes d'opium brut collectées par Hamid dans les villages du Helmand pour un montant total de soixante mille dollars produiraient environ deux cent dix kilos de morphine-base une fois traitées dans le labo rudimentaire vers lequel se dirigeait son convoi. Il était entendu que son acheteur en acquerrait la totalité, soit un gain de deux cent soixante-deux mille cinq cents dollars pour Hamid et Issa.

Dix kilomètres après la sortie de Kandahar, le convoi rencontra un barrage routier établi par les talibans. L'incident arracha Hamid à sa somnolence. Il bondit de la cabine et se dirigea vers le jeune homme qui les avait arrêtés, à qui il adressa un salut islamique en bonne et due forme.

— Que la paix du Tout-Puissant soit sur vous et les vôtres, chantonna-t-il en brandissant un document orné d'un assortiment complexe de timbres et de cachets.

Il avait été délivré par le quartier général du taliban à Kandahar, pour certifier que Hamid avait versé l'impôt dû au mouvement sur le chargement d'opium qu'il convoyait. Le jeune homme considérait le papier d'un air ahuri. Ce blanc-bec ne sait même pas lire, se dit Hamid, qui reprit :

— Comme vous le voyez, nous avons payé notre part aux chefs de votre juste cause.

Le jeune homme, qui n'avait sans doute toujours pas compris un traître mot du document qu'on lui présentait, le rendit à Hamid avec un geste indiquant que les véhicules pouvaient passer.

— Il y a cinq ans, dit Hamid au conducteur en reprenant sa place, on croisait une vingtaine de barrages comme celui-ci sur cette route. Gardés par un quarteron de moudjahidin armés jusqu'aux dents qui attendaient qu'on leur graisse la patte. Il émit un petit rire. Leur ordre islamique à la con a quand même ses avantages.

Le laboratoire de Hamid où ils se rendaient était installé en bordure d'un vallon qui drainait un torrent dévalant des sommets dressés de part et d'autre du col du Khojak, cinq kilomètres à l'est du village frontalier de Spin Boldak. L'emplacement avait été choisi à cause du ruisseau. La conversion de l'opium brut en morphine-base exigeait avant tout une alimentation régulière en eau.

Le « cuisinier » était pakistanais. C'était un jeune homme prétentieux qui avait une haute idée de sa fonction de chimiste, alors qu'il n'était pas nécessaire — Hamid le savait bien — d'avoir un doctorat en chimie pour exécuter l'opération qui l'attendait.

Les gardes avaient creusé deux trous dans lesquels flambaient deux feux de bois. Sur chacun était posé un fût de pétrole supporté par une grille. L'eau bouillait déjà dans le premier. Hamid jaillit de la jeep dès qu'elle s'immobilisa.

— Alors, cria-t-il au cuisinier, qu'est-ce que tu attends ? Vide-moi ce bahut et au boulot !

Le cuisinier apostropha à son tour deux de ses aides qui accoururent pour décharger le camion. Il pesa rapidement quatre plaques d'un kilo d'opium brut qu'il plongea dans l'eau bouillante.

— Bien, lança Hamid, ce feu ne doit pas s'éteindre tant qu'on n'a pas terminé. Compris ?

À l'aide d'un bâton, le cuisinier touilla et mélangea jusqu'à obtenir un liquide ayant l'aspect et la consistance d'une épaisse soupe de pois. Il prit alors un sac de vulgaire chaux d'amendement et en versa trois grandes louches dans le fût. La morphine contenue dans la mixture se fixa à la chaux qui l'attira en surface, où elle resta en suspens sous forme de lait blanchâtre. Ce lait fut transféré dans l'autre fût en passant à travers un tamis qui en retint les impuretés. Là, il fut de nouveau chauffé et additionné cette fois d'un concentré ammoniaqué juste avant l'ébullition. L'ammoniaque eut pour effet de solidifier la morphine présente dans la solution et de l'entraîner au fond.

Il ne restait plus qu'à filtrer une nouvelle fois le liquide et laisser sécher la pâte gluante ainsi isolée qui, dès lors, deviendrait la morphine-base, une substance granuleuse d'une consistance tenant à la fois du sucre de canne et de la farine, couleur chocolat au lait. Le processus demandait plus de temps que de compétences. Il fallait compter plusieurs jours pour deux tonnes, ce qui expliquait la hâte de Hamid.

Il n'était pas question pour lui de quitter des yeux l'opium dont il avait la responsabilité et donc de s'éloigner du laboratoire. Il s'apprêtait à détester chaque instant de cette longue épreuve. Lui qui se prélassait la nuit dans des draps de satin au milieu du luxe climatisé de sa villa de Quetta, il allait devoir dormir sur un *charpoi* indien de bois et de corde au milieu de ses hommes puants, ronflants et pouilleux. Lui qui se plaisait tant à barboter dans sa baignoire de marbre aux robinets d'or, il devrait se soulager dans la même fosse que ses employés, faire un semblant de toilette dans le même ruisseau qu'eux. Au lieu du verre de Chivas Regal qui arrosait ses soirées, il devrait se contenter d'un gobelet de thé et dîner de lambeaux de viande d'agneau rôtie enfermés dans des boulettes de riz collant.

Pour couronner le tout, alors qu'il ne savait plus aligner deux mots de la *shahada*, la profession de foi musulmane, il lui faudrait s'agenouiller et s'incliner en débitant ses prières cinq fois par jour pour se plier avec ses compagnons à l'obligation de solidarité islamique imposée par le taliban. Celui qui avait en son temps œuvré dans la police secrète du Shah trouvait un goût saumâtre à la démocratie.

Mais au bout de ses souffrances l'attendait une confortable récompense. Soixante-dix mille dollars pour cette commande particulière, quand il la remettrait à ses propriétaires en Iran. Hamid avait l'intention de passer ses longues journées d'oisiveté suspendu à son téléphone cellulaire pour discuter avec ses courtiers de Singapour et de Karachi des placements à prévoir.

Il n'éprouvait que dédain pour les apôtres de l'islam pur et dur qui voyaient dans le produit des récoltes du Helmand une source de richesse propre à leur obtenir l'arsenal et les moyens qui accompliraient la destruction de la civilisation décadente d'Occident, objet de leur mépris. Il crachait sur leurs *fatwa*, leurs décrets religieux qui glorifiaient le trafic parce qu'il portait tort aux ennemis de l'islam.

Il y prenait part dans un but unique : gagner de l'argent le plus vite possible. Sa maison de Quetta regorgeait d'exemplaires du *Wall Street Journal*, du *Financial Times*, de l'*Economist*. Il n'aimait rien tant que feuilleter ces journaux dans l'atmosphère climatisée de son bureau, jouer avec le programme de gestion de portefeuille qu'il avait installé sur son ordinateur, imaginer l'évolution des investissements qu'il alimentait avec ses gains. Si on lui parlait de l'aspect « moral » du trafic de drogue, sa réponse était simple : « Si les jeunes d'Occident sont assez stupides pour consommer cette saloperie, tant pis pour eux. Quant à la détresse où elle les plonge, ils n'ont que ce qu'ils méritent. »

Tandis que Ghulam Hamid réfléchissait à la façon d'investir ses soixante-dix mille dollars, à quelques centaines de kilomètres à l'ouest du laboratoire, un jumbo-jet d'Iranair venait d'atterrir à Téhéran, en provenance de Vienne. Il dépassa les marbres rouges du terminal de l'aéroport de Mehrabad pour aller stationner à proximité des hangars de fret situés nettement à l'écart des bâtiments principaux. Ce vol parfaitement ordinaire ne présentait qu'une anomalie. Il s'agissait officiellement d'un avion-cargo et, pourtant, il transportait cinq passagers dans sa carlingue encombrée de marchandises. Les cinq tueurs qui avaient assassiné Tari « Terry » Harmian chez lui, à Londres, venaient de rentrer sans encombre au bercail.

Ils s'étaient envolés du terrain de Hartenholm au nord de Hambourg pour une piste privée aménagée aux abords d'une ferme de la région de Vienne. Là, ils avaient été pris en charge par des représentants des Neptune Air Freight Services qui assuraient les transports de fret aérien pour le compte d'Iranair à l'aéroport de Vienne. Les cinq hommes, revêtus de la blouse d'uniforme de la compagnie, avaient participé au chargement de l'avion à bord duquel ils étaient simplement restés quand était venu le moment de fermer l'appareil pour le décollage.

C'était un exemple typique du genre de services officieux que la compagnie rendait aux Iraniens, moyennant une rémunération substantielle, évidemment. Une grande partie des matériels de haute technologie et des armes embarqués à Hartenholm quittaient subrepticement l'Europe via l'aéroport international de Vienne.

Dès que la porte s'ouvrit, le chef de l'escouade de tueurs se précipita au bas de l'escalier mobile pour baiser sa terre natale, comme l'avait fait l'ayatollah Khomeiny des années auparavant à son retour de France.

Sadegh Izaddine, le mollah responsable de la *Gouroohe Zarbat*, la force de frappe, à laquelle appartenaient les cinq exécutants, était venu accueillir la petite troupe avec deux Mercedes. Il tendit la main au chef.

— Bien joué, mon frère. Vous vous êtes montrés dignes de la confiance que nous vous avons accordée.

Le jeune homme acquiesça d'un hochement de tête déférent et sortit de la poche intérieure de sa blouse une grosse enveloppe brune.

— Votre colis, *Ghorbar*.

Izaddine sourit et remit l'enveloppe à un assistant en précisant :

— À porter en ville. Au bureau du Professeur. Pour l'opération Khalid.

Puis il désigna les voitures d'un geste large.

— Venez, mes frères. Venez savourer la récompense que mérite le travail bien fait.

Pendant ce temps, en Europe, à neuf heures passées de quelques minutes polies, une Mercedes 300SL noire se garait devant un grand bâtiment de verre et d'acier rutilant de la ville de Coire, nichée au pied des Alpes suisses et de ses célèbres stations de ski. Au-dessus de l'entrée, sur la façade, une grande enseigne annonçait en lettres rouges et blanches le nom de la société : CIPHERS AG, laquelle s'occupait, comme l'indiquait son nom, de chiffres et de codages. Tout comme les cinq tueurs débarqués le matin même à l'aéroport de Téhéran, c'était en réponse aux exigences de l'opération Khalid que les occupants de la Mercedes effectuaient ce déplacement.

Trois Suisses transis par l'air vif venu des montagnes frissonnaient en haut des marches. Ils ratifiaient, par leur présence muette et quelque peu obséquieuse, l'importance du visiteur et de la vente potentielle qu'ils escomptaient.

Ils dégringolèrent l'escalier au risque de se rompre le cou pour voler à sa rencontre.

— *Herr Professor*, minauda le premier, bienvenue chez Ciphers AG. Avez-vous fait bon voyage ?

— Excellent, assura Kair Bollahi, l'homme désigné les mollahs d'Iran pour procurer à leur régime les produits que l'Occident refusait de leur vendre.

En réalité, son trajet avait été gâché par les préoccupations qui le minaient : il lui fallait obtenir un procédé de codage absolument inviolable pour protéger l'opération Khalid de la curiosité des Américains et de leurs copains israéliens. On lui avait dit que l'entreprise suisse pouvait lui offrir le système de sécurité dont il avait besoin. Mais accepterait-elle de le lui vendre ?

— Notre président-directeur général, Thomas Zurni, vous attend dans son bureau, *Herr Professor*. Si vous voulez bien me suivre.

Il l'introduisit dans une pièce aux murs tapissés de bois sombre, ornés de tableaux représentant des paysages de montagnes. Ils avançaient sur une moquette bleu nuit dans laquelle s'enfonçaient leurs semelles. Un plateau de café fumant accompagné de croissants dorés trônait déjà sur la longue table de conférence.

— Cher Professeur, s'exclama Herr Zurni en déployant un grand sourire, c'est un plaisir de vous accueillir parmi nous.

Les premières minutes furent consacrées au rituel des présentations. Puis les participants prirent place autour de la table et s'appliquèrent à se servir de café et à beurrer leurs croissants. Enfin, le directeur se décida à parler affaire.

— *Herr Professor*, si vous pouvez nous expliquer en quelques mots ce que vous recherchez, nous verrons alors, mes adjoints et moi, ce que nous avons à vous proposer.

— Certainement, répondit le Professeur.

Il posa ses deux mains à plat sur la table et observa brièvement les visages de ses interlocuteurs. Derrière ces expressions aussi neutres que la politique extérieure de leur pays, il craignait de déceler un soupçon de désapprobation. D'animosité, peut-être.

— Comme vous le savez, je pense, je dirige la branche londonienne de la National Iranian Oil Company. Je suis à ce titre responsable des exportations de pétrole de notre pays, qui constituent notre principale source de revenus en devises... Il s'interrompit un court instant. Ce n'est pas une tâche facile, vous vous en doutez. Certaines puissances ennemies s'efforcent de nous mettre des bâtons dans les roues. Je n'ai pas besoin de les nommer ni de vous décrire leurs méthodes. Quoi qu'il en soit, c'est un commerce extrêmement instable, où la concurrence fait rage. Si mon prix au baril est un dixième de centime plus bas que celui des autres, je remporte le marché. Sinon, il me passe sous le nez. C'est pourquoi il est indispensable pour moi de pouvoir communiquer avec mes subordonnés au travers de canaux absolument sûrs auxquels personne, je dis bien personne, ne puisse avoir accès.

Tout en parlant, le Professeur scrutait les regards de ses vis-à-vis suisses, au cas où il y verrait poindre une once de scepticisme ou d'incrédulité. S'adressant alors directement à Herr Zurni, il poursuivit :

— D'ailleurs, je crois savoir que vos banques suisses cryptent leurs transferts électroniques quand elles envoient des fonds à l'étranger.

— En effet, admit Zurni. Je dois ajouter que la plupart utilisent nos matériels. Elles savent que la NSA américaine intercepte toutes nos transmissions par satellite pour détecter les blanchiments d'argent.

Le Professeur hocha la tête. Tel qu'il connaissait les Américains, il n'était pas surpris par la révélation de Zurni.

— Mon réseau de communication serait naturellement basé à Téhéran. Londres constituerait une base secondaire et il nous faudrait à mon avis une trentaine de stations de relais. Nous pourrions à l'occasion communiquer par radio, en ondes courtes, mais l'idéal serait de trouver un moyen de transmettre des messages écrits par satellite, impossibles à éventer.

Herr Zurni sourit.

— Voilà qui est très clair. Je pense que nous avons ce qu'il vous faut. Permettez-moi, Professeur, de vous exposer brièvement l'état du marché international en matière de systèmes de codage. Il faut reconnaître que les Américains fabriquent des systèmes fantastiques, avec IBM, Datotek, E Systems. Ceux qu'ils exploitent sur l'ordinateur Cray 3 de la NSA sont de pures merveilles. Extraordinairement puissants.

Cette nouvelle n'était pas pour plaire au Professeur.

— Je connais les talents des Américains, commenta-t-il avec dans la voix une pointe d'agacement qu'il ne put réprimer, bien que je ne sois pas un grand admirateur de leur culture en général.

— Je comprends. Il est désormais interdit aux États-Unis d'exporter des matériels ou des programmes informatiques de codage sans une autorisation spéciale. Ils entrent dans la même catégorie que les armes hypersophistiquées et les dispositifs nucléaires. Pour obtenir une licence d'exportation, les firmes américaines doivent fournir à la NSA la clé de décodage des messages transmis par l'acquéreur à l'aide du système qu'il a acheté.

— Cela ébranle sérieusement la sécurité du système, non ?

— Hélas, oui. Les Américains ne veulent pas laisser leurs sociétés vendre à l'étranger des choses qui pourraient un jour se retourner contre eux. Et ils veulent conserver la possibilité de surveiller les terroristes et les organisations criminelles. Nous comprenons parfaitement leur préoccupation et nous nous abstenons de vendre sciemment nos systèmes à ce genre de personne. Un sourire aussi grand que le chèque qu'il espérait toucher illumina son visage. Fort heureusement, la question ne se pose pas dans le cas présent.

Un bon commerçant sait quand le moment est venu d'appâter le client, et Zurni, qui n'était pas né de la dernière pluie, sentit que c'était l'instant de ferrer le poisson.

— Herr Sprecher, dit-il à l'homme qui se tenait à ses côtés, montrez donc à notre invité comment fonctionnent nos systèmes.

Herr Sprecher pressa un bouton dissimulé sous la table. Un écran descendit du plafond. Alors il se leva, s'inclina respectueusement devant le Professeur et commença sa démonstration.

— On imagine en général que, parce qu'il y a vingt-six lettres dans l'alphabet, le code doit comporter vingt-six caractères. La lettre A devient S ou le chiffre 7, B, X ou 19, et ainsi de suite. Les codes, pendant la Seconde Guerre mondiale, s'appuyaient sur ce principe, l'Enigma des Allemands, la fameuse grille des Anglais, la machine pourpre des Japonais. Les systèmes de codage modernes sont tout à fait différents. Selon le modèle, ils utilisent cinquante, cent, voire deux cents caractères. Prenons par exemple le mot « Mahmoud », qui est un prénom assez répandu dans votre langue. Il est composé de sept lettres ou caractères, n'est-ce pas ?

L'Iranien approuva d'un signe.

— Pour mon exposé, je vais choisir l'un de nos codes les plus complexes, qui contient deux cents caractères. La première fois que le nom Mahmoud apparaîtra dans un message crypté au moyen de ce code, il se présentera ainsi.

Il appuya sur un bouton et la série Z653AE#+K› s'inscrivit sur l'écran.

— Dix caractères au lieu des sept que vous attendiez.

— Intéressant, s'émerveilla le Professeur.

— La deuxième fois que ce nom figurera dans ce même message chiffré, il prendra cet aspect. Sprecher appuya de nouveau sur son bouton et cette fois, BYT51PZ{amt ; MD % s'afficha sur l'écran. Douze caractères maintenant. Une nouvelle pression sur le bouton fit surgir la formule U@(9W. Voici le même mot plus loin dans le texte, avec seulement cinq caractères cette fois, deux de moins que dans son orthographe normale.

Le Professeur était fasciné.

— On ne peut déchiffrer ces textes qu'à condition de posséder la clé du code.

Sprecher effleura trois fois son bouton magique et les trois énigmes se transformèrent l'une après l'autre en « Mahmoud ».

— À quoi ressemble l'appareil qui exécute ces transformations ? s'informa Bollahi.

Sprecher ouvrit un tiroir de la table et en sortit une boîte noire.

— À ça. À un répondeur téléphonique. Vous branchez un câble à votre ordinateur, l'autre à votre prise de téléphone ou à un modem. Vous tapez le message que vous voulez envoyer sur votre traitement de texte. Vous enfoncez la touche « entrée » et votre message est transféré dans la boîte noire qui le convertit en message codé.

— Qu'est-ce qu'il y a dans cette boîte ?

— Un mircroprocesseur ou une puce électronique, si vous préférez. En réalité, il s'agit d'un algorithme.

— Un quoi ?

— Un algorithme. C'est essentiellement une équation ou une formule mathématique. Deux fois deux quatre est un algorithme rudimentaire. La boîte contient une chaîne de formules mathématiques de cent kilobits, soit à peu près cinquante pages de texte constituant une seule et unique formule.

Le Professeur esquissa un sourire.

— Oui, c'est vrai. J'avais oublié que les maths pouvaient être aussi compliquées. Et le code secret que vous nous proposez se trouve dans cette boîte ?

— Pas du tout. La boîte noire, ou l'algorithme si vous voulez, n'est que le mécanisme qui convertit votre texte en message codé en choisissant des caractères au hasard en fonction de la clé de codage secrète que vous, et personne d'autre, aurez programmée.

Il exhiba un CD-Rom noir.

— Vous entrerez une clé de codage différente pour chaque station sur un disque comme celui-ci. Vous programmerez vous-même tous les disques, en déterminant pour chacun une clé parmi l'infinie variété de solutions existantes. Ainsi, la boîte noire d'Amsterdam recevra la clé numéro un, celle de Prague la clé numéro deux, et ainsi de suite pour toutes vos stations. Le numéro de téléphone de chaque station sera relié à sa clé de codage spécifique chargée dans la boîte que vous détiendrez à votre siège. Ainsi, quand vous tapez un message destiné, disons, à Amsterdam, sur votre ordinateur, vous appuyez sur la touche « entrée ». La boîte noire chiffre le message selon la clé de codage numéro un, puis compose le numéro d'Amsterdam et envoie le message codé. La boîte noire d'Amsterdam est programmée pour reconnaître les messages provenant de chez vous et savoir qu'ils sont codés selon la clé numéro un. À partir de là, elle est en mesure de les déchiffrer et de les afficher sur l'écran de l'ordinateur.

— Comment puis-je être absolument certain que personne d'autre n'aura de copies des disques que vous me fournirez ? s'inquiéta le Professeur.

— Parce que les disques que nous vous remettrons seront totalement vierges, non formatés. Vous pouvez même utiliser vos propres disques pour plus de sûreté.

Les disques de codage contiendront uniquement les informations que vous y aurez vous-même inscrites. Comme je vous le disais, ce système fonctionne avec deux cents caractères. C'est un des plus puissants qu'on puisse trouver. L'agencement des caractères répond à une quantité presque infinie de combinaisons. La lettre A peut à elle seule être modulée d'une centaine de manières différentes dans un même message. Vous seul aurez la clé pour le décoder, parce que vous seul aurez décidé de la clé à affecter à chaque station.

Le Professeur rayonnait. Il avait peut-être enfin trouvé le moyen de damer le pion à ces satanés Américains de la NSA.

— C'est un petit bijou, affirma le Suisse, admiratif. Aucun vol n'est à craindre. Aucune trahison n'est possible. Si quelqu'un pénètre dans votre bureau de Londres et emporte votre boîte noire, il vous suffit de la remplacer et d'y introduire une nouvelle clé. Prague ne peut pas lire les messages d'Amsterdam et vice versa.

— Et quelle garantie ai-je que mon code ne sera pas percé ? reprit le Professeur. Nous savons tous que les Américains de la NSA interceptent toutes les communications par satellite et tentent évidemment de décrypter celles qui sont codées.

— Oh, nous ne l'ignorons pas. Ils peuvent intercepter vos communications et ne s'en priveront pas. Ni vous ni nous ne pouvons les en empêcher. Mais ils se trouveront devant un casse-tête insoluble.

— Malgré leurs ordinateurs superpuissants dont on prétend qu'ils peuvent traiter des millions de combinaisons pour démonter un code ?

— Ils ne démontreront pas ceux-là.

— Et pourquoi ?

— Les codes dont nous allons vous équiper comportent cent puissance dix permutations possibles. Ce qui signifie que, pour essayer toutes les combinaisons qu'ils autorisent, l'ordinateur doit effectuer plus de cent milliards d'opérations.

L'énormité du chiffre laissa pantois le Professeur qui n'était pourtant pas impressionnable.

— Vous savez sans doute qu'un ordinateur fonctionne au mieux à la vitesse de la lumière, parce que c'est la vitesse maximale à laquelle circulent les électrons.

Le Professeur ignorait cette vérité scientifique, mais il en comprenait la logique.

— Même en faisant marcher sans arrêt le plus puissant de ses ordinateurs, la NSA américaine ne pourrait examiner plus d'un million de combinaisons à la seconde. Pour essayer toutes celles qu'offre notre système, il lui faudrait mille ans. Or un code qui n'est pas percé en quelques heures, au pis en quelques jours, ne présente plus d'intérêt pour personne. Je peux vous assurer, *Herr Professor*, que personne ne décryptera vos codes. Ni les Américains. Ni les Anglais. Ni les Israéliens. Personne.

Le Professeur fut envahi d'une joie telle qu'il dut sortir son mouchoir pour s'éponger les yeux. Il tenait la solution. Celle qui lui permettrait enfin de protéger ses communications des indiscrétions de ses ennemis américains.

— Vous m'avez convaincu, déclara-t-il. Combien l'installation va-t-elle me coûter ?

Ce fut Herr Zurni, le patron, qui répondit à sa question.

— Soixante-cinq mille francs suisses pour chaque station périphérique, soit un million neuf cent cinquante mille pour trente. L'installation centrale basée au siège s'élève à deux cent mille francs, le logiciel à un demi-million. Ce qui nous donne un total de deux millions six cent cinquante mille francs suisses, c'est-à-dire en dollars...

— En deutsche Mark, si vous voulez bien, rectifia le Professeur.

Zurni pianota sur sa calculette et annonça :

— Trois millions trois cent douze mille cinq cents deutsche Mark.

Le Professeur notifia son accord d'une inclinaison de la tête en s'efforçant de retenir le sourire qui affleurait à ses lèvres. Il aurait payé cinq fois ce prix pour assurer la sécurité de l'opération Khalid. Il sortit prestement un chéquier de la banque iranienne Melli de Munich et signa un chèque qu'il tendit à Zurni.

— Quand pourrons-nous disposer du matériel ?

— Dans moins de quatre semaines, promit Zurni en avançant la main. C'est un plaisir de traiter avec vous, *Herr Professor*.

Quelques minutes plus tard, Zurni et ses associés assistaient, de la fenêtre du bureau, au départ de la Mercedes des Iraniens.

— Thomas, demanda l'ingénieur qui avait démontré le fonctionnement du système, comment peux-tu être sûr qu'ils ne vont pas fourguer notre appareil au Hezbollah ou à d'autres terroristes du même acabit ?

— Sûr ? répéta Zurni en riant. Je ne suis sûr de rien. Que d'une chose, ajouta-t-il en agitant le chèque d'une valeur de plus de deux millions de dollars qu'il tenait à la main.

La longue épreuve de Ghulam Hamid touchait à sa fin. Les dernières plaques d'opium venaient de subir leur transformation dans son laboratoire frontalier. La morphine-base proprement séchée et répartie dans des sachets d'un kilo était enfin prête à partir pour l'Iran. Il savourait la perspective de sa délivrance proche quand son second vint interrompre le cours de ses pensées.

— *Sahib*, nous avons un problème.

— De quoi s'agit-il ?

— Nous avons surpris un des hommes alors qu'il essayait de voler un kilo de morphine.

— Non ! rugit Hamid. Qui est-ce ? À quel clan appartient-il ?

La deuxième question était la plus importante. Coincé entre l'Iran, le Pakistan et l'Afghanistan, le Baloutchistan constitue la partie la plus pauvre d'une des régions les plus déshéritées du monde, une étendue désolée de pierres et de sable battue par les vents. Depuis toujours, les tribus baloutches s'adonnent à la contrebande sous toutes ses formes, n'ayant, au sens propre du terme, rien d'autre à faire.

C'est parmi elles que les hommes comme Hamid recrutent leurs hommes de main, leurs chameliers, leurs aides de laboratoire. Pour les anciens, il y a deux fautes que les fils qu'ils envoient travailler pour d'autres ne doivent pas commettre, le vol et la trahison, la dénonciation à la police. Quand un homme se rend coupable de l'un de ces deux crimes, la tradition veut, s'il appartient à une grande tribu, que le narcotrafiquant le livre à son clan pour qu'il soit châtié par les siens. Le dénonciateur est tué, sa maison rasée, sa femme remise comme quasi-esclave à un autre membre de la tribu. Les voleurs sont exécutés. Pour ceux qui n'ont pas d'attaches tribales, la peine est laissée à l'imagination de leur employeur.

— C'est un vagabond. Un vieux chamelier entré à notre service il y a deux mois.

Hamid songeait déjà au châtiment qu'il réserverait au coupable. Il devait être à la fois exemplaire et douloureux et, naturellement, administré en présence de tous les employés. S'ils avaient la moindre raison de douter un seul instant de l'inflexibilité de leur employeur, les sachets de drogue se mettraient à disparaître comme un amas de poissons abandonnés à l'avidité d'une horde de chats affamés.

— Ligote-le et mets-le à l'écart, dans un coin, quelque part. Je m'en occuperai ce soir, avant de partir.

Les caravanes de drogue se déplaçaient exclusivement la nuit pour échapper à la surveillance des satellites de la CIA postés dans l'espace. Quelques années auparavant, le transport s'effectuait à dos de chameau. En 1993, les trafiquants avaient eu un aperçu de l'efficacité des satellites de la CIA qui avaient permis la plus grosse saisie, plus d'une tonne de morphine-base, de l'histoire. Depuis, les chameaux avaient été remplacés par des Toyota 4x4, armées de lance-roquettes, d'artillerie antiaérienne et de mitrailleuses lourdes. Les deux cent dix kilos de morphine-base de Hamid furent chargés dans cinq véhicules de ce type, à l'abri d'une grotte proche de son laboratoire, hors du champ des dispositifs de surveillance aérienne. Le voleur, ficelé comme une momie, fut jeté à l'arrière d'une voiture. Il n'avait guère plus d'une cinquantaine d'années, mais ses traits burinés par le soleil lui en attribuaient soixante-dix.

La caravane traversa le Spin Boldak avant d'affronter les sables du désert du Regstan. En naviguant à la boussole et aux étoiles, la caravane en vint à longer un *wadi*, un lit de rivière asséchée. Ce n'était pas très prudent. De lointains orages invisibles éclatant au nord pouvaient en un clin d'œil transformer les wadis en torrents déchaînés. Les chameliers qui sillonnaient ces étendues brûlées de soleil risquaient davantage de périr noyés que de mourir de soif. Telle était l'ironie de la géographie.

Quand les lueurs grises de l'aube percèrent l'opacité de la nuit, Hamid décréta une halte. Il avait demandé à ses hommes d'emporter quatre des six barres de fer qui leur servaient à déplacer les fûts pleins de liquide bouillant à l'intérieur du laboratoire. Il leur ordonna de les planter dans le sable de façon à former un carré d'environ un mètre quatre-vingts de côté. Alors, ils allèrent extirper de la jeep le voleur qui gémissait et suppliait qu'on lui accorde un pardon qu'il savait impossible.

Hamid donna l'ordre de le dépouiller de ses vêtements et de lui attacher les membres aux quatre pieux fixés dans le sol. Quand il fut bien amarré, Hamid s'empara d'un couteau effilé et lui trancha les organes génitaux. Il les lui enfourna dans la bouche, que deux de ses hommes maintenaient ouverte. Puis il se pencha sur son visage et, d'un geste précis de chirurgien, lui découpa les paupières.

Il se releva pour admirer son œuvre. Dans deux heures, le soleil amorcerait sa course dans le ciel et darderait ses rayons impitoyables sur les yeux dénudés de l'homme. Le kilo de morphine qu'il avait tenté de voler représentait à peine cinq cents dollars, une misère auprès des soixante-dix mille dollars que toucherait Hamid au bout du compte, mais le chef devait affirmer son autorité.

Pour être bien sûr d'y parvenir, Hamid avait contraint tous ses hommes à assister au supplice du mécréant.

— À midi, tu auras perdu la raison, ricana-t-il à l'adresse de sa victime. Mais tu pourras encore voir les vautours et les chacals te dépecer. Si tu as de la chance, tu seras mort à la tombée de la nuit. Sinon...

Avec un haussement d'épaules à la mesure de son indifférence, il fit signe à ses hommes de regagner les voitures.

Cinq minutes plus tard, alors que le convoi avait repris son cheminement le long du wadi, Hamid fut secoué d'un grand éclat de rire.

— Qu'est-ce qu'il y a de drôle, *sahib* ? s'étonna le chauffeur.

— Une idée comme ça. Tu te rends compte si les petits Occidentaux savaient ce qu'on est parfois amené à faire pour leur fournir leur drogue !

Chiant, chiant, chiant, se lamentait Duffy. Combien de messages avait-il auditionnés dans la matinée ? Deux cents, trois cents ? Et tous les imbéciles immortalisés sur les bandes ne savaient parler que de Dieu, du temps, de leur argent et de leur grand-mère malade. Ils ne savent donc pas s'amuser dans l'Iran des mollahs, tirer un coup par-ci, tromper leur femme par-là ? Quelque chose qui mette un peu de piment dans son pensum. On prétend que, quand George Bush dirigeait l'Agence, il adorait se repasser les enregistrements de Leonid Brejnev gazouillant avec sa maîtresse. Il ne se trouvait donc personne en Iran pour jouer à ces jeux-là ?

Il secoua la tête pour rassembler ses idées vagabondes et chargea un nouveau message sur son écran. Celui-là avait le mérite de la brièveté.

— Jaffar ?

— Oui.

— Les deux cent dix cageots de pommes que tu as commandés... l'homme toussa... partiront après-demain.

— Merci. J'attendrai que le chauffeur m'appelle.

— Après-demain — nouvelle toux —, si Dieu veut.

Bon, ce n'était pas trop fatigant, se dit Duffy en appuyant sur une touche pour passer au message suivant. À cet instant, un voyant rouge se mit à clignoter sur l'écran. Cela signifiait que l'officier de la NSA qui lui transmettait les messages sur son ordinateur désirait lui parler.

Il décrocha sa ligne directe.

— Duffy.

— La voix que vous venez d'entendre ne vous rappelle rien ?

Duffy réécouta la bande avec beaucoup d'attention, en guettant l'indice ou l'intonation qui aurait pu lui évoquer la voix de Said Djailani. Il essaya de l'imaginer assis en face de lui dans une planque de l'ISI, son pistolet posé sur la table entre eux, grignotant, entre deux gorgées de thé sucré, les biscuits à la cardamome que Duffy lui apportait toujours. Il avait beau se concentrer, Duffy nc trouvait aucune ressemblance. Sauf, peut-être... la toux.

Comme la plupart de ses moudjahidin, Djailani était un gros fumeur toujours en train d'évacuer le trop-plein de ses poumons. Mais enfin il n'était pas le seul dans ce pays que la fumée faisait tousser.

— Même en me creusant la cervelle, je ne vois pas. Peut-être, je dis bien peut-être, la façon de tousser. Pourquoi ?

— Cette conversation me paraît bizarre. Vous ne croyez pas que ces types se doutent qu'on peut capter leurs communications et qu'ils ont le réflexe de se parler en code, même si c'est en pachto ?

— Écoutez, mon vieux. Vous savez comment ils s'y prennent quand le Hezbollah de Baalbek, dans la plaine de la Bekaa, veut envoyer un message à Beyrouth ? Ils l'écrivent à la main et ils le font porter par un messager. Lequel le tient sous le nez de celui à qui il est destiné pour qu'il le lise, après quoi il le brûle. C'est toute la notion qu'ils ont de la sécurité. Alors, pourquoi voulez-vous qu'ils se parlent en code ?

— L'appel vient de Zabol. Ça perche dans le nord-est de l'Iran, pas loin de la frontière afghane. C'est un coin paumé. Tout ce qu'on y trouve, c'est du crottin de chameau. Et je peux vous assurer qu'il n'y pousse pas l'ombre d'une pomme.

— Ah, voilà qui est intéressant. Bien vu. Savez-vous à qui appartient le numéro ? Vous avez un nom ?

— La Zabol General Trading.

— Où se trouvait son correspondant ?

— À Istanbul. Mais c'est un téléphone mobile qui n'est pas fiché.

Duffy prit le temps de réfléchir à la remarque de son confrère de la NSA. Jouait-il les détectives amateurs ou avait-il mis le doigt sur un point important ?

— Vous avez d'autres enregistrements d'appels venant de ce numéro ?

Il le lisait sur son écran tout en parlant : 98.5421.637.405.

— Négatif. On peut supposer qu'ils appellent Téhéran de temps en temps, mais, dans ce cas, la liaison doit passer par les câbles terrestres et, là, nous ne pouvons pas les choper.

Eh oui, se dit Duffy, la technologie a ses limites dans le monde de l'espionnage.

— Combien de temps gardez-vous les bavardages sans intérêt que vous détournez des ondes ? Le surplus qui n'est pas censé entrer dans vos programmes de surveillance ?

— Soixante jours.

Motiver les jeunes recrues, observa Duffy à part lui. Bonne méthode de gestion. Qui sait ? Ce gars-là a peut-être raison.

— Que préconisez-vous ? Vous pensez que ça vaut la peine de dresser la signature analytique de cette voix et d'enfourner le résultat dans votre ordinateur pour la comparer à celles que vous avez en stock ?

— Oui, je crois. Mais ça va prendre du temps. Pas l'analyse vocale, l'inventaire du stock.

— Bon, allons-y.

Le long voyage de Ghulam Hamid s'achevait enfin dans un entrepôt désaffecté à six cents kilomètres à l'est de Téhéran, près de Zabol.

Dans un hangar qui empestait l'essence et l'huile de vidange, Hamid regardait ses hommes décharger ses deux cent dix kilos de morphine-base. Ils déposaient les sachets de plastique sur une table à tréteaux où deux

Iraniens les pesaient un à un. L'un d'eux en ouvrait un de temps en temps au hasard pour en examiner le contenu et en vérifier la pureté.

Ils avaient presque terminé quand Hamid perçut un mouvement à l'autre bout de l'entrepôt. Il tourna la tête pour voir débarquer au milieu d'une escorte nombreuse un homme en djellaba, coiffé d'un *chitral* afghan. Ce devait être le fameux chef moudjahid Said Djailani. Il mesurait plus d'un mètre quatre-vingts et dominait ceux qui l'entouraient, tel un prophète haranguant ses disciples.

Cette impression se renforça à son approche. C'était un homme d'une beauté brutale et sans apprêt, au visage encadré d'une barbe sombre, où luisaient des yeux très bleus surmontés d'épais sourcils noirs. Un nez fortement busqué achevait le portrait. Un grain de beauté orné d'une touffe de poils obscurs s'épanouissait à la base de sa joue, à gauche de sa bouche, accentuant sa ressemblance avec le grand roi arabe Ibn Saud dont Hamid avait vu des représentations en photo.

Arrivé à la hauteur de Hamid, il s'arrêta, s'inclina légèrement mais avec respect et, de la main, effleura son front et sa poitrine.

— La bénédiction d'Allah soit sur toi, mon frère, dit-il.

Hamid lui rendit son salut. En se penchant, il aperçut la tresse de fils d'or qui bordait ses babouches et jetait un éclat inattendu sur sa tenue par ailleurs austère.

Djailani glissa un regard vers la table où venait de s'achever la vérification de la marchandise livrée par Hamid.

— Mes hommes me disent que tout est en ordre. Félicitations, mon frère.

Il frappa dans ses mains et désigna une table basse dressée un peu plus loin sur leur droite.

— Viens. Allons conclure notre affaire autour d'un thé.

Ils se dirigèrent vers la table devant laquelle Djailani s'assit en tailleur, à même le sol, à la mode iranienne. Hamid l'imita en maudissant la raideur de ses articulations. Un serviteur vint leur verser à chacun un godet de ce thé vert que les Iraniens préfèrent au café des Arabes. Djailani extirpa des plis de son vêtement un paquet de Marlboro et alluma une cigarette. Il demanda alors une feuille, un stylo et un tampon de caoutchouc et se mit à former d'un geste ample de jolis caractères persans.

Il aurait pu appartenir à ces anciens moudjahidin à la barbe infestée de poux, mais c'était un homme raffiné. Il pouvait tuer à mains nues, mais aussi composer des poèmes. Comme son chef et allié d'antan Gulbuddin Hekmatayar, Djailani était diplômé de l'université de Kaboul. Depuis des années, une légende courait en Afghanistan selon laquelle les deux amis s'acharnaient à rappeler à leurs camarades féminines de la faculté les règles de l'islam en arrosant d'acide le visage de celles qui osaient arpenter le campus sans voile.

Sa page d'écriture terminée, Djailani apposa son cachet et sa signature au bas du document, qu'il tendit à Hamid. C'était une attestation certifiant que Hamid lui avait livré deux cent dix kilos de morphine-base de bonne qualité, payables au prix convenu de douze cent cinquante dollars le kilo. Hamid remettrait ce papier à son employeur, Mohammed Issa, à Quetta. Ce simple échange relevait d'une pratique bancaire orientale appelée *hawala*, « référence », en urdu et *hundi*, « certificat », en hindi. Des millions de dollars circulaient tous les jours en Asie par ce moyen. Ce papier avait autant de valeur qu'un bon du Trésor américain. Issa n'aurait qu'à le présenter à un banquier de Quetta qui en convertirait le montant, défalqué de sa commission, dans la monnaie choisie par son client.

Leur affaire ainsi conclue, Djailani se redressa pour savourer son thé en contemplant sa nouvelle acquisition. Comparé aux quantités qu'il avait l'habitude de négocier, ce lot de morphine-base restait relativement modeste. Hamid, son fournisseur, ignorait évidemment que le prix fixé par le laboratoire d'Istanbul auquel serait livrée sa morphine s'élevait à quatre mille dollars le kilo, ce qui représentait, pour les Iraniens avec qui travaillait Djailani, un bénéfice de cinq cent soixante-dix-sept mille dollars, plus de huit fois le montant que recevrait Hamid pour prix de son travail.

Ce montant correspondait en quelque sorte à la « taxe de transit » que percevaient les *pasdaran*, les gardes révolutionnaires et les mollahs qui les contrôlaient pour autoriser le passage de la drogue en Iran. Ce n'étaient pourtant pas les chiffres qui intéressaient Djailani, mais la merveilleuse symétrie du processus. D'abord, il évitait à la came de séjourner en Iran et de contaminer les croyants. L'Iran avait eu en son temps son contingent d'opiomanes qui le plaçait en deuxième position, après la Chine du début du siècle, pour le pourcentage de population atteint par ce fléau. C'était encore un grave problème de société dans l'Iran postrévolutionnaire, qui avouait un demi-million de consommateurs dépendants. L'ancien président Rafsandjani en comptait deux parmi ses proches.

De cette façon, au moins, se réjouissait Djailani, ils étaient sûrs de transmettre la contagion toxicomane à la jeunesse pourrie d'Occident. C'était comme s'ils transportaient sans risque le virus de la peste bubonique à travers le pays pour aller le déposer à la porte de leurs ennemis jurés.

Il agita le bras en direction de la marchandise de Hamid qu'on avait recouverte d'une toile cirée.

— Nous ferons souvent affaire ensemble, mon ami. La demande augmente un peu plus chaque jour. Le guide va te reconduire à la frontière. Si tu pars maintenant, tu seras de l'autre côté avant la nuit.

Hamid comprit qu'il ne s'agissait pas d'une proposition, mais d'un ordre. Djailani ne voulait pas lui laisser voir la suite des opérations. Quelle importance ? Il avait son bénéfice sur l'opium acheté dans le Helmand.

Comme tout bon diplomate, l'ambassadeur James Longman avait l'art d'exprimer sa sympathie aux ressortissants endeuillés à l'étranger avec la sincérité onctueuse d'un Raminagrobis. Dans le cas de la femme qu'il recevait, le rituel des condoléances se doublait d'un réel intérêt.

Le meurtre de son mari avait occupé les premières pages de tous les journaux à sensation d'Angleterre. Il en connaissait donc tous les détails macabres. Ainsi que les spéculations de la presse reliant le crime à des histoires de drogue ou de trafic d'armes. Et puis l'ambassadeur n'était pas insensible à l'extrême beauté de Mme Nancy Harmian, tout de noir vêtue, aussi époustouflante qu'une Sharon Stone. Elle exposait son point de vue avec la force de conviction d'une pasionaria.

— La police ne veut pas m'écouter, répétait-elle pour la troisième fois. Je m'escrime à leur dire que ce sont des Iraniens qui ont tué mon mari. Et tout ce qu'ils font, c'est me demander indéfiniment ses comptes bancaires, comme si c'était un escroc de haut vol.

— Avez-vous des indices qui puissent vous faire penser que votre mari était impliqué dans des activités hostiles au régime de Téhéran ?

— Non. Mais pour quelle autre raison l'auraient-ils tué ?

— Pourquoi, en effet ?

— Croyez-vous que le gouvernement et le ministère des Affaires étrangères freine l'enquête pour ne pas offenser ce régime détestable ?

La tension, l'inquiétude qui habitaient cette femme alourdissaient l'atmosphère.

— Une enquête de Scotland Yard, madame ? Non,

franchement, je ne crois pas. Ce serait vraiment étonnant.

— Vous ne pouvez pas faire quelque chose, ici, à l'ambassade, pour les convaincre de m'écouter ?

L'ambassadeur réunit ses deux index en un V inversé et les posa sur ses lèvres dans l'attitude pensive d'un homme dont l'esprit caresse une idée tout juste jaillie.

— Vous comprendrez que nous ne pouvons en aucun cas nous mêler d'une enquête menée par la police du pays qui nous accueille. D'autant moins qu'elle ne concerne pas des citoyens américains.

— Vous devez pouvoir intervenir, d'une façon ou d'une autre.

— Oui. Je peux, avec votre permission, transmettre vos observations aux personnes de l'ambassade qui s'occupent de ce genre de chose.

Jamais il ne prononcerait les trois initiales fatidiques de la CIA, mais il comprit, devant la réaction de Mme Harmian, que ce n'était pas nécessaire.

— Elles ont les moyens d'examiner ce genre d'affaire par des voies détournées.

— Détournées ou pas, ça m'est égal, assura Nancy Harmian. Tout ce que je veux, c'est que justice soit faite contre les meurtriers de mon pauvre mari.

Une heure après qu'elle eut quitté l'ambassade, un compte rendu de l'entretien atterrissait sur le bureau du chef de l'antenne de la CIA à Londres, Bob Cowie. Il avait, comme tout le monde, lu les détails du meurtre de Tari Harmian dans les journaux et conduit sa petite enquête de routine.

Sur la foi des affirmations de Nancy Harmian, il passa trois coups de fil, un à chacune des organisations iraniennes dissidentes avec lesquelles l'Agence entretenait des contacts : un groupe de royalistes basés à Londres, une organisation plus importante fixée à Paris et celle des gauchistes de Bani Sadr exilée en Allemagne. Toutes lui apportèrent la même réponse. Aucune n'avait jamais eu de lien quelconque avec Harmian. Il ne prenait aucune part à leurs activités. Il semblait soucieux avant tout de rester discret et de gagner de l'argent.

Le lendemain matin, peu après le lever du soleil, un poids lourd des TIR (Transports inter-européens) immatriculé en Allemagne pénétrait dans l'entrepôt désaffecté de Djailani. Ces véhicules monstrueux sont les bêtes de somme de l'Europe moderne dont ils sillonnent chaque jour par millions le territoire, de Douvres à Istanbul, de Copenhague à Rostock. Ils sont le flux nerveux du commerce sur le vieux continent, un rêve pour les contrebandiers en tout genre, un cauchemar pour les douaniers.

Les trafiquants imaginent toutes sortes de cachettes dans les moindres recoins de ces camions qui offrent d'infinies possibilités à leur ingéniosité : le creux des pare-chocs, le pneu de l'énorme roue de secours, des compartiments secrets aménagés sous le plancher, dans le toit ou les cloisons. On peut aussi dissimuler la drogue ou les produits de contrebande dans le chargement même du camion.

Il faut seize heures à deux douaniers expérimentés pour fouiller entièrement un poids lourd des TIR. Résultat ? On ne les fouille pas, à moins que la police n'ait des indications précises permettant de supposer que tel ou tel camion transporte dans ses flancs des marchandises illicites. Mais les contrôles systématiques tels qu'ils se pratiquaient avant guerre ne sont plus de mise, car ils paralyseraient le commerce européen.

Le semi-remorque qui se faufilait dans le hangar de Djailani avait une histoire très instructive. Il arborait sur sa carrosserie le logo de son propriétaire officiel, la TNZ Freight Forwarding Services de Francfort. La société en exploitait cinq comme celui-ci.

La TNZ appartenait en fait à une holding basée à Jersey, qui agissait pour le compte du véritable propriétaire, un Iranien vivant à Londres. La société de Francfort était dirigée par l'un de ses trois fils. Les deux autres étaient en prison à Téhéran.

De 1991 à 1994, le père, membre actif d'un groupe d'opposants au régime des mollahs basé en Allemagne, laissait transporter dans ses camions des explosifs destinés à des résistants marxistes opérant en Iran. L'un d'eux avait été surpris la main dans le sac par les *pasdaran*, les gardiens de la révolution. Il avait avoué sous la torture d'où il tenait ses charges de plastic.

Par un malheureux hasard, les deux plus jeunes fils du propriétaire se trouvaient à Téhéran pour affaires concernant la société. La Vevak les avait jetés en prison et informé leur père que les seules marchandises illicites qu'il serait désormais autorisé à tolérer dans ses camions seraient celles qu'y placeraient les services secrets iraniens. En cas de problème, il n'aurait plus qu'à déplorer la mort de sa progéniture.

Djailani assistait avec un certain amusement à la manœuvre de l'énorme véhicule. Il renfermait déjà son chargement normal de produits alimentaires iraniens, commandés par un grossiste de Hambourg qui approvisionnait l'importante communauté d'expatriés iraniens de cette ville.

Les hommes escamotèrent un panneau amovible encastré sur la plate-forme arrière, juste derrière les portes. Il dissimulait un espace secret de deux mètres de long sur cinquante centimètres de large et profond d'une quinzaine de centimètres, aménagé sous le plancher. Les deux cent dix sachets de morphine de Ghulam avaient été rangés dans un cageot de bois parfaitement dimensionné pour s'y loger exactement. Le panneau amovible reprit sa place et reçut une couche de graisse et de saletés qui le rendit invisible. On ferma les portes et un officier des douanes vint y fixer le plomb officiel de son service. Le camion était prêt à partir.

Il prit la route à la première heure le lendemain matin vers le poste frontalier de Gurbalak. Là, il entrerait en Turquie et prendrait la direction d'Istanbul où le chauffeur déposerait la morphine. Ensuite, il embarquerait son camion sur un ferry à destination de Trieste et poursuivrait le cours normal de son voyage jusqu'à Hambourg, tandis que le produit des récoltes des paysans du Helmand poursuivrait le sien, insoupçonné, dans les dédales infinis du commerce international.

LIVRE TROIS

Un pied au paradis

Le rêve devenait réalité, le rêve que le colonel Dimitri Wulff caressait depuis des années. Le commandant du vol 847 des Cyprus Airways en provenance de Moscou venait de prononcer la phrase magique :

— Mesdames et messieurs, nous commençons notre descente vers l'aéroport international de Larnaka.

Penché sur le hublot, Wulff apercevait en contrebas un feston de lumières le long de la côte qui brillait comme une parure de diamants sur le velours noir de la nuit. Était-ce celle de Limassol ? Limassol où Richard Cœur de Lion avait couronné sa reine ? Où il allait à son tour couronner la sienne, Nina, rousse aux yeux verts, ancien mannequin, de vingt ans sa cadette, dont il serrait la main posée sur l'accoudoir.

Wulff soupira et ramena sa tête contre le dossier de son siège. C'était fini. C'était la consécration, l'apothéose à laquelle il aspirait, vers laquelle il tendait depuis... plus de cinq ans maintenant. La valise de cuir rouge défraîchie qu'il avait glissée sous son siège contenait les clés de la terre promise. Quel mal il s'était donné pendant toutes ces années pour maintenir dans l'ignorance ses collègues, ses supérieurs, sa femme ! Ils étaient maintenant tous à l'abri, eux comme lui, arrivés au terme de leur long et terrible voyage.

La valise renfermait aussi un vieux prospectus de la

résidence Les Sirènes qui alignait ses appartements au bord de la Méditerranée, à Limassol. C'est là qu'ils iraient après Larnaka. Nina et lui avaient déjà choisi leur appartement, un deux pièces au cinquième étage, agrémenté d'un balcon avec vue sur la mer. Ils se prélasseraient des matinées entières sur la plage sous un ciel sans nuages, déjeuneraient au bord de la piscine olympique de la résidence en buvant du vin blanc dans des effluves de lilas et de fleur d'oranger, ils feraient l'amour jusqu'à épuisement aux derniers rayons du soleil qui régnait sans partage sur l'île féerique nichée au carrefour de trois continents, terre natale, disait la légende, d'Aphrodite, la déesse grecque de la beauté et de l'amour.

Il serait bien loin de Moscou et de ses horizons aussi bouchés que ses espérances, loin des intrigues et de la corruption, de l'atmosphère empuantie pesant sur la capitale d'un grand peuple en train de sombrer dans le crime et le chaos. Wulff était un membre respecté de cette société avant Gorbatchev et Eltsine, et tous les escrocs qui avaient fait basculer le grand rêve socialiste dans le cauchemar maffieux. Dans son uniforme impeccable de colonel de l'Armée rouge, Wulff recueillait le respect et l'admiration de ses concitoyens. Il jouissait de bien des privilèges avant que leurs gouvernants incapables l'abandonnent à l'indigence. Et l'Armée rouge, la fierté de tout un peuple, la terreur de ses ennemis ? Réduite à un ramassis de soudards sous-entraînés, sous-équipés, mal nourris, mal logés et livrés à l'indiscipline. Sans parler de l'insulte ultime, impardonnable et restée impunie. Enfin, lui au moins, il avait réussi à échapper à ce gâchis.

Lorsque l'avion s'immobilisa devant le terminal, Wulff sortit de sa rêverie. Il posa un baiser sur la joue de Ninotchka.

— Et voilà, *choopchik*, nous y sommes.

Empoignant alors sa valise rouge qu'il cala sous son bras, il l'entraîna vers la sortie.

Les guichets de l'immigration franchis, il poussa sa compagne vers le hall de récupération des bagages.

— Attends-moi là, ma chérie, j'ai encore une formalité à remplir.

La république de Chypre se caractérise, entre autres, par une législation commerciale et bancaire conçue pour donner à l'île la stature d'un grand centre d'affaires. Elle y a réussi. Les rues de Nicosie, la capitale, foisonnent d'agences de toutes les plus grandes banques du monde. Sept cents entreprises réputées y ont installé des représentations officielles, sans compter les milliers de petites sociétés privées qui fourmillent dans leur sillage.

La réglementation, ou déréglementation diraient certains, stipule que les nouveaux venus qui débarquent dans l'île peuvent y importer autant d'argent qu'ils veulent, dans n'importe quelle monnaie, à condition d'en déclarer le montant à leur arrivée. Ils sont libres dès lors de le déposer dans l'une des innombrables banques étrangères présentes dans l'île pour en effectuer le transfert vers la destination de leur choix. Cette possibilité est très appréciée des adeptes du blanchiment de l'argent et de l'évasion fiscale.

Laissant Nina guetter leurs bagages, le colonel se dirigea vers le comptoir des déclarations de devises pour se mettre en règle. Rien ne pouvait plus surprendre l'employé blasé qui assurait la permanence. En 1996, au cours de la saison touristique, une cinquantaine de visiteurs étrangers avaient annoncé plus de vingt millions de dollars, plus qu'il n'en fallait pour passer des vacances confortables.

Sa valise rouge toujours coincée sous le bras, Wulff revint chercher Nina et leurs bagages et monta avec elle dans un taxi qui les emmena à l'Holiday Inn de Nicosie, à cinquante kilomètres de là. Comme on n'est jamais trop prudent, ainsi qu'il l'avait appris au cours de sa longue carrière militaire, il préféra dîner dans la chambre. Ils attendraient le lendemain pour fêter dignement leur nouvelle vie. Ils la célébrèrent néanmoins à leur manière et c'est un homme harassé par l'entrain insatiable de sa jeune compagne qui sombra dans un sommeil voluptueux. Juste avant de perdre conscience, son esprit eut le temps d'émettre une pensée : il avait déjà un pied au paradis.

À neuf heures le lendemain matin, à l'ouverture, Wulff se présentait à la porte du Sovereign Guarantee Trust, sur le boulevard Makarios.

Dès qu'il eut expliqué le motif de sa visite à la jolie hôtesse brune de la réception, elle le conduisit au bureau du directeur adjoint chargé des ouvertures de comptes, John Iannides.

Iannides commanda deux tasses du breuvage noir qu'on n'appelle jamais « café turc » dans la partie grecque de Chypre et entreprit d'exposer au colonel les services que la banque pouvait offrir à ses nouveaux clients et les bénéfices que ceux-ci en retiraient. Ainsi, le colonel profiterait des avantages de la législation chypriote sur les sociétés pour fonder sa propre entreprise. Il en situerait la raison sociale, par exemple, au siège de la banque dans les îles Caïmans, afin d'échapper à l'impôt sur le revenu dont il serait redevable à Chypre sur les affaires réalisées à l'étranger.

Malgré tout le mépris que lui inspiraient les nouveaux capitalistes qui sévissaient en Russie, Wulff était au fait des arcanes complexes de la libre entreprise et de l'intérêt qu'il pouvait trouver à créer sa propre société. Il indiqua au banquier que tel était son souhait.

Iannides hocha la tête en signe d'approbation et reprit ses explications. Les sociétés chypriotes nouvellement créées n'étaient pas autorisées à émettre des actions anonymes ou au porteur, contrairement à ce qui se pratiquait dans certains paradis fiscaux propices au blanchiment de l'argent, comme Panama. Une grimace lui tordit les traits, comme s'il venait de mordre dans un des fameux citrons de l'île, ce qui voulait dire qu'il ne fallait pas confondre les torchons et les serviettes.

Cependant, se hâta-t-il de préciser, si le colonel ne souhaitait pas émettre ses actions au nom de ses actionnaires, les lois chypriotes lui offraient un moyen de garder secrète l'identité des propriétaires. Il suffisait d'établir les actions au nom d'un mandataire désigné par le colonel. Lui, John Iannides, pour prendre un exemple au hasard, pourrait être cet actionnaire mandataire. Investi d'un pouvoir délivré par ses mandants, il effectuerait au nom de la société toutes les transactions que lui demanderait le colonel. Le nom du vrai propriétaire serait enfermé dans un coffre souterrain de la Banque centrale de Chypre, laquelle s'engageait à ne jamais révéler l'identité des actionnaires, sauf en cas d'enquête criminelle fondée sur de sérieuses preuves ou présomptions.

Le colonel entendait dans ses paroles la voix de la sagesse.

— Si je veux acheter un bien immobilier à Limassol, la société peut l'acquérir pour moi ?

— Mais certainement. En ma qualité de mandataire chypriote de votre société, j'atteste auprès du Conseil des ministres que la société et son propriétaire ne possèdent aucune autre résidence dans l'île. C'est la seule condition. Après quoi, vous achetez votre maison et vous y vivez comme il vous plaît. En tant que résident étranger à la retraite, votre impôt est limité à cinq pour cent des revenus que vous décidez de détenir à Chypre.

Une joie sans mélange illumina le visage du colonel, ordinairement empreint de gravité slave.

— *Da*, déclara-t-il. Faisons la société.

Iannides piocha dans son tiroir les formulaires nécessaires pour ouvrir un compte et fonder une société.

— Votre dépôt initial sera de...

— Un million six cent mille dollars.

— En...

— Espèces.

Iannides ne parut pas autrement surpris. Il avait remarqué la valise rouge que tenait le colonel en entrant dans son bureau. Elle aurait pu contenir d'autres instruments que des billets de banque, mais les Russes n'avaient pas encore atteint ce degré de sophistication financière. Ils préféraient en général les bonnes vieilles devises, dollars ou deutsche Mark. Quant au montant énoncé, Iannides en avait vu d'autres.

Le colonel s'était penché en avant, avait déboutonné sa chemise et saisi une clé suspendue à son cou, au bout d'une chaîne, avec laquelle il s'efforçait d'ouvrir sa mallette. Son trésor apparut, distribué en seize liasses de mille billets de cent dollars, enveloppés dans les pages jaunies de la *Pravda* du 19 avril 1992, date à laquelle il les avait comptés, emballés, enfermés dans la mallette et dissimulés au fond de son placard à Moscou.

Pendant des années, il avait vécu dans la terreur d'un incendie. Mais ses billets étaient arrivés à bon port et s'apprêtaient à se fondre dans l'anonymat bienfaisant du système bancaire international.

Iannides laissa le colonel déballer lui-même ses liasses. Il prenait manifestement un tel plaisir tactile à les manipuler qu'il ne voulait pas le priver de cette satisfaction. Pendant ce temps, le banquier trouva dans ses tiroirs le compteur de billets Brandt qui est au banquier chypriote ce que fut autrefois l'étoile au shérif.

Sous le regard fasciné du colonel, Iannides enfournait les liasses dans sa machine qui les effeuillait avec un bruit d'aile de perdrix qui s'envole à l'approche des chasseurs. Le compte était bon, un million six cent mille très exactement.

Une fois les papiers remplis, il leur restait, annonça Iannides, encore une démarche à effectuer.

— Nous allons remettre vos espèces à la Banque centrale de Chypre. Après vérification, ils nous créditeront d'un million six cent mille dollars et nous pourrons alors créditer le compte de votre société de cette somme. Mais, avant, nous avons une dernière procédure à satisfaire. Il y a beaucoup de faux billets de cent dollars américains en circulation. Vous savez ça ?

Le colonel haussa les épaules pour marquer son indifférence.

— *Da*. C'est ce qu'on dit à Moscou. Mais ceux-là ne viennent pas de Moscou.

— Tant mieux. Dans notre intérêt et dans le vôtre, nous allons photographier tous ces billets avant de les envoyer à la Banque centrale. De cette façon, si cette dernière découvre un faux billet parmi nos dépôts, nous pouvons retrouver le propriétaire et débiter son compte en conséquence.

— Un par un ? C'est impossible !

— Non. Les contrefaçons sont très habiles. Pour prendre les clichés, nous plaçons les billets sur une planche spéciale qui permet d'en photographier quatre cents à la fois. Pour votre dépôt, il nous faudra quarante photos. Comme il s'agit de votre argent, vous voudrez certainement assister à l'opération, pour vous assurer que ce sont bien vos billets et pas ceux du voisin qui sont photographiés. C'est pourquoi nous vous demanderons de signer immédiatement tous les clichés. Cela vous convient-il ?

— Je comptais déjeuner à Limassol.

— Pas de problème. Nous vous libérerons largement à temps. Je demanderai à une voiture de vous y conduire quand nous aurons fini.

Wulff sourit. On le traitait avec respect, comme avant, quand l'Union soviétique n'était pas encore tombée aux mains de cette bande de voyous réformateurs.

Iannides l'emmena à la salle de photo. Une planche de contre-plaqué creusée de rectangles de la taille d'un billet de cent dollars gisait sur une table. Elle reçut un premier contingent de quatre cents billets provenant de la valise du colonel, qui furent disposés dans les emplacements prévus à cet effet. Au centre, une carte indiquait son nom, son numéro de passeport et sa date d'arrivée à Chypre. Une caméra était fixée en hauteur. Quand la première planche fut prête, la lumière baissa, la caméra se déclencha et on prépara une nouvelle planche.

Ils sortirent bien avant midi. Iannides accompagna le colonel à la voiture qui l'attendait devant la porte de la banque.

— Bon déjeuner, lui souhaita-t-il. La constitution de la société sera formalisée dans quarante-huit heures et vous pourrez alors vous acheter votre maison à Chypre, si vous le désirez. Comme dirait Othello, « bienvenue à Chypre, messire ».

L'après-midi était déjà bien avancé quand John Iannides retourna à la banque après le déjeuner. Pendant son absence, les clichés des billets du colonel avaient été développés et tirés sur papier. Quant aux billets, ils étaient partis pour la Banque centrale en fourgon blindé. Autant par prudence que par curiosité, Iannides décida de jeter un coup d'œil au tirage des photographies, pour voir si un ou deux faux billets ne se seraient tout de même pas glissés dans le magot du Russe. Il demanda au photographe de lui apporter un rouleau au hasard.

Iannides étala la photo sur sa table et commença à l'examiner. Il n'était pas expert en dépistage de faux billets, surtout quand il s'agissait des excellentes contrefaçons de coupures de cent dollars qu'on avait baptisées « superbills ». Peu de gens étaient capables de les reconnaître. C'était une des imitations les plus réussies de l'histoire de la fausse monnaie, à tel point que le gouvernement américain avait dû finalement émettre un nouveau billet de cent dollars en février 1996. Comme tous ses confrères banquiers du monde entier, Iannides avait reçu du Trésor américain un certain nombre de points de repère destinés à lui permettre d'identifier les faux billets.

Pour sa petite vérification, il se contenta d'un seul. Il observa à l'aide d'une loupe les treize étoiles qui entouraient le cachet du Trésor situé à droite, sur la face du billet. Sur les billets authentiques, les cinq points qui constituaient chaque étoile étaient nets et précis. Sur les faux, deux des étoiles manquaient de netteté, comme si la plaque utilisée par l'imprimeur s'était usée à force de servir.

Ce n'était pas évident. Il devait plisser les yeux et y regarder à deux fois avant d'établir son verdict. Quand il arriva au bas de la première colonne, Iannides s'avoua horrifié. Sur les vingt billets qu'elle comportait, sept étaient à son avis des faux.

Il s'arma d'un feutre rouge pour marquer les billets qui lui semblaient falsifiés et reprit son examen. Quand il eut fini, il dut conclure à un désastre. Il avait marqué près d'un billet sur deux. S'il ne s'était pas trompé, une fois que tous les billets seraient passés au détecteur de la Banque centrale, la moitié du magot du colonel aboutirait dans l'incinérateur. Il imaginait déjà sa détresse quand il apprendrait la nouvelle.

Du coup, Iannides se trouvait devant un dilemme. Selon la pratique en usage dans le monde bancaire international, quand un banquier recevait des faux billets d'un client qu'il jugeait de bonne foi, il avait pour seule obligation de veiller à leur destruction. En revanche, s'il avait des raisons de penser que son client tentait sciemment de fourguer des faux à la banque, alors seulement il était tenu de prévenir la police.

Iannides songea à son entrevue avec le colonel. Il faudrait être fou pour entrer dans une banque avec une valise pleine de faux billets dans l'intention de les déposer sur un compte. Le colonel n'était pas fou. Tout le monde savait que la Russie était infestée de contrefaçons. Le colonel avait été grugé. Iannides se sentait néanmoins le devoir de prendre son téléphone pour avertir la Banque centrale.

Elle avait déjà effectué sa vérification. À cause de l'énorme quantité de liquidités transitant par les banques de Chypre, l'établissement avait un expert formé par le Trésor américain pour repérer les superbills falsifiés. Au premier examen, ses conclusions confirmaient les soupçons de Iannides. Plus de la moitié des billets du colonel s'étaient révélés faux.

La procédure dans ces cas-là était claire. Le Trésor américain avait un agent en place à Chypre. On le fit venir pour lui montrer les billets, déjà estampillés « contrefaçon » en vue de leur destruction. L'agent secret demanda naturellement d'où ils provenaient. Comme le banquier qui les avait transmis assurait qu'ils avaient affaire à un client de bonne foi et non à une tentative de délit, l'agent en fut pour ses frais. On lui opposa le secret bancaire qui ne pouvait être levé qu'en cas de crime avéré.

Cependant, dès que l'agent secret eut le dos tourné, le banquier appela quand même la brigade de répression des fraudes de la police chypriote pour lui raconter l'incident, à titre d'information. L'officier contacté entra l'information dans la banque de données de l'ordinateur de la police de Nicosie, avec le nom du colonel russe concerné, son numéro de passeport et sa date d'arrivée à Chypre.

— Monsieur Duffy ?

— Qu'est-ce que vous me voulez ?

Jim Duffy leva le nez d'un énième message tout aussi passionnant que les précédents, relatif, en l'occurrence, au manque de zèle d'un mollah d'Ahvaz qui ne mettait pas assez de vigueur dans ses sermons du vendredi à la mosquée.

— M. Lohnes vous demande si vous voulez bien aller le voir au septième étage.

— J'irais sur la tête du moment que j'échappe à cette calamité, répondit Duffy en éteignant son ordinateur.

Le bureau du DDO, le directeur adjoint aux opérations, jouxtait celui du grand patron et bénéficiait, grâce à d'immenses fenêtres, d'une vue superbe sur la campagne de Virginie. Il disposait aussi d'une cuisine, d'une salle à manger et d'un vestiaire. C'est à moi que tout cela aurait dû revenir, grommela intérieurement Duffy, un goût d'amertume aux lèvres. Allons, suivons le conseil de Shirley MacLaine, laissons de côté les émotions négatives.

— Jimbo ! Jack Lohnes s'élançait à sa rencontre dans l'entrée. La lecture des messages donne quelque chose ?

— Des clous !

— Peu importe. Je crois que nous avons quelque chose d'autrement plus intéressant à vous mettre sous la dent.

Lohnes l'entraîna dans son bureau. Ils s'assirent respectivement sur le canapé et dans un fauteuil, dans le coin salon où se trouvait déjà un jeune homme que Jim ne connaissait pas et que Jack ne prit pas la peine de lui présenter. Un plateau de café les attendait.

— Quand vous êtes parti, étions-nous déjà confrontés à ce problème de faux billets de cent dollars ? Ceux qu'on appelle les superbills ?

— Oui. Ils circulaient en masse à Beyrouth. Si je me souviens bien, nous n'arrivions pas à savoir qui les fabriquait, des Iraniens ou des Syriens.

— Eh bien, nous avons fini par le savoir. C'étaient les Iraniens. Ils ont commencé par les répandre au Liban. Ils en arrosaient le Hezbollah pour lui permettre de financer sa politique sociale, de reconstruire les maisons des croyants détruites lors des raids israéliens, de bâtir de nouveaux lieux de culte, des écoles, des trucs comme ça. Quand ils ont vu que leur monnaie de singe faisait merveille, les ayatollahs se sont mis à en inonder le marché international.

— Je suppose que c'est ce qui nous a amenés à sortir un nouveau billet ?

— Tout juste. Leur billet bidon était tellement bien imité que la Réserve fédérale a dû recalibrer son détecteur de faux pour le reconnaître. Vous vous rendez compte ? Les ayatollahs nous ont obligés à modifier notre monnaie pour la première fois depuis soixante-quinze ans. Au Trésor, Rubin et consorts redoutaient le scandale. Ils voulaient inventorier tous les billets de cent dollars qui se baladaient sur la planète. Vous imaginez, nous avons trois cent quatre-vingts milliards de dollars qui se promènent en monnaie à travers le monde, dont les deux tiers hors du pays et une grande partie en billets de cent dollars. Un joli prêt sans intérêt à l'oncle Sam. Allez semer le doute pendant qu'on essaie de réduire le déficit budgétaire et vous verrez le résultat !

— Comment les Iraniens ont-ils réussi ce coup-là ? Depuis quand sont-ils des faussaires de génie ?

— Vous savez, quand vous avez un billet neuf et que vous passez votre doigt dessus, vous sentez comme de minuscules rayures.

Duffy hocha la tête.

— C'est dû au mode d'impression. L'Imprimerie fédérale des monnaies utilise un procédé italien. Ils appellent cela l'« impression Intaglio ». Pour cela, il faut des presses monumentales de soixante tonnes qui exercent une pression au centimètre carré phénoménale. Il n'y a que deux sociétés dans le monde qui construisent ces machines, celle qui fournit notre Imprimerie fédérale des monnaies et une à Lausanne, en Suisse.

— Vous n'allez pas me faire croire que les Suisses encouragent les ayatollahs à fabriquer de la fausse monnaie ?

— Oh, mon Dieu, non !

Lohnes avait entrepris de se curer les ongles avec un trombone tordu. Cette opération le déconcentra pendant quelques secondes.

— C'est le Shah. Il avait acheté deux de ces presses aux Suisses dans les années soixante-dix pour imprimer sa monnaie tout seul comme un grand. À l'époque, c'était la Banque d'Angleterre qui lui imprimait ses rials. La société De La Rue Giori lui a installé ses presses, l'une à Shimran, dans les alentours de Téhéran, non loin de son palais d'été, et l'autre à Karadj, à une quarantaine de kilomètres de là. Là-dessus, la révolution a éclaté. Le pauvre Shah n'a jamais eu le loisir d'inaugurer ses presses. Elles sont restées là à moisir dans leur coin. Et puis, dans les années quatre-vingt, à un moment où les ayatollahs commençaient à être à court d'argent avec la guerre en Irak, notre embargo et tout le toutim, un petit malin a eu l'idée d'utiliser les presses du Shah pour imprimer des dollars maison. Une bonne manière de se renflouer.

Lohnes abandonna son trombone déformé dans un cendrier immaculé.

— Ils ont demandé à la Stasi est-allemande de leur trouver un ou deux graveurs de Leipzig pour leur confectionner les plaques qui convenaient. Mais nous ne savons toujours pas où ils se sont procuré le papier qui ressemble diablement au nôtre.

— Combien en ont-ils fabriqué comme ça ?

— Personne ne le sait. Rubin avoue officiellement l'équivalent de dix milliards de dollars. Une plaisanterie. Dans le monde du renseignement, nous pensons qu'on est plus près de vingt milliards.

— Et on les laisse arnaquer le pauvre oncle Sam comme il ne l'a jamais été ? Sans que personne réagisse ? Et l'opinion publique de ce pays ignore toujours ce qu'il est advenu de son précieux dollar ?

— Les problèmes de contrefaçon relèvent de la responsabilité des services de la Trésorerie chargés de protéger la monnaie américaine. Ils n'ont pas été bons sur ce coup-là. Nous n'avons été mis sur l'affaire qu'en 1993, quand le gouvernement a commencé à flipper. À l'automne 1994, grâce à nos moyens de surveillance clandestine, nous avions pratiquement la preuve que c'étaient les Iraniens les coupables, mais Rubin ne voulait rien entendre.

— Pourquoi donc ?

— La trouille. Comment allait réagir le marché, et patati et patata.

Duffy refoula un ricanement. Rien ne l'amusait plus que le spectacle des bureaucrates en déroute.

— Du coup, nous avons posté un satellite au-dessus de Téhéran et obtenu de jolies photos de nos voyous en train de charger leurs beaux billets tout neufs dans des camions. Cette fois, Clinton était bien obligé de nous croire, que ça lui plaise ou non.

— Et tout le monde s'est assis pour verser une larme.

— Non, pour une fois, le gouvernement a fait preuve d'un peu de courage. Nous avons envoyé une petite délégation à Nicosie pour rencontrer les Iraniens en secret. On leur a dit d'arrêter s'ils ne voulaient pas attraper des torticolis à regarder passer les missiles dans le ciel de Téhéran.

— Et ils ont arrêté ?

Lohnes haussa les épaules.

— Nous pensons qu'ils ont au moins ralenti la production. Mais le Trésor continue à traquer les faux billets de par le monde et c'est la raison pour laquelle vous êtes ici. Hier, la Banque centrale de Chypre a reçu près d'un million de dollars de faux billets.

Duffy siffla entre ses dents.

— Naturellement, nous avons demandé aux Chypriotes qui avait apporté l'argent et, naturellement, ils nous ont envoyés promener. Secret bancaire.

Lohnes arborait un sourire d'immense satisfaction, de suffisance, aurait noté une personne malintentionnée.

— Cela dit, ils ont averti leur police. C'est ce qu'ils font généralement.

Il se tourna vers le jeune homme qu'il n'avait toujours pas présenté à Duffy.

— Ce que vous allez entendre, Jim, est hautement confidentiel. Le programme dont nous allons vous parler est plus secret que tous les secrets qu'abrite ce bâtiment.

Le jeune homme battit des paupières derrière l'écaille de ses lunettes.

— Je suis l'informaticien attaché au DDO, monsieur Duffy. Décidément, Duffy ne connaîtrait jamais son nom. La police de Chypre utilise, pour gérer sa banque de données, un logiciel spécial. Il est fabriqué dans le Maryland, mais personne ne le sait. Il est commercialisé auprès des services de police du monde entier par le biais d'une société de Hambourg, comme s'il s'agissait d'un produit allemand. Pour qu'on ne sache pas que ça vient des États-Unis.

Hé, hé, pas bête, se dit Duffy.

— L'avantage de ce logiciel, c'est qu'il comporte une sorte de porte dérobée, un cheval de Troie si vous préférez. Cela nous permet d'avoir accès, ni vu ni connu, aux ordinateurs qui l'exploitent. Il nous suffit de nous brancher sur l'ordinateur d'un service de police du tiers monde qui est équipé d'un modem, d'intégrer un mot de passe de notre cru, et nous n'avons plus qu'à recopier le contenu de leur base de données sans laisser la moindre trace de notre passage. C'est un bon moyen pour nous de mettre la main sur les dossiers de terroristes que possèdent certains pays comme la Grèce qui ne sont pas très coopérants dans ce domaine.

— Je comprends maintenant pourquoi ce programme est top secret.

— Jim, reprit Lohnes, hier soir, quand nous avons reçu le rapport des services secrets concernant ce pactole de faux billets arrivés à Chypre, nous sommes allés fouiller dans la banque de données de la police de Nicosie pour voir ce qu'ils avaient en magasin. Le dépôt a été effectué par un ex-colonel de l'Armée rouge dénommé Dimitri Wulff. Il a débarqué à Chypre il y a quarante-huit heures.

Lohnes s'interrompit un instant.

— Voici l'aspect important de la chose. Nous avons demandé des renseignements sur lui à l'antenne de Moscou. Il était dans le corps d'élite de l'artillerie. C'était leur force nucléaire tactique. Stationnée à Ulba dans le Kazakhstan au printemps 1992. C'est à peu près à cette époque que le Mossad nous a transmis ce rapport dont le directeur vous a parlé, selon lequel les Iraniens s'y étaient procuré trois engins nucléaires. Le rapport que nous n'avons jamais réussi à authentifier ni à écarter définitivement.

— Putain de dieu ! s'exclama Duffy. Le bonhomme est toujours à Chypre ?

— À notre connaissance, oui.

— Dans combien de temps je peux y être ?

— C'est lui.

D'un mouvement presque imperceptible du menton, le chef de l'antenne de la CIA à Nicosie désigna un homme corpulent affalé devant une assiette de moussaka à peine entamée à une table de la « taverne ». Il avait la main sur une bouteille de vodka à laquelle il avait davantage fait honneur qu'à son repas.

— J'imagine qu'il a appris la bonne nouvelle, remarqua Duffy.

— Oh, la banque n'a pas pris la peine de l'avertir. Mais il se trouve toujours des âmes charitables pour mettre les gens devant leur infortune. Le chef d'antenne trempa sans conviction ses lèvres dans la bière qu'il avait commandée pour justifier leur présence à la taverne. Il est arrivé avec une rouquine qui avait l'âge d'être sa fille, poursuivit-il à voix basse. Elle est repartie pour Moscou hier soir. Elle a dû soudain lui trouver moins de charme quand elle a su que son compte en banque s'était allégé d'un million.

Derrière la table du colonel, Duffy apercevait par la fenêtre les admirables contours des murailles vénitiennes du XVIe siècle qui entourent la vieille ville. Il feignit d'admirer ces vieilles pierres pour observer sa cible à la dérobée. La capacité d'absorption d'alcool des officiers de l'Armée rouge tenait de la légende. Mais tout de même ! Le colonel avait déjà ingurgité les deux tiers de la bouteille. Il fallait qu'il soit vraiment très contrarié !

Pourtant, il n'y paraissait pas. Parfois, ses épaules s'affaissaient, mais il rectifiait la position avec la vivacité d'un buveur accompli. Il avait sur la tête une calotte d'épais cheveux blancs soigneusement peignés. Ses sourcils du même blanc grisé semblaient de loin occuper la moitié de son front. Il avait le visage bouffi et couperosé, plus à cause de la vodka sans doute que du grand air. Son buste large, penché sur son assiette, s'étalait en force et en ampleur, tout comme la main qui agrippait le verre posé près de la bouteille.

Nous avons là le modèle du bon Soviétique issu du prolétariat, élevé dans l'idée de défendre la grande révolution marxiste-léniniste. Tel était le produit des réflexions de Duffy. S'est sans doute engagé dans l'Armée rouge après avoir vu un film de propagande vantant la grande guerre patriotique. Il avait dû conserver ses convictions, en dépit — ou à cause — de tous les événements survenus depuis 1989.

Comment vais-je l'aborder ? se demandait Duffy. Tout de go ? Duffy parlait russe couramment. Il avait brillamment obtenu son diplôme de langue dans l'Oklahoma. C'était ce qui avait attiré sur lui l'attention de la CIA au départ. Les bons Américains de sa génération qui pratiquaient un russe courant n'étaient pas légion.

Il vit alors le colonel saisir la bouteille et se verser une rasade. Sa main ne tremblait pas. Il fit tournoyer le verre et le vida d'une traite, à la russe.

Voyons, méditait Duffy, cet homme doit être bien malheureux pour s'imprégner ainsi de vodka comme si la terre devait s'arrêter de tourner. La vodka a toujours été pour les Russes le remède à tous les chagrins et celui-ci avait de bonnes raisons de se sentir chagriné. Ensuite, si ce sont vraiment les Iraniens qui lui ont refilé ces faux billets, sait-il qu'ils les fabriquent eux-mêmes, pour filouter les pauvres naïfs comme lui ? S'il l'ignore, quelle serait sa réaction en apprenant cette réjouissante vérité ? L'incrédulité ? Ou une rage de s'être fait avoir assez grandiose pour dire à Duffy ce que l'Agence voulait savoir ?

— Commandez-nous quelque chose à manger et une bouteille de vodka, ordonna-t-il au chef d'antenne. Nous allons le laisser terminer la sienne tout en nous remplissant l'estomac.

Vingt minutes plus tard, le colonel arrivait à la fin de sa bouteille. Duffy saisit la sienne et se dirigea vers sa table.

— *Mir y drushba* (paix et amitié), dit-il en exhibant sa vodka. Permettez-moi de partager ceci avec vous. Il éclata de rire. Au nom du monde nouveau !

Il versa une dose de vodka dans le verre du colonel et prit place à sa table sans attendre d'y être invité. L'homme avait les yeux rouges. Avait-il pleuré ? Sur son million évaporé ? Sa rouquine envolée ? Duffy choqua son verre contre celui du colonel.

— À votre santé ! Beau pays, Chypre, hein ?

Le colonel avala sa vodka dans un grand bruit de déglutition.

— En effet.

— Vous êtes ici en vacances ?

Le colonel eut l'air perplexe, comme s'il ne savait plus très bien ce qu'il était venu faire dans cette île. Et d'abord, de quoi il se mêlait, cet Américain sans gêne ? Tous pareils. Toujours à fourrer leur nez dans les affaires des autres. Cela dit, celui-là avait un flacon de vodka bien plein.

— *Da*, admit le colonel à contrecœur, l'œil sur la bouteille. En vacances.

— Ouah ! s'écria Duffy avec dans le ton ce qu'il fallait d'envie et d'admiration. Vous avez de la veine. Moi, malheureusement, je suis ici pour affaires, pas pour m'amuser.

Les Américains avaient deux obsessions dans la vie, les origines et le boulot. Ils demandaient toujours, après les premières salutations : « D'où êtes-vous ? » Ou : « Que faites-vous comme métier ? » Comme il se fichait royalement de savoir d'où venait son interlocuteur, le Russe jugea poli de lui poser l'autre question :

— Qu'est-ce que vous faites ?

— Je m'occupe d'histoires d'argent.

— Vous en gagnez beaucoup ?

— J'aimerais bien. Non, je cherche les gens qui en gagnent.

Une lueur avisée éclaira brièvement le regard embué de vodka du colonel.

— Contrôleur des impôts ?

Duffy se mit à rire et se pencha vers le Russe, comme s'il s'apprêtait à livrer à ce parfait inconnu une information de la plus haute importance.

— Je suis expert en fausse monnaie auprès de la Chase Manhattan. Voyez-vous, nous autres Américains, avons un grave problème.

Tout en parlant, Duffy sortit deux billets de cent dollars de sa poche.

L'ombre d'un soupçon vint voiler le visage du colonel. C'était précisément l'effet que recherchait Duffy. Il posa les billets sur la table.

— Ce billet est authentique. Mais celui-ci, dit-il en brandissant le superbill, est faux. Il lui montra les défauts à peine visibles. L'une des meilleures contrefaçons qui puissent se trouver. Vous savez qui les fabrique ?

Le colonel était sur ses gardes. Il secoua cependant la tête pour manifester une ignorance que Duffy estima réelle. Bien, je vais éclairer ta lanterne, se dit-il.

— Les Iraniens.

— Les Iraniens ? Pas de doute, sa surprise avait les accents de la sincérité. Pas possible !

— Sûr à cent pour cent, mon ami. Ils les fabriquent à Téhéran. Ils en ont imprimé l'équivalent de vingt millions de dollars. Et ils les ont écoulés tranquillement auprès de pauvres innocents qui n'imaginaient pas une seconde qu'ils se faisaient rouler.

— Ah, les salauds !

Les mots jaillirent de la bouche du colonel en une déflagration de fureur qui disait à Duffy tout ce qu'il voulait savoir. Lentement, il se recula, s'adossa contre la banquette et remit le vrai billet dans sa poche. Il considéra pendant un instant le faux qu'il avait gardé à la main.

— Ouais, ils ont fait beaucoup de mal avec ce bout de papier. Surtout dans votre pays. Brisé bien des rêves.

Entre-temps, le colonel avait rempli et vidé son verre dans le même élan.

— Ah, les salauds ! répéta-t-il.

— Oui, de beaux salauds, confirma Duffy, les lèvres plissées d'un sourire désabusé. Il était temps d'abattre son jeu. Colonel Dimitri Wulff, je vais être franc avec vous.

— Vous connaissez mon nom !

— Évidemment. Je sais aussi que vous avez déposé

pour un million de ces faux billets au Sovereign Trust lundi matin. Et que vous étiez en poste à Ulba, dans le Kazakhstan, en 1992.

— Oh !

L'exclamation s'échappa avec autant de force que l'air d'un ballon qui vient de crever.

— Vous êtes de la CIA. Je ne vois que ça.

Duffy se contenta de hausser les épaules.

— Si vous le dites. Ce qui compte, c'est que maintenant nous sommes amis. Nous pouvons collaborer. Vous m'aidez, et je vous aide.

— Vous me rendrez mon million de dollars ?

— Hélas, je crois que personne n'en a le pouvoir. Il est parti en fumée dans l'incinérateur de l'ambassade il y a deux jours. Mais je peux sans doute vous éviter des ennuis. Si vous me dites ce que vous avez vendu aux Iraniens pour ce pognon. Et comment vous vous y êtes pris.

— Je dirai rien.

Duffy eut un geste d'indifférence.

— Vous étiez dans l'artillerie. Vous avez entendu parler de ce Canadien, Bull ?

— Jamais.

— Un type qui construisait une pièce d'artillerie à longue portée pour les Irakiens. On l'a retrouvé raide mort d'une balle dans la tête un soir à Amsterdam.

— Tué par qui ?

— Devinez. Mais, dites-moi, vous savez à quelle distance se trouve Tel-Aviv d'ici ? Vingt minutes d'avion. À votre avis, si c'est le Mossad qui a refroidi ce monsieur Bull parce que les Israéliens n'étaient pas ravis de le voir installer pour les Irakiens un canon capable d'expédier des obus sur Tel-Aviv, comment croyez-vous qu'ils réagiront quand ils apprendront que l'officier russe qui a vendu des engins nucléaires aux Iraniens occupe la chambre 306 de l'Holiday Inn de Nicosie ? Vous pensez qu'ils viendront lui décerner une médaille ? En un mot, que diriez-vous de vite dépenser les six cent mille balles qu'il vous reste en deux heures ? Avant qu'ils se pointent ?

— Salaud d'Américain.

— Je vous l'accorde, mon cher. Parlez-moi donc des engins que vous avez refilés aux Iraniens et j'oublierai que je vous connais. Sinon, je dirai à un ou deux copains que j'ai dans le Mossad où ils peuvent vous trouver. À vous de choisir. Duffy rajouta un peu de vodka dans le verre de Wulff. Tenez. Buvez un coup, ça remet les idées en place.

— Qu'est-ce qui vous fait penser qu'il s'agit d'engins nucléaires ?

— Je ne vois pas les ayatollahs payer plus d'un million et demi pour de simples explosifs.

Le colonel engloutit l'alcool que lui avait servi Duffy. Ses épaules vacillèrent. Mais, cette fois, il ne trouva pas la force d'y remédier.

— Ils ont payé deux millions.

— Où vous ont-ils contacté ? le pressa Duffy. À Ulba ?

— Non, j'étais en permission à Almaty.

Malgré les brumes éthyliques qui lui obscurcissaient l'esprit, le colonel revivait la scène comme si elle s'était déroulée la veille. Il était à une réception de la toute nouvelle ambassade, en grand uniforme, arborant sur la poitrine toutes ses décorations, lorsque deux Iraniens l'avaient abordé. Ils lui avaient aussitôt témoigné un respect, des égards tels qu'on n'en accordait plus guère à Moscou aux officiers de l'Armée rouge. Le plus âgé des deux, que l'autre appelait « Professeur », était un homme élégant, bien habillé, malgré la barbe de trois jours qui lui hérissait les joues. En bon musulman, il ne buvait que du jus de fruits.

Plus tard dans la soirée, au moment de partir, le Professeur était venu le saluer.

« Colonel, j'aimerais vous revoir. Dans un endroit plus discret, si possible. »

Wulff n'avait su que répondre.

« Demain, avait repris le Professeur, j'irai visiter la cathédrale de Zenkov. Étonnant pour un musulman, non ? Ensuite, vers deux heures, je me trouverai sur un banc à l'entrée du parc de Panfilov, en face de la cathédrale. Je pense que ce que j'ai à vous proposer vous intéressera. »

Wulff était allé au rendez-vous.

« Une œuvre d'une beauté incomparable, avait remarqué le Professeur en tendant la main vers la façade rose et blanc de l'édifice. La plus grande église en bois du monde. Construite sans un seul clou ! Une performance que l'ingénieur que je suis ne peut qu'admirer. »

Wulff se taisait. Depuis toujours, il préférait laisser parler les autres.

« Quel dommage si cette merveille venait à disparaître, comme s'étiole ce pays qui était une si grande nation ! »

Pendant dix minutes, le Professeur avait glosé sur la déchéance qui frappait l'URSS, alors que ces lamentations pouvaient paraître inattendues de la part d'un bon musulman.

« Votre monde est en train de sombrer, mon cher colonel, le monde auquel vous avez cru et que vous avez si bien défendu. Vous et vos semblables allez être relégués aux oubliettes de l'Histoire par la clique de Moscou. »

Il avait ainsi dressé un tableau consternant de vérité de la Russie et de ce que serait l'avenir du colonel. Puis il avait présenté sa solution, offert au colonel un moyen d'éviter les déconvenues qui l'attendaient.

— Qu'est-ce qu'il cherchait ? demanda posément Duffy. Des têtes de missiles balistiques de moyenne portée ?

Le Russe écarta cette suggestion d'un geste brusque de la tête.

— Je ne savais même pas à quoi ça ressemblait.

— Des ogives nucléaires, alors ? ça, vous connaissiez.

Wulff posa sur Duffy un regard où se mêlaient la haine et le désarroi.

— Naturellement. C'était ma spécialité, comme vous le savez sûrement.

— Et combien lui en avez-vous vendues ?

— Trois.

— Quel calibre ?

— Cent cinq.

— Vous avez eu du mal ? À les sortir, je veux dire ?

Le colonel laissa échapper un rire amer et se resservit de vodka.

— Aucun. Il régnait une belle confusion à cette époque. Pour distinguer les ogives des simples obus, elles sont entourées de deux cercles de métal rouge. Nous avons pris trois obus, posé un cerclage autour, et nous les avons mis à la place des trois engins nucléaires.

— Quelqu'un vous a aidé ?

— Mon sergent.

— Ensuite ?

— J'étais responsable de la surveillance de l'arsenal nucléaire. J'ai mis mon sergent de garde une nuit, nous avons chargé les engins dans ma voiture de fonction, et voilà.

— Écoutez, Dimitri, il ne vous est jamais venu à l'idée qu'ils pourraient les utiliser contre vous un jour ?

— Vous n'y pensez pas ! Ils ne feraient jamais une chose pareille ! C'est les juifs qu'ils visent.

À son ton, il paraissait évident qu'il adhérait pleinement à l'antisémitisme endémique de ses compatriotes. Il n'était pas outre mesure troublé par cette éventualité.

— Donc, vous êtes parti, vous êtes allé rejoindre le

Professeur en question et vous lui avez remis les ogives au beau milieu de la nuit ?

— Exactement. Nous nous sommes retrouvés sur un bord de route au milieu des steppes. Il avait deux hommes avec lui. Ils ont pris les ogives dans mon coffre. En échange, il m'a donné une valise qui était censée contenir deux millions de dollars. Quatre cent mille pour mon sergent, le reste pour moi. Les fumiers ! En monnaie de singe !

En guise de réponse, Duffy émit un petit rire qui manquait singulièrement de gaieté.

— Que voulez-vous, l'ami ? La vie n'est pas toujours rose.

La tenue de réunions via le circuit interne constitue une innovation, appliquée depuis peu dans la gestion des situations de crise à Washington. Elle avait pour but, au départ, de maintenir la presse dans l'ignorance de ces moments d'ébullition en évitant la ronde des limousines déversant les sommités du Capitole à la Maison - Blanche. Ce spectacle revenait à hurler le mot « crise » à l'oreille des journalistes.

L'idée consistait à relier entre eux les directeurs de tous les services impliqués dans la NSA, les Affaires extérieures, la Défense, la Justice, la CIA et le Conseil de sécurité, sur un réseau interne de télévision inviolable. Ce système s'est révélé tellement commode et efficace qu'il s'est généralisé, crise ou pas.

Les réunions sont présidées par le conseiller à la NSA ou son adjoint et dirigées depuis la salle de conférences du Conseil de sécurité nationale, située au rez-de-chaussée de la Maison - Blanche. Quelques heures après son retour de Chypre, Duffy fut convoqué dans l'après-midi à la salle de conférences du septième étage, à Langley, pour prendre part à la réunion au côté du directeur adjoint de l'Agence. Vu l'importance de l'affaire à l'ordre du jour, c'était le conseiller à la NSA auprès du Président en personne qui dirigeait la séance. Il avait en face de lui le moniteur réunissant, sur un écran multiple, toutes les stations reliées au circuit télévisuel interne. À côté de cet écran principal, une succession d'écrans secondaires lui montrait les visages des participants. Il actionna une commande qui fit apparaître, sur l'écran double, à côté de la sienne, les têtes des représentants de la CIA.

— Nous sommes confrontés à un problème d'une extrême gravité pour la nation, commença-t-il pour ouvrir la séance sur une note qui invitait au sérieux. Harry, enchaîna-t-il en posant les yeux sur le visage du directeur adjoint de la CIA, à vous d'annoncer la nouvelle.

— Comme vous, nous avons depuis quelque temps, entre les mains un rapport nous signalant que les Iraniens ont réussi à se procurer trois engins nucléaires au Kazakhstan, à l'époque où les Soviétiques fermaient leurs installations dans cette région. Malgré tous les moyens humains et scientifiques que nous avons mobilisés pour vérifier l'authenticité de ce rapport, nous n'arrivions pas à déterminer s'il était vrai ou faux. J'ai le regret de vous informer que nous avons désormais la preuve indéniable que ce rapport disait vrai. Les Iraniens sont en possession d'obus d'artillerie nucléaires de calibre 52 qui leur ont été vendus par un colonel de l'Armée rouge en rupture de ban. Jim, ajouta-t-il en se tournant vers Duffy, racontez ce que vous avez découvert.

Un silence songeur s'abattit sur les ondes lorsque Duffy eut achevé son exposé. Alors, l'adjoint au Secrétaire d'État déclara, dans un murmure à peine audible :

— Le cauchemar tant redouté du président !

— J'ai demandé à M. Leigh Stein, concepteur expérimenté d'armes nucléaires de Los Alamos, temporairement détaché auprès du secrétariat d'État à l'Énergie, de se joindre à nous pour nous donner un aperçu des implications de cet événement, annonça le conseiller à la sécurité nationale. Leigh.

Un homme au front dégarni, les yeux dissimulés derrière d'énormes lunettes d'écaille, arborant l'air d'un professeur qui affronte une classe d'élèves particulièrement bornés, surgit devant la caméra du secrétariat à l'Énergie.

— D'après la description qui m'en a été faite, ces obus appartiennent à la dernière génération d'artillerie nucléaire de l'Union soviétique. Le noyau fissile est constitué de plutonium 239.

— Quelle puissance d'explosion sont-ils capables de produire ? demanda l'adjoint au Secrétaire d'État.

— Dans leur configuration actuelle, pas considérable. Ces engins ont été conçus pour attaquer des formations blindées massées. Leur puissance se limite à une ou deux kilotonnes.

Même sans voir tous ses auditeurs, ce que ne permettait pas cette forme de réunion, Stein sentit l'immense soulagement que ses paroles suscitaient dans l'assistance.

— Dieu merci, soupira une voix hors champ. Des bombinettes. Qu'est-ce qu'ils peuvent faire avec ça ?

— J'ai dit « dans leur configuration actuelle », rappela Stein. Je ne pense pas que les Iraniens aient l'intention de les utiliser telles quelles. Contre qui ? Les pêcheurs de la mer Caspienne ?

— Dans ce cas, à quoi peuvent-elles leur servir ? s'enquit le conseiller à la NSA, une pointe d'inquiétude dans la voix.

— Ça, c'est une question à laquelle seuls les Iraniens peuvent répondre. Nous pouvons tout au plus essayer de deviner. Si je devais émettre une hypothèse, ce serait celle-ci : ils vont extraire les noyaux de plutonium des engins et tenter de les reconfigurer de façon à en augmenter substantiellement la puissance d'explosion.

— De quel ordre ?

— S'ils parviennent à obtenir une efficacité maximale, jusqu'à trente kilotonnes, assez pour effacer une ville entière de la surface du globe.

Les auditeurs invisibles étaient soudain saisis d'horreur à ces mots. Des exclamations étouffées fusaient çà et là.

— Seigneur Jésus ! s'écria l'adjoint au Secrétaire d'État. Êtes-vous en train de nous dire que les Iraniens ont désormais les moyens de détruire Israël ?

— En l'occurrence, mon ami, pouffa le conseiller à la NSA, il conviendrait d'invoquer un autre prophète. Enfin, apparemment, nous nous trouvons devant un sacré problème.

— Mais les Iraniens y parviendront-ils ? s'informa quelqu'un. Sont-ils capables d'apporter les modifications dont vous parlez ? Ont-ils les connaissances scientifiques suffisantes pour reconfigurer correctement ces engins ?

Une jeune femme séduisante se présenta alors devant la caméra du secrétariat d'État à l'Énergie. Il s'agissait de Jean « Rocky » Robotham, docteur en physique nucléaire de l'université du Michigan et secrétaire d'État adjoint à l'Énergie. À quarante-deux ans, elle était l'une des plus grandes spécialistes de son domaine, mais affichait le charme et la simplicité d'une maîtresse de maison recevant pour le thé.

— Je suis désolée d'avoir à vous le dire, mais la réponse est oui. Il existe en Occident une certaine arrogance qui consiste à oublier que le tiers monde est plein de scientifiques de haut niveau tout à fait en mesure de mettre au point des armements parfaitement sophistiqués. Du point de vue intellectuel, l'infrastructure scientifique des Iraniens est bien supérieure à celle des Irakiens et voyez déjà le degré de sophistication auquel est parvenu l'Irak en matière d'armes nucléaires.

Elle se tut un instant. Mme Robotham occupait auparavant des fonctions au NEST, l'organisation du secrétariat à l'Énergie chargée de détecter les armes nucléaires cachées par des terroristes sur le territoire américain. Cela faisait cinq ans que le cauchemar, objet de leur discussion, était au centre de ses préoccupations.

— Pour des pays comme l'Iran et l'Irak, le seul obstacle à la fabrication d'armes nucléaires vient de la difficulté qu'ils ont à se procurer des matières fissiles. Dans le cas présent, l'Iran vient apparemment de franchir cet obstacle. Maintenant, tout ce qu'il leur faut, c'est trouver de l'argent et le moyen de soutirer à l'Ouest des équipements de technologie avancée. Le savoir, ils l'ont.

— Madame Robotham, insista le conseiller à la NSA, comment peuvent-ils s'y prendre et que pouvons-nous faire pour les empêcher d'arriver à leurs fins ?

Le visage de Stein vint se profiler sur l'écran. Le regard émerveillé qu'il coula sur sa consœur ne relevait pas uniquement de l'admiration intellectuelle.

— Rocky, vous devriez leur faire un cours sur la fabrication des armes. Vous êtes un professeur bien meilleur que moi.

Elle le gratifia du sourire radieux d'un candidat qui tombe sur la question d'examen qu'il espérait.

— Bon. Je vais essayer de ne pas trop entrer dans les détails techniques. Si c'est le cas, n'hésitez pas à m'interrompre. Comme vous l'a expliqué M. Stein, pour dégager une puissance d'explosion maximale du plutonium contenu dans ces obus, il leur faudra les reconfigurer. Pour cela, ils vont devoir dans un premier temps extraire le plutonium des obus. Ils sont de forme elliptique. Il leur faudra donc refondre le métal pour leur donner une forme sphérique. Ils devraient se retrouver avec cinq kilos de plutonium métallique sous sa phase alpha, d'une densité de 19,86 grammes au centimètre cube. C'est la meilleure composition qu'on puisse rêver. Ensuite, ils devront prédéterminer avec une précision extraordinaire tout un nouvel ensemble de points de détonation, sans doute une trentaine, à répartir autour de chaque obus désormais sphérique. Le nombre exact dépendra de la quantité de plutonium présente dans le noyau.

— Et vous croyez vraiment qu'ils peuvent y arriver ? glissa le conseiller à la Sécurité nationale, qui avait plus que de simples notions en matière de conception d'armes nucléaires.

— Je le crois. Ce ne sera pas facile. C'est un procédé scientifique extrêmement complexe. Ils seront obligés d'effectuer un grand nombre de simulations sur ordinateur pour s'assurer que leur système est au point. Mais ils possèdent le matériel informatique qui convient, nous le savons. Quant à la méthode, on la trouve dans les livres. Il suffit de savoir chercher. Cela prendra du temps, mais oui, je crois qu'ils peuvent y arriver. N'oubliez pas qu'à l'époque du Shah, déjà, l'Iran possédait des physiciens de haut niveau.

Le conseiller poussa un soupir de dépit.

— Bien. Ensuite ?

— Pour provoquer une explosion nucléaire à partir d'un noyau de plutonium, il faut activer simultanément les puissants explosifs concentrés à chaque point de détonation qu'on appelle lentilles. La synchronisation doit être parfaite. Elle joignit les mains d'un geste vif, comme pour attraper un ballon. Ainsi, le plutonium se trouve comprimé de façon absolument symétrique. Chaque point de détonation nécessite trois éléments. D'abord, l'explosif puissant dont je viens de parler. RDX ou Cyclonite. C'est la partie la plus facile. On en trouve partout.

En bonne conférencière, elle puisa dans son tiroir les objets destinés à illustrer sa démonstration.

— Ils vont aussi avoir besoin de deux dispositifs assez complexes.

Elle présenta une sorte d'ampoule prolongée par trois fils.

— On appelle cela un krytron. Certains d'entre vous sont peut-être assez âgés pour se souvenir des chasses d'eau qu'on trouvait dans les toilettes de nos grand-pères. On tirait une chaîne qui déversait une énorme quantité d'eau dans la cuvette. Le krytron fonctionne un peu de la même manière. C'est une espèce de commutateur électrique. Quand on l'active, il libère d'un coup une charge électrique considérable, qui se répand à la vitesse de l'éclair. C'est cette extrême rapidité qui constitue le facteur capital.

Elle reposa l'ampoule et agita devant la caméra un genre de cylindre qui ressemblait à un gros stylo trapu.

— Ça, c'est un condensateur. Il renferme un faisceau de fils de cuivre formant un câble coaxial. Le condensateur a essentiellement pour fonction de stocker l'énorme charge électrique qui sera libérée par le krytron au moment de la détonation.

Elle coucha son condensateur sur son bureau, à côté du krytron, et laissa échapper un long soupir.

— Ils vont donc devoir associer un krytron et un condensateur à chaque point de détonation, lesquels seront à leur tour reliés à une source électrique programmée pour réagir à un signal radio, une modification de la pression atmosphérique, dans le cas d'une bombe, une minuterie, selon ce qu'ils auront choisi. Cela nous donne, à chaque point de détonation, un condensateur relié à un krytron relié à un puissant explosif. D'accord ?

Un brouhaha de grommellements confus lui répondit, indiquant que, jusque-là, son auditoire suivait.

— Lorsque ce signal électrique initial se déclenche, il ouvre simultanément toutes les vannes des trente et quelques krytrons. La charge engrangée dans les condensateurs est libérée et projetée avec une force incroyable contre l'explosif. La vitesse, quelques nanosecondes, inconcevable pour l'esprit humain, fait toute l'affaire. Toujours est-il que les détonateurs, déclenchés exactement au même instant, réalisent la parfaite synchronisation qui va provoquer l'explosion nucléaire.

Elle acheva son exposé sur un sourire, sans joie il est vrai, mais un sourire tout de même.

— Voilà le principe.

— Pourront-ils se procurer ces dispositifs, les krytrons et les condensateurs ? demanda un conseiller à la NSA consterné.

— C'est très difficile à dire. La jolie Mme Robotham avait perdu son sourire. Évidemment, nous leur mettrons autant de bâtons dans les roues que nous pourrons. Mais le problème, c'est que ces appareils ont des applications non nucléaires. Les condensateurs sont utilisés pour la photographie ultra-rapide. Les krytrons servent par exemple au déclenchement de lasers à grande vitesse. C'est pourquoi il est presque impossible d'en contrôler la vente et l'exploitation.

— Qui fabrique ces maudits trucs ?

— Ici, aux États-Unis, Maxwell Technologies, dans le Massachusetts, et CSI Industries, à San Diego, produisent des condensateurs suffisamment puissants. Mais je pense que nous n'avons rien à craindre de ce côté-là.

— Et en Europe ?

— L'Allemagne, la Suisse, la France, le Royaume-Uni.

— Les Allemands ne se gênent pas pour vendre des matériels hautement sophistiqués à des acheteurs indésirables, maugréa l'adjoint au ministre de la Défense.

— Oui, renchérit son homologue de la CIA. Et les Suisses vendent n'importe quoi à n'importe qui. Ils sont neutres, n'est-ce pas ?

M. Stein prit le micro des mains de sa consœur.

— Je crois malheureusement qu'avec un peu de

bonne volonté et beaucoup d'astuce ils n'auront pas trop de mal à se procurer des condensateurs. Pour ce qui est des krytrons, en revanche, ce ne sera pas aussi facile.

— Pourquoi ? s'informa le conseiller à la NSA.

— Parce que la seule entreprise au monde qui soit en mesure de produire des appareils assez puissants pour mettre à feu une bombe nucléaire se trouve à Salem, dans le Massachusetts. C'est la société EG & G. J'imagine que nous pouvons leur faire confiance.

— À cent pour cent ?

— Rien n'est jamais sûr à cent pour cent. Si ce n'est la certitude que tout a une fin.

— Dites-moi, monsieur Stein, poursuivit le conseiller. Combien leur en faudrait-il et combien ça leur coûterait ?

— Quatre-vingt-dix krytrons et quatre-vingt-dix condensateurs, au moins. Plus trente de chaque minimum pour effectuer leurs expériences. Disons deux cents à deux cent cinquante en tout. Prix : environ deux mille dollars pièce. Sans compter les pots-de-vin qu'ils devront verser pour obtenir ce qu'ils veulent. Mais ce n'est pas la question d'argent qui les arrêtera. Le tout est de savoir s'ils pourront ou non en trouver sur le marché.

— Est-ce qu'ils ne pourraient pas s'en passer ? Mettre au point une bombe qui marche sans avoir à courir après ces trucs ?

— Eh bien, hésita Mme Robotham, soucieuse de peser ses mots, on peut confectionner un circuit moins complexe que celui que je vous ai décrit, mais le savoir-faire, les ficelles à connaître ne se trouvent pas dans la documentation librement accessible. Il leur faudrait un spécialiste et ils auraient en plus besoin d'un canon à neutron ; c'est un dispositif extrêmement complexe, très difficile à mettre en œuvre dans l'amorçage d'engins nucléaires... Après un silence, elle reprit : C'est pourquoi je vous répondrai non. Pour moi, il ne fait aucun doute qu'ils n'ont pas d'autre choix que de trouver des krytrons.

— En admettant qu'ils réussissent à mettre au point leur machine infernale, comment l'envoient-ils sur la cible ?

La réponse de Stein n'avait rien de rassurant.

— Ils n'ont que l'embarras du choix. Un missile Scud. Un avion bombardier.

— L'engin terminé aurait quelle taille à peu près ? Et quel poids ? demanda encore le conseiller à la NSA.

— Poids : inférieur à cent kilos. Taille : je dirais un cageot de fruits.

— Donc, ça peut tenir dans un coffre de voiture et être déposé, ni vu ni connu, à Tel-Aviv. Ou à New York. Ou même à Washington, Dieu nous en préserve.

— Sans problème. On gare la voiture n'importe où et on fait exploser l'engin à distance au moyen d'un signal radio.

Le conseiller prit un mouchoir dans sa poche et en tamponna son front où commençaient à perler des gouttes de sueur.

— Monsieur Duffy, je vous félicite. Vous avez bien fait de nous informer, même si c'est une très mauvaise nouvelle. Je sais que les Grecs de l'Antiquité plantaient un javelot dans le pied des messagers de malheur. Je me contenterai de vous demander votre opinion sur les conséquences de cette information.

Duffy avait suivi la discussion avec passion, intrigué qu'il était tant par l'aspect technique de la chose que par la gravité de la situation, et fasciné de voir les responsables de la sécurité de la plus grande puissance du monde jouer avec les écrans de leur circuit interne comme des gosses autour d'une console Nintendo. Quand le conseiller l'interpella, il se mordit la lèvre, à la fois pour mieux se concentrer et s'inciter à la modération, car il se savait enclin à employer un langage cru qui n'était pas de mise dans ce genre de réunion.

— Il me semble que nous avons omis d'aborder la question qui est la plus cruciale dans l'immédiat.

— Vraiment, répliqua le conseiller d'un ton d'où avait disparu toute bienveillance. Que voulez-vous dire ?

— Ceci. Ce qui importe, c'est de savoir où sont cachés ces fichus engins. Nous n'allons pas attendre sagement qu'ils aient fini d'exécuter toutes ces procédures scientifiques compliquées qu'on vient de nous décrire. Il faut aller les chercher, les dénicher et les leur enlever avant de nous réveiller un matin pour apprendre qu'ils ont déposé leur joujou sur un boulevard de Tel-Aviv. Ou sur Pennsylvania Avenue.

— Bon, monsieur Duffy, reprit le conseiller à la NSA. Et comment allons-nous faire pour retrouver ces engins ? L'Iran est un pays gigantesque, vous savez. Ils peuvent être cachés n'importe où.

— Oui, soupira Duffy, je ne vous le fais pas dire.

— Alors, que proposez-vous ? s'impatienta son interlocuteur sans chercher à dissimuler son agacement.

— Déjà, il ne faut pas compter sur nos satellites de reconnaissance. Duffy réfléchissait tout haut, encore incertain des réponses à apporter à ses propres questions. Même en en stationnant tout un bataillon au-dessus de l'Iran, je crois que ça ne donnerait rien.

— Et les communications interceptées par la NSA ?

Duffy ne put s'empêcher de sourire.

— Je pense que les Iraniens sont assez malins pour communiquer autrement que via le réseau de télécommunications et pour utiliser un code assez tordu afin que nous ne comprenions rien de ce qu'ils racontent.

— Est-ce que la CIA a des agents sur place qui pourraient nous renseigner sur l'endroit où se trouvent ces fichus trucs ?

Duffy rit.

— Vu la façon dont notre budget a été réduit depuis cinq ans, non, évidemment !

Le conseiller à la NSA lui jeta un regard foudroyant.

— Bon, alors, qu'est-ce qu'on fait ?

— D'après ce que nous a expliqué M. Stein, il semble que les krytrons constituent un élément incontournable dont les Iraniens ne peuvent se passer. Or, pour s'en procurer, ils seront obligés de venir les chercher à l'Ouest.

— Pourquoi pas en Chine ? demanda quelqu'un.

— Vous avez vu les problèmes qu'ont les Chinois avec leurs populations musulmanes ? répondit Duffy. Et vous croyez qu'ils vont aider une bande d'islamistes enragés de Téhéran à se concocter leurs bombes nucléaires ? Non, je crois qu'ils devront venir faire leur marché à l'Ouest. J'aimerais, si mon patron me le permet, précisa-t-il en glissant un coup d'œil au directeur adjoint, aller trouver les gens qui fabriquent ces krytrons à Salem, dans le Massachusetts, pour avoir une petite conversation avec eux.

Trois jours après le passage de Jim Duffy à Chypre, un promeneur matinal découvrit le corps du colonel Dimitri Wulff gisant face contre terre dans un fossé, non loin des murs de la vieille ville de Nicosie. L'enquête de police établit qu'il avait été tué d'une balle tirée à bout portant dans la tempe. L'arme, un Makarov .38, en usage dans l'Armée rouge, fut retrouvée à un mètre du corps. Abandonnée là par le tueur ? Ou jetée par le colonel lui-même dans un dernier geste après s'être donné la mort ? La police de Chypre ne parviendrait jamais à résoudre cette énigme.

LIVRE QUATRE

La filière turque

— Alors, Jimbo ? On s'amuse ?

— M'amuser ? Ici ?

À la question de son vieil ami et collègue Frank Williams, Jim Duffy suspendit son geste à mi-course et la salade de la cantine des cadres du septième étage de la CIA n'atteignit pas sa bouche.

— Plus personne dans cette bonne maison ne sait ce que ce mot veut dire. Il y a vingt ans, oui, on s'amusait. Tu te souviens quand nous avons tenté de soudoyer les Nord-Coréens en leur envoyant des films pornos ? Essaie ça aujourd'hui et tu te retrouves avec une armée d'avocats aux fesses. Seigneur ! De nos jours, même au service des opérations, on ne peut pas faire un pas sans demander la permission d'un juriste ! J'ai vraiment été trop bête de t'écouter quand tu es venu me débusquer dans ma campagne du Maine.

— Ne me dis pas que tu préférais ton existence d'homme des bois à la vie trépidante au cœur des intrigues de notre grande nation ? Tu t'es déjà attiré un joli succès. Et, par la même occasion, le respect et l'admiration de tous.

— Ah ouais ? Rappelle-toi cette phrase de la Bible : « Celui qui acquiert la connaissance acquiert la souffrance. »

— Où la Bible dit-elle une chose pareille ?

— Quelque part dans l'Ecclésiaste. Franchement, cette affaire de Nicosie a eu pour seul effet de transformer un problème théorique en certitude. Nous avons remplacé une vague inquiétude par un vrai cauchemar.

Williams secoua la tête.

— À ton avis, quelles chances avons-nous de mettre la main sur leurs engins avant qu'ils aient le temps de s'en servir ?

— Maigres. Il faut les retrouver avant qu'ils en arrivent là. Et ne me demande pas comment, parce que je n'en ai pas la moindre idée.

— Dans ce cas, intéressons-nous plutôt aux aspects réjouissants de l'existence. Tu es allé faire un tour à la capitale ?

Duffy posa sur sa salade un regard morose et secoua lentement la tête.

— Non, souffla-t-il d'une voix à peine audible. Je n'en ai plus envie. Il suffit que je passe le pont et je la retrouve à chaque coin de rue. À Georgetown, je reconnais tous les petits restaurants qu'elle aimait tant. Je remonte Wisconsin Avenue et je tombe sur le cinéma où nous allions le dimanche soir. En roulant dans Rock Creek Parkway, je me rappelle toutes les fois où nous avons pris ce chemin ensemble pour nous rendre Dieu sait où, à une réception, à un cocktail, à une de ces soirées de l'Agence au cours desquelles nous refaisions le monde, tu te souviens ? Quand je me promène dans tous ces endroits, j'ai trop mal, Frank. Vraiment trop mal.

Le chagrin, constatait Williams, est une affaire souvent bien trop intime pour souffrir aucune intrusion, même celle d'un ami, et les paroles prononcées avec les meilleures intentions du monde ont parfois pour effet d'attiser la peine qu'elles voulaient soulager.

Duffy repoussa son assiette.

— Tu sais, quand tu vis un divorce ou une séparation pénible, tu en veux à l'autre du mal qu'il te fait. Tu t'efforces de haïr celle que tu es en train de perdre. Parce que c'est la meilleure manière de tenir le coup. Elle, il n'y a pas eu de jour, de minute, d'instant où je ne l'aie aimée. Jusqu'à ce dernier moment où elle a serré ma main dans la sienne. Dans un ultime sursaut d'énergie.

— Combien de temps penses-tu qu'on va encore te cacher à l'hôpital de jour ? demanda Williams pour changer de sujet.

Duffy haussa les épaules. L'« hôpital de jour » désignait l'Holiday Inn de Rosslyn, situé sur l'autre rive du Potomac, en face de Georgetown, où les informateurs de l'Agence étaient tenus à l'écart du bâtiment officiel. Du temps de la guerre froide, on prétendait en riant qu'un agent du KGB qui serait resté assez longtemps posté au bar de l'hôtel aurait glané en quelques heures tous les renseignements dont pouvaient rêver ses employeurs.

— Je ne sais pas. J'ai l'impression que le directeur ne tient pas à ce qu'on sache que je suis revenu aux affaires. Il craint sans doute la réaction de ces libéraux à la manque qui perchent sur la colline et qui me prennent pour le descendant direct de Genghis Khan.

— C'est peut-être aussi qu'il ne veut pas que la nouvelle de ton retour s'ébruite chez tes petits camarades du Proche-Orient. Il est peut-être moins retors que tu ne le crois.

— Oh, sûrement, Frank. C'est un preux chevalier sans peur et sans reproche. Sauf que j'ai parfois le sentiment que l'armure qu'il arbore est trop grande pour lui.

— D'accord, mais reconnais qu'il sera plus facile de t'envoyer t'ébattre dans des endroits divertissants comme Peshawar, Kaboul ou Khartoum, si on te classe toujours là-bas parmi les espions au chômage.

Une ébauche de sourire naquit enfin sur les lèvres de Duffy.

— Oui, ça ne me déplairait pas d'y retourner.

Ses souvenirs le ramenaient à Peshawar, au temps

de la guerre d'Afghanistan. Une ville pareille à une cité du Moyen Âge. Les hommes en tunique. Les femmes voilées. Des charrettes. Des ânes. Des vaches en vadrouille dans les rues. Des magiciens qui exécutent des tours avec des bouts de corde pour quelques roupies. Les moudjahidin descendus de leurs camps de réfugiés, qui ressemblent tous à Omar Sharif jeune. Des yeux noirs, perçants, des barbes fournies. Toujours enveloppés de ces vêtements flottants sous lesquels ils dissimulent les armes et les couteaux effilés qui ne les quittent jamais. Tous coiffés de ce chapeau, le chitral, sorte de cylindre bordé de laine de mouton à la base et au sommet, qu'Alexandre le Grand leur aurait apporté d'Asie centrale.

Ses yeux s'arrêtèrent sur l'assiette de Williams. Il s'était offert le « menu spécial », magret de canard sur lit de verdure arrosé d'une sauce au vinaigre de framboise. Duffy étouffa un rire.

— Frank, tu te rappelles quand tu étais venu en voyage d'inspection pendant la guerre d'Afghanistan ? Je t'avais emmené à Landi Kotal.

— Oui.

— Nous nous sommes arrêtés pour manger un morceau au bord de la route, au snack du père Ali, un de ces stands en plein air genre McDo version pakistanaise. Nous avons pris ce qu'ils appellent un « riz poussière ». Tu trouvais la viande succulente. Tu m'as demandé ce que c'était. Je t'ai dit que je n'en savais rien.

— Oui, je me souviens vaguement.

Duffy riait sous cape en évoquant ce souvenir.

— Eh bien, j'ai une bonne nouvelle pour toi. Tu vois encore ces vieux camions anglais qui franchissaient le Khyber dans les deux sens ?

— Avec des peintures sur la carrosserie ? Des torrents, des montagnes, des sapins, des ours, des aigles, des machins comme ça ?

— Oui. Eh bien, la viande que tu trouvais si bonne provenait de toutes les bestioles qu'ils avaient écrasées sur la route pendant le trajet. Le père Ali allait au petit matin nettoyer l'asphalte et il fourrait ses boulettes de riz avec sa récolte.

Williams blêmit.

— Dieu du ciel ! Des chats et des chiens au petit déjeuner !

— Des chats et des chiens ? Tu rigoles ! ça, c'étaient les morceaux de choix. Réservés aux meilleurs restos de Peshawar. Nous, ce qu'on avait, c'était le reste. Ça ressemblait un peu à ce que tu as dans ton assiette, tu ne trouves pas ?

Duffy pouffa de rire, ravi de sa plaisanterie dont Williams, manifestement, ne goûtait pas l'humour. Duffy se tamponna les lèvres avec sa serviette et se leva.

— Je vais retourner à mes messages et te laisser finir ton repas en paix.

Cinq minutes plus tard, il avait regagné la cellule qui lui tenait lieu de bureau, ôté son manteau, dénoué sa cravate, coiffé ses écouteurs, et concentrait son attention sur l'écran de l'ordinateur qui le reliait au quartier général de la NSA. Quand il alluma sa machine, le voyant rouge clignota sur l'écran. Son correspondant de la NSA désirait lui parler.

— Monsieur Duffy ?

— Hé, ne me dites pas que vous avez déjà identifié la voix d'après son analyse vocale ? Auriez-vous une bonne nouvelle à m'annoncer ? Que nous avons épuisé tout votre stock de messages, par exemple ?

Son interlocuteur n'était apparemment pas d'humeur à plaisanter.

— Ne vous inquiétez pas, nous ne risquons pas d'en manquer. Quant à nos recherches sur les gros ordinateurs Cray, il va falloir faire la queue. J'ai déposé une demande, mais, pour l'instant, elle est en bas de la pile. Cela dit, je vous appelle pour tout autre chose, quelque chose qui pourrait vous intéresser.

— Je vous écoute.

— Vous vous rappelez ce type qui téléphonait d'un trou perdu de l'est de l'Iran ? Je vous avais dit qu'il appelait un téléphone mobile à Istanbul.

— Exact.

— Ça vous dit quelque chose, le clonage des téléphones portables ?

Encore un de ces techniciens pinailleurs dont raffole la NSA, se dit Duffy, le genre agrégé de maths pour qui le comble de l'amusement consiste à essayer de battre le joueur d'échecs d'IBM.

— J'ai entendu parler du clonage des brebis. Mais des portables, là, non, je ne suis pas dans le coup.

— Bien. Voilà de quoi il s'agit. Disons que vous vous trouvez en possession d'un téléphone mobile volé. Vous allez vous en acheter un autre, un Motorola Microtac, par exemple. Peu importe le modèle. D'accord ?

Duffy sentait chez son collègue de la NSA la résignation du technicien confronté au néophyte.

— Certainement. Je rêve de me constituer une collection de téléphones portables.

L'autre ignora sa remarque.

— Bon, pour fabriquer un clone, il suffit d'un brave ordinateur familial et du logiciel adéquat. On en trouve des quantités en vente en Allemagne. Vous branchez votre téléphone volé à l'ordinateur et le logiciel extrait de la puce le NSE, le numéro de série électronique, et le numéro d'appel. Vous me suivez ?

— Pas à pas.

— Ensuite, vous reliez votre téléphone tout neuf audit ordinateur, vous en effacez le numéro de série électronique et le numéro d'appel et vous les remplacez par ceux que vous avez extraits du téléphone volé. Oui ?

— Absolument. Mais je ne vois pas l'intérêt. Le gars dont on a fauché le téléphone a annulé son abonnement depuis belle lurette.

— Vous avez raison. L'ennui, c'est qu'on ne peut pas s'en servir pour appeler parce que le propriétaire a mis fin à son contrat. Le service d'abonnement aura aussi supprimé le numéro d'appel. Mis de côté pendant un an ou deux avant de l'attribuer à un nouvel abonné.

— Et où ça nous mène, tout ça ?

— Vous vous débarrassez du téléphone volé. On ne peut plus remonter jusqu'à vous. Mais son numéro est inscrit sur la puce de votre clone. Si quelqu'un compose ce numéro, le téléphone cloné se met à sonner. Et cela vous permet de recevoir des appels impossibles à dépister. C'est une astuce que certains mauvais garçons un peu affûtés affectionnent particulièrement.

— Bon, où voulez-vous en venir ?

— J'ai demandé un inventaire des téléphones mobiles qui sont sortis du circuit en Turquie au cours des six derniers mois.

— Alors ?

— Le numéro qu'appelait notre ami à Istanbul a été rayé de la liste parce que le téléphone auquel il correspondait a été volé. Or, la conversation que nous avons écoutée date de trois semaines. Ce qui laisse à penser que le bonhomme qui a reçu l'appel n'a pas envie d'être repéré.

— Bon travail, mon vieux, excellent ! Je dois aller demain dans le Massachusetts, mais, avant, je vais passer un coup de fil au conseiller à la Sécurité, à la Maison-Blanche, et lui demander de mettre votre demande en haut de la pile. Nous allons examiner de près ce numéro de téléphone mobile d'Istanbul pour voir ce que ça donne.

Le semi-remorque des TIR estampé au nom des TNZ Freight Forwarding Services arpentait à trente à l'heure les lacets de la route qui s'entortille entre les monts Zaki après la ville iranienne de Maku. Il lui fallut près d'une heure pour franchir les vingt kilomètres séparant la ville du hameau de bâtiments d'un blanc éclatant, surmontés de drapeaux, qui marquent la frontière entre l'Iran et la Turquie.

Cinq autres camions attendaient déjà de franchir la douane. Il prit place à leur suite. Gurlabak est le poste frontière le plus fréquenté de la région. La demi-douzaine de douaniers surchargés et sous-payés qui y montent la garde voient défiler chaque jour près de huit cents poids lourds en moyenne. À gauche de la file dans laquelle le camion des TNZ attendait son tour se dressait un grand hangar équipé de grues, de vérins et de tout un assortiment d'appareils de levage destinés à permettre l'inspection des véhicules. Il avait été installé aux frais de l'office des Nations unies pour la répression du trafic de drogue basé à Vienne, dans le but exprès d'aider les douanes turques à réfréner le déferlement de l'opium d'Afghanistan vers l'Ouest. Ce matin-là, comme tous les jours depuis son inauguration, il était désert.

Le chauffeur somnolait en écoutant vaguement les chansons turques que déversait son poste de radio quand vint son tour de caler son camion entre les guichets. Pour des raisons pratiques, il n'y eut pas d'inspection. Un fonctionnaire arracha la première page du carnet de route, alla constater à l'arrière du véhicule la présence du plomb des douanes iraniennes et fit signe au chauffeur de reprendre la route.

La campagne turque aux abords de la frontière se compose d'étendues montagneuses peu peuplées, où patrouillent sans cesse l'armée et la gendarmerie turques à la recherche de bandes de combattants clandestins du PKK, le parti des travailleurs marxistes kurdes. À la sortie d'Agri, la première ville après la frontière, le chauffeur repéra une *alani*, l'une des nombreuses aires de repos aménagées le long du tronçon turc de l'autoroute transeuropéenne, où les conducteurs peuvent s'arrêter pour se restaurer, se rafraîchir et s'octroyer quelques heures de sommeil. Il gara son camion, le ferma et pénétra dans le bar pour prendre une tasse de thé. Puis il s'enferma dans la cabine téléphonique et récupéra au fond de sa poche le bout de papier qu'on lui avait donné à Zabol. Il composa le numéro de téléphone qui y était inscrit pour annoncer qu'il était passé sans encombre d'Iran en Turquie.

La Kapali Carsi d'Istanbul constitue une attraction touristique au même titre que la mosquée Bleue et Sainte-Sophie. Ce grand bazar couvert est une ville dans la ville, à la fois marché et musée, un dédale de venelles tortueuses, de ruelles, de chemins, d'allées abritant plus de quatre mille boutiques, des centaines d'entrepôts, une mosquée, dix-neuf fontaines et une douzaine de puits, réunis sous des arcades dont beaucoup datent de l'époque byzantine.

On trouve à peu près tout dans les coursives obscures et poussiéreuses du bazar : des babioles à un dollar aux bracelets ottomans d'émeraude et de diamants qui en valent des millions ; des cuivres, des poupées représentant des derviches tourneurs, des *hookah*, les pipes à eau, des boîtes de cèdre incrustées de perles, de la porcelaine Yildiz, des vases d'opaline, des pièces de monnaie qui ont plus de mille ans et des montres Rollex tout juste arrivées de Genève, des bijoux de céramique bleu et blanc destinés à protéger du mauvais œil et des élixirs magiques qui guérissent de la stérilité.

C'est aussi un lieu où circulent d'énormes quantités

d'argent, plus de huit millions de dollars en liquide chaque année, en monnaie américaine ou allemande essentiellement. À condition de connaître le *doviz*, le changeur, qui convient, il est possible de se débarrasser de millions de dollars qui sont écoulés sans laisser de trace, aussi facilement que le touriste non averti peut se perdre dans le labyrinthe du Bazar.

Sans le savoir, c'était à l'un des deux cents et quelques doviz du bazar que le conducteur du camion des TNZ Freight Forwarding Services avait passé son coup de fil. Celui qui l'avait reçu tenait une échoppe d'aspect modeste dans la Fesciler Sokagi. Jaffar Bayhani attendait l'appel du camionneur. Petit homme aux cheveux blancs qui paraissait plus que ses cinquante-deux ans, physiquement, il ne payait pas de mine, mais, dans le domaine de la finance, il représentait une puissance à ne pas négliger. Depuis son humble échoppe, il expédiait des millions de dollars dans le monde entier.

Bayhani était iranien. Un million de ses compatriotes constituent à Istanbul la plus vaste colonie d'expatriés iraniens du monde. Descendant d'une famille de *sarraf*, « changeurs d'argent » en farsi, il s'était installé dans le grand bazar pour y exercer son commerce dès son arrivée à Istanbul en 1972, lorsqu'il avait fui le régime du Shah.

Sa boutique était d'apparence aussi terne que lui. Le guichet se trouvait derrière une vitrine sur laquelle on lisait ces simples mots : « Doviz — Bureau de change », et le numéro de la licence que lui avait accordée la municipalité d'Istanbul. Aucun nom, aucune adresse, aucun numéro de téléphone ou de fax.

Il travaillait à une table dressée sur le devant de sa boutique, au vu de tous les passants. Son véritable bureau se dissimulait dans l'arrière-salle. Il comportait un coffre immense, trois télécopieurs, deux ordinateurs, dont un relié à Internet. Il disposait d'une demi-douzaine de téléphones cellulaires, de trois téléphones ordinaires et d'un télex qui lui délivrait les nouvelles financières de l'agence Reuters. Au mur, derrière l'un des ordinateurs, était exposé le portrait de celui qui restait son maître et son modèle, l'ayatollah Khomeiny.

Ce petit homme hirsute et rabougri, dont les joues se couvraient d'un début de barbe blanche luisant comme un voile de givre sur un champ de blé, assurait la liaison entre quelques-uns des plus gros trafiquants de drogue de la ville et les *pasdaran* iraniens qui veillaient, moyennant dédommagement, à la libre circulation de la matière première nécessaire au fonctionnement des laboratoires turcs, la morphine-base. La beauté du système résidait dans le fait que seul cet obscur manipulateur d'argent connaissait tous les protagonistes du jeu : les Turcs qui achetaient la morphine, les Pakistanais qui la fournissaient, les Iraniens qui la transportaient.

Quand il reçut l'appel du camionneur, Bayhani consulta ses « dossiers », un tas de papiers noircis de notes manuscrites, de chiffres et de signes compréhensibles de lui seul, un ramassis d'informations aussi faciles à déchiffrer que des hiéroglyphes sur une tombe pharaonique.

La commande de morphine qui voyageait en ce moment même sur la transeuropéenne en direction d'Istanbul avait été déposée à sa boutique six semaines auparavant par Selim Osman, l'aîné de cinq frères qui dirigeaient l'une des affaires de trafic d'héroïne les plus florissantes de la ville. Bayhani avait fixé à quatre mille dollars le prix au kilo que paierait Osman à la livraison. Osman avait versé une avance sur le compte en banque de Bayhani aux îles Caïmans, représentant une somme de deux cent mille dollars sur les huit cent mille qu'il lui devrait à terme, plus sa commission de cinq pour cent, soit quarante mille dollars.

Dès que la banque des îles Caïmans lui avait confirmé l'arrivée des fonds d'Osman, Bayhani avait appelé Ghulam Hamid pour lui commander deux cent dix kilos de morphine-base à douze cent cinquante dollars le kilo, à remettre à Said Djailani en Iran. Puis il avait effectué un transfert pour un montant de quatre-vingt-cinq mille dollars sur le compte de l'employeur de Hamid, Mohammed Issa, à Singapour.

Dans les prochaines trente-six heures, Osman déchargerait les deux cent dix kilos de morphine-base dissimulés dans le camion des TNZ. Il deviendrait dès lors propriétaire de la drogue et responsable du paiement des quatre mille dollars au kilo quoi qu'il advienne. Bayhani savait qu'il pouvait compter sur lui pour expédier sur son compte des îles Caïmans dans les vingt-quatre heures les six cent quarante mille dollars que valait le chargement.

Il enverrait alors sur un autre compte aux Caïmans que lui avaient indiqué les Iraniens l'argent qui leur était dû après déduction de sa commission et de la somme avancée à Issa. Il ignorait qui exploitait ce compte en définitive, autant que la destination de l'argent qu'il y déposait. Tout ce qu'il savait, c'était qu'il contribuait à répandre dans le monde l'idée d'un islam renouvelé, renforcé, inflexible et audacieux.

Il était fier de prendre part à ce mouvement. L'islam militant de son héros l'ayatollah était en marche. Il en mesurait les progrès autour de lui, à Istanbul. Dans les faubourgs ouvriers où il vivait, la majorité des votants soutenaient le parti islamiste. Il existait actuellement une vingtaine de mosquées où des mollahs instruits en Iran prêchaient tous les vendredis la doctrine du nouvel islam. Il s'était créé dans le quartier des écoles islamiques de haut niveau qui diffusaient leur enseignement auprès des jeunes sans emploi.

Les femmes de la ville n'obtenaient rien dans la municipalité d'Istanbul si elles ne se présentaient pas dans la chaste tenue que préconisait leur foi. Elles n'étaient plus très nombreuses celles qui se pavanaient en jupe courte, les cheveux au vent. Elles avaient eu le toupet de manifester pour la défense de ce qu'elles appelaient leurs « droits ». Les frères d'Algérie avaient su mater leurs femmes rebelles au sabre et au couteau. Le jour viendrait où, ici aussi, les partisans du renouveau de la foi ramèneraient ces sœurs égarées à plus de soumission.

Il avait joué, dans la clandestinité, un rôle capital dans l'avènement de ces changements. Certains des trafiquants avec qui il traitait payaient leur marchandise en liquide. Conformément aux instructions de Téhéran, il conservait ces espèces dans son coffre. De temps en temps, un passant entrait dans son échoppe, lui glissait un mot de passe fourni par Téhéran et lui demandait une somme.

Naturellement, il ne savait ni qui était son visiteur ni le but auquel était destiné l'argent. Ces clients furtifs ne revenaient jamais deux fois de suite. Le changeur avait cependant la certitude qu'il était employé à servir la cause, à financer le parti islamiste ou à dépêcher en Iran de jeunes Turcs choisis avec soin qui y recevraient un entraînement au maniement des armes et des explosifs en prévision du jour où ils pourraient en avoir besoin pour défendre leur foi contre les généraux de la Turquie laïque.

Il saisit l'un de ses appareils et composa le numéro du Barcelona Gran Hotel qui n'avait d'espagnol que le nom. Il ne se trouvait qu'à deux kilomètres de là, à Aksaray.

— Mon cher ami, déclara-t-il d'une voix aussi enjouée que celle de l'infirmière annonçant au jeune père la naissance de son premier enfant, votre marchandise est en route. Elle vous sera livrée demain soir.

Selim Osman raccrocha et se dirigea vers la fenêtre de son bureau pour observer la foule qui grouillait dans le Pasazade Sokak d'Istanbul. Russes, Ukrainiens, Biélorusses, Roumains, Bulgares se pressaient devant les boutiques, les yeux fixés sur les marchandises qu'ils examinaient, tâtaient, négociaient en agitant les bras comme des Italiens en grande discussion. Les Japonais et les Allemands avaient apporté à Bangkok la manne douteuse du tourisme sexuel dans les années quatre-vingt. C'était le tourisme textile qui attirait maintenant à Istanbul les hordes d'étrangers arpentant fiévreusement les rues étroites d'Aksaray.

La Russie, qui avait été l'ennemi le plus redouté de la Turquie, était devenue son principal partenaire commercial, grâce, en grande partie, à ses ressortissants qui fourmillaient en ce moment sous les fenêtres d'Osman. Ils avaient tous débarqué en Turquie en touristes. Ils avaient le droit de rapporter chez eux pour mille dollars de marchandises détaxées. Ils en rapatriaient le double ou le triple sous le couvert de fausses factures que les marchands du Pasazade Sokak étaient trop heureux de leur fournir.

Ils rentraient chez eux en bus ou par le ferry de la mer Noire, chargés de bagages regorgeant de blue-jeans, de tee-shirts, de chemises d'hommes, de robes et de chemisiers de femmes, de vestes et de pantalons de cuir, qu'ils revendaient à Minsk ou à Moscou pour un prix cinq fois supérieur à celui qu'ils avaient payé.

Le développement extraordinaire du commerce vestimentaire s'était accompagné d'un essor tout aussi spectaculaire du négoce d'héroïne auquel s'adonnaient les frères Osman. Ils avaient même fondé une entreprise familiale de vente de vêtements pour camoufler leurs activités de contrebande.

Osman se détourna et regagna sa table. Son bureau au mobilier raffiné avait été décoré à grands frais par Gul Oztark, une femme qui comptait dans la bonne société d'Istanbul. Le tapis de laine et soie qui recouvrait le sol avait été tissé à l'origine pour prendre place dans le palais Dolmabahce du sultan Abdülmecid. C'était du moins ce que lui avait assuré sa décoratrice. Quant à la table, elle était fabriquée dans le bois provenant de l'un des bateaux qu'avait perdus l'empereur ottoman à la bataille de Lépante. Osman n'avait jamais entendu parler de la bataille de Lépante quand Mme Oztark lui avait vendu le bureau, mais cela n'avait aucune importance. Ce qui comptait, c'était le standing que lui conférait le choix de ces objets.

En réalité, Osman était plus ou moins illettré. Il n'avait même pas terminé ses études primaires dans sa province natale de Lice, située au sud-est de la Turquie. Il ne lisait jamais pour la bonne raison qu'il en était incapable. Il allait rarement au cinéma, jamais au théâtre, et ignorait l'existence de l'opéra. Ses capacités intellectuelles lui permettaient tout juste de calculer les marges bénéficiaires d'une affaire sur sa calculette.

Ça, il savait faire. Il était à la tête de plusieurs millions, discrètement déposés sur des comptes étrangers, à l'abri de la vigilance du gouvernement turc. Certains avaient été blanchis grâce à l'acquisition de biens tels que son Barcelona Gran Hotel. Les vingt-deux millions de dollars qu'il y avait investis lui venaient, jusqu'au moindre centime, des consommateurs d'héroïne d'Europe et des États-Unis. Au dernier étage de l'hôtel, il avait aménagé quatre grandes chambres, réservées à l'accueil de touristes russes sans rapport avec ceux qui se bousculaient dans les rues d'Aksaray. Ces « Natacha », ainsi qu'on les surnommait plaisamment, amortissaient leur séjour en Turquie en vendant des marchandises autrement plus délectables et coûteuses que les jeans.

Malgré son âge relativement jeune, cinquante-trois ans, Osman était un patriarche, le chef d'un vaste clan aux allures de tribu basé dans le village kurde de Tepe, à quarante kilomètres à l'est de Diyarbakir. En tant que fils aîné, il avait hérité, à la mort de son père, la propriété de cinquante petits hameaux blottis dans les collines aux alentours de Tepe. Comme son père et son grand-père avant lui, il exerçait sur ces bourgades le pouvoir d'un seigneur féodal, au sens littéral du terme.

Il avait très tôt perçu la sagesse du dicton : « Tout s'achève à Istanbul. » C'était là que gisaient les espoirs de fortune et il avait bien vite délaissé les misérables fermes de l'Anatolie pour la capitale. Comme ses affaires prospéraient, il y avait peu à peu associé ses frères. Leurs liens avec Tepe ne s'étaient pas pour autant relâchés. Quand les jeunes du pays arrivaient à leur tour à la ville, les frères les accueillaient et les aidaient. Ils leur trouvaient du travail et puisaient dans leurs ressources personnelles pour assurer leur subsistance en attendant leurs premiers salaires. Leurs protégés reconnaissants étaient en échange prêts à tout pour Osman et ses frères. Ils fournissaient la famille en coursiers, chauffeurs, gardes du corps. Dans leurs villages, ils votaient selon les instructions d'Osman. Ainsi, le député élu pour représenter la région au Parlement turc lui était tout acquis. En un mot, Osman l'avait mis dans sa poche. Il n'était peut-être pas invité aux grandes réceptions d'Istanbul, mais, quand il voulait une entrevue avec un ministre, il l'obtenait.

Un sens aigu de la famille, de son unité et de la solidarité entre ses membres, présidait à toutes les activités du clan Osman. Partout, la répression du trafic de drogue reposait sur l'infiltration des organisations de trafiquants, or il n'existait pas au monde d'organisation plus impénétrable que celle des Turcs. La mafia italienne qualifie volontiers de familles ces associations criminelles, mais le terme est abusif. C'est l'*omertà*, la loi du silence, qui les soude, et une certaine loyauté envers le clan. Ce ne sont pas les liens du sang. Les triades chinoises tirent parti de l'originalité de leur culture et de leur langue, de leurs origines régionales et de leur aptitude à la violence pour protéger leurs cliques des représailles de la loi. Chez les Turcs, la méthode est à la fois plus simple et plus efficace. Nul n'est admis à moins d'être un membre de la famille au sens strict, frère, cousin, oncle ou neveu. Cela place les représentants de la loi devant un obstacle infranchissable.

Les cinq frères Osman étaient tous impliqués dans le trafic de drogue, avec chacun son rôle et sa part de responsabilités bien défini. Selim, le plus âgé, était le patron. Le second, Hassan, veillait au fonctionnement du laboratoire où les deux cent dix kilos de morphine-base allaient être transformés en héroïne pure. Refat, le troisième, était chargé de la sécurité ; c'était l'exécuteur des basses œuvres indispensables à la survie de toute organisation criminelle. Son boulot consistait à « tuer et transporter ». Il engageait les « chiens », les gardes du corps, organisait les exécutions ou menaces d'exécution qui s'avéraient nécessaires, contactait les propriétaires ou les chauffeurs des camions ou des autocars de touristes qui véhiculaient la drogue familiale vers l'Europe. Abdullah, le quatrième, résidait à Amsterdam. La Hollande, avec sa politique laxiste en matière de drogue, servait d'entrepôt à la famille, qui y stockait d'importantes quantités de came, qu'elle répartissait ensuite en lots plus petits, plus faciles à cacher, pour les expédier en France, en Espagne, en Allemagne ou au Royaume-Uni. Behcet, le plus jeune, vivait à Stoke Newington à Londres. Il avait pour mission de développer les affaires de la famille en Angleterre.

Ceux qui manipulaient la drogue, les ouvriers du laboratoire clandestin et les chauffeurs des camions et autocars qui transportaient l'héroïne, n'appartenaient jamais à la famille. Cette précaution témoignait de l'extrême prudence dont Selim Osman savait s'entourer : tenir la famille à l'écart du produit lui-même pour que les forces de l'ordre ne puissent jamais établir de lien direct entre elle et la drogue.

Ainsi en était-il.

S'ils étaient pris la main dans le sac, les ouvriers savaient que la famille ne les laisserait pas tomber tant qu'ils ne diraient rien. Ils accomplissaient leur peine en sachant leur famille à l'abri du besoin, leur salaire encaissé. À leur retour, les frères Osman les récompensaient de leur mutisme en offrant par exemple au camionneur un nouveau poids lourd. Si par extraordinaire un dissident menaçait de déroger à la règle, Refat sautait dans sa Mercedes noire immatriculée « 34 », le numéro d'Istanbul, et se fendait d'une visite à la famille du renégat, où qu'elle se trouve. Sa seule vue suffisait en général à convaincre de l'intérêt qu'il y avait à garder le silence.

Sinon, les frères Osman avaient recours au châtiment que leur inspirait leur sens de la famille. Rien n'est plus précieux pour un Turc que son fils aîné. La vie de son rejeton vaut plus à ses yeux que la sienne propre. C'était donc sur lui que s'abattait la colère des frères bafoués.

Ils menaient tous les cinq des vies aisées, quoique sans ostentation. Ils dédaignaient le luxe tapageur qu'aimaient à déployer les Colombiens et autres Pablo Escobar, avec son zoo privé. Selim et Refat habitaient côte à côte dans deux villas jumelles de Florya, le lotissement le plus récent et le plus cher d'Istanbul. Ils avaient eux aussi fait appel aux services de la décoratrice la plus en vue de la ville pour parer leur maison d'un style pseudo-parisien conforme à leurs goûts et au niveau de vie qu'ils entendaient afficher.

Hassan, qui supervisait les activités du laboratoire, vivait en dehors d'Istanbul, de l'autre côté de la mer de Marmara, sur la presqu'île d'Izmit. Selim Osman avait lui-même choisi la maison, une grande bâtisse de quatre étages, tout en bois, plantée au milieu d'un parc de cinq hectares de jardins et de futaies. Il l'avait achetée avec les revenus de leur trafic. Elle était assez grande pour recevoir la famille entière tous les ans au mois d'août, tous les frères avec femme et enfants, réunis pour de longues vacances destinées à renforcer les liens familiaux tout en leur laissant le temps d'examiner ensemble l'état de leurs affaires.

En tant qu'aîné, Selim donnait le ton de la modération censée présider à leur style de vie. Il observait tous les rites extérieurs de la foi islamique. Il jeûnait pendant le ramadan, ce qui lui permettait de garder la ligne et de réduire sa consommation d'alcool pendant un mois entier. Il se rendait aux prières du vendredi à la mosquée au moins une fois par mois, plus souvent s'il jugeait opportun d'y être vu. Pourtant, rares étaient les soirs où il ne s'octroyait pas un verre ou deux de vodka et une généreuse rasade de vigoureux vin rouge turc. Il ne s'interdisait pas plus les charcuteries que les incartades auxquelles l'invitait la plus irrésistible danseuse du ventre d'Istanbul.

Il aimait sincèrement sa femme et ses enfants. Le divorce n'existait pas dans le cercle de ses amis et sa seule évocation tenait pour lui du blasphème.

L'idée que ses enfants chéris pourraient un jour être victimes de la lente descente aux enfers où la drogue entraînait tant de jeunes Européens et Américains ne l'avait jamais effleuré.

Pourquoi le devrait-elle ? Les trafiquants turcs, pour la plupart amis d'Osman, ne touchaient jamais au poison qu'ils écoulaient et l'héroïnomanie était un phénomène presque inexistant en Turquie.

Osman s'empara d'un des trois téléphones qui ornaient son bureau et appela son frère Hassan sur son cellulaire.

— Nos marchandises seront là demain soir. Il y aura deux cent dix colis.

— À l'entrepôt habituel ?

— Oui. Tu t'occupes de la réception ?

— Le « Faucon » est prêt à prendre en charge la livraison.

Le Faucon avait écopé de ce sobriquet parce que, dans son jeune temps, il élevait et dressait des faucons à la chasse, dans la province de Lice. C'était un cousin d'Osman, assez proche pour mériter sa confiance, mais assez lointain aussi pour qu'en cas de pépin il faille à la police beaucoup d'imagination et des preuves solides permettant d'établir un lien entre lui et les cinq frères.

— Tout est en place ?

— Oui.

— Parfait. Je crois que ce serait une bonne idée de nous retrouver tous pour dîner demain soir. Disons au Beyti.

Ce restaurant de Florya, réputé pour ses viandes, était considéré comme le meilleur de sa catégorie à Istanbul et sans doute dans toute la Turquie.

— Amenez tout le monde. Les femmes et les enfants.

Dans le cas très impossible où surviendrait un problème, impossible de soupçonner les frères Osman qui, au moment de la livraison, dînaient en famille sous les yeux de dizaines de témoins.

Ces dispositions prises, Osman devait encore réfléchir à ce qu'il ferait de l'héroïne qui sortirait du laboratoire familial. Il raisonnerait mieux dans le silence du hammam. Et puis sa montre lui indiquait que l'heure était venue de s'accorder les délassements de la mi-journée. Il demanda sa voiture et son chauffeur.

« Donnez-nous une bombe à porter à la ceinture, chantaient les jeunes gens sous les encouragements du “chef de chœur” chargé d'entretenir leur ferveur. Nous mourrons le sourire aux lèvres, car c'est le plus court chemin pour aller au paradis. »

De son bureau du troisième étage, le chef de la Vevak observait la manifestation rassemblée sous ses fenêtres. Son visage exprimait la satisfaction, additionnée d'une bonne dose de cynisme. De sa hauteur, Ali Mohatarian voyait briller leurs yeux tournés vers lui, quémandant l'honneur d'être désignés pour être envoyés au martyre, le rêve de tout bon musulman.

Mohatarian leur adressa un salut et s'écarta de la fenêtre. La presse occidentale, dans sa superbe ignorance, parlerait encore d'un attroupement de jeunes réunis devant son quartier général pour se proclamer volontaires à l'attentat suicide. Quelle idiotie ! L'islam interdit le suicide. C'est le martyre qu'ils demandent, lequel ne s'obtient qu'avec la bénédiction d'une autorité religieuse, et encore, à condition seulement qu'il serve à déjouer les plans d'un ennemi infidèle.

C'était précisément le souci qui occupait ce matin-là l'esprit d'Ali Mohatarian alors qu'il se dirigeait vers son bureau, un beau meuble du XVIIIe laissé là par les précédents occupants, la Savak du Shah. Fait rarissime, il avait convoqué pour l'après-midi le Comité des opérations secrètes, le *Komitetye Amaliateh Makhfi*, l'organe le plus important et le plus secret du gouvernement révolutionnaire. C'était une émanation peu connue du Conseil suprême de sécurité nationale. Et c'était, au sens propre, le directoire qui supervisait l'organisation terroriste la plus redoutée au monde.

En outre, le sujet à l'ordre du jour, l'opération Khalid, conférait à cette réunion une gravité exceptionnelle. Le Professeur lui avait annoncé qu'il était désormais en mesure de fournir un rapport presque définitif sur la mise en place de l'opération.

Mohatarian enroula la pointe de sa barbe autour de son doigt, en un geste méditatif qui dénotait chez lui une extrême concentration. Il était à quelques mois de la cinquantaine. Le regard intense, le visage émacié étaient ceux d'un véritable ascète, d'un homme qui n'attachait aucun prix aux plaisirs de ce monde. Fils d'un humble membre du clergé du Khuzestan, il possédait deux qualités rarement associées, une foi mystique dans les révélations de l'Islam alliée à un sens très pragmatique de l'art de manœuvrer en politique.

Il s'était fixé pour tâche prioritaire l'anéantissement des ennemis du régime des mollahs dans son pays et à l'étranger. Il avait accompli cette mission sans fléchir hors d'Iran, en Europe et aux États-Unis. Cependant, il avait maintenant la conviction que c'était désormais en Iran même que se posaient les véritables défis au régime. On sentait partout monter un certain mécontentement à l'encontre des mollahs. « La révolution se meurt », murmurait-on dans les rues de Téhéran. La ferveur qu'avait suscitée la grande croisade retombait, la terrifiante ardeur de ses zélateurs s'amenuisait.

La moitié de la population devait se contenter de revenus inférieurs à cinquante dollars par mois. Les campagnes avaient été vidées de leur main-d'œuvre paysanne, la misère sévissait dans les taudis de la capitale plus sûrement que sous le règne du Shah.

Le marché noir fleurissait dans tout le pays au mépris des lois et avec la complicité de fonctionnaires des douanes aisément corruptibles. Dans les quartiers bourgeois de la ville, on buvait du whisky et du vin français, les femmes oubliaient leurs voiles, on dansait, on jouait, on regardait des westerns sur des magnétoscopes. Quand les gardes révolutionnaires, tant redoutés autrefois, frappaient à leur porte, ce n'était plus pour garnir les prisons des mollahs, mais pour mendier un pot-de-vin.

Plus grave, les fondements même du pouvoir des mollahs, l'autorité des chefs tels que Mohatarian étaient remis en cause. L'ayatollah Khomeiny avait lui-même défini les bases sur lesquelles reposait leur souveraineté. Il les avait inscrites dans la Constitution, à l'article 5. L'autorité suprême en Iran devait être confiée non à un dictateur, un shah ou un président élu, mais au chef religieux le plus digne du pays.

Les difficultés économiques amenaient certains, y

compris des mollahs comme l'ayatollah Khatemi, désigné pour conduire la nation contre l'avis d'hommes comme Mohatarian, à critiquer la doctrine de Khomeiny et à fragiliser par là même le régime.

C'était de la folie. Comment pouvait-on se dire « modéré » dans la lutte contre les ennemis de l'islam ? Que l'on revienne sur la sublime expérience de la domination de l'islam et ce serait proclamer à la face du monde que l'islam ne convient pas au gouvernement des peuples, que la charia, la loi islamique, n'est pas profitable à l'administration des sociétés humaines.

Il était urgent de réaffirmer l'actualité de la révolution, de démontrer publiquement, triomphalement, qu'elle n'était pas morte, mais plus vivante que jamais, qu'elle incarnait l'avenir de l'islam et donc du monde.

L'opération Khalid constituait-elle la solution ? Peut-être. Mohatarian n'ignorait pas les dangers qu'elle présentait. Mais l'ennemi était partout. Il y a mille ans, songeait-il, nous avons conquis le monde à la force de nos armes et de notre volonté. Qui dit que ce n'est pas encore possible à l'aube du nouveau millénaire que l'Occident attend avec tant d'impatience ?

La Mercedes noire occupait presque toute la largeur de la ruelle sur laquelle s'ouvrait l'entrée du Barcelona Gran Hotel. Selim Osman s'avança.

— Bonjour, *Abi*, dit en souriant son garde du corps qui lui tenait la porte.

La Mercedes démarra aussitôt, direction le Mahmut Pasa Hamani, le plus vieux bain turc d'Istanbul, construit en 1476. Les étrangers n'y venaient presque jamais. C'était précisément la raison pour laquelle Osman s'y rendait si souvent.

Un employé du hammam, qui avait été averti par téléphone depuis la voiture, attendait Osman à son arrivée. Il s'inclina avec respect. Osman aimait ceux qui savaient l'honorer et garder leurs distances. Un infime sourire aux lèvres, il suivit l'homme dans la grande salle qui tenait lieu de vestiaire et où, comme tous les jours, un box privé avait été aménagé à son intention. Son masseur se tenait à sa disposition.

Osman se déshabilla, s'enroula une serviette autour de la taille, chaussa ses sabots de bois et gagna le bain froid où, là encore, une cabine particulière lui était réservée. La cellule monacale abritait un bassin de marbre alimenté en eau courante. Osman s'y plongea pour alternativement somnoler, se savonner, se brosser et se rincer. Ensuite, il passa au bain de vapeur. Là, il s'allongea sur une table de marbre pour permettre à son masseur d'étirer et de raffermir ses muscles relâchés. Puis le masseur le savonna et le rinça à plusieurs reprises avant de le libérer pour lui permettre de se reposer dans une chambre isolée.

Osman ferma les yeux et laissa son corps et son esprit flotter dans l'état de semi-conscience, propice à la détente parfaite où le mettait toujours sa série de bains. Alors, lentement, il centra ses pensées sur les deux cent dix kilos de morphine-base qu'il lui faudrait écouler quand ils auraient produit, une fois raffinés, près de deux cent quarante kilos d'héroïne.

Il avait déjà un acheteur pour cinquante kilos, un dealer anglais, un dénommé Paul Glynn. Behcet, le benjamin de la famille, l'avait contacté par l'intermédiaire d'un Kurde qui avait passé avec Glynn quelques années dans les prisons de Sa Majesté. Il n'avait qu'un défaut : comme beaucoup d'Européens avec lesquels il fallait bien négocier, il se faisait prier longtemps avant de payer.

Glynn n'avait pas moufté quand Behcet lui avait annoncé le prix, huit mille cinq cents dollars le kilo, plus mille au kilo de frais de transport jusqu'à Amsterdam. Selim Osman avait posé ses conditions : Glynn devrait verser cinquante pour cent du montant total, soit deux cent trente-sept mille cinq cents dollars, avant de voir un gramme de came.

Une autre vente était prévue avec un Kurde de Hambourg. Là, aucun problème d'argent. L'acheteur paierait rubis sur l'ongle à la livraison. C'était un partisan du PKK, qui menait un trafic important en Allemagne, histoire de financer la sainte guerre pour la reconquête d'un territoire kurde en engluant de dope les cervelles des jeunes Allemands. Une fois la vente conclue, Osman pourrait bien voir se pointer un malabar du PKK venu lui réclamer l'« impôt des patriotes ». Osman serait obligé de le lui verser, en espérant qu'Ankara n'en saurait rien. Comment faire autrement ? Les affaires sont les affaires.

Il se couvrit le visage d'une serviette et, dans cette obscurité, examina les solutions à envisager pour débiter les cent soixante-cinq kilos qui resteraient et qui représentaient un revenu d'un million trois cent cinquante mille dollars, la plus grosse part du bénéfice familial.

Le plus simple serait sans doute de tout expédier à l'entrepôt d'Amsterdam. La marchandise y serait plus en sûreté qu'en Turquie, en attendant d'être répartie en colis plus petits à distribuer à des dealers des pays voisins de la Hollande.

Cependant, ses confrères trafiquants avaient tendance, depuis quelque temps, à utiliser plus souvent Prague, en Tchécoslovaquie, comme base de stockage de leur produit avant réexpédition. La police tchèque, à force de manquer d'entraînement, de moyens et de fonds, se laissait volontiers soudoyer. De Prague, il était facile d'embarquer la drogue par chargement de vingt kilos à destination de l'Europe de l'Ouest. Il suffisait d'acheter en Pologne des voitures volées. On trouvait dans ce pays plus de revendeurs de véhicules volés que de véhicules d'occasion. On enlève le réservoir qu'on remplace par un autre, séparé en deux compartiments, un pour l'essence, l'autre pour la drogue. Et le tour est joué. Ne devrait-il pas, lui aussi, Selim, installer une base d'opérations là-bas ?

Il y avait encore une autre possibilité. Les États-Unis. Les Turcs et les Colombiens avaient tenu une conférence secrète dans la ville hollandaise de Arnhem en 1991. Elle réunissait deux représentants du cartel de Cali et des membres de quatre des familles turques qui avaient établi en Hollande leur plaque tournante. Abdullah, le quatrième frère Osman y participait.

Tels les vice-présidents des filiales étrangères de grandes multinationales, les représentants des deux pays leaders du trafic de drogue dans le monde avaient négocié les conditions d'une coopération et d'un partage du marché.

Les Turcs avaient promis d'aider les Colombiens à améliorer la qualité des pavots à opium que les Latino-Américains commençaient à cultiver sur les versants des Andes. Ils aideraient aussi les chimistes colombiens à parfaire leur technique dans le domaine de la conversion de l'opium en héroïne. Les Turcs étaient à l'industrie de l'héroïne ce que les Japonais étaient à celle de l'automobile. Parce qu'ils imposaient à leurs fabricants des contrôles de qualité sévères, ils étaient en mesure de fournir une marchandise de tout premier ordre.

En échange, les Colombiens s'étaient engagés à respecter une alternance stricte entre l'héroïne et la cocaïne, un kilo de l'une pour un kilo de l'autre, dans la distribution. C'était un mariage commercial de rêve au paradis des trafiquants.

L'Europe s'adonnait surtout à l'héroïne, l'Amérique à la cocaïne via le crack. Ils avaient trouvé le moyen d'ouvrir les deux marchés aux deux types de drogues. Les dealers pourraient offrir désormais au coin des rues un choix diversifié de coke colombienne ou d'héroïne turque, mais aussi d'ecstasy hollandaise ou de méthamphétamines de fabrication américaine. Parfait.

Il fallut à Osman une bonne heure pour prendre sa décision. Après quoi, il se fit conduire au restaurant de Facyo, qui surplombe le Bosphore depuis Tarabya. Il déjeuna seul, comme il aimait à le faire, et savoura son assiette de poisson frais en contemplant les eaux du détroit chargé d'histoire qui séparait l'Asie de l'Europe.

À trois heures, propre, rafraîchi, restauré et reposé, il était de retour à l'hôtel où il avait encore un rite à accomplir. Au lieu de sortir de l'ascenseur à l'étage de son bureau, il monta jusqu'au dernier palier. Il hésita un instant sur la porte à choisir avant de frapper deux coups fermes à l'une d'entre elles.

Irina, ravissante jeune femme aux cheveux d'un blond très clair longs jusqu'à la taille, vint ouvrir en serrant sur son corps mince les pans d'un peignoir de soie bleue. Un petit sourire espiègle plissa le coin de sa bouche quand elle vit Selim sur le seuil. Son seigneur et maître venait percevoir son loyer.

À mille kilomètres de là, dans la capitale iranienne, la réunion du Comité des opérations secrètes s'ouvrait sur une sorte d'invocation, prononcée par un grand chef religieux.

— Tous nos problèmes nous viennent de l'Amérique et Israël est inféodé à l'Amérique. En détruisant ceux qui se dressent en travers de notre route, nous ne faisons qu'accomplir la volonté de Dieu. Rappelez-vous, l'islam nous dit : « Tue au nom de Dieu ceux qui veulent te tuer. »

Le grand ayatollah Ali Reza Montazi, le « signe de Dieu », proféra ces paroles vindicatives de la voix suave et mélodieuse d'un vieux médecin de famille qui recommande à son patient de ne pas oublier ses médicaments. Son épaisse barbe blanche dissimulait le bouton de son col. Le turban noir qu'il portait pour marquer son appartenance à la lignée d'Allah couronnait un visage souriant et débonnaire qui aurait mieux convenu à un grand-père jovial qu'à l'auteur des propos qu'il venait de tenir.

Les huit personnes qui composaient l'assistance approuvèrent d'un *« Allah Akhbar ! »*, (« Allah est grand ! »), telle une assemblée de fidèles répondant « Amen » à l'unisson à la messe du dimanche.

Ali Mohatarian observait les visages des hommes assemblés autour de son bureau. Si les Américains nous savaient tous réunis ici, se dit-il, ils nous enverraient un de leurs missiles de croisière en guise de commentaire.

Il y avait là Rafiq Dost, le financier du régime ; le Professeur, Kair Bollahi, de retour de mission et prêt à leur servir son rapport sur l'opération Khalid ; Sadegh Izaddine, le maître de la force de frappe ; Imad Mugniyeh, le chef du Djihad islamique, la faction armée du Hezbollah, l'homme responsable de la mort de deux cent quarante et un marines dans leur caserne de Beyrouth, celui que la CIA considérait comme son « ennemi numéro un ». Étaient également présents le brigadier Ahmed Sherifi, qui coordonnait les activités du Hezbollah dans le golfe Persique et avait transmis leurs ordres aux assassins des dix-neuf aviateurs de la base de Dhahran, en Arabie Saoudite ; Said Djailani, l'ancien guerrier afghan, maintenant chargé de collecter l'impôt sur la drogue qui finançait une bonne partie de leurs opérations ; Ahmed Vahidi, le chef de la force Quds de Jérusalem. Son rôle était double : il dirigeait les mouvements islamiques basés hors du pays qui recevaient leurs fonds d'Iran et mettait en place l'infrastructure nécessaire à l'organisation de Mohatarian, les faux et les vrais papiers, les passeports, les visas, l'argent, les planques, les armes.

— N'oubliez jamais l'injonction de notre grand chef, l'ayatollah Khomeiny, paix à son âme, prêchait Montazi en agitant ses perles de prière pour indiquer que son discours touchait à sa fin. « Peu m'importe qu'on nous comprenne. Je veux seulement qu'on nous craigne. »

Mohatarian remercia le vieux chef religieux d'un hochement de tête et se tourna vers Izaddine.

— Félicitations, mon frère, à toi et aux membres de ton organisation, pour votre nouveau succès.

Izaddine accueillit le compliment d'un mouvement presque imperceptible du menton. Il tira d'une mallette de cuir qu'il pressait contre son cœur, comme une mère serre son enfant, une grosse enveloppe de papier kraft qu'il posa sur la table en la poussant vers le Professeur.

— J'espère que vous y trouverez tout ce qu'il vous faut. Mes hommes n'ont pas eu le temps de vérifier son contenu. À vrai dire, je crois qu'ils n'auraient pas pu comprendre de toute façon ce que vous cherchiez.

Le Professeur posa les yeux sur l'inscription manuscrite libellée en farsi apposée sur l'enveloppe. Il reconnut le mot « Khalid ».

— Ils ont fait ce qu'on attendait d'eux.

Il ouvrit l'enveloppe d'un geste impatient. Il sortit un à un les documents qu'elle contenait et les disposa sur la table devant lui avec l'empressement avisé d'une grand-mère préparant les ingrédients de son meilleur gâteau.

Il entassa ainsi sous les regards intrigués de ses compagnons huit grosses liasses de papiers. Certains s'ornaient de couleurs vives, où l'or tenait une place prépondérante ; on y voyait des aigles, des drapeaux, des portraits d'hommes à la mine austère, les dirigeants d'îles ou de nations si petites que la plupart des participants en ignorait l'existence.

C'étaient des actions et des obligations conférant la propriété de diverses sociétés. Elles se présentaient sous forme de titres au porteur et appartenaient donc à qui les détenait. L'éventail des lieux où ces sociétés avaient leur siège, Panama, Singapour, les Caïmans, correspondait aux grands centres d'affaires offshore de la planète.

Protégés par des règles de secret bancaire strictes et une législation minimale, ces lieux concentrent à présent soixante pour cent de la masse monétaire internationale et sont un paradis pour les adeptes de l'évasion fiscale, les trafiquants de drogue, les criminels, les artistes sur le retour et les terroristes du type de ceux qui entouraient le Professeur.

Chaque liasse était accompagnée de deux documents. L'un était un mandat déférant à un mandataire le pouvoir d'agir au nom de la société représentée par le lot d'actions, d'acheter et de vendre des biens, d'ouvrir et de fermer des comptes en banque, de transférer des fonds ici ou là. Tous les mandats désignaient un seul et même mandataire, Tari Harmian.

L'autre document dressait la liste des actifs que possédaient les huit sociétés : bons du Trésor américain, dépôts d'or, liquidités, actions de sociétés cotées en Bourse à Londres, Paris, Tokyo, Francfort, Singapour. L'ensemble était géré par cinq banques différentes des îles Caïmans, infimes bancs de sable endormis au soleil à huit cents kilomètres au sud de Miami. En 1975, ces îles n'étaient encore que des éclats de terre battus par les vents. Elles avaient depuis accédé au rang de cinquième centre bancaire mondial, abritant plus de cinq cents établissements financiers par lesquels transitaient chaque année des milliards de dollars au nez et à la barbe des autorités. Les services de gestion de société des banques des Caïmans offraient le meilleur refuge qui soit aux avoirs clandestins. À côté, les banques suisses semblaient des modèles de transparence.

Le Professeur se pencha sur son ordinateur portable et entreprit de comparer les dossiers des huit sociétés qu'il avait sous les yeux avec les fichiers qui défilaient sur son écran, en s'excusant auprès de ses compagnons du temps qu'allait prendre l'opération.

Said Djailani était sans doute celui que ces manipulations intéressaient le plus. Il savait qu'une bonne part des millions investis dans ces huit sociétés provenait du péage qu'il prélevait sur la morphine-base dont il contrôlait les envois vers les laboratoires turcs.

Quel merveilleux agencement ! La jeunesse occidentale s'empoisonnait consciencieusement avec sa drogue et soutenait la cause grâce à son argent qui allait grossir la valeur de ses actions en Bourse. Réjouissant ! Les intérêts versés par le Trésor américain servaient à financer leur programme nucléaire, le camp Janta près de Baalbek, où le Hezbollah entraînait ses meilleurs éléments, leurs travaux sur la « bombe atomique du pauvre », les armements biologiques et chimiques qu'ils mettaient au point au centre médical de l'imam Reza à Mashad et à Damghan, à l'ouest de Téhéran.

— Bravo, mes frères, déclara le Professeur en éteignant son ordinateur. Tout y est. Le traître n'a pas eu le temps de mettre sa menace à exécution.

— Que dit-on à Londres de sa mise à mort ? demanda Mohatarian au chef de la force de frappe.

— La police ne semble pas nous accuser. Du moins, si j'en crois les journaux. Elle pense plutôt à une affaire de gros sous. Éventuellement de drogue.

Mohatarian fit entendre un rire qui ressemblait davantage à un grognement qu'à une explosion de joie.

— Parfait. La drogue. Les femmes. L'argent. Ces imbéciles sont infichus d'imaginer autre chose.

Il posa les mains à plat sur la table pour aborder la véritable question qui les réunissait.

— Alors, mes frères, l'opération Khalid. Professeur.

À ces mots, le Professeur se leva et contourna la table pour se trouver face à son auditoire, comme il sied à un conférencier.

— Mes frères, si vous vous souvenez de ce que je vous annonçais dans mon dernier rapport, nous avons réussi à extraire les noyaux fissiles des trois ogives soviétiques que nous nous sommes procurées au Kazakhstan. Comme nous nous y attendions, il s'agit de plutonium 239, sous sa forme métallique bien évidemment.

Inutile de préciser que seul le Professeur trouvait à ce détail un caractère d'évidence.

— Les noyaux pèsent cinq kilos sept chacun et sont de forme ovale pour être utilisés comme obus. Mon équipe de métallurgistes est parvenue à les arrondir en sphères, ce qui était capital pour la suite...

Il s'interrompit un instant, une manière de souligner l'importance de ce qu'il allait dire.

— Au cours des mois qui se sont écoulés depuis notre dernière entrevue, mes spécialistes en armement ont travaillé sans relâche à l'élaboration d'un modèle capable de dégager une puissance d'explosion maximale. Je crois qu'ils y sont arrivés. Ils ont abondamment testé leur engin sur les ordinateurs les plus sophistiqués. Ils sont convaincus, et je partage leur conviction, que nous pourrons déclencher l'explosion à l'aide d'une simple commande actionnée à distance au moyen d'un signal radio.

— Quelle puissance d'explosion cela représente-t-il ? s'informa Imad Mugniyeh, dont la bombe à la caserne des marines de Beyrouth avait provoqué la plus grosse explosion non nucléaire depuis la Seconde Guerre mondiale.

— Peut-être trente kilotonnes. Voire davantage.

— Qu'est-ce que ça signifie dans la pratique ? Qu'est-ce que ça fait comme dégâts ?

— Ça signifie que chacune de ces bombes, judicieusement placée, peut effacer Tel-Aviv de la surface du globe.

Un silence révérencieux, à la mesure de l'énormité de cette nouvelle, accueillit ses paroles.

— Enfin ! soupira l'un des auditeurs. Nous avons enfin de quoi anéantir Israël !

— Pas encore, rectifia le Professeur. Ce jour viendra, mais nous n'y sommes pas encore. Il nous reste un long chemin à parcourir.

— Mais pourquoi ? s'étonna le chef de la force Quds. Vous venez nous dire que les bombes étaient au point et que vous saviez comment les déclencher.

— Nous avons les principaux éléments. Les trois noyaux de plutonium. Un dessin pour les reconfigurer. Mais il nous manque encore deux dispositifs de très haute technologie, absolument indispensables au fonctionnement des bombes.

— Et de quoi s'agit-il ? gronda Mugniyeh. Qu'est-ce qui vous arrête ? Nous avons l'argent.

— Même si cela peut vous paraître curieux, reprit le Professeur, cette phase risque de se révéler la plus difficile de l'opération Khalid. Nous aurons sans doute plus de mal à nous procurer ces objets que nos trois obus d'artillerie.

— À les payer aussi ! s'esclaffa Mugniyeh qui, s'il pratiquait le meurtre sauvage, n'en avait pas moins le sens de l'humour.

— Des condensateurs et des krytrons, c'est ainsi que s'appellent les objets dont nous avons besoin, poursuivit le Professeur.

L'air ahuri de ceux qui l'entouraient trahissait leur ignorance.

— Où ça s'achète ? demanda quelqu'un.

— Ça ne s'achète pas, parce que nous sommes les méchants Iraniens et que personne n'acceptera de nous les vendre. Le Professeur sourit. Les Américains en fabriquent d'excellents, mais vous pensez bien qu'ils ne nous laisseront jamais nous en approcher.

Les Irakiens ont cru pouvoir en faire sortir de San Diego, mais les douanes américaines leur sont tombées dessus, à Londres, au moment où ils allaient les embarquer sur un vol des Iraqi Airways pour Bagdad.

— Pourquoi serions-nous obligés de nous adresser aux Américains ? grommela Mugniyeh.

C'était un homme replet, au visage poupin, aussi peu susceptible d'inspirer la terreur qu'un vieux chanteur de charme atteint par la limite d'âge.

Le Professeur le gratifia de son regard approbateur d'enseignant satisfait de son élève.

— Parce qu'ils sont les seuls à manufacturer les krytrons qui nous conviennent. Il va nous falloir trouver un subterfuge ou faire faire nos commissions par un intermédiaire qu'ils ne soupçonneront jamais d'agir pour notre compte. Je crois savoir comment nous y prendre.

— Comment ? s'enquit Mugniyeh d'un ton belliqueux.

Tout ce qui concernait les explosifs le fascinait.

— Je préfère ne pas trop dévoiler mes batteries pour le moment. Mais nous passerons par l'Allemagne.

Pour ce qui était de l'achat d'armes en Allemagne, le Professeur savait de quoi il parlait. L'Iran avait, sous sa houlette, fait affaire avec des centaines d'entreprises allemandes, surtout dans le Schleswig-Holstein, où se trouvait son aérodrome, et dans la région de Cologne et de Düsseldorf. Entre 1980 et 1995, l'Iran avait acheté en Allemagne, souvent grâce à des prêts de banques allemandes, pour quatre-vingts millions de dollars de marchandises, dont l'essentiel pour sa défense.

Le Professeur employait volontiers une tactique qui consistait à dénicher des petites firmes allemandes, italiennes, autrichiennes ou françaises travaillant dans le domaine de l'armement en butte à des difficultés financières. Il y prenait des parts majoritaires par le truchement de sociétés off-shore derrière lesquelles se camouflaient les véritables acquéreurs. Puis il commandait, au nom de ces nouvelles sociétés européennes, des produits qui pouvaient se passer de licence d'exportation puisqu'ils restaient officiellement à l'intérieur du Marché commun. Dès qu'il les recevait, il les expédiait, depuis son terrain d'aviation de Hartenholm, en Suisse ou en Autriche. Ces deux pays n'étaient pas trop regardants sur les envois de marchandises à destination de l'Iran.

— J'ai un plan, répéta-t-il. Cela demandera du temps. Et sans doute des investissements coûteux. Nous aurons peut-être besoin de certaines complicités. Fort heureusement, l'argent suffit souvent à apaiser les consciences et, grâce à notre frère Said Djailani, nous n'en manquons pas.

Mohatarian se tâtait la nuque, comme pour se forcer à incliner la tête en hommage aux promesses du Professeur. Il ne souriait pas. Le sourire venait aussi difficilement au chef terroriste iranien qu'à une femme qui a subi quatre ou cinq liftings.

— Prenez tout le temps nécessaire, mon frère. Vous avez toujours prouvé votre loyauté à notre cause. Le jour est proche, j'en suis sûr, où vous nous apporterez le moyen de détruire notre ennemi israélien. Pendant que vous y travaillez, nous allons tous réfléchir à la façon dont nous utiliserons ces armes fantastiques.

Il s'adressa à Mugniyeh.

— Je voudrais que vous commenciez à sélectionner les meilleurs combattants du camp Janta, qu'ils se tiennent prêts à aller placer ces bombes pour nous au cœur de la terre d'Israël.

Le camp Janta était le centre d'entraînement le plus perfectionné du Hezbollah. Les jeunes garçons et filles qu'on y envoyait étaient choisis pour leur physique plus européen qu'arabe et leur connaissance d'une ou plusieurs langues étrangères. Ils constituaient en quelque sorte l'élite du Hezbollah, en étant capables aussi bien de sacrifier leur vie que de se faire passer pour de jeunes Allemands, Français, Espagnols ou Anglais.

— Commencez à préparer un plan, un plan infaillible, continua Mohatarian. Israël ne doit pas vivre dans la paix et la tranquillité sur la terre de nos frères de l'islam. Le processus de paix en cours est inadmissible. Notre guerre ne prendra fin que lorsque nous aurons éliminé Israël de *Dar el-Islam*.

— Ce sera fait, assura Mugniyeh de la voix caverneuse d'un juge prononçant une sentence de mort.

— Avant de clore cette séance, intervint de nouveau le Professeur, j'aimerais apporter une précision. Il est capital de maintenir l'opération Khalid dans le secret le plus absolu. Personne ne doit en soupçonner l'existence en dehors des personnes présentes dans cette salle. Ceux qu'il faudra mettre dans la confidence ne devront en connaître que ce qui est indispensable au rôle qu'ils auront à jouer. Nous ne devrons jamais en parler au téléphone ou par radio. Pas même à l'intérieur de ce bâtiment. Les Américains font preuve d'une ingéniosité diabolique pour intercepter les communications. Heureusement, il existe un moyen de les dindonner.

Le Professeur leur décrivit par le menu le système de codage qu'il avait acheté en Suisse et leur expliqua son fonctionnement.

— Notre poste central se situera à Téhéran. Nous en installerons un autre à mes bureaux de Londres et j'en emporterai un troisième avec moi lors de mes déplacements en Allemagne. Notre frère Mugniyeh disposera d'un quatrième au camp Janta. Nous répartirons les autres en fonction des besoins. Aucune communication concernant l'opération Khalid ne devra être transmise autrement que par ce système. Ainsi, nous sommes sûrs que ni les Américains ni par conséquent les Israéliens n'auront vent de notre projet.

— Nous suivrons ce conseil, promit Mohatarian. Quand repartez-vous pour l'Europe ?

— Demain.

— Dieu bénisse la grande action que vous menez.

LIVRE CINQ

Rien ne va plus

Jim Duffy émergea du parking qui hébergeait les voitures de location à l'aéroport Logan de Boston et s'engagea sur la route 1A en direction du Maine et du New Hampshire. Cela faisait vingt ans qu'il avait arrêté de fumer, mais il luttait soudain contre une envie irrésistible de prendre une cigarette ; il était prêt à tout pour apaiser la tension nerveuse qu'il avait accumulée dans l'avion depuis l'aéroport national de Washington.

Était-il parti à la chasse aux moulins à vent ? En tout cas, il n'avait qu'une chance infime de rapporter de ce voyage un indice qui lui permette de retrouver à temps les engins nucléaires des Iraniens. Quel espoir a-t-on en général, se demandait-il, de tomber au loto sur le numéro gagnant ?

En dépassant la bretelle qui conduisait au tunnel Ted Williams, il remarqua la pancarte énumérant les ports qui jalonneraient sa route le long de la côte : Revere Beach, Lynn, Salem, Marblehead, Newbury Port. Un sourire désenchanté naquit sur ses lèvres, sans parvenir à égayer son expression. Marblehead. Newbury Port. Il avait entendu citer ces noms des années auparavant. C'était là que les pères fondateurs de l'Agence prenaient leurs quartiers d'été, les Tracy Barnes, Dick Bissel, C. D. Jackson et autres Des Fitzgerald, tous morts et disparus, et avec eux le style qu'ils avaient imprimé à leur création. Ils étaient les grands prêtres du renseignement, animés par un sens du service de la nation acquis à Groton, Saint Paul, Yale et Harvard, prêts à beaucoup donner parce qu'ils avaient beaucoup reçu.

Certes, ils pouvaient pour la plupart se payer le luxe de l'abnégation. Leurs papas avaient pour cela amassé d'assez confortables fortunes. Pas comme un autre de sa connaissance qui collectionnait les hypothèques et les créances. Tout de même, on devait leur reconnaître ce mérite. Ils avaient énoncé les règles, donné le ton, jeté les bases d'une tradition de service, de devoir, de sacrifice. Et silence évidemment. Surtout silence. Alors que, de nos jours, les trois initiales de la CIA s'affichaient en première page de tous les journaux.

Frank Williams et lui appartenaient à la deuxième génération, formée dans des universités moins huppées. Le sang qui coulait dans leurs veines n'était pas bleu, mais banalement rouge. La couleur de leur compte en banque. Mais ils avaient suivi l'exemple de leurs aînés, adopté leurs valeurs.

Et maintenant ? Leur génération marchait vers la sortie et avec elle s'annonçait peut-être la fin de l'Agence telle que l'avaient conçue les Barnes, Dulles et Bissell. La CIA avait un demi-siècle à peine d'existence et déjà il flottait autour d'elle comme un parfum de décadence. Plus personne ne savait trop à quel saint la vouer. Le mot « mission » courait autrefois dans les couloirs de Langley, chuchoté avec respect, comme on parle du saint sacrement dans une église. On le laisse maintenant aux prédicateurs du dimanche. Les dernières recrues de l'Agence semblaient plus préoccupées de l'état de leur carrière que de celui de la nation. Et les directeurs ? On en changeait comme de chemise ces temps derniers. Clinton à lui tout seul en avait usé quatre.

Et pourtant, si on y regardait de près, la planète ne courait pas moins de dangers que du temps de la guerre froide. Les Soviétiques, le KGB et leurs pays satellites obéissaient au moins à une sorte de logique, qui régissait leur comportement. C'était la leur, on en pensait ce qu'on voulait, mais au moins elle constituait un système de valeurs auquel se référer.

Et maintenant ? Le monde avait perdu toute symétrie. L'Ouest et les États-Unis en représentaient la face prédominante. Mais, de l'autre côté, quelques fanatiques avaient réussi à se persuader qu'ils étaient les plus forts sur le plan spirituel. Cette force spirituelle leur conférait à leur avis un pouvoir que les Occidentaux avaient perdu à force de matérialisme et d'individualisme à tout crin. Leurs réactions étaient imprévisibles parce que dépourvues de logique, dictées par des convictions aveugles, un ensemble de croyances enracinées dans le béton d'une foi sans concession.

Exemple, les membres du Hamas qu'avait arrêtés le FBI à Brooklyn. Ils voulaient se mêler à la foule d'une station de métro, bardés d'explosifs, pour tout faire sauter. Tuer des étrangers innocents. Pourquoi ? La pure folie de ce geste totalement irrationnel était-elle censée démontrer leur supériorité spirituelle ? Ou exprimer le désespoir absolu de peuples sans ressources face aux torts infligés par un monde injuste à leur égard ?

Duffy secoua la tête et baissa sa vitre pour recevoir une bouffée d'air glacé sur son visage. Le ciel gris étendait un voile oppressant sur le paysage. Sur sa gauche, il entrevoyait au loin les eaux de l'Atlantique, aussi grises, mornes et tristes que les nuages qui les surplombaient.

La Maison - Blanche, le Congrès, la presse, la part de l'opinion publique qui se souciait de ces choses criaient haro sur le baudet. L'Agence prenait trop d'importance, elle coûtait trop cher, et elle n'était même pas capable de se débarrasser d'un Saddam Hussein.

On oubliait trop vite que la loi lui interdisait de s'en prendre physiquement aux chefs d'État. La CIA n'avait plus de raison d'être, disaient ses détracteurs, elle vacillait dans un abîme d'indécision.

Eh bien, songeait Duffy, laissons les mollahs armer leurs bombes et les lâcher sur leurs victimes, et on verra si les donneurs de leçons ne comprennent pas soudain l'utilité de l'Agence. À ce détail près, naturellement, que si cela se produisait, cela signifierait que l'Agence aurait échoué et qu'il serait trop tard. Alors les pères fondateurs de l'Agence centrale de renseignements, qui arrimaient leurs voiliers l'été le long de ces côtes, pourraient se retourner dans leurs tombes et leurs fantômes pleurer le déclin de leur œuvre.

— C'est ainsi que nous gardons la forme... La jeune fille lâcha un rire espiègle en désignant le carré de lumière qui se détachait à l'extrémité du couloir. Trois cent cinquante mètres d'un bout à l'autre, précisa-t-elle avec fierté.

— Combien de fois par jour faites-vous ce trajet ? demanda Jim Duffy.

— Une douzaine. Quatre à cinq kilomètres. Pas mal. EG&G Electro-Optics n'a pas besoin d'installer une salle de gym pour ses employés. Je trouve quand même qu'on pourrait prévoir des patins à roulettes pour les visiteurs de marque, comme vous.

EG&G Electro-Optics était une filiale d'une entreprise qui avait collaboré de près au programme d'armement nucléaire des États-Unis depuis le Projet Manhattan. Ses trois fondateurs étaient des physiciens de très haut niveau, produits géniaux du MIT, qui avaient apporté une contribution inestimable à l'élaboration et au développement de ces armements. La firme qu'ils avaient créée fabriquait des produits qui n'avaient plus aucun lien avec la défense, depuis les rayons X à usage médical jusqu'aux systèmes de fermeture d'emballages. Néanmoins, dans ces vastes bâtiments posés en bordure du port de Salem, EG&G continuait à concocter des dispositifs ultra-secrets qui permettraient de mettre en œuvre l'arsenal nucléaire américain au cas très improbable où cela s'avérerait nécessaire.

Son accompagnatrice l'introduisit en souriant dans le bureau de M. Harry Aspen, le chef de service chargé de ce secteur. Les grandes baies vitrées donnaient sur le port et la flottille de bateaux à voiles amarrés en quinconce pour l'hiver. Le veinard : en été, il pouvait aller tirer des bords à l'heure du déjeuner. Même un paysan de l'Oklahoma comme Duffy appréciait tout le merveilleux de cet avantage.

C'était Leigh Stein qui lui avait organisé ce rendez-vous. Même si Stein ne l'avait pas présenté ouvertement comme un membre de la CIA, Duffy imaginait Aspen assez malin pour l'avoir compris.

— Bon ! s'exclama une voix derrière lui. Voici donc l'homme qui veut un cours sur les krytrons.

Duffy se tourna pour saluer son hôte, un grand dégingandé aux cheveux gris coupés en brosse et aux épaules voûtées de ceux qui ont passé une grande partie de leur vie penchés sur un écran d'ordinateur.

— Que diriez-vous d'un peu de café pour activer la comprenette ?

Pendant un moment, les deux hommes sacrifièrent au rituel du bavardage léger qui introduit traditionnellement ce genre de rencontre, le mauvais temps, le voyage de Duffy, la piètre performance des Celtics, équipe de basket de Boston. Puis ils abordèrent les choses sérieuses.

— Bien, dit Aspen. Que voulez-vous savoir ?

Naturellement, Duffy n'avait pas l'intention de lui révéler l'information hautement confidentielle concernant les engins nucléaires détournés par les Iraniens, même si Aspen possédait très probablement une habilitation en ce sens.

— Voici en deux mots de quoi il retourne. Des Iraniens peuvent-ils se procurer deux cents krytrons ? Quelles chances ont-ils d'y parvenir ?

L'ingénieur sourit.

— Je suppose que vous voulez parler de ceux qui permettent de déclencher une bombe nucléaire.

— Vous supposez bien.

— Ceux que nous fabriquons ici par conséquent. Je dirais que ça leur serait extrêmement difficile, sinon impossible.

Pour la première fois depuis qu'il s'était réveillé le matin dans sa chambre de l'Holiday Inn de Rosslyn, Duffy éprouva un vague soulagement.

— Voilà qui est rassurant. Mais qu'est-ce qui vous faire dire ça ?

Aspen ouvrit son tiroir pour y prendre une ampoule de verre prolongée par trois fils. Duffy reconnut tout de suite l'objet que leur avait montré Mme Robotham lors de son exposé à la réunion des directeurs sur le circuit interne de télévision.

— C'est notre krytron modèle KN22. Le seul qui soit commercialisé dans le monde entier et qui présente les caractéristiques nécessaires pour provoquer une explosion atomique.

— Dois-je comprendre que les Anglais, les Français, les Israéliens n'en fabriquent pas ?

— Si, ils en fabriquent. Dans des petits laboratoires, sous contrôle de l'État, à des fins strictement militaires. Ceux que nous assemblons ici pour le Pentagone sont plus complexes. En dehors des militaires américains, personne, absolument personne, n'en voit la couleur.

— Pourtant, votre modèle KN22 peut mettre à feu une bombe nucléaire ?

Aspen retourna le krytron dans sa main presque comme un jouet et le tendit à Duffy.

— Croyez-moi, c'est le cas. C'est en fait un commutateur ultra-rapide de très forte puissance qui décharge sur une cible une énorme quantité d'énergie électrique emmagasinée à une vitesse telle qu'à côté un battement de cils semble une éternité.

L'ingénieur indiqua la lampe.

— Ça, ce sont des câbles d'arrivée. Dans cette ampoule, nous avons un gaz ionisé dans le vide et une source radioactive, le nickel 63.

— Mais expliquez-moi pourquoi les Iraniens ne pourraient pas acheter deux cents de ces bidules ?

— Comme je vous l'ai dit, monsieur Duffy...

— Jim.

— Nous sommes les seuls au monde à les commercialiser sur le marché. Mais nous ne les vendons qu'à condition d'obtenir une licence d'exportation du ministère du Commerce. Il existe une liste noire de pays interdits pour ce type de produit et je vous fiche mon billet que l'Iran en fait partie.

— Certes, mais le monde est aussi plein de gens qui s'usent les méninges à chercher des combines pour contourner nos lois sur l'exportation.

— Oh oui, nos krytrons tentent beaucoup de monde. Nous avons même vu des types débarquer directement ici avec un gros paquet de billets, persuadés qu'ils allaient repartir avec ce que nous avions en magasin. Vous, ce sont les Iraniens qui vous préoccupent. Pas plus tard que le mois dernier, une société de Londres, qui s'appelle Quadro-Bio Systems et dont nous savons qu'elle a des liens avec les Iraniens, nous a passé une commande de krytrons. Inutile de vous dire que nous l'avons envoyée promener. Aimablement, s'entend.

— Mais quand quelqu'un vient remplir tous vos formulaires pour vous acheter vos trucs, comment pouvez-vous être sûrs qu'il ne ment pas ?

— Nous n'avons aucun moyen de le savoir. Ici, tout fonctionne selon le principe de la chaîne et certains maillons ont leurs faiblesses. Quand quelqu'un nous demande des krytrons, il doit nous dire exactement ce qu'il veut en faire, à quel type d'appareil il les destine et où il les utilisera.

— Et il vous raconte n'importe quoi.

— C'est vrai que nous comptons en partie sur la bonne foi de nos clients. Mais nous naviguons dans un monde restreint. Les KN22 n'ont pas une infinité d'applications possibles. Les lasers à grande puissance pour la découpe et l'abrasion des métaux. Nous connaissons presque tous les protagonistes. Nous sommes extrêmement prudents. Nos commerciaux ont pour mission de vendre, mais ils connaissent les règles du jeu. Ils sont informés des événements et de leur évolution. Mais surtout, Jim, voilà le point important. Vous m'avez demandé si vos Iraniens pourraient acheter deux cents de ces bitoniaux, c'est ça ?

— Oui.

— Eh bien, je n'en fabrique qu'une centaine par an. Nous n'en vendons jamais plus de dix ou douze à la fois. Les commandes se situent habituellement aux alentours de quatre ou cinq. Alors, le jour où on nous en commandera deux cents d'un coup, vous imaginez le branle-bas ! Non seulement ici, mais à Washington aussi, je suppose.

— Il n'y a qu'ici que vous les fabriquez ?

— Oui.

— Et les Russes ? Vous croyez que les Iraniens pourraient se procurer leurs krytrons auprès d'eux ?

— J'en doute. D'après nos informations, ils n'en construisent plus.

Duffy s'adonna à un petit exercice de calcul mental. Dix à douze par an. À ce rythme, il faudrait aux mollahs quelques années avant de réunir leur contingent.

— Vous me rassurez. Les Iraniens vont avoir plus de mal que je ne le pensais.

— Vraiment ? Ce n'était pas mon intention.

Duffy sentit son estomac se nouer douloureusement.

— Comment dois-je le comprendre ?

— Écoutez, nous vendons ces dispositifs, bien qu'ils soient susceptibles de déclencher une explosion nucléaire parce qu'ils ont d'autres usages parfaitement légitimes. Si nous les refusons à ceux qui veulent en faire un usage légitime, d'autres personnes se mettront à les fabriquer pour eux, hors de notre contrôle. Et ces autres fabricants ne se montreront peut-être pas aussi scrupuleux que nous dans le choix de leurs clients.

— D'accord, mais, si vous êtes les seuls à produire ces articles, nos Iraniens se retrouvent le bec dans l'eau, n'est-ce pas ?

Aspen adopta soudain la mine du professeur soupçonneux, celle de l'expert en œuvres d'art qui se trouve devant un tableau de facture douteuse.

— Je n'en suis pas si sûr. J'en fais moi-même des cauchemars la nuit. Je crois malheureusement qu'ils n'ont pas besoin de nous acheter deux cents krytrons. Ils peuvent les manufacturer eux-mêmes.

— Tout seuls ? Vous êtes sérieux ? s'étonna Duffy avec un air d'incrédulité que confortait une foi inébranlable en la supériorité scientifique de son pays.

— Tout à fait. Comme toutes les choses qui paraissent très compliquées, celle-ci ne l'est pas autant que vous le croyez. Heureusement, ça ne se sait pas. Mais, si un ingénieur un peu averti a quelques-uns de ces objets sous la main, rien ne l'empêche de les démonter et il comprendra vite comment les reproduire. Les Japonais ont appliqué cette méthode pendant des années.

Duffy se tassa sur sa chaise. Sa grande carcasse sembla s'affaisser sous le choc.

— Ils n'en ont donc pas besoin de deux cents. Une dizaine suffit.

— Pour ça, oui.

— Où les trouveront-ils ?

— Près de quatre-vingts pour cent des lasers surpuissants qui justifient l'emploi de ces krytrons se trouvent en Allemagne. Hélas, les Allemands traitent avec n'importe qui. Si c'était moi, j'irais voir par là.

Duffy sombrait dans un abîme de désespoir.

— Il y a quelques minutes, j'étais prêt à vous remercier d'avoir illuminé ma journée. Là, vous venez de sérieusement l'assombrir.

— Désolé, mais, dans ce domaine, il vaut mieux affronter la réalité en face.

Duffy se leva, le regard perdu sur les eaux grises du port.

— Je sais que vous êtes très vigilants et que vous vous préoccupez de ne pas vendre vos krytrons à n'importe qui. Mais nous avons un petit problème en ce moment. Je vais devoir vous demander de redoubler encore d'attention. S'il y a quoi que ce soit, je dis bien quoi que ce soit, qui vous paraît anormal, puis-je vous prier d'en avertir M. Stein aussi vite que possible ? Il saura où me trouver.

— Avec plaisir, répondit Aspen en se levant à son tour.

Sur la façade est de la Méditerranée, la nuit était déjà tombée quand le camion Dodge quitta l'autoroute E80 pour déboucher sur l'aire de repos de Gebze, à cinquante kilomètres à l'est d'Istanbul. Il roulait si lentement qu'on aurait dit que le conducteur tentait de se faufiler sur l'esplanade sans être vu.

Cela ne s'imposait pas. Le parking, qui occupait la surface de deux terrains de football, se révélait pratiquement désert. Six poids lourds en tout et pour tout, dont quatre semi-remorques des TIR, alignaient leurs sombres silhouettes sur le vaste terre-plein, tel un troupeau d'éléphants au repos dans une clairière de la jungle. Un peu plus loin, une lueur jaune signalait l'emplacement de l'abri où les chauffeurs pouvaient trouver des toilettes et le réconfort d'un gobelet de café. Le conducteur du Dodge y jeta un regard en passant ; il semblait vide.

Le Faucon repéra le camion qu'il cherchait près de la sortie, à l'écart des autres, comme un éléphant hargneux rejeté par la tribu. Il le contourna et manœuvra de façon que les deux véhicules se retrouvent dos à dos.

Il alluma une cigarette, descendit et alla marcher le long du parking, guettant les moindres signes qui pourraient trahir un piège de la police. La police visitait rarement les aires de repos, mais, quand on travaillait pour les frères Osman, on appliquait les consignes. Il ne vit que le reflet de la lune au loin sur la mer de Marmara.

Satisfait, il se dirigea d'un pas nonchalant vers le camion des TNZ, grimpa sur le marchepied et frappa doucement au carreau. Un visage bouffi de sommeil s'encadra dans le rectangle de la fenêtre, les yeux embués et les paupières battantes. Une main invisible baissa la vitre de quelques centimètres.

— Les oranges, chuchota le Faucon. Je viens chercher les oranges.

— *Efendim*, répondit l'homme.

C'était sans doute le seul mot de turc que connaissaient ces ploucs d'Iraniens, se dit le Faucon. Cela fait deux mille ans que nous vivons côte à côte et nous sommes toujours infichus de communiquer.

Le chauffeur n'ignorait pas qu'il transportait de la drogue, mais il ne savait pas où elle était cachée. Si des douaniers soupçonneux l'avaient arrêté à la frontière, il aurait été bien incapable de leur fournir la moindre indication. Le Faucon, pour sa part, savait très exactement où chercher ses « oranges » et il se mit aussitôt à l'œuvre à l'arrière du camion. Le chauffeur reprit ses rêves là où il les avait laissés. Il n'était pas payé pour décharger la came.

Le Faucon glissa la main sous la rampe des feux

arrière et tâtonna jusqu'à ce qu'il sente sous ses doigts l'infime renflement d'un bouton à peine plus gros qu'une tête d'épingle. Il l'enfonça. La trappe qui dissimulait l'ouverture du renfoncement aménagé dans le plancher s'ouvrit. Le Faucon n'eut plus qu'à saisir le cageot qui contenait les sachets de morphine-base et à le retirer.

Il agissait aussi vite et efficacement que possible. Cette phase constituait un moment critique. Si une voiture de police déboulait à cet instant, parce qu'un policier avait besoin d'aller aux toilettes ou de faire un somme, il était mort.

Le déchargement lui prit vingt minutes. Il remit le cageot en place, referma la trappe et s'éloigna. Il ne prit pas la peine d'avertir le chauffeur. Pourquoi le réveiller ?

Il n'eut que quelques kilomètres à parcourir avant d'atteindre une bifurcation signalée par un panneau indiquant *« Feribot »*. Il avait calculé le moment où il arriverait de façon à être le dernier dans la file d'embarquement. Ainsi, il était sûr de n'avoir pas été suivi.

Le ferry n'emportait que quelques voitures quand il quitta son amarrage pour effectuer la traversée vers Yalova. Ce serait l'affaire de vingt minutes. Les passagers somnolaient dans leurs véhicules, indifférents au caquetage de deux vieilles femmes qui proposaient à la ronde des billets de la loterie nationale turque ou des cafés et des jus d'orange disposés sur un plateau suspendu au bout de cordes qu'elles tenaient d'un doigt de la main gauche comme des marionnettistes.

Le Faucon s'accorda à son tour quelques minutes de repos, les premières depuis de longues heures. Puis il s'empara de son téléphone mobile.

Sur l'autre rive de la mer de Marmara, le dîner familial de la tribu Osman touchait à sa fin dans la grande salle à manger du restaurant Beyti, quand le maître d'hôtel vint murmurer quelque chose à l'oreille du patriarche. Celui-ci se leva et sortit à sa suite. À son retour, il se servit une dose de vin rouge Kavaklidere, leva son verre à l'adresse de ses frères, Hassan et Refat, sans un mot, et le vida. Son visage n'affichait pas l'ombre d'un sourire. Mais ce n'était pas nécessaire. Les frères avaient compris. Leurs épouses s'efforçaient de ne pas comprendre. Quant aux neuf enfants, âgés de huit à vingt-quatre ans, ils n'avaient rien remarqué. Ils étaient trop occupés à se battre, à jacasser et, dans le cas du plus jeune, à éternuer, pour s'intéresser aux adultes. Ce n'est que lorsque leur *amca*, leur oncle, se leva pour donner le signal du départ qu'ils cessèrent leurs piaillements.

Le pick-up Dodge du Faucon fut le dernier véhicule à quitter le ferry à Yalova, ce qui lui permit une fois de plus de surveiller ses arrières et de s'assurer que personne ne le pisterait sur le dernier tronçon de route le séparant encore du laboratoire de la famille Osman. Il suivit la route côtière qui longe la petite presqu'île incrustée dans la mer de Marmara. Au village de Taskopru, il tourna à gauche dans un chemin de terre et s'enfonça dans la houle de collines qui surplombent le bras de mer.

Le laboratoire se situait à un kilomètre après le village de Kabakli Kogu, tout juste un hameau de maisons rustiques regroupées autour d'une mosquée. Elle était flanquée d'une salle des fêtes construite en 1933 pour célébrer l'arrivée de la Turquie laïque de Mustafa Kemal Atatürk. Le labo lui-même était perché au sommet d'une colline dominant treize hectares de terre inculte. Quelques pommiers ébouriffés, que l'agent immobilier imaginatif avait baptisés « verger », s'agrippaient au coteau qui dévalait vers une ravine.

C'était dans cette ravine que se trouvait l'élément inestimable qui avait décidé Hassan Osman à acheter le terrain le jour où il l'avait visité : le puits.

Un labo d'héroïne ne peut fonctionner sans eau, et en grande quantité encore. Les ouvriers pouvaient aller puiser toute l'eau qu'ils voulaient sans attirer l'attention de compagnies de distribution qui auraient pu s'étonner de leur consommation sur une terre où il n'y avait rien à arroser. Ensuite, ils n'avaient plus qu'à rejeter les eaux usagées sur le versant de la colline, où personne ne remarquerait les résidus chimiques laissés par le processus de raffinage.

Hassan avait payé l'agent immobilier en liquide, signé l'acte de vente du nom d'un cousin et confié à une équipe de maçons de Diyarbakir la construction du labo. Il ne comprenait que deux bâtiments, un bungalow tout simple, aux murs chaulés, pour loger les ouvriers, et l'atelier lui-même. C'était une sorte de hangar, dépourvu de fenêtres afin d'éviter les regards curieux d'éventuels promeneurs.

Il avait la taille d'un garage pouvant abriter deux voitures. Le toit comportait des panneaux mobiles, montés sur des gonds, que l'on pouvait ouvrir pour évacuer les émanations nocives produites par le raffinage. Le résultat final méritait l'appellation de laboratoire comme une moissonneuse-batteuse celle de Rolls-Royce. Il était rudimentaire, crasseux et délabré et se fondait parfaitement dans le décor. Inauguré en 1992, il traitait depuis deux tonnes et demie d'héroïne par an, une belle contribution aux exportations annuelles d'héroïne de la Turquie.

Le labo présentait une innovation, imaginée par Hassan Osman en personne. Une cave souterraine avait été creusée à flanc de colline et fermée par un battant escamotable, recouvert de terre en période d'inactivité. C'était là que les ouvriers rangeaient les fûts de deux cents litres d'éther et d'anhydride acétique, leur mixer électrique de cuisine d'hôtel, leurs seaux de plastique de un mètre de diamètre, tout le matériel qui servait à leurs travaux. Ainsi, le laboratoire, quand il n'était pas en activité, se donnait des allures de cabane de jardin.

Le Faucon s'arrêta au portail et fit un appel de phares. L'entrée était gardée par une grille de fer cadenassée, dont un battant jamais réparé fléchissait comme un drapeau par temps calme. Deux ombres surgirent de la maison et se précipitèrent pour ouvrir. Le Faucon amena son camion devant la porte du laboratoire. Tout était prêt : le générateur diesel qui allait leur fournir l'électricité dont ils auraient besoin, les fûts de produits chimiques, les trois seaux format grosse caisse, les balances avec lesquelles ils pèseraient leur came au gramme près.

Le Faucon gagna aussitôt la maison, laissant ses deux comparses transborder les deux cent dix sachets de morphine-base sur la table à tréteaux du hangar. Dans le salon, deux autres de ses ouvriers regardaient une cassette pornographique allemande, dont les sous-titres traduisaient fidèlement en turc tous les grognements et gémissements. L'un d'eux était l'homme clé de la situation, le chimiste ou « cuisinier ».

C'était un géant quadragénaire. Il mesurait près de deux mètres. Un duvet de cheveux gris coupés ras, des joues creuses, un regard lointain, empreint d'une sorte de mélancolie. Comme tous les cuisiniers officiant dans les labos clandestins de Turquie, on l'appelait respectueusement « docteur » et, comme tous ses homologues, il souffrait d'une irréductible dépendance aux substances toxiques qu'il manipulait. Le processus de raffinage dégageait des émanations assez puissantes pour droguer un mammouth. Ses aides pouvaient aller régulièrement respirer un bol d'air frais. Pas lui. Il devait rester afin de surveiller les opérations, avec pour toute protection un masque de chirurgien. Il incarnait, ainsi que tous les cuisiniers de labo clandestin, une vivante contradiction de l'idée selon laquelle l'héroïne ne crée pas d'accoutumance quand on la fume.

Puisqu'il était toxicomane, le docteur, comme bon nombre de ses collègues, était payé en partie en argent et en partie en héroïne, une bonne manière pour leurs employeurs de s'assurer leur docilité entre deux livraisons de morphine-base au laboratoire.

Il ne faudrait pas croire que le titre de docteur corresponde à une quelconque qualification universitaire. Celui-ci avait à peine achevé ses études primaires. Il avait, comme les autres, appris le métier sur le tas, en regardant faire un vieux raffineur, son oncle en l'occurrence, qui opérait dans la province de Lice dans les années soixante. À la méthode pratique ainsi acquise, il avait ajouté le flair, l'instinct qui distingue les bons des médiocres. De même qu'il existe des chefs cuisiniers qui semblent incapables de rater une sauce, certains gourous de laboratoire sont doués d'un talent inné pour convertir la morphine-base en excellente héroïne.

Ce Turc presque analphabète était un peu l'héritier de celui qui fut en quelque sorte le père de la chimie moderne en matière d'héroïne, un marin français de la marine marchande du nom de Joseph Cesari, homme sans éducation, mais rouage primordial en son temps de la fameuse filière française. Dans la cuisine d'une ferme de Provence, à cinquante kilomètres de Marseille, Cesari arrivait à produire une héroïne pure à quatre-vingt-dix-huit pour cent, un record qui restait encore rarement égalé quarante-cinq ans plus tard. Quand la police française avait enfin découvert son laboratoire en 1964, elle avait invité un grand chimiste de l'université de Marseille à inspecter les lieux.

« Ça, un laboratoire ? s'était-il exclamé avec dédain. Même pas une cuisine digne de ce nom. »

Alors, on lui avait montré la formule établie par Cesari pour convertir la morphine. Il l'avait écartée avec mépris.

« Tout juste une recette de grand-mère pour sa crème au chocolat. »

En voyant le Faucon franchir la porte, le docteur éteignit le magnétoscope au milieu d'un orgasme et se leva.

— On est prêt à commencer ?

— Quand vous voulez.

Le docteur s'empara d'un réveil qu'il régla sur sa montre et l'emporta dans le hangar. L'opération qu'il allait entreprendre exigeait dix-sept étapes différentes étalées sur vingt-quatre heures. Une fois commencée, elle devrait se dérouler sans interruption, sous peine de perdre la totalité de la came en cours de transformation.

Il pesa tout d'abord quarante des sachets de un kilo de Ghulam Hamid sur sa balance pour vérifier la justesse du poids. Puis il en versa le contenu dans une des énormes marmites. Il pouvait traiter quarante kilos de morphine-base par jour. C'était un net progrès par rapport au degré de productivité auquel parvenait Joseph Cesari, mais, à part ça, le principe n'avait pas changé depuis l'époque où le marin français jouait les Brillat-Savarin du raffinage de la drogue.

Ensuite, il pesa exactement la même quantité d'anhydride acétique, un kilo par kilo de morphine. Les fûts qui contenaient le liquide incolore, extrêmement inflammable, portaient le nom du fournisseur, Hoechst GmbH de Francfort, l'un des plus grands fabricants de produits chimiques d'Allemagne. La Turquie ne produisait pas une once de cette substance utilisée, entre autres, dans les insecticides, en médecine et pour le traitement des films.

Ce produit étant indispensable à la conversion de la morphine-base en héroïne, les pays d'Europe avaient signé une convention à Vienne, en 1988, censée en limiter l'exportation quand il y avait lieu de penser qu'il pourrait servir à la préparation d'héroïne. Faisant fi de ces réglementations, Hoechst avait accepté d'en livrer pas moins de deux cents tonnes en un an à une société syrienne basée dans les parages du port franc d'Abu Dhabi. À l'époque, la brigade des stupéfiants américaine estimait les Turcs responsables de l'exportation de quatre-vingts tonnes d'héroïne par an. Ainsi, par cette seule commande, Hoechst assurait aux Turcs deux ans et demi d'exportation.

Lorsque le commercial chargé de la vente demanda à ses clients à quel usage ils destinaient le produit en question, obéissant en cela aux recommandations du traité, on lui répondit qu'il servirait à fabriquer du shampooing pour les chameaux. Les chameaux sont rares à Abu Dhabi et il y avait de quoi shampouiner tous les chameaux du globe pendant de longues années. Le commercial de Hoechst n'en approuva pas moins la vente sans broncher.

Jamais aucun chameau n'eut droit à son shampooing. La police turque intercepta deux cargaisons d'anhydride acétique alors que les trafiquants tentaient de les faire passer en Turquie, l'une à Antalya, l'autre à Mesrin, en face de Chypre. Les fûts alignés dans le hangar du docteur faisaient partie des centaines de barils qui avaient gagné sans encombre les laboratoires disséminés dans le pays. L'ironie de l'histoire, c'était qu'une partie de la drogue qui s'y préparait aboutirait en Allemagne, dans les alentours de la gare de Francfort, et tomberait entre les mains de jeunes Allemands parmi lesquels se trouveraient peut-être les enfants des employés de Hoechst.

Lentement, précautionneusement, le docteur versa ces quarante kilos de produit chimique dans sa grande marmite, sur les granulés brun marron de morphine-base qui se mirent à fondre. Il saisit son mixer de restaurateur professionnel, le brancha au générateur diesel et le plongea dans la marmite pour hâter le processus.

Quelques minutes plus tard, la crème au chocolat de grand-mère à la Joseph Cesari avait pris tournure.

À Washington, Jim Duffy avait repris sa laborieuse revue des écoutes de la NSA, qui s'étaient accumulées pendant son absence, quand le voyant rouge s'alluma.

— Monsieur Duffy, lui dit son correspondant de la NSA d'une voix vibrante d'excitation. J'ai quelque chose pour vous. J'ai suivi vos instructions et j'ai passé le numéro du téléphone mobile d'Istanbul au crible de l'ordinateur. Il m'a sorti deux appels. Tous les deux en provenance de Londres. Même numéro d'origine dans les deux cas.

— Vous avez localisé ce téléphone de Londres ?

— C'est une de ces cabines publiques rouges. Celle-ci est située dans Eccleston Street, en face du consulat de Belgique à Belgravia. Quartier très chic.

— Merde ! grommela Duffy. Une cabine publique. C'est bien notre veine ! Est-ce que l'ambassade d'Iran se trouve dans le coin ?

— Non. Elle est du côté de Hyde Park.

— Les conversations ont eu lieu en anglais ?

— Non, les deux en farsi. Les interlocuteurs semblent employer une sorte de code. Mais j'ai consulté nos linguistes. Pour eux, il ne fait aucun doute que c'est leur langue maternelle à tous les deux.

— De quand datent ces communications ?

— Un peu plus de trois semaines. À trois jours de distance. Vers midi l'une et l'autre.

— Donc, notre bonhomme craignait d'être sur écoutes, au bureau ou chez lui, ou bien il ne voulait pas qu'on sache qu'il téléphonait. Ou les deux. Il doit habiter ou travailler à proximité, maximum deux kilomètres, vous ne pensez pas ?

— Oui, monsieur. Probablement. Vous voulez les voir ?

— Envoyez.

Duffy connecta son ordinateur sur celui de la NSA à Fort Meade, dans le Maryland, et la traduction anglaise du premier appel s'afficha sur son écran.

« Jaffar ?

— Oui.

— Tari à l'appareil. Vous allez bien ?

— Grâce à Dieu.

— J'ai rencontré le Professeur à Budapest dernièrement. Nous allons apporter quelques modifications au déroulement des opérations.

— Je suis à votre service.

— Avez-vous beaucoup de... (pause) *d'envois de Said ?*

— Quatre.

— Quelle valeur ?

— Pas loin d'un million et demi.

— Gardez ça sur votre compte des îles. Nous vous donnerons de nouvelles instructions pour le transfert.

— Compris.

— Said fait du bon boulot.

— Tout marche comme sur des roulettes depuis qu'il a pris les choses en main.

— Il met toujours de l'or à ses sandales ?

— Je ne sais pas, mon ami. Je ne l'ai jamais vu. Je ne connais que sa voix.

— Bien. À bientôt.

— Si Dieu veut. »

— Ça, c'est la première, commenta l'agent de la NSA.

De l'or à ses sandales ? Duffy en aurait sauté de joie. Ce Jaffar pourrait le conduire à son « Gucci Moudj ». Le dénommé Tari et lui devaient parler d'argent, celui que Djailani prélevait sur le trafic de drogue. Ces fichues écoutes électroniques finissaient donc par se révéler utiles.

— Bon. Envoyez la seconde.

« Jaffar ?

— Oui.

— Tari à l'appareil. Vous allez bien ?

— Grâce à Dieu.

— Vous avez reçu mes nouvelles instructions ?

— Ce matin.

— Est-ce que vous attendez d'autres livraisons, à part celles dont vous m'avez déjà parlé ?

— Said m'en a annoncé trois hier.

— Parfait. Vous leur appliquerez les nouvelles consignes.

— À vos ordres. Dois-je informer nos frères de Téhéran ?

— Je m'en occupe. À bientôt.

— Si Dieu veut. »

Duffy resta un instant les yeux fixés sur l'écran.

— Ça devient intéressant. J'ai un ou deux coups de fil à passer et je vous rappelle.

Duffy interrogea sa montre. Quatre heures et demie, neuf heures et demie à Londres. Le chef d'antenne était un vieux pote. Mais il ne devait plus être à son bureau. Avait-il une ligne protégée reliée à Langley de chez lui ? Sans doute. Mais était-il chez lui ? Ou devant un verre de lait de chamelle à l'ambassade de Mongolie pour célébrer leur fête nationale, puisque c'était le genre de mission que l'on confiait désormais aux chefs d'antenne de la CIA à l'étranger. Allait-il le contacter, lui transmettre un message le priant de le rappeler de son bureau pour le consulter sur une affaire particulièrement nébuleuse ?

Il avait presque décidé de ne pas lui gâcher sa soirée quand il se rappela toutes les fois où on l'avait sorti de son lit au beau milieu de la nuit pour des urgences du type « quel est le prénom du ministre des Affaires étrangères du Soudan ? ». Oh, et puis zut, se ravisa-t-il, et il passa un ordre de communication prioritaire avec Londres.

Une heure plus tard, alors qu'il commençait à ranger ses petites affaires, le téléphone sonna.

— Vous êtes en liaison avec Londres sur ligne protégée, l'informa une opératrice.

— Jimbo ! s'exclama son correspondant à l'autre bout du fil. Heureux de te savoir de nouveau parmi nous. Il paraît qu'on t'a remis au turbin. Qu'est-ce qu'on peut bien avoir à te faire faire ?

— Déranger des braves types comme toi.

Duffy avait tout de suite reconnu la voix. Il s'était quelque temps trouvé en mission à Bagdad dans les années soixante avec Bob Cowie, actuel chef de l'antenne de Londres.

— Toujours fan de revues pornos ?

— Salaud ! fit Cowie en ricanant. Je n'en ai pas ouvert une seule depuis votre petite combine.

La petite combine en question remontait à l'époque où Bob Cowie opérait à Bagdad en 1966. C'était sa première affectation à l'étranger. L'Irak était alors dirigé par un général, Kamal Bakr, proche partisan de Saddam Hussein qui était déjà le véritable maître du pays. En ce temps-là, l'Union soviétique et l'Irak filaient le parfait amour et les Russes inondaient leurs alliés proche-orientaux des fleurons dernier cri de leur arsenal.

Deux semaines avant de quitter Washington, Cowie avait reçu un message codé de Duffy, alors numéro deux de l'antenne locale. Il devait se rendre dans les sex-shops de la 14e Rue pour rafler de quoi remplir trois valises des magazines les plus cochons, les plus salaces et les plus explicites qu'il pourrait trouver. « Assez dégueulasses, précisait le message, pour faire rougir le plus aguerri des dockers de New York. »

Tout gêné, Cowie, qui venait de se marier, avait pendant une semaine constitué une collection de cette brillante littérature et laissé les vendeurs convaincus qu'ils avaient affaire à un obsédé d'une espèce particulièrement perverse. Il avait apporté ses acquisitions à Bagdad par la valise diplomatique et, le premier samedi suivant son arrivée, il était convoqué à l'ambassade par son nouveau chef d'antenne.

Celui-ci était en possession d'un sac de sport bleu marine qu'il entreprit de remplir d'un bel assortiment des trouvailles de Cowie.

« Prenez ceci, lui ordonna-t-il alors, rendez-vous dans le bas de Rashid Street. Vous y trouverez la maroquinerie d'Ali Moquattam. Vous entrerez, vous demanderez à voir Ali. Vous lui direz que vous allez faire des courses pour votre femme dans le souk et le prierez de bien vouloir vous garder votre sac pendant votre absence. »

Cowie exécuta les ordres. Ali le soulagea de son sac d'un air ravi, il alla arpenter le souk pendant une heure, acheta à sa femme des cendriers de cuivre, retourna chez Ali, reprit son sac et rentra à l'ambassade.

Là, son chef l'ouvrit d'un geste impatient. Les revues pornos avaient disparu. Elles avaient été remplacées par les manuels d'instruction des derniers avions de combat soviétiques basés à l'aéroport de Bagdad.

— J'espère que je ne t'arrache pas à quelque réunion capitale pour la sécurité de notre pays, s'excusa Duffy. Un dîner chez Annabel par exemple ?

— Pas du tout. C'était un petit dîner à huit chez le baron Bentinck. Ton appel a eu pour effet de renforcer l'aura de mystère dont j'essaie de m'entourer.

— Ce n'est guère facile depuis qu'on cherche à nous transformer en gratte-papier, remarqua Duffy.

— À qui le dis-tu ? Quelle tristesse d'être gardien des secrets quand on n'a plus de secrets à garder ! Dis-moi, que puis-je pour toi ? Au nom du bon vieux temps.

Cowie éclata de rire quand Duffy eut achevé ses explications.

— Tu veux que je retrouve un Iranien qui se nomme Tari, ou peut-être Tariq, qui se mêle de finance et, avec un peu de chance, de drogue et qui fréquente le quartier de Belgravia qui, entre nous soit dit, est bien le dernier endroit où on risque de croiser des fervents de la révolution iranienne. Des admirateurs de feu le Shah, peut-être. Mais des mollahs, jamais.

— Aussi bizarre que ça puisse te paraître, il s'agit d'une affaire de la plus haute importance, insista Duffy. Suivie de près par le directeur en personne, Dieu le bénisse.

Cowie fut soudain frappé d'une illumination.

— Hé, attends. J'ai peut-être quelque chose pour toi. Tu es à ton bureau ?

— Qu'est-ce que tu crois ?

— Eh bien, restes-y. Je te rappelle dans un moment.

— Alors ? demanda Duffy en décrochant quelques minutes plus tard.

— J'ai une bonne nouvelle pour toi et, comme toute médaille à son revers, une mauvaise aussi.

— Commençons par la bonne.

— Je crois que j'ai trouvé ton Iranien. Prénom Tari, ça colle. Nom Harmian. Habitant à cinq minutes à pied de la cabine téléphonique que tu m'as signalée.

— Génial ! Quelle mauvaise nouvelle peux-tu bien avoir à m'annoncer après ça ?

— Il est mort.

— Oh, merde !

— Assassiné dans des conditions particulièrement atroces il y a environ un mois. Pratiquement sous les yeux de sa femme. Il a fait la une du *Daily Mail* et du *Daily Express*. C'est ce qui s'appelle un départ en fanfare. Pour le *Mail*, c'était une histoire de drogue. *L'Express* penchait plutôt pour le trafic d'armes.

— Et les flics ?

— Un meurtre exécuté par des professionnels.

Aucun indice. Apparemment, le Yard patauge pour le moment. Mais voilà qui est très intéressant pour nous.

— Je suis tout ouïe.

— Sa femme. Elle est américaine. De Californie. Elle est venue voir l'ambassadeur quelques jours après le meurtre. Elle affirme que son mari a été tué par les services secrets iraniens.

— Qu'est-ce qui lui fait penser ça ? Son mari avait des activités politiques ?

— Elle dit qu'il s'est adressé à ses assassins en farsi. Donc, c'étaient des Iraniens. Le Yard ne veut pas l'écouter. Ils attribuent l'affaire à une histoire de gros sous qui aurait mal tourné. Ou à une dette de jeu impayée. Ils n'en démordent pas.

— Qu'est-ce que tu as sur lui ?

— Pas grand-chose. Tout indique que ce n'était qu'un membre ordinaire de la colonie d'expatriés iraniens, qui est assez nombreuse à Londres et en général plutôt aisée. Des réfugiés qui ont fui le régime des mollahs. Il avait un passeport d'apatride. Après la visite de sa femme à l'ambassadeur, je me suis renseigné auprès des milieux dissidents avec qui nous sommes en contact. Il n'a jamais eu de liens avec aucun d'eux.

— Eh bien, mon cher Robert, je crois que je vais venir m'entretenir avec le Yard et la veuve éplorée. Je peux t'apporter quelque chose ? Quelques revues pornos peut-être ?

Du côté d'Istanbul, dans le laboratoire clandestin de la famille Osman, le docteur admirait la pâte visqueuse couleur caramel qui nappait les parois de sa marmite. L'aboutissement de dix-huit heures de travail constant. En très simplifié, il s'était produit dans sa gamelle une interaction entre la morphine-base et l'anhydride acétique dont résultait l'héroïne. Le docteur n'avait même pas eu le temps de faire un tour dans les toilettes pour le moins rustiques, occupé qu'il était à surveiller ses fourneaux. La cuisson de l'héroïne exige, entre autres qualités, une vessie à toute épreuve.

La gélatine qu'il contemplait avec la fierté d'une grande toque de la cuisine devant sa dernière création accusait une pureté remarquable de soixante-dix-huit pour cent, l'un des niveaux les plus élevés qu'il ait jamais atteints.

Le Faucon glissa la tête à la porte.

— Ça se passe bien ?

— Bien ? C'est sans doute la meilleure héroïne de ma carrière, annonça-t-il, tout gonflé d'orgueil.

Jim Duffy poireautait à la porte du directeur adjoint aux opérations quand Jack Lohnes surgit devant lui.

— Jim, vous avez été trop longtemps absent, lui dit Lohnes quand Duffy lui eut fait part de son projet. Vous n'imaginez pas à quel point les Anglais sont devenus susceptibles. Nous ne pouvons pas débarquer, le bec enfariné, pour aller piétiner leurs plates-bandes sans d'abord en toucher un mot à nos homologues du 6.

— Oh, il ne s'agirait que d'une première prise de contact. Histoire de vérifier les renseignements glanés grâce aux écoutes de la NSA. Après tout, l'épouse est une compatriote. Nous avons quand même le droit d'avoir une conversation privée avec elle, si elle le veut bien. Or, si je m'en remets à ce qu'elle a raconté à l'ambassadeur, elle ne demandera pas mieux.

— Jim, elle a sûrement des choses intéressantes à dire. Mais voyons les choses en face, c'est surtout au Yard que vous devrez vous adresser. Ils sont entrés chez lui, ont embarqué tous ses dossiers, ses fichiers informatiques, vérifié ses factures de téléphone, examiné ses comptes en banque. S'il existe quelque part la preuve d'un lien entre ce type et votre Djailani, c'est là qu'elle se trouve. Dans les dossiers du Yard. Comment espérez-vous les convaincre de vous les montrer sans leur dire d'où vous venez ?

Duffy se confectionna avec application un sourire triomphant. Décidément, la CIA ne brillait pas par la hardiesse ces temps-ci.

— Enfin, Jack, pourquoi ne pas dire tout simplement à nos amis du MI6 ce que j'ai découvert à Chypre ? Leur parler des trois engins nucléaires des Iraniens ? Leur dévoiler nos batteries ? Ils seront les premiers à nous ouvrir tout grands leurs dossiers.

— Oh, croyez-moi, Jim, vous vous faites des illusions. Les réactions de nos braves alliés européens à notre égard ne sont plus celles que vous avez connues. Ce sera le genre « voilà encore les vilains Américains qui veulent faire des misères aux pauvres Iraniens ». Vous auriez dû entendre les cris d'orfraie qu'on a poussés à Bonn et à Paris quand nous avons suggéré d'envoyer un ou deux missiles Cruise sur Téhéran après l'assassinat de dix-neuf de nos gars sur la base aérienne d'Arabie Saoudite. Dites-leur : « Vous savez, les Iraniens ont des bombes nucléaires », et ils s'empresseront d'aller raconter à la presse que nous cherchons à écraser l'Iran sous prétexte de vagues rumeurs sans fondement. Vous verrez Tony Benn pérorer sur Channel Four contre l'impérialisme exécrable de l'Amérique. Comme ça, les Iraniens sauront que nous les talonnons et nous pourrons toujours nous brosser pour retrouver un jour leurs machines infernales.

Duffy cala ses pieds sur la table basse et s'enfonça dans le fauteuil modèle 14B, réservé aux bureaux des hauts fonctionnaires bénéficiant d'un statut équivalent à celui de général de corps d'armée. Il se rendait compte que Lohnes ne péchait pas par excès de prudence ; il était simplement réaliste.

— OK, admit-il après un temps de réflexion. Dans

ce cas, essayons d'aborder les choses sous un autre angle. Nous jouons la carte de la drogue. Nous appartenons à la brigade des stupéfiants. Nous soupçonnons le bonhomme d'avoir trempé dans des trafics de came, ce qui est vrai, au moins indirectement. Nous voulons collaborer avec nos cousins britanniques, leur montrer ce que nous avons, voir les éléments dont ils disposent, tout cela dans l'intérêt de notre lutte commune contre ce fléau.

Lohnes laissa échapper un rire.

— Vous voulez dire que, au lieu de bricoler dans leur dos pendant qu'ils ne regardent pas, nous avons recours au mensonge, à la dissimulation et à la duplicité ?

— Oui, tout ça à la fois.

— Ça peut marcher, admit Lohnes.

— Vous savez, on les emmène déjeuner, à la bonne franquette, on descend quelques chopes de Guinness, on bavarde, on compare nos notes. La CIA ? Qui c'est, ça ? Connais pas.

Lohnes se taisait. Il se demandait : « Est-ce que j'en parle au directeur pour couvrir nos arrières en cas de pépin ? » Certains membres de l'Agence avaient les doigts gercés à force de les lever pour tâter le sens du vent. Lohnes n'était pas de ceux-là.

— Oh, ce n'est peut-être pas une mauvaise idée. Mais, dans ce cas, il faudra emmener Flynn, des Stups. Il connaît la musique. Il saura comment naviguer. Vous, vous le laissez faire et vous en prenez de la graine.

« Rien ne va plus. » Que ce soit à Istanbul, à Monte-Carlo, à Las Vegas ou à Londres, la phrase du croupier qui lance le tourbillon de la boule dans les rainures de la roulette porte toujours sa note de fatalité. Au casino de Chinar à Istanbul, les joueurs agglutinés autour de la grande table retenaient leur souffle en suivant des yeux les virevoltes de la boule.

— Dix-sept, noir, impair, annonça le croupier au dernier rebond.

Il ne prit pas le peine de traduire en turc. Le casino n'était fréquenté que par des touristes étrangers ou des Turcs censés parler anglais ou français ou assez vaniteux pour faire semblant.

Refat Osman, le troisième de la série des frères, s'approcha de la table au moment où le croupier ramassait les mises. Il était environné de toute une escorte, tel un chef d'État africain en visite officielle à Paris.

En tête du cortège venaient trois de ses « chiens », ses gardes du corps, des brutes à mine patibulaire, le regard aux aguets. Derrière eux s'avançaient les Natacha russes, deux reines de la nuit d'Istanbul, aussi blondes l'une que l'autre, les cheveux relevés en un savant désordre pour l'une, sagement déployés sur les épaules pour l'autre. Leurs robes mettaient en valeur des silhouettes qui renvoyaient aux oubliettes les rondes babouchkas staliniennes du temps de leurs grand-mères. Enfin, fermant la marche, le frère Osman chargé par la famille de « tuer et transporter » marquait le pas de l'air d'un général à la parade.

De dix ans plus jeune que son frère Selim, le patriarche, il était plus grand que lui et, parce qu'il passait plus de temps dans sa salle de gym qu'au hammam, de constitution nettement plus athlétique. Il aurait dû être aussi plus joli garçon sans la froide dureté qui figeait ses traits et transformait son visage en un masque insensible d'homme qui ne connaît ni l'humour ni la pitié.

Tout comme son frère avait basé ses bureaux au Barcelona Gran Hotel, Refat avait établi son quartier général au casino et traitait l'essentiel de ses affaires à cette heure tardive de la nuit. Sauf enterrement d'un ami ou d'un ennemi, rien ne pouvait le tirer de sa chambre avant midi. Il traînait souvent en fin d'après-midi dans les bars et hôtels miteux de Laleli, un quartier populeux que hantaient les citoyens du tiers monde, Pakistanais, Nigériens, Libanais, Iraniens. Refat avait parfois besoin d'eux pour exécuter ses tâches les plus sordides.

Mais c'était au casino qu'il tenait ses réunions importantes. Les casinos occupaient une place éminente dans la vie sociale d'Istanbul, par l'attrait qu'ils exerçaient sur les touristes, mais aussi comme lieu privilégié pour le blanchiment de l'argent. Ils fournissaient en tout cas à Refat un endroit idéal où rencontrer en toute discrétion les politiciens et policiers dans le coup.

Il donna une plaque de cinq cents dollars à ses deux Natacha en leur recommandant d'aller s'amuser pendant qu'il verrait ses amis. D'un signe, il chargea l'un de ses « chiens » de veiller sur elles pendant son absence. Après tout, elles étaient sa propriété et il ne voulait pas que d'autres y touchent. Puis il s'éloigna dans la foule vers son premier rendez-vous d'affaires de la soirée. Il devait retrouver un officier supérieur des *Ozel Harekat*, les forces spéciales, préposées à la guerre sourde que menait le ministère de l'Intérieur contre les terroristes du PKK kurde. Associé depuis plusieurs années déjà aux activités de la famille Osman, c'était lui qui avait souhaité cette rencontre.

L'amitié qui liait d'importants trafiquants de drogue à un fonctionnaire du gouvernement officiellement chargé de réprimer ce trafic reflétait une triste réalité de la vie politique turque. La réussite des frères Osman n'était pas due seulement à leur sens des affaires. Comme bon nombre de narcotrafiquants de ce pays, ils avaient bénéficié de la complicité du ministère de l'Intérieur, prêt à fermer les yeux sur leur trafic en échange de leur participation à la lutte antiterroriste.

Leurs relations dataient de 1990-1991, à l'époque où la morphine-base en provenance d'Afghanistan commençait à déferler en Iran, en transit vers les laboratoires d'héroïne alors situés dans le sud-est de la Turquie. L'essentiel du trafic était contrôlé par les Kurdes du PKK et l'argent qu'ils en retiraient servait à inonder la Turquie d'armes servant à des assassinats et des attentats à la bombe.

Tansu Ciller, madame le Premier Ministre et le ministre de l'Intérieur en étaient arrivés à la déprimante conclusion que l'armée turque ne viendrait jamais à bout de l'insurrection kurde. L'armée n'était pas décidée à user d'assez de violence et de brutalité. Il fallait une organisation capable de combattre le terrorisme par le terrorisme, de traquer les leaders, et plus spécialement les barons de la drogue qui les finançaient, et de les abattre.

Les Ozel Harekat avaient été créées dans ce but. Leur première démarche avait consisté à s'attacher des alliés comme les Osman pour leur emprunter leurs tueurs. Les nettoyeurs mis à contribution avaient en échange l'espoir de reprendre à leur profit le trafic d'héroïne des huiles du PKK qu'ils supprimaient. Cet arrangement convenait parfaitement au ministre de l'Intérieur. Il disposait d'exécutants pour s'acquitter des besognes auxquelles rechignait l'armée et enlevait à l'ennemi terroriste les revenus du trafic de drogue.

Pour sa part, Refat Osman, l'homme responsable pour la famille des relations avec le ministère, n'avait que faire du PKK et de ses doctrines marxistes. Il avait bâti sa fortune à la force du poignet et ne comptait pas se laisser dicter sa conduite par une bande de partisans marxistes qui le verraient bien abandonner sa Mercedes pour prendre le bus comme tout le monde. Il avait donc accepté de prêter au ministre plus de cinq cents hommes des villages de la famille pour y maintenir l'ordre. Ils recevaient leurs armes et leur solde du ministère, mais restaient loyaux avant tout aux Osman, à qui Ankara vouait sa reconnaissance.

Elle se manifestait sous forme d'indifférence absolue face à l'expansion impétueuse de leur négoce. L'affaire avait failli être éventée lorsqu'en 1993 un officier des renseignements de l'armée turque, le Jitem, un certain Cem Ensever, avait réussi à infiltrer la « sale guerre » menée par le ministère de l'Intérieur contre le PKK. Il avait même assisté à une rencontre des Turcs avec des représentants du gouvernement de Téhéran, à laquelle les deux parties avaient convié des narcotrafiquants « agréés » pour assurer leur sécurité. Cette découverte lui avait coûté la vie. Il avait été assassiné le 23 décembre 1993 avant de pouvoir remettre son rapport officiel.

Ce meurtre avait déclenché un véritable déchaînement. Des dizaines de partisans du PKK, dont un grand nombre d'acteurs du trafic de drogue, avaient été éliminés. Parmi eux figurait l'« Escobar turc », Behcet Canturk. Refat Osman avait décuplé la dette de reconnaissance de ses amis du ministère en présidant à l'exécution de quatre d'entre eux.

Refat observait les joueurs qui s'accordaient un bref répit au bar. Il aperçut alors son contact, esseulé à l'extrémité du comptoir. Ils se serrèrent la main et l'autre lui offrit un verre.

— Est-ce que la chance vous sourit ce soir ? s'informa-t-il. Vous jouez, au moins ?

— J'ai deux déléguées qui s'en chargent pour moi.

L'officier opina et leva son verre.

— Souhaitons-leur bonne chance, dans ce cas.

Il descendit de son tabouret et se dirigea vers l'autre bout de la salle en invitant d'un geste Refat à le suivre.

Ils s'assirent côte à côte à une table isolée des buveurs alignés au bar.

— Vous avez l'air préoccupé, remarqua Refat.

— C'est juste. C'est encore à cause de ce stupide accident.

Il faisait allusion à un banal accident de la route,

survenu le 3 novembre 1996 sur l'autoroute Istanbul-Izmir. Une Mercedes lancée à cent soixante kilomètres à l'heure avait percuté l'arrière d'un camion à la hauteur du village de Susurluk. L'une des personnes tuées dans la collision se trouvait être un casseur de l'organisation terroriste de droite, les Loups gris, recherché pour une dizaine de meurtres, inculpé de trafic d'héroïne en France et évadé des prisons suisses où il était détenu pour trafic de drogue. Abdullah Catli était incontestablement un tueur professionnel, mais la police n'en avait pas moins trouvé sur lui un permis de port d'arme tout à fait légal, signé de la main du ministre de l'Intérieur d'alors, Mehmet Agar.

L'autre victime qui avait trouvé la mort à l'arrière du véhicule n'était autre que l'ancien chef de la police d'Istanbul, cofondateur des forces spéciales anti-PKK, connu pour sa participation active au trafic d'héroïne. Seul avait survécu un député kurde du parti de Tansu Ciller. Il était, comme Selim Osman, le chef de tribu d'une centaine de villages du sud-est de la Turquie et apportait lui aussi sa contribution en hommes à la lutte contre le PKK.

Ils formaient un drôle de trio que venait augmenter une dame de cœur, ex-reine de beauté. Une commission parlementaire avait enquêté sur l'accident. Le gouvernement avait néanmoins réussi à lui soustraire les preuves qui l'accusaient franchement. Mais les morts de l'accident portaient trop ouvertement les signes de sa collusion avec les trafiquants de drogue.

— Dites-moi, demanda l'officier de renseignements, vous lisez le *Turkish Daily News* ?

— Je ne parle pas anglais, répondit Refat.

Au même instant, il sentit l'officier lui glisser quelque chose dans la poche de son costume bleu trois-pièces.

— Il y a une journaliste qui travaille pour eux. Voici sa photo. Dobra Becit, elle s'appelle. C'est une fouteuse de merde. Elle est en train de fouiner dans les affaires que nous étions arrivés à cacher à la commission d'enquête. Il paraît qu'elle veut tout publier dans le journal. Ce serait très ennuyeux. Les Américains lisent ce canard comme si c'était la Bible.

Refat lui adressa le signe entendu d'un homme qui a deviné la suite avant même de l'entendre.

— Cela nous arrangerait qu'elle soit victime d'un accident.

— Où habite-t-elle ?

— À Taksim. Omar Pacha Cadessi, 34. Il faut faire vite. Avant qu'elle remette son article à ses patrons. Vous pouvez compter sur notre gratitude.

Refat avala d'une traite la moitié de son verre et jeta un coup d'œil à ses deux Natacha qui s'activaient à la roulette à l'autre bout de la grande salle. De toutes les monnaies d'échange, la gratitude des gouvernants était à ses yeux la plus précieuse.

— D'accord. Je ferais peut-être bien d'aller voir où en sont mes déléguées.

Il tenta un sourire approximatif en retroussant les lèvres, salua son ami d'une poignée de main et regagna la table de jeu.

Les deux demoiselles russes avançaient leurs mises avec la concentration de joueuses professionnelles. Elles avaient chacune une carte fournie par le casino pour leur permettre de noter les numéros sortants. Quand elles gagnaient, elles raflaient leurs gains avec l'âpreté d'un ours arrachant un saumon à une rivière d'Alaska.

Elles se poussèrent pour lui faire une place, avec une moue plus méfiante que réjouie. Laisse-nous jouer encore, semblaient-elles dire, et tu verras de quels plaisirs nous te le revaudrons.

Elles avaient tort de s'inquiéter. Refat avait une dernière affaire à traiter avant de les prendre au mot.

Il ne jouait pas lui-même, jamais. C'était une occupation de dupe. Le genre à tomber dans tous les pièges. Il laissa les filles poursuivre, en suivant leurs manœuvres avec une attention feinte alors qu'il songeait déjà en réalité à la façon dont il allait mettre à exécution le contrat qu'on venait de lui confier.

Il plongea la main dans sa poche et en sortit la photographie qu'y avait déposée son ami du ministère. Il s'agissait d'un portrait en couleur, un haut de buste, une photo d'identité à apposer sur un passeport. Ou sur une carte de presse, que seul le ministère de l'Intérieur est habilité à délivrer. Elle était jeune, une trentaine d'années, des cheveux blond vénitien, des yeux bleu-vert. Un physique inhabituel pour une Turque. Ses ancêtres devaient venir de Salonique, comme Atatürk. Elle avait un visage ouvert, empreint d'innocence, de la candeur de ceux qui sont encore sujets à la confiance, qui croient encore, au mépris de toutes les apparences, à la bonté foncière de l'homme. Dommage, se dit-il en remettant la photo dans sa poche.

Il baissa les yeux sur sa montre. Encore dix minutes avant son prochain rendez-vous. Les deux Natacha ne se souciaient pas de lui. Rien ne pourrait les distraire de la fascination qu'exerçait la valse de la boule.

À divaguer sans but, ses pensées le ramenèrent à sa tournée de l'après-midi à Laleli. Il s'était arrêté en chemin au Paradise Inn, un troquet minable qui tentait de passer pour une boîte de nuit. Le barman, originaire d'un village proche de Tepe, était des leurs, dévoué corps et âme, comme tant d'autres, aux frères Osman qui l'avaient aidé à son arrivée dans la capitale. Il savait ouvrir ses oreilles et tenir sa langue, une qualité très appréciée de la famille.

Un Nigérien habitué du club, avait-il raconté à Refat, lui avait murmuré qu'il était à la recherche de cinq kilos d'héroïne. Le barman avait fait la sourde oreille. Il ne le croyait pas une seconde capable de payer les quarante-deux mille cinq cents tickets que coûtait la came. Refat l'avait félicité pour sa prudence. Mais une idée commençait à germer. Le Nigérien pourrait gagner ses cinq kilos d'héroïne d'une autre manière.

Quand il s'éclipsa, les filles étaient trop absorbées par leur jeu pour s'en apercevoir.

Il se dirigea vers la table de black-jack où jouait son deuxième rendez-vous de la soirée, attablé devant un amoncellement impressionnant de plaques. Il vit Refat passer à proximité, mais fit mine de ne pas le reconnaître. Il joua encore trois mises avant de ramasser ses gains et de quitter la table. Il s'éloignait vers la caisse quand il tomba sur Refat. Les deux hommes feignirent la surprise avec beaucoup de conviction au profit d'observateurs éventuels et marchèrent de conserve vers une table vide des alentours du bar.

L'homme que venait rencontrer Refat était à la tête d'une entreprise de transport, l'une des quatre cent vingt-cinq que compte la Turquie. Il en existe de toutes les tailles. La sienne exploitait cinquante camions à destination essentiellement de l'Allemagne, de la Hollande et de la France. Depuis près d'un an, il assurait la plus grosse part du transport de l'héroïne des Osman. Refat avait toute confiance en lui. Pourtant, une fois que Refat lui avait remis la came, il ignorait dans quel camion elle serait chargée, qui le conduirait et quel trajet il adopterait. C'étaient des secrets que le transporteur préférait garder pour lui.

— Alors, dit-il en savourant une gorgée du whisky que Refat lui avait commandé. Vous avez donc cent quatre-vingts jeans à livrer ?

Dans leur langage codé, le jean correspondait à un kilo d'héroïne.

— Oui.

— Où vont-ils ?

— À Amsterdam. L'endroit habituel.

Le transporteur était un homme corpulent qui approchait de la soixantaine. Il avait été chauffeur de camion avant d'accéder au statut de chef d'entreprise. Ses cheveux, ou du moins ce qu'il en restait, étaient blancs sous un teint flamboyant et ses dents, comme les étoiles la nuit, éparses. Refat les entendait s'entrechoquer pendant qu'il tournait sa gorgée de whisky-soda dans sa bouche, tel un collutoire.

— Eh bien, pas de problème, déclara-t-il.

Il livrait l'héroïne au dépôt des Osman aussi facilement qu'on met une lettre à la poste.

— On se retrouve à la banque à dix heures dans ce cas ? proposa-t-il.

Refat acquiesça. Il inaugurerait à cette occasion une mesure qu'il avait imaginée pour conforter leur confiance mutuelle et prévoir en même temps une sorte de police d'assurance garantissant l'héroïne familiale pendant son transfert. Une fois que le transporteur avait pris possession de la drogue, c'était à lui de veiller à ce qu'elle arrive à destination. À une exception près. Si jamais elle tombait entre les mains de la police des douanes, les Osman assumaient le manque à gagner.

Mardi, les deux hommes prendraient ensemble un coffre commun à la Turk Merchant Bank de Bebek. Refat y déposerait cent quatre-vingt mille dollars en espèces, correspondant à la rémunération du transporteur pour les cent quatre-vingts kilos d'héroïne qui lui étaient confiés. Celui-ci y placerait une enveloppe cachetée renfermant le nom du camionneur chargé de transporter la came et le numéro minéralogique du camion. Ainsi, dans le cas très improbable où la cargaison serait saisie en cours de route, Refat pourrait, en comparant les informations contenues dans l'enveloppe avec celles rapportées par les journaux, savoir avec certitude s'il s'agissait ou non de sa marchandise.

Refat lui appliqua une claque sur la cuisse et s'écarta légèrement. Il avait une haleine à tuer les mouches à dix mètres.

— Je vous confirmerai lundi.

Sur une poignée de main, il alla rejoindre ses Natacha, plus accrochées que jamais aux caprices de la roulette.

Le vol 918 des United Airlines pour Heathrow décolla de l'aéroport de Washington Dulles avec une demi-heure de retard. Quand il eut atteint son altitude de croisière, Jim Duffy déboucla sa ceinture et inclina son siège pour savourer tout le confort de la première classe.

Les règlements gouvernementaux imposent en principe aux fonctionnaires de l'administration américaine de voyager en classe économique comme la majorité de leurs compatriotes. Washington accorde cependant des dérogations à ceux qui ont rang d'ambassadeur ou présentent un handicap physique qui rendrait pénible un long trajet en classe économique.

Jim Duffy avait eu le genou gauche sérieusement esquinté par l'éclat d'un obus soviétique alors qu'il sautait dans un fossé pour se mettre à l'abri lors d'un coup de force en Afghanistan en 1985. L'ennui, c'est qu'il n'était pas censé se trouver là. Casey avait strictement interdit à ses officiers de traîner au nord de la frontière pakistano-afghane. Quelle satisfaction pour Moscou de pouvoir exhiber devant les télévisions du monde entier un agent de la CIA appréhendé en Afghanistan au côté des moudjahidin !

Mais Duffy savait que les guerriers afghans n'avaient aucun respect pour ceux qui évitaient de s'exposer au feu de l'ennemi. Que faire ? Comment envoyer à la mort des hommes qui doutaient du courage de celui qui faisait si bon marché de leur vie ? Il avait décidé ne pas tenir compte des instructions de son employeur et avait franchi la frontière dans le costume des guerriers afghans.

Les moudjahidin l'avaient ramené à leur camp d'entraînement situé sur le bord pakistanais de la frontière et avaient attribué ses blessures à l'explosion accidentelle d'une grenade à main. Duffy avait souffert pendant deux ans d'une raideur de l'articulation et de douleurs occasionnelles. Les médecins de l'Agence lui avaient délivré la dérogation l'autorisant au surclassement dans les transports aériens.

Il jouissait maintenant d'une agilité de danseuse, mais, quand il avait repris du service, un médecin complaisant lui avait rendu sa dérogation avec un clin d'œil. Sous le prétexte qu'ils auraient à travailler pendant le vol, Duffy avait obtenu le surclassement de son compère des Stups, Mike Flynn.

— Messieurs, s'enquit l'hôtesse en déposant deux coupelles de macadamias sur l'accoudoir qui les séparait, désirez-vous un apéritif avant le dîner ?

— Pourquoi pas ? répondit Duffy en lui offrant son plus beau sourire. Whisky-soda. Avec beaucoup de glace. Et puis, donnez-m'en un double. Ça vous évitera d'avoir à revenir.

— Certainement. Et pour vous, monsieur ?

Flynn réfléchit longuement.

— Un Coca light.

Duffy lui jeta un regard consterné. Un Coca light ?

— D'où êtes-vous, Flynn ?

— Worcester, Massachusetts.

Duffy cherchait désespérément ce qu'il pouvait bien connaître de cet endroit.

— Oh oui, dit-il. L'université de Sainte-Croix. Vous y êtes allé ?

— Oui. J'ai d'ailleurs beaucoup d'admiration pour la rigueur intellectuelle des jésuites.

Seigneur ! soupira intérieurement Duffy. Un Coca light ? La rigueur intellectuelle des jésuites ? Voilà qui promettait un voyage d'une folle gaieté ! Mieux valait se mettre tout de suite au travail.

— Alors, comment trouvez-vous votre affectation au Centre antidrogue ? Ce doit être assez différent de la DEA ?

Duffy accompagna sa demande de son sourire « incitation à la confidence ».

— Oh, très différent. Mais je commence à m'habituer à votre façon de travailler.

— Certes, nous enrobons davantage nos actions de mystère que dans la police classique.

Duffy fut lui-même étonné de l'écho prétentieux des paroles qui venaient de lui échapper.

— De mystère ? ricana Flynn. Je dirais plutôt de sournoiserie. Mais c'est toute une éducation politique, je l'admets.

— Comment ça ?

— Eh bien, à la DEA, aux Stups, nous voyons les choses en blanc ou en noir. C'est contraire à la loi ou ça ne l'est pas. Chez vous, j'ai appris à tenir compte des autres réalités qui gouvernent, certains diraient « limitent », notre marge de manœuvre.

— Que voulez-vous dire ?

— Prenez le cas du trafic d'héroïne. C'est un domaine que vous connaissez bien. On vous a expliqué ce qui se passait du côté de l'Afghanistan et du Pakistan, votre ancien terrain d'opérations, n'est-ce pas ?

Duffy acquiesça.

— Vous savez aussi bien que moi que les services secrets pakistanais sont truffés d'officiers qui sèment la drogue à tout vent. Et alors ? On ne dit rien. Pourquoi ? Parce que tous ces gars de l'ISI sont prêts à collaborer avec nous. À nous expédier par exemple M. Mir Amal Kamsi par avion militaire dans le plus grand secret pour qu'il soit jugé pour le meurtre de deux agents de la CIA devant les grilles de Langley. Avec, entre nous, autant d'estime pour les procédures légales que le pape en a pour l'avortement.

Duffy jeta un regard dans l'allée centrale.

— Et mon scotch alors ? grommela-t-il. Sans eux, nous n'aurions pas pu non plus demander des comptes à Ramzi Youssef pour l'explosion du World Trade Center. Que voulez-vous ? La vérité est là. Que faites-vous quand un dealer abat un de vos agents des Stups ? Vous l'attendez au détour d'une allée, vous lui lisez ses droits et vous lui demandez qui est son avocat ? Mon œil ! Il se fait descendre en tentant de fuir, non ? Pauvre bougre.

L'hôtesse était venue entre-temps installer leurs tablettes en prévision du dîner.

— Qu'un type touche à un cheveu d'un agent de la CIA et on le retrouve tôt ou tard. Un jour, nous mettrons la main sur ce salaud de Mugniyeh qui a torturé notre chef d'antenne du Moyen-Orient à Beyrouth. Et vous croyez vraiment qu'on lui demandera le nom et l'adresse de son avocat ?

Il savoura une longue gorgée du whisky que l'hôtesse lui avait enfin apporté et enfourna une poignée de macadamias.

— Que pensez-vous des retranscriptions d'écoutes téléphoniques que je vous ai montrées ?

— Difficile de ne pas en déduire que feu M. Harmian s'apprêtait à détrousser ses copains de Téhéran. Tout est dans la phrase où il dit à son correspondant d'Istanbul de ne pas s'en faire, qu'il s'occupe de Téhéran.

— Je suis de cet avis, approuva Duffy. La question est : est-ce que le type d'Istanbul a vérifié auprès des intéressés ? Auquel cas, il a dû déclencher quelques sonnettes d'alarme, non ?

— Certainement. On devrait demander au Yard d'examiner pour nous les registres d'appels de la cabine d'où téléphonait Harmian. Il a peut-être passé d'autres coups de fil.

— Bonne idée. Au fait, croyez-vous que nos amis

anglais se douteront que je ne suis pas vraiment des Stups ?

— Probablement. Ils ne sont pas idiots. Et cela n'arrangera pas nos relations quand ils s'en apercevront.

Flynn n'avait bien sûr pas été mis au courant de l'affaire des engins nucléaires détenus par les Iraniens.

— Oh, le moment viendra où ils cesseront de nous en vouloir. Quand nous leur aurons expliqué quels autres problèmes de sécurité nationale sont en jeu, ils se montreront plus compréhensifs, je crois.

— Jim, permettez-moi de vous poser une question. Vous, personnellement, que pensez-vous du problème de la drogue ? De ce qu'il représente dans notre société ?

— Écoutez, pour que les choses soient bien claires entre nous, je n'irai pas par quatre chemins. Je me fous de la drogue et je me fous des gens qui en prennent. Ce sont des crétins sans volonté qui vont se mettre dans la merde jusqu'au cou et viennent ensuite pleurer pour qu'on les en sorte. Ils veulent se bousiller avec cette cochonnerie ? Libre à eux. Le monde se portera mieux sans eux.

Flynn s'enfonça dans son siège et s'appliqua à siroter son Coca. La réaction de Duffy ne l'étonnait pas. À vrai dire, il s'y attendait. C'était l'opinion typique de l'Américain qui n'a jamais été personnellement confronté au problème.

— Dites-moi, d'après vous, combien de temps allons-nous rester à Londres ?

— Je n'en ai pas la moindre idée. Mais je ne suis pas tellement pressé de rentrer à Washington. Et vous ?

— Mon Dieu, non. Je peux vous demander un service ?

— Dites.

— Accordez-moi une heure ou deux un soir quand nous serons là-bas. Je voudrais vous montrer quelque chose.

Un joyeux désordre. C'était sans doute la meilleure description du décor que traversait Refat Osman en cet après-midi où ses pas l'avaient conduit dans une ruelle étroite qui dégringolait vers les eaux de la Corne d'Or, en contrebas des hauteurs luxueuses de Taksim Square. Deux voitures ne pouvaient s'y croiser. La moindre tentative s'accompagnait d'un concert de klaxons et de noms d'oiseaux. Les immeubles de cinq et six étages qui la bordaient semblaient s'y pencher comme de vieux messieurs luttant contre le vent. Leur masse masquait le soleil bas dont les derniers rayons s'effaçaient dans la grisaille hivernale. Entre les fenêtres s'étiraient des cordes à linge chargées de couches, de draps, d'habits qui claquaient au vent du Bosphore comme une armada de voiliers lancés en pleine régate. Des gamins en survêtement rouge et noir du foot-ball club de Besiktas shootaient à qui mieux mieux le long de la ruelle en poussant des cris de joie ou de déception.

Le quartier abritait des gitans, des gangsters et des garagistes. Refat avait pour destination l'un de ces ateliers qui jalonnaient le trottoir, l'Opel Oto Mecanik. Le garage appartenait en fait à la famille Osman. Dès qu'il parut, le garagiste se précipita pour lui broyer la main.

— J'ai trouvé ! annonça-t-il en souriant.

— À cette époque de l'année ? s'étonna Refat.

— Oui. À Beykoz. C'est une bourgade située sur la rive asiatique du Bosphore. Une Vectra de 1996. Le propriétaire habite à Hambourg. Il est venu ici avec sa femme pour l'enterrement de son père. Ils retournent en Allemagne dans une semaine. Elle, elle est allemande.

Ce qui motivait tant d'enthousiasme chez le garagiste, c'était la perspective de mettre en application la dernière trouvaille de Refat pour passer l'héroïne en Europe de l'Ouest. Là résidait l'intérêt du garage. Il n'avait jamais de sa vie piloté une Opel et cela n'entrait pas dans ses intentions.

Le brave Turc de Beykoz venu enterrer son père irait un jour ou l'autre faire des courses. Alors qu'il serait arrêté à un feu rouge, une voiture viendrait percuter l'arrière de son Opel dans un grand fracas.

Le conducteur maladroit, le Faucon en général, jaillirait de sa voiture. Au lieu de l'abreuver d'injures, comme tout bon automobiliste turc, il se confondrait en excuses. Tout était de sa faute. Il s'était laissé distraire. Une jolie fille qui passait. Ou la santé de sa grand-mère. Le pire, c'est qu'il n'avait pas renouvelé son assurance. Fort heureusement, il avait un frère, un cousin, un ami qui possédait justement un garage Opel. Un vrai génie de la mécanique. Il lui proposerait de réparer sa voiture et de la repeindre à neuf pour se faire pardonner. Il se chargerait bien sûr de la facture puisqu'il était entièrement responsable.

Et, de fait, le garagiste de Refat effectuerait des réparations de premier ordre, avec quelques aménagements de son cru. Il prendrait bonne note de l'adresse du propriétaire à Hambourg figurant sur la carte grise. Reproduirait le jeu de clés. Installerait à l'arrière, sous le tapis du coffre, une cache assez spacieuse pour accueillir quinze kilos d'héroïne.

Et voilà le Turc et sa femme repartis pour Hambourg dans leur belle voiture toute pimpante, avec quinze kilos d'héroïne dans la carlingue.

À Hambourg, un homme de main suivrait la voiture, repérerait l'endroit où son propriétaire la garerait pour la nuit. Vers deux heures du matin, il l'ouvrirait à l'aide du double des clés fabriqué à Istanbul. Avec quelques complices, il l'emmènerait dans une rue calme, déchargerait l'héroïne et irait remettre la voiture à sa place.

Refat recourait à cette astuce depuis 1994. C'était plus facile en été et à l'automne, quand les milliers de Turcs émigrés en Allemagne et ailleurs en Europe revenaient chez eux pour les vacances. Si jamais l'un de ces transporteurs innocents était surpris par un douanier trop zélé, ce qui n'arrivait jamais, que pourrait-il dire ? Sans constat, sans facture, comment prouver que sa voiture avait séjourné dans les ateliers d'Opel Oto Mecanik ? Il existait des dizaines de garages comme celui-ci à Istanbul. Vraiment, se disait Refat, l'occasion était trop belle. Le Turc de Beykoz allait avoir droit à une belle couche de peinture neuve sur sa voiture.

Refat se rendit ensuite au Paradise Inn, à Laleli. Il prit une table à l'écart, d'où il pouvait observer les allées et venues de la clientèle, nombreuse à l'heure de l'apéro.

— Écoute, dit-il à son cousin barman de Tepe, si le Nigérien de l'autre jour, celui qui cherchait cinq kilos d'héroïne, pointe son nez, tu me le montres, OK ? Ne lui dis pas qui je suis. Je veux seulement voir sa tête.

Il était bien connu dans le monde de la drogue que les Nigériens n'avaient pas leur pareil pour camoufler la drogue à l'intérieur du corps du transporteur, sous forme de suppositoires introduits dans le rectum ou de sachets avalés. Ils ne s'en chargeaient pas eux-mêmes. Ils persuadaient de jeunes Européens ou Américains qui se retrouvaient sans un sou à Bangkok, Moscou, Peshawar ou New Delhi de gagner ainsi leur billet de retour. Ou des filles qu'ils avaient séduites et qui ne demandaient pas mieux que de leur faire plaisir ou d'arrondir leur argent de poche.

Leurs « mules », comme ils les appelaient, n'étaient nourries que d'eau pendant les soixante-douze heures précédant le voyage, cela pour vider leurs intestins et éviter les besoins intempestifs en plein vol. Pas question qu'ils aillent se délester de trois cent mille dollars d'héroïne dans les toilettes du 747. C'était le montant que pourraient rapporter à l'acheteur nigérien ses cinq kilos d'héroïne à leur arrivée à destination.

Refat dut attendre une heure avant de voir un trio d'Africains se mêler à la foule qui se pressait au bar. Quelques minutes plus tard, le barman vint lui apporter un verre de thé.

— Le grand en veste de cuir. Avec une casquette vertc. C'est lui, murmura-t-il.

Refat examina son tueur éventuel. Du haut de son mètre quatre-vingts tout en minceur, il dardait des sourires avantageux sous une moustache à la Clark Gable, qu'il devait d'ailleurs chercher à imiter, se dit Refat. Ces Nigériens étaient connus pour être des charmeurs et des champions du sexe, ce qui expliquait la docilité des filles prêtes à jouer les malles à drogue pour eux. Ce gars-là avait une belle gueule et saurait sans doute y faire avec la journaliste, qu'il amadouerait en lui promettant des révélations sur le trafic de drogue.

Il tira la photo de sa poche et considéra une fois de plus les traits calmes et sereins de la fille. Oui, c'était un bon truc. Les journalistes, c'est de notoriété publique, sont prêts à tout pour un bon tuyau. Désolée, ma petite, pensa-t-il en remballant la photo de la jeune femme dans sa poche, mais il ne fallait pas aller fourrer ton nez dans des affaires qui ne te regardent pas.

— Superintendant MacPherson ?

— Ouais, répondit le superintendant détective en chef. Lui même.

— Ne quittez pas. Le commandant des opérations spéciales va vous parler.

MacPherson haussa les sourcils, intrigué. Qu'est-ce qu'il me veut, celui-là ? Je n'ai pas entendu le son de sa voix depuis des années.

— Ah, MacPherson, chantonna le commandant au

bout du fil d'un ton faussement cordial. Comment vont les affaires ? Tout se passe bien ?

— Si on veut, commandant. En quoi puis-je vous être utile ?

— Le meurtre sur lequel vous enquêtez.

— Lequel, commandant ? J'en ai six sur la planche.

— Le meurtre de l'Iranien.

— Ah, celui-là.

— Ça avance ?

Quelqu'un a jeté son grain de sel au ministère de l'Intérieur, se dit MacPherson. Pour une raison quelconque, l'affaire créait des angoisses politiques, ce qui n'était guère rassurant.

— Pas beaucoup, à vrai dire. C'est loin d'être simple. Pourquoi ?

— Je viens de recevoir un appel d'un ami de l'ambassade américaine. Leur spécialiste des drogues. Ils ont deux huiles de Washington qui sont de passage. Apparemment, ils ont eu vent de l'affaire. Ils aimeraient vous rencontrer.

Tiens donc, se dit MacPherson. Quelle coïncidence ! Aussi inattendue que les douze coups de Big Ben à minuit. Cela signifiait que les Américains possédaient des renseignements sur Harmian. Restait à savoir s'ils lui en feraient part. Peu probable quand on connaissait leurs méthodes. Malgré tout, la courtoisie professionnelle l'incitait à accepter l'invitation, surtout transmise par le commandant des opérations spéciales en personne.

— Certainement, commandant. Que proposez-vous ?

— Déjeuner demain ? Disons au Bunch of Grapes. C'est dans Brompton Road, juste après Harrod's. Nos deux visiteurs souhaiteront sans doute aller faire quelques courses dans l'après-midi. Treize heures vous conviendrait-il ?

— J'irai avec plaisir.

Une semaine exactement après avoir récupéré ses deux cent dix kilos de morphine-base dans le camion des TNZ sur l'aire de repos de l'autoroute d'Istanbul, le Faucon livrait le produit fini, affiné dans le laboratoire de la famille Osman, soit deux cent quarante kilos d'héroïne emballés sous vide dans des sachets de un kilo, au magasin des usines Texas Country Jeans, autre entreprise familiale située dans le village d'Enseler sur la route de l'aéroport Atatürk. Les magasins de l'usine consistaient en une rangée de bâtiments qui ressemblaient vaguement à des baraquements de la Seconde Guerre mondiale et d'où sortaient jour après jour des centaines de vêtements de fabrication turque, allant du jean à la veste de cuir.

Les frères Osman avaient installé dans un coin de leur bureau une armoire équipée d'une porte de métal ignifugée, servant en apparence à ranger leurs objets de valeur, mais en réalité à cacher leur bien le plus précieux, l'héroïne raffinée attendant son embarquement pour l'Europe. Quand le Faucon se présenta, Refat était seul dans l'entrepôt. Il vérifia les sachets un à un.

Deux heures plus tard arrivait un autre camion, conduit cette fois par un chauffeur de confiance du transporteur que Refat avait rencontré la veille au casino de Chinar. Refat assista en silence au chargement de cent quatre-vingts kilos de la dernière livraison d'héroïne. Le chauffeur reprit le volant et s'en alla, emportant pour un million et demi de dollars de marchandise. Les frères Osman ignoreraient désormais tout de son sort jusqu'à ce qu'elle refasse surface à l'entrepôt d'Amsterdam dans deux ou trois semaines.

Avant de fermer ses bureaux et ses magasins, Refat préleva cinq sachets sur les soixante restants et gagna sa voiture où l'attendait son garde du corps.

Sur les cinquante camions rouge et jaune de l'Interstate Rapid Serviz Shipping Company, six seulement occupaient encore le garage de l'entreprise dans la sinistre banlieue industrielle de Silviri, à une centaine de kilomètres de la frontière turco-bulgare. Le camion qui transportait les cent quatre-vingts kilos d'héroïne des Osman alla se ranger à leur côté. Les autres véhicules roulaient quelque part sur les routes reliant Istanbul à leurs destinations européennes.

Il était plus de minuit, mais le directeur, l'homme dont la dentition avait tant chagriné Refat Osman lors de leur entrevue, était à son poste.

Seuls quatre des soixante-cinq chauffeurs qu'il employait participaient en toute connaissance de cause à ses activités de contrebande. Les autres ne se doutaient pas que certains de leurs camarades ajoutaient une prime substantielle à leur salaire mensuel en transportant de la came.

Cinq des camions de la flottille avaient subi des modifications leur permettant de recevoir des cargaisons clandestines. Certains transporteurs préféraient mêler la came à leur chargement. D'autres, comme l'Interstate Rapid, la dissimulaient dans des compartiments secrets connus du chauffeur et du chef d'entreprise seuls.

Les véhicules de l'Interstate possédaient des doubles cloisons, incluses à six centimètres des véritables parois. Elles étaient dissimulées derrière un panneau de métal qui en recouvrait toute la surface. Les sachets d'héroïne étaient placés dans un long filet cylindrique qui les maintenait ensemble comme dans une saucisse géante, qu'on glissait dans le compartiment secret. On disposait par-dessus une languette de plastique de quatre centimètres et demi de large et d'une longueur égale à celle de la remorque et on ajoutait une nouvelle couche.

Une fouille méticuleuse de huit heures finirait sans doute par mettre au jour la cachette. Mais le risque demeurait infinitésimal. Plus de huit cent mille poids lourds avaient traversé la seule frontière de Turquie au cours de l'année 1996. Cette même année, sur les millions de camions qui sillonnaient les routes d'Europe, vingt seulement avaient été pris sur le fait. Ils avaient tous sans exception été arrêtés sur indication et non au hasard de fouilles pratiquées par des douaniers trop zélés. Ces chiffres autorisaient les camionneurs de l'Interstate à naviguer sans crainte.

Le chargement prenait du temps, mais leur méthode avait l'avantage de faciliter les choses à l'arrivée. Les sachets d'héroïne étant reliés entre eux, il était très rapide de les décharger. Quand tout fut en ordre, les deux hommes mirent en place le panneau de métal, fermèrent le garage à double tour et partirent se coucher.

Ils s'observaient de part et d'autre de la table du Bunch of Grapes comme deux équipes de collégiens s'affrontant à un jeu télévisé sur une chaîne locale, le genre d'émission intitulée « challenge des lycées », que ne regardent que les mères des concurrents.

L'équipe britannique était constituée du commandant des opérations spéciales de Scotland Yard, du détective chargé de l'enquête sur le meurtre de Tari Harmian et de son sergent adjoint. Côté américain, Duffy était flanqué de l'attaché de la DEA, le service de répression des stupéfiants, à Londres, et de Mike Flynn. Pour donner de lui une bonne impression aux Anglais, Duffy avait commandé une pinte de Guinness dans laquelle il trempait les lèvres d'un air méfiant.

Elle était aussi chaude que le bouillon de poule que lui faisait avaler sa mère quand il était malade, enfant.

— Jim et Mike, expliquait l'attaché, appartiennent à une brigade financière de Washington qui étudie l'évolution actuelle de la situation en matière de blanchiment d'argent. Ils ont de très solides raisons de penser que M. Harmian était impliqué dans une affaire de ce type.

— Qu'est-ce qui peut bien motiver de tels soupçons ?

Flynn, qui était chargé de traiter les aspects de la discussion relatifs aux Stups, prit la parole.

— D'abord, son métier, « conseil financier privé », d'après vos médias. Notre travail aux États-Unis nous démontre tous les jours que c'est un euphémisme pour « blanchisseur d'argent ». Il quêta d'un regard l'approbation du commandant. Peut-être avez-vous rencontré le même phénomène ?

— Trafic d'argent, d'accord, convint MacPherson, mais où voyez-vous un rapport avec la drogue ? Si c'est le cas, je n'ai rien trouvé de tel.

Il était résolu à laisser les Américains abattre leurs cartes avant de déployer son jeu. Ils avaient une idée derrière la tête. Ils n'avaient pas fait tout ce chemin depuis Washington pour boire de la bière tiède.

— Nous sommes convaincus que les Iraniens jouent maintenant un rôle majeur dans le trafic international de l'héroïne, en particulier celle qui entre dans votre pays. Or, la victime était iranienne.

— Peut-être. Mais tous les éléments que j'ai en ma possession indiquent qu'il n'avait aucun lien avec le régime de Téhéran. Nous avons fouillé son passé. Il s'est révélé être un partisan inconditionnel du Shah.

— Certains affichent des idées politiques différentes de leurs véritables opinions pour dissimuler leur activisme.

MacPherson haussa les épaules.

— Oh, on peut tout imaginer. Mais je suis obligé de m'en remettre aux preuves, au bout du compte. Et, jusqu'à présent, rien ne donne à penser que M. Harmian trempait dans des affaires de drogue ou entretenait des relations avec les mollahs. En revanche, si vous détenez des indices qui pourraient enrichir mon enquête...

Comme il achevait sa phrase, il intercepta un coup d'œil du dénommé Flynn en direction de son compère, le buveur de Guinness. C'est bien ça, remarqua intérieurement l'Écossais, ils ont quelque chose, mais ils veulent savoir si je peux confirmer.

Duffy engloutit une gorgée de sa Guinness sans grand enthousiasme. Il était temps de cracher le morceau. Il prit dans sa poche des copies des retranscriptions des écoutes de la NSA et les poussa sur la table vers MacPherson.

— Je n'ai sans doute pas besoin de vous dire d'où ça vient, chef, et, évidemment, nous comptons sur votre discrétion. L'un des deux interlocuteurs de ces conversations se trouve être M. Harmian. L'autre est un type d'Istanbul dont nous ne savons pas encore grand-chose, si ce n'est qu'il encaisse l'argent iranien de la drogue.

MacPherson examina avec soin les deux messages avant de se laisser aller contre le dossier de sa chaise. Les informations qu'ils contenaient jetaient un éclairage entièrement neuf sur son enquête. Il poussa un gros soupir, tellement navré et pathétique qu'il résonna comme une plainte. La déclaration qu'il s'apprêtait à faire n'allait pas lui attribuer le beau rôle auprès du commandant.

— Écoutez, avoua-t-il, les yeux fixés sur la table, quand j'ai commencé cette enquête, j'étais persuadé que le meurtre était en rapport avec les activités professionnelles de la victime. Ou lié peut-être à une dette de jeu. Son épouse me criait « terroristes » parce que son mari avait parlé farsi à ses tueurs. Très franchement, je n'y ai pas cru. L'escroquerie me paraissait une hypothèse beaucoup plus plausible et nous avons embrayé sur ce point de départ. Après ce que vous venez de me montrer, je crains maintenant que nous n'ayons fait fausse route. Nous aurions dû écouter sa femme, dès le début.

— Mykonos, lâcha Duffy.

— Quoi ?

— Un meurtre à Berlin : les Iraniens avaient envoyé une équipe de gros bras liquider un couple de dissidents kurdes dans un restaurant grec. C'est leur façon d'agir. Je crois que nous sommes en présence d'un cas identique.

Le teint de MacPherson avait viré au gris.

— Dans ce cas, nous pouvons tout de suite classer l'affaire. Nous ne les arrêterons jamais. Ils ont pris le large, disparu.

— Chef, le rassura Duffy d'un ton accommodant, il ne faut pas vous mettre martel en tête. Si c'étaient des tueurs à la solde de Téhéran, et ça y ressemble fort, dites-vous que vous n'étiez pas arrivé sur les lieux qu'ils avaient déjà quitté le territoire.

— Chef, intervint à son tour le commandant, vous devriez résumer pour nos amis l'état de votre enquête à ce jour.

— Certainement.

L'Américain, à son avis, ne l'avait pas attendu pour en obtenir un avant-goût. Il relata néanmoins avec méthode et application les étapes de l'enquête depuis les origines, l'enveloppe manquante.

— Qu'est-ce qu'il pouvait bien y avoir dans cette enveloppe ? grommela Flynn.

— Dites-le-moi, mon vieux, et je vous apprendrai qui l'a tué et pourquoi. Mais, au vu de ce que vous apportez, nous allons passer la main. Votre associé et vous serez les bienvenus chez nous pour potasser les éléments en notre possession avant que tout parte aux archives.

— Et sa femme, au fait, comment s'est-elle comportée ? Coopérante ?

— Profondément et sincèrement affectée, nous l'avons tous constaté. Eh oui, elle nous a bien aidés.

— Vous ne verrez pas d'inconvénient à ce que nous allions la voir ? Pour lui présenter nos hommages.

— Bien sûr que non.

La suite du déjeuner se déroula dans un brouhaha de bavardages à bâtons rompus, que l'humeur maussade de MacPherson ne contribuait pas à égayer. Au café, l'attaché de la DEA américaine demanda l'addition. Le commandant tendit la main pour s'en emparer.

— Allons, protesta l'attaché, nous n'allons pas laisser Elisabeth Windsor payer notre addition, tout de même !

— Pourquoi pas ? bougonna MacPherson. Ce n'est pas ça qui grèvera son budget !

Une enquête de Dobra Becit
The Turkish Daily News

Istanbul : La Turquie serait-elle en passe de devenir, comme le Mexique ou la Colombie, un pays au pouvoir corrompu par l'argent sale ? C'est malheureusement la conclusion qui s'impose à l'examen des preuves recueillies par notre journaliste lors de l'enquête qu'elle a menée sur l'accident d'automobile survenu en novembre 1996 sur l'autoroute Izmir-Istanbul. Ainsi que nos lecteurs s'en souviendront peut-être, cet accident avait coûté la vie à un homme de main de la mafia et à un ancien officier de police allié au ministère de l'Intérieur d'alors et acteur en coulisse de la « guerre sale » conduite par le gouvernement contre les terroristes du PKK kurde. Une lecture attentive de ces documents, que le gouvernement avait soigneusement cachés à la commission parlementaire chargée d'enquêter sur l'accident, montre que l'argent de la drogue infiltré dans les milieux gouvernementaux remontait jusqu'à Mehmet Agar, ministre de l'Intérieur du gouvernement Erbakan-Ciller au moment de la collision.

Les doigts de la journaliste virevoltaient sur le clavier de l'ordinateur avec l'entrain d'un danseur de claquettes à l'apogée de son numéro. C'était le genre de papier qui lançait une carrière. Le *New York Times* voudrait sûrement le reprendre. Ainsi que le *Washington Post*. Elle récolterait même peut-être d'une invitation à CNN.

— Youpiiii ! s'écria-t-elle à cette pensée sans cesser de harceler son clavier.

À Lyon, en France, Interpol rapportait l'année dernière que 70 % de l'héroïne saisie en Europe provenait de Turquie. Les services des douanes de Sa Majesté ont affirmé publiquement que 90 % de l'héroïne introduite au Royaume-Uni arrivait de Turquie. Ici, à Istanbul, le service américain de répression des narcotiques estime à 6 ou 7 tonnes la quantité d'héroïne raffinée qui quitte le pays tous les mois, soit 84 tonnes par an. C'est affolant si on compare ce chiffre aux 14 tonnes qui pénétraient aux États-Unis au plus fort de l'épidémie d'héroïnomanie entretenue par la « French Connection », la filière française, dans les années 50-60.

La Turquie prétend entrer dans le Marché commun alors qu'elle est devenue la Colombie de l'Europe occidentale, qu'elle inonde de ses poisons mortels.

Comment a-t-on pu en arriver à une telle situation ? C'est à cette question que nous allons tenter d'apporter une réponse, à la lumière des résultats d'une recherche qui a demandé trois mois de travail.

Elle se redressa sur son siège, déconcertée par le tintement impératif de la sonnette. Qui cela pouvait-il bien être ? Ah, sans doute ce beau Nigérien qui lui avait promis des tuyaux sur les arcanes du trafic d'héroïne à Laleli.

— J'arrive !

Refat Osman apprit la nouvelle le lendemain soir dans les pages du *Hurriyet*. L'article était accompagné d'un portrait de la jeune femme assassinée. Elle paraissait beaucoup plus jolie que sur la photo d'identité que lui avait fourguée l'envoyé du ministre de l'Intérieur au casino de Chinar. Quel dommage, soupira-t-il. Voilà où mène trop de curiosité.

Elle avait été étranglée, rapportait le journal. Le mobile du crime restait inconnu. Son appartement n'avait pas été saccagé. De toutes ses affaires, une seule chose semblait avoir disparu, son ordinateur portable.

Futé, le Nigérien, se dit Refat en repliant son journal. Espérons qu'il sera assez futé maintenant pour déguerpir d'Istanbul et se faire rare pendant quelque temps. Refat avait déjà d'autres soucis en tête. Son frère aîné, Selim, était passé après le déjeuner lui annoncer qu'il avait encore commandé cinq cents kilos de morphine-base par l'intermédiaire de son contact, le changeur du bazar.

En fin d'après-midi, ce même jour, un poids lourd rouge et jaune de l'Interstate Rapid Serviz Shipping Company prenait place dans la file de camions TIR qui attendaient de passer la douane au poste de Halkali, proche de l'aéroport international d'Istanbul. Il transportait un chargement varié : des raisins destinés à une épicerie en gros de Düsseldorf, des tomates qui aboutiraient dans une conserverie de Francfort, des pneus usés commandés par un vendeur de voitures d'occasion d'Anvers, des textiles attendus par des grossistes de vêtements d'Aix-la-Chapelle, de Rotterdam, de La Haye et d'Amsterdam.

Comme tous ses collègues camionneurs de la file, le chauffeur devait franchir treize postes de contrôle avant d'obtenir le sauf-conduit définitif des douanes. Pour chacune des marchandises qu'il transportait, il devait présenter une lettre de voiture spécifiant le poids, le contenu et la valeur des colis.

Au huitième poste de contrôle, les douanes turques avaient officiellement apposé leur plomb sur les portes arrière. À moins de convoyer certaines catégories de textiles qui pouvaient valoir à leur exportateur une détaxe, le camionneur avait peu de chance de subir une inspection en règle. Les douaniers se contentaient généralement d'un coup d'œil au chargement. Le chauffeur refermait alors ses portes sur lesquelles l'inspecteur fixait son plomb, qu'il faudrait désormais rompre pour accéder aux marchandises. Le plomb portait le numéro de l'inspecteur qui l'avait mis en place, de même que les cachets dont le douanier ornait ensuite, à grands coups de tampon, le carnet de route du chauffeur qui comptait autant de pages que de frontières à traverser.

Comme toutes ses marchandises étaient destinées au Marché commun, le camionneur briserait lui-même le plomb des douanes lorsqu'il effectuerait sa première livraison en Allemagne.

Le système se révélait complexe, hautement bureaucratique et pratiquement inefficace. Ainsi que le remarquaient rageusement certains services de douanes dépités, comme celui du Royaume-Uni, « le plomb des douanes turques ne vaut pas tripette et ceux qui croient le contraire sont des imbéciles ».

Dès qu'il eut reçu le feu vert des douaniers, le chauffeur lança son camion sur l'autoroute transeuropéenne en direction de la frontière bulgare, qu'il traverserait à Kapitan Andrevo. Là, le garde frontière turc constata la présence du plomb sur ses portières. Le Bulgare en fit autant, arracha la page du carnet concernant son pays et laissa partir le camionneur. Il pouvait désormais espérer rouler sans interruption jusqu'à son premier point de livraison en Allemagne.

Assaisonnée du sang d'un vieux chamelier baloutche et d'une journaliste turque pleine d'ambition, de la sueur d'un paysan afghan, de la cupidité d'un Ghulam Hamid et de l'avidité d'une famille Osman, la drogue suivait son chemin vers ses consommateurs occidentaux, toute une jeunesse anonyme à qui elle laisserait entrevoir un coin de ciel avant de lui ouvrir grandes les portes de l'enfer.

LIVRE SIX

Le supplice de Belinda F.

Chaque fois que Nancy Harmian posait les yeux sur sa coiffeuse Pierre-Philippe Thomire, un sentiment d'horreur s'emparait d'elle au souvenir du meurtre de son mari. Apercevant son reflet dans le miroir, en ce matin de février, les traits tirés, les yeux cernés d'ombre à force de pleurer, elle ne put réprimer un nouvel assaut de larmes.

Il s'était écoulé plus d'un mois depuis la mort de son Terry. Et qu'avaient fait les fameux limiers de Scotland Yard ? Rien. Ils avaient réussi à se persuader qu'il avait été tué par vengeance, à la suite d'une escroquerie financière — Terry, le plus honorable des hommes ! Ou, plus hallucinant encore, à cause d'une dette de jeu, alors qu'il ne jouait jamais. À la façon dont ils menaient leur enquête, on avait l'impression que c'était Terry le criminel, et non les brutes qui l'avaient assassiné. Quant à l'ambassadeur américain, en quoi l'avait-il aidée ? Il s'était contenté de lui débiter les bonnes paroles qu'on lui avait appris à servir aux veuves éplorées.

Elle considéra la montre Patek Philippe que Terry lui avait offerte pour son anniversaire en refoulant un sanglot. Il était dix heures vingt. Mary arriverait d'ici dix minutes, si elle était à l'heure, ce qui n'était pas dans ses habitudes, pour l'emmener aux Puces d'Alfie, sa première tournée d'antiquaires depuis le meurtre de Terry. Peut-être qu'à fouiner dans la pagaïe de ces boutiques, à la recherche de trésors cachés, de tableaux méconnus, de statuettes sous-évaluées, elle pourrait oublier pendant une heure ou deux les images qui l'obsédaient.

— Madame. C'était Rebecca. Elle était restée à son service malgré les souvenirs terribles de leur nuit d'épreuve. Il y a en bas deux hommes qui demandent à vous voir.

— Deux hommes ? s'étonna Nancy. Ils veulent me voir ? Qui sont-ils ? Des policiers ?

— Non, madame. Ils disent qu'ils viennent de l'ambassade.

— Ah ! Faites-les entrer au salon et proposez-leur une tasse de café, Rebecca. Je descends dans un instant.

Le salon de l'hôtel particulier des Harmian à Belgravia se trouvait au premier étage, l'étage noble. En se dirigeant vers le canapé que lui désignait la femme de chambre, Jim Duffy jeta un regard circulaire autour de la pièce. Sa décoration se révélait un chef-d'œuvre d'élégance. Il reconnut un masque pharaonique, le genre d'objet qu'on s'attendrait à voir exposé dans un musée, une collection d'ivoires moghols au mur, une table ronde renfermant, sous un couvercle de verre, un assortiment d'ustensiles de l'âge de bronze. La personne qui avait aménagé cette pièce avait un goût exquis et un compte en banque assez replet pour laisser libre cours à sa fantaisie.

— Messieurs.

L'ambassadeur avait dit à Duffy que Nancy Harmian était séduisante, mais ses paroles ne l'avaient pas préparé au choc que lui causa l'apparition de la jeune femme. Elle était grande, près d'un mètre soixante-quinze, et imprimait à son allure un port solennel, presque martial, les épaules en arrière, la tête et le menton dressés, son long cou fin étirant une ligne impériale, d'une blancheur que rehaussait la couleur noire de son chemisier de soie. Il avait l'impression qu'elle cherchait, par cette attitude hautaine, à mieux supporter le poids de sa peine. Ses cheveux blonds étaient coiffés avec soin ; son visage émacié, un peu décharné même, donnait à penser que son chagrin l'avait délestée d'un ou deux kilos dans les dernières semaines. Surtout, il émanait d'elle une sorte d'assurance, de maîtrise, qui incitait au respect. Une personne à ne pas traiter par-dessus la jambe, soufflait à Duffy une voix intérieure.

— Madame Harmian, fit-il. Je m'appelle Jim Duffy. Voici mon collègue, Mike Flynn. L'ambassadeur nous a suggéré de venir vous voir, mais permettez-moi tout d'abord de vous exprimer nos très sincères condoléances pour la mort affreuse de votre mari.

— Merci, répondit Nancy, en commentant pour elle même : « Toujours le bla-bla habituel. » Asseyez-vous, je vous prie.

Elle se cala dans un fauteuil, en face du canapé sur lequel Rebecca avait installé ses visiteurs. De sa place, elle pouvait tout à loisir les observer pendant que sa femme de chambre servait le café. Duffy, celui qui s'était chargé des présentations, devait approcher la cinquantaine. Il avait une carrure et des mains puissantes, propres à enfoncer les portes — ou à écarter de son chemin ceux qui n'auraient pas dû s'y trouver. Sa veste ouverte laissait entrevoir une taille que n'alourdissait pas un gramme de graisse superflue. Quelque chose me dit, songeait-elle, que ce monsieur Duffy n'a pas occupé sa carrière diplomatique à apposer des visas sur des passeports. Son sourire inspirait la sympathie, mais il flottait dans son regard une lueur désabusée, presque triste. Trahissait-elle quelque secret enfoui, des vérités trop terribles pour être révélées, une souffrance personnelle trop profonde pour être partagée ?

Son compagnon était plus jeune, à peine plus de

trente ans, filiforme, au contraire de Duffy, visiblement tendu et mal à l'aise, comme s'il n'appréciait guère de tenir le second rôle auprès du meneur de jeu.

— En quoi puis-je vous être utile, messieurs ? demanda-t-elle en avalant une première gorgée de café.

— Madame Harmian, commença Duffy, l'ambassadeur nous a communiqué le compte rendu de l'entretien qu'il a eu avec vous après le meurtre de votre mari et nous aimerions vous en toucher deux mots, si cela ne vous est pas trop pénible.

— Avec plaisir. Je ne demande qu'à apporter mon aide.

— Une chose m'a frappé : vous êtes convaincue que votre mari a été tué par des émissaires du régime de Téhéran.

— J'en suis certaine. Même si la police ne veut pas m'écouter.

— Moi, je suis tout prêt à vous croire, je vous assure, madame Harmian.

— Nancy, s'il vous plaît. Vous travaillez à l'ambassade ?

Duffy étouffa une toux discrète, pour se donner le temps, Nancy l'aurait juré, de décider s'il aurait ou non recours au mensonge.

— Non, avoua-t-il. Nous venons de Washington.

Au moins, il est honnête, se réjouit Nancy. C'est un bon point à son actif. Avec un peu de patience, il finira même par confesser qu'il appartient à la CIA.

— D'après ce que je comprends, Nancy, votre certitude vous vient de ce que votre mari s'est adressé à ses meurtriers en farsi.

— Absolument.

— Pourtant, c'est une langue que vous ne parlez pas vous-même.

— C'est vrai, mais je connais mon mari... Nancy ravala un sanglot. Excusez-moi. C'est encore tout récent, un mois à peine. Je n'arrive toujours pas à en parler au passé. Je connaissais mon mari. C'était volontaire de sa part, j'en suis sûre. C'était pour me dire que ses agresseurs étaient iraniens. D'autres Iraniens que ses compagnons d'exil de Londres.

— À vrai dire, Nancy, je crois que vous avez raison. L'assassinat de votre mari présente toutes les caractéristiques des méthodes employées par les services secrets iraniens, ce qu'on appelle la Vevak. Ils n'envoient jamais un homme seul. Ils travaillent par équipe de quatre ou cinq, comme dans ce cas, pour s'assurer que tout se passera bien, être prêts à parer à toute éventualité. Ce sont des tueurs professionnels, extrêmement bien entraînés. Ils ne laissent pas d'empreinte, aucune trace, aucun indice qui pourrait lancer la police sur leur piste.

— Oui, je sais.

— Ils ont, à notre connaissance, perpétré quatre-vingt-dix exécutions de ce type aux États-Unis et en Europe de l'Ouest. Restées impunies pour la plupart. C'est une assez jolie performance.

À notre connaissance, remarqua Nancy. C'est bien cela. Il est membre de la CIA. Je ne vois que ça.

— Le problème est le suivant, Nancy. Nous avons étudié tous ces meurtres très attentivement. Ils ont un point commun. Téhéran ne les ordonne pas au hasard. Ils ont pour but d'éliminer les ennemis du régime qui, selon eux, le mettent en péril par leur action. Ou de punir ceux qui les ont trahis ou se sont montrés indignes de leur confiance. Ils organisent même une parodie de procès à Téhéran, devant un tribunal révolutionnaire, comme ils l'intitulent, avant de prononcer leur condamnation.

Duffy hésita un instant avant de poursuivre.

— Donc, si ce sont en effet les services secrets iraniens qui ont abattu votre mari, la première question que nous devons nous poser est « pourquoi ? ».

Pour la première fois depuis qu'elle était entrée dans

la pièce, Nancy Harmian parut ébranlée. Elle sembla se recroqueviller dans son fauteuil, se flétrir, comme si, sous le coup de cette interrogation, son calme olympien l'abandonnait tout à coup.

— Je sais. Je passe des nuits entières sans pouvoir fermer l'œil, parce que cette question me hante. Pourquoi ?

— Avez-vous un motif, une raison, même infime, de penser que votre mari adhérait à une organisation créée pour tenter de renverser les mollahs ?

Évidemment, Duffy connaissait la réponse, grâce aux écoutes électroniques de la NSA.

— Pas la moindre, monsieur...

— Jim.

— Jim. Cependant, il ne faut pas oublier que je ne connaissais mon mari que depuis deux ans. Je ne pourrais pas vous énumérer tous ses faits et gestes avant notre mariage. Cela dit, nous ne parlions jamais de politique. Entre nous. Ni avec d'autres, en tout cas pas en ma présence. On peut mettre ça sur le compte du machisme des hommes du Proche-Orient. Vous savez, la politique, ce n'est pas pour les femmes. Pas moi. Je crois que Terry ne s'y intéressait tout simplement pas.

— Quels étaient ses sentiments à l'égard du régime de Téhéran ?

— Les mollahs ? Pour autant que je sache, il ne les tenait pas en grande estime. Il les trouvait bizarres de vouloir faire entrer leur pays dans le XXIe siècle en s'appuyant sur des valeurs relevant du Moyen Âge. En réalité, il s'en fichait surtout complètement. Seul importait à ses yeux l'état des marchés financiers.

— Était-il pratiquant ?

— Pas du tout. Je ne l'ai jamais vu prier. Il ne suivait pas le ramadan. Il buvait de l'alcool. Sans excès, mais sans restriction non plus.

— Vous avez tenu néanmoins à l'enterrer selon le rite musulman.

— Naturellement. Il s'est toujours dit musulman, même s'il ne pratiquait pas. Moi, je vous dirais que je suis catholique et, pourtant, je ne suis pas allée à la messe depuis des mois. Cela m'a paru évident. C'est ce qu'il aurait souhaité s'il avait eu le loisir d'émettre unc opinion.

Duffy s'enfonça dans le canapé. Il est aussi important pour un agent de la CIA de savoir évaluer la sincérité des gens que d'apprendre à ouvrir les coffres pour un cambrioleur. Cette femme disait la vérité. Son ignorance était réelle. Elle n'avait pas idée des rapports qu'entretenait son mari avec les mollahs, quelle qu'en ait été la nature. Il était temps de pousser un peu plus loin le bouchon, quitte à ternir ses illusions. Temps de vérifier que l'auteur du coup de téléphone intercepté par la NSA n'était autre que Tari Harmian.

— Nancy, je sais que vous ne parlez pas farsi, mais si vous entendiez votre mari s'exprimer dans cette langue, croyez-vous que vous pourriez reconnaître sa voix ?

Nancy haussa les épaules.

— Je pense, oui. Pourquoi ?

Duffy adressa un signe à Flynn, qui sortit un minuscule magnétophone de sa poche.

— Je sais que l'exercice auquel je vous demande de vous prêter risque de vous paraître pénible, et si c'est le cas, je m'en excuse. Mais il peut nous aider à retrouver les meurtriers de votre mari. Pourriez-vous écouter cet enregistrement et me dire si vous reconnaissez, parmi les voix, celle de Terry ?

Pour rendre l'expérience plus concluante, Duffy avait inclus, au début de la bande, une conversation en farsi entre deux membres de l'Agence qui pratiquaient couramment cette langue et effacé le mot « Tari » des deux échanges auxquels Harmian avait pris part. Nancy entendit la première conversation sans broncher. Mais dès que fusèrent les mots « J'ai rencontré le

Professeur à Budapest dernièrement », elle se redressa vivement en étouffant un cri.

— C'est lui ! s'écria-t-elle dans un sanglot. C'est Terry !

Elle écouta les deux communications dans un silence où se mêlaient l'horreur et la fascination, en hochant la tête chaque fois que s'élevait la voix de son mari. Sa réaction ne laissait plus aucun doute à Flynn et Duffy quant à l'identité de l'interlocuteur. Il s'agissait bien de Tari Harmian.

— À qui s'adressait-il, Jim ? demanda-t-elle quand le magnétophone se tut. D'où vient cet enregistrement ?

— Nous aimerions bien savoir qui était à l'autre bout du fil. Nous savons seulement qu'il est iranien et qu'il vit du côté d'Istanbul. Quant à l'enregistrement, eh bien, vous n'ignorez pas que nous avons des organismes spécialisés dans ce genre de choses.

— De quoi parlent-ils ?

— Là encore, nous n'avons aucune certitude. Ils utilisent une sorte de code. Nous pensons que cela concerne des transferts d'argent. Mais ce qui nous préoccupe, Nancy, c'est que nous avons de bonnes raisons de croire que son correspondant est lié au régime de Téhéran.

Duffy jugea préférable de passer sous silence la drogue pour le moment. Il craignait, en évoquant ce sujet, de lui couper l'envie de les aider.

— Ce qui signifie qu'à votre avis Terry leur était associé, d'une façon ou d'une autre.

Nancy décela une tristesse sincère dans le regard que lui retourna Duffy.

— Hélas oui, Nancy. Il avait adopté la douceur de ton du médecin chargé d'annoncer une mauvaise nouvelle. Ce qui expliquerait pourquoi ses agresseurs tenaient à cette enveloppe au point de le torturer comme ils l'ont fait. Je suis amené à en déduire qu'elle contenait des documents relatifs à des transactions financières qu'il gérait au profit des mollahs.

Nancy reposa la tête sur le dossier de son siège et ferma les yeux. Elle remuait les lèvres, comme pour formuler une prière muette à la mémoire de son mari assassiné. Alors elle se ressaisit.

— « Je ne crois en rien, sauf de temps en temps. » C'est de Graham Greene. J'étais dans un de ces moments où la foi veut bien renaître. Si je comprends bien, cela signifie que nous ne retrouverons jamais les meurtriers de Terry, c'est bien ça ?

— Pas forcément. Il travaillait ici, n'est-ce pas ?

— Oui. Dans son bureau, au rez-de-chaussée, là où il a été tué.

— Cela nous rendrait un grand service, Nancy, si vous vouliez bien essayer de vous remémorer certaines visites qu'aurait reçues votre mari et qui vous auraient paru suspectes, n'importe quoi, un détail, une personne, ou une conversation téléphonique que vous auriez surprise, un paquet-poste, un courrier que vous auriez trouvés curieux.

— Les gens qui passaient ici étaient anglais pour la plupart. Des financiers de la Cité. Ou ses clients. Je les connaissais. Je les saluais quand je les apercevais.

— Pensez-vous que nous pourrions jeter un coup d'œil au bureau ?

Nancy soupira et se leva en dépliant sa mince silhouette.

— Pourquoi pas ? Mais je dois vous prévenir que je n'y ai pas remis les pieds depuis... cette nuit. Quand la police a terminé son inspection et ses relevés, j'ai fait venir une entreprise de nettoyage pour remettre de l'ordre dans la pièce et je l'ai fermée.

— Nancy, si c'est trop douloureux...

— Ne vous en faites pas, Jim. Il faudra bien que j'y retourne un jour ou l'autre, non ? Alors, maintenant ou plus tard...

Sur ces mots, elle lui prit la main, comme une enfant apeurée saisirait celle de son père dans un moment difficile, et elle l'entraîna au rez-de-chaussée.

Une odeur de désinfectant mêlée au parfum citronné des produits d'entretien les assaillit quand elle poussa la porte. La table était propre, le mur maculé de cervelle et de sang avait été récuré. Le coffre était ouvert, mais vide. Apparemment, le Yard détenait encore tous les dossiers. Devant la table se dressait un vaste fauteuil à oreilles.

— C'est là que s'asseyaient ses visiteurs..., murmura Nancy. En prononçant ces paroles, elle retira soudain sa main lovée dans celle de Duffy. Attendez ! Vous parliez de personnes étranges. Je me souviens d'un homme, que je n'avais jamais vu auparavant. C'était environ trois semaines avant le meurtre de Terry. Ils avaient une conversation animée, au point que j'ai eu l'impression qu'ils se disputaient. Ils se sont tus à mon approche. Ce qui m'a semblé insolite, c'est qu'il n'avait pas vraiment de barbe, mais on aurait dit qu'il avait oublié de se raser depuis trois ou quatre jours.

— Vous pourriez le reconnaître si je trouvais une photo de lui ?

— Difficile à dire.

— Écoutez, Nancy. Je vais voir ce que je peux glaner à l'ambassade. Vous serez chez vous cet après-midi ?

— Après cinq heures.

— Si vous n'y voyez pas d'inconvénient, j'aimerais repasser à ce moment-là.

— Volontiers.

Nancy les raccompagna à la porte. Comme Flynn venait de sortir, Duffy se retourna vers elle. Cette fois, ce fut lui qui enferma sa main dans la sienne.

— Nancy, je crois comprendre quelle peine vous

endurez. J'ai perdu ma femme il a quelques mois, emportée par un tueur d'une autre espèce. Le cancer.

Ah ! songea Nancy, voilà qui explique la mélancolie de ce regard.

— C'est dur, très dur, souffla Duffy. Ça va mieux avec le temps, c'est vrai. Mais on a beau dire, le temps n'efface pas le chagrin, il l'adoucit, c'est tout. Je compatis à votre souffrance.

D'un geste impulsif, Nancy se pencha et l'embrassa, à la française, sur les deux joues.

— Merci, murmura-t-elle.

L'antenne de la CIA à l'ambassade américaine de Londres est isolée du reste du bâtiment de Grosvenor Square par un dispositif de sécurité biométrique qui lui est propre. Jim Duffy pianota son numéro de code personnel sur le boîtier fixé à l'entrée des bureaux, puis introduisit sa main dans la cavité du scanner placé à proximité. Le rayon balaya sa main, la compara au modèle enregistré dans la base de données de l'ordinateur et, ayant reconnu les caractéristiques biologiques, déclencha automatiquement l'ouverture de la porte.

L'assistant de direction du chef d'antenne l'attendait pour le conduire au bureau de Bob Cowie. Le terme de « secrétaire » avait disparu du vocabulaire de l'Agence bien avant qu'il soit banni comme « politiquement incorrect » des organigrammes des autres établissements.

— Alors ? Cowie l'accueillit d'un sourire. Comment s'est passée la rencontre ?

Il portait un costume à rayures sombres, avec double fente dans le dos et juste ce qu'il fallait de pinces à la taille. Il était toujours habillé comme pour un mariage ou un enterrement, remarqua Duffy. Il était parfaitement assorti à son affectation londonienne, l'exception confirmant la règle des assemblages généralement combinés par le service du personnel de l'Agence. Il se rendait chez son tailleur, Hawes & Curtis, aussi souvent qu'une religieuse à la messe, buvait sa bière tiède et possédait même quelques notions de cricket. Peut-être même sifflait-il l'hymne de l'équipe d'aviron d'Eton sous sa douche.

— Très bien. Elle fait vraiment tout ce qu'elle peut pour nous aider. Dis-moi, quel genre d'album de photos avons-nous en magasin sur les agents des services secrets iraniens ?

— Limité, hélas. Ceux qui ont tué son mari n'y figurent certainement pas. Téhéran a dû les envoyer à Londres parce qu'ils n'y étaient jamais venus. Tu peux être certain qu'ils sont rentrés chez eux à l'heure qu'il est et qu'ils y resteront.

— Comment arrivent-ils à introduire leurs hommes en Europe et à les rapatrier aussi facilement ?

— D'abord, ils ont une chaîne de planques réparties dans toute l'Europe, dont un grand nombre en Allemagne. Nos braves alliés européens et nous faisons tout un plat quand nous parvenons, une fois par hasard, à en dénicher une. Nous avons en tout cas deux certitudes : ces types ont de l'argent, et pas qu'un peu, généralement en liquide. Et ils ont à Téhéran une usine de faux papiers qui fabrique à la pelle des contrefaçons superbes.

— Ma foi, s'ils ont pu imiter à la perfection nos billets de cent dollars, ce n'est guère surprenant. Cela dit, comment peuvent-ils entrer et sortir aussi tranquillement de cette île hermétique ? Ce ne doit pas être si facile.

— Beaucoup plus facile que tu ne le crois. L'Eurostar leur plaît particulièrement. Quand le train arrive en gare, les employés des services d'immigration sont littéralement submergés par le nombre des voyageurs. Et puis, comme je te le disais, ils sont en possession de papiers excellents. Plus un billet de retour et une réservation de quatre à cinq nuits à l'Holiday Inn du coin. Il leur suffit d'obtenir un visa temporaire, histoire d'aller assister à la relève de la garde à Buckingham Palace. Les gradés viennent par Heathrow, équipés éventuellement d'une fausse carte de séjour française pour peu qu'ils baragouinent un ou deux mots de français, ou d'un passeport diplomatique iranien portant un nom qui n'est pas répertorié dans les fichiers de l'immigration.

Cowie alluma son ordinateur, entra son code d'accès secret et orienta le moniteur vers Duffy pour qu'il puisse profiter du spectacle. Il agaça quelques touches et une image se dessina sur l'écran, celle d'un homme corpulent drapé dans une grande tunique noire, entrant dans une Mercedes.

— Lui, c'est Sadegh Izaddine. Il dirige la force de frappe, l'organisation qui est très certainement à l'origine de l'assassinat de notre M. Harmian.

— Belle voiture.

— Ah, mon garçon, les mollahs ont abandonné le cilice dès qu'ils ont pris le pouvoir.

— Où cette photo a-t-elle été prise ?

— À Téhéran. Par un dissident qui a immortalisé Izaddine pour nous au moment où il sortait de son bureau. Avec un de nos appareils hyper-miniaturisés qui se confondent avec les boutons de la veste. Il y a un microfilm à l'intérieur.

— Hé ! bien joué ! On en a d'autres comme ça dans l'album de famille ?

Cowie hésita une seconde, puis s'avisa que le « besoin de savoir » de Duffy était sans doute suffisant pour l'autoriser à la franchise.

— Un certain nombre. Nous connaissons essentiellement quatre organisations dissidentes basées en Europe. L'une d'elles se trouve à Londres. D'inspiration royaliste. Ils veulent remettre le fils du Shah sur le trône, à la tête d'une monarchie parlementaire à la manière d'un Juan Carlos iranien. Personnellement, je trouve l'idée saugrenue, mais ils sont bien représentés en Iran. Infiltration de premier ordre. Ensuite, il existe deux groupes à Paris. L'un qui s'appelle le Drapeau de la liberté. Démocrates libéraux. Ils bénéficient de soutiens clandestins importants dans le pays, principalement dans les grandes villes. Ils peuvent plaquer des tracts sur les pare-brise de toutes les voitures de Téhéran en une nuit s'ils veulent.

— Impressionnant.

— N'est-ce pas ? L'autre groupe correspond au Conseil national de la résistance. C'est le plus important et le plus inconditionnel. Réparti entre Paris et Bagdad. Ils ont trente mille personnes à leur botte. L'ennui, c'est qu'ils débordent d'affection pour notre copain Saddam Hussein. Ils n'ont pas tellement le choix s'ils veulent survivre. Ce sont d'anciens marxistes pour la plupart, mais, depuis qu'ils sont venus nous quémander de l'argent, ils se sont rendus à la raison politique. Cowie éclata de rire. Tu te souviens quand nous avons envoyé le *Nimitz* patrouiller dans le Golfe en octobre 1997 ? C'était parce que les Iraniens avaient bombardé l'une de leurs bases de guérilla. Alors les États-Unis ont lancé leur flotte à la rescousse de Saddam Hussein. L'absurdité de notre politique extérieure, parfois !

Cowie s'interrompit, comme pour inventorier mentalement les organismes dissidents restants.

— Enfin, on a les partisans de Bani Sadr. Il a été le premier président de leur République islamique, si tu te souviens. Ils sont relativement puissants en Allemagne.

— Et l'Agence soutient tout ce monde-là ?

— Jusqu'à un certain point. Seulement financièrement, note. Pas d'armes. Il n'entre pas dans les intentions des États-Unis de fomenter une révolte armée contre les mollahs.

— Nous sommes trop timorés pour oser des trucs pareils, j'imagine.

— Non, Gengis Khan, gloussa Cowie. Les moudjahidin iraniens ont essayé dans les années quatre-vingt. Résultat ? Ils avaient fait péter une bombe dans un immeuble de bureaux quelconque, tuant une douzaine de personnes. Les mollahs ont arrêté cinquante gars qui avaient ou n'avaient pas de sympathie pour la cause des moudjahidin et les ont exécutés. Le sang appel le sang. Un cercle vicieux qui ne menait nulle part. Alors, maintenant, nous préférons les payer pour obtenir des renseignements. Évidemment, s'ils emploient notre argent à acheter des bombes et des munitions, nous n'y pouvons rien. Mais l'idée, en gros, est d'entretenir une révolution douce, pas d'encourager la violence.

— Oh, Bob, je t'en prie. Épargne-moi. Je ne pensais pas qu'il y avait dans cette Agence des grands garçons de cinquante berges qui croyaient encore au père Noël.

Cowie s'étrangla de rire.

— Écoute, Jim, tu te rappelles notre entraînement, les cours d'endoctrinement que nous devions suivre à Camp Peary ? On n'arrêtait pas de nous seriner que la plus belle victoire de la CIA, c'était d'avoir réussi notre coup d'État en Iran en 1953. Comme nous avions bien manœuvré, en payant tous les tenanciers des bazars et les athlètes de lutte gréco-romaine pour qu'ils se soulèvent contre Mossadegh et ramènent au pouvoir le Shah exilé à Rome ! Ouah, les agents de la CIA avaient rempli leur mission : sauvé la démocratie et assuré au monde son approvisionnement en pétrole ! Eh bien, si tu veux mon avis, je dis : foutaises que tout cela. C'est la plus grosse bêtise qu'ait commise l'Agence.

— Hérésie, Bobby, hérésie.

— Dis-moi, que serait-il arrivé sans notre intervention ? Le Shah aurait mené tranquillement sa vie de roi play-boy en exil, entre Saint-Moritz, Paris et Marbella.

Il aurait été autrement plus heureux qu'il ne l'a été à essayer de tenir son rôle de despote au Proche-Orient. Il aurait eu aussi plus de succès sans doute. L'Iran aurait évolué vers un semblant de démocratie et cela nous aurait évité de nous colleter les mollahs dont on écope aujourd'hui !

— Oh, tu dis n'importe quoi, Bob. Mossadegh était un voyou.

— Et alors ? Cela ne nous gêne pas beaucoup en général. Le grand tort de Mossadegh était de vouloir nationaliser les pétroles anglo-iraniens. En réalité, il était en avance sur son temps, c'est tout.

Cowie pianotait sur son clavier.

— Cela dit, nous ne sommes pas là pour revivre le passé. Je vais te montrer ce que nous avons en stock.

— Où nos amis de la Vevak se cachent-ils quand ils ne sont pas occupés à trancher les gorges ?

— Le plus souvent, ils se terrent dans leur ambassade et sortent la nuit quand ils croient tout le monde affairé ailleurs. Ils ont aussi trois maisons de l'autre côté de la Tamise, qui appartenaient anciennement au régime du Shah et dont ils se servent à l'occasion. Inutile de préciser que le MI5 les a truffées de tout un assortiment de mouchards électroniques. Ils doivent même en avoir sur leur brosse à dents, si ça se trouve.

— Et cela donne des résultats intéressants ?

— Rien du tout. Ce n'est pas parce que ce sont des dévots qui se prosternent cinq fois par jour pour débiter leurs prières qu'ils sont mous du cerveau. Ils connaissent la musique. Ils ne se disent dans ces maisons que ce qu'ils veulent bien qu'on entende. Tiens...

Cowie indiqua l'écran sur lequel venait de surgir une photo montrant un groupe de femmes en train de manifester devant l'ambassade de Londres. Un homme, à la tête cerclée d'un trait de crayon, les observait du balcon de l'ambassade. Cowie opéra un grossissement qui amena le visage de l'homme au premier plan sur l'écran.

— C'est le chef de la Vevak à Londres. Il dirigeait une organisation étudiante opposée au Shah dans le bon vieux temps.

Il déballa ainsi, d'un clic de la souris, une série de clichés qu'il accompagnait chaque fois d'une brève description du personnage représenté et de ses fonctions. Il s'interrompit quand parut un homme en manteau bleu foncé arpentant une rue grouillante, une mallette noire à la main.

— Ah, voilà un bonhomme intéressant. Il administrait les bureaux de la National Iranian Oil Company à Londres. Son vrai boulot consistait en fait à acheter des matériels haute technologie pour leurs industries d'armement. Un type très malin. Il s'appelle Bollahi, mais on le surnomme le Professeur.

— Le Professeur !

Duffy s'était raidi sur sa chaise. C'était le terme qu'avait employé Tari Harmian pour désigner l'homme qu'il avait rencontré à Budapest. Celui qui avait approché le colonel Wulff à Almaty portait aussi ce nom-là. Était-ce la même personne ? Était-ce le visiteur inhabituel qu'avait entr'aperçu Nancy Harmian dans le bureau de son mari trois semaines avant son assassinat ?

— Regarde un peu ce qu'on a comme renseignements sur lui.

Cowie tapa sur son clavier le nom du Professeur, Bollahi, et le code d'accès à la banque de données de l'ordinateur central de l'Agence consacrée à l'Iran. Il obtint cinq pages de texte en interligne simple. Duffy se pencha et se mit à lire.

— Ingénieur ! Titulaire d'un doctorat en ingénierie mécanique ! Qu'est-ce qu'une grosse tête comme ça peut bien trafiquer avec les mollahs ?

— Jim, ils ont besoin d'hommes de cette pointure

s'ils veulent être présents sur le marché international. Prier est une chose. Acquérir des armes en est une autre.

Duffy contenait mal son enthousiasme.

— On l'a signalé en RDA à deux reprises avant la chute du Mur. L'un de nos informateurs prétendait qu'il était à la recherche de dispositifs à vocation nucléaire.

— Pourquoi pas ? Ils ont essayé d'en dégoter partout, non ?

Duffy gardait les yeux fixés sur l'écran où Cowie faisait lentement défiler le texte.

— Bon sang de bois ! Bobby ! s'exclama-t-il soudain, le doigt pointé vers le moniteur. Regarde-moi ça !

« Rapport DD/AFF/N/232 en date du 10.12.97. Le code signifiait que l'information provenait d'un ressortissant allemand travaillant dans la finance. Le sujet est seul détenteur inscrit d'un compte n° 00314572 à la banque Melli de Munich. L'informateur en a vu un relevé une semaine avant la date du présent rapport et constaté un solde créditeur de 50 millions de dollars US. »

— Les Iraniens sont fauchés comme les blés, la moitié de leur population crève de faim et ce gars-là se balade avec cinquante millions de dollars sur son compte en banque ? Ce doit être un rouage très, très important.

— Les armes coûtent cher, mon vieux. Surtout celles que le Professeur veut pour sa collection.

Duffy poursuivit sa lecture avec une attention soutenue.

« Le sujet a quitté le Royaume-Uni pour Téhéran le 9.10.95 alors qu'il était recherché par les autorités allemandes qui souhaitaient l'interroger au sujet de l'achat par des Iraniens d'un terrain d'aviation privé à Hartenholm, au nord de Hambourg. D'après l'antenne de Londres, il n'est pas revenu à ses bureaux de la

NIOC. On pense cependant (observation par agent le 17.1.97) qu'il s'est de nouveau introduit en Angleterre avec un passeport diplomatique délivré sous une autre identité. Un informateur de seconde main a également signalé sa présence dans la région de Cologne-Düsseldorf et le Schleswig-Holstein allemand. Les registres téléphoniques saisis par les douanes allemandes lors d'une visite au siège de la DIO, l'organisation des industries de défense iraniennes à Düsseldorf, en octobre 1996, ont révélé six appels passés des bureaux de la DIO au bureau du sujet à Téhéran. Le sujet a aussi été repéré à Milan, en Italie, où il utilisait comme couverture les bureaux de la Fondation pour les opprimés située Via Padona, au premier étage d'un bâtiment qui abrite la banque Larino. L'informateur BM/I/34 a indiqué, dans un rapport du 12.7.97, qu'il avait pu pénétrer dans une salle du consulat iranien, à Milan, contenant des documents relatifs à des questions nucléaires, auxquels une seule autre personne, nom Yazdi, prénom inconnu, est censée avoir accès. »

— Ouais, grommela Duffy, la *Bunyod e Mustazafin*, la Fondation pour les opprimés. L'une des institutions les plus riches et les plus corrompues de nos chers mollahs.

Ces établissements siphonnaient les revenus d'entreprises, comme l'hôtel Hilton de Téhéran, que les mollahs avaient confisquées. Il s'agissait officiellement d'aider les pauvres, de soulager les misères. Ils servaient surtout à engraisser les mollahs et à financer leurs programmes secrets de défense et de renseignements, la mise en place d'armements nucléaires et bactériologiques et les mouvements terroristes dispersés dans le monde entier. Ce Professeur était plongé dans le nucléaire jusqu'aux yeux. C'était lui, sans doute, qui avait soutiré les trois ogives au défunt colonel russe. S'il étudiait la documentation secrète sur la technologie nucléaire à Milan, c'était pour apprendre à s'en servir.

— Dis-moi, Bob, tu pourrais me tirer une dizaine de ces photos ? J'aimerais savoir si Nancy a déjà vu ces têtes.

— Nancy ?

— Mme Harmian.

De l'autre côté de la Manche, le camion rouge et jaune de l'Interstate Rapid Serviz Shipping Company turque filait sur l'autoroute A10, qui contourne Amsterdam, vers sa destination finale. Le poids lourd était désormais vide, enfin, vide si on ne comptait pas les cent quatre-vingts kilos d'héroïne camouflés dans les doubles cloisons.

Le voyage s'était déroulé aussi tranquillement que possible. Le chauffeur avait dormi sur sa banquette arrière, n'abandonnant sa machine et sa cargaison que le temps d'aller se restaurer, utilisé les douches et les toilettes des aires de repos qui jalonnaient la route, franchi les postes de douanes après la frontière bulgare sans autre intervention qu'un hochement de tête des douaniers. À son premier arrêt, chez le grossiste en épicerie de Düsseldorf, il avait lui-même brisé le plomb qui scellait ses portes pour livrer au commerçant ses deux cents kilos de raisins.

Il était dix-huit heures largement passées quand il s'engouffra dans le tunnel Goen, sous le canal de la mer du Nord, et emprunta la sortie de Volendam. La campagne s'effaçait déjà dans la nuit de l'hiver nordique. Une procession de camions défilait sur la route devant lui. La proximité de trois des plus grands ports du monde, Rotterdam, Anvers et Amsterdam, dans un rayon de cent kilomètres, noyait toutes les voies de circulation de Hollande, de Belgique, de l'ouest de l'Allemagne et du nord de la France sous un flot ininterrompu de poids lourds.

Le chauffeur savait qu'ainsi intégré dans cette marée de véhicules il était à l'abri des curiosités douanières. De toutes les façons, il était bien connu que les douaniers hollandais finissaient leur service à cinq heures.

Le camionneur quitta en sifflotant l'A10 pour la Nieuwe Leeuwarderweg qui menait au canal de HetJi et au fouillis de langues de terre et d'appontements lancés pêle-mêle sur ses eaux sombres et inamicales. Là, il s'engagea dans la Papaverweg qui s'étirait parallèlement au canal. Sur ce ruban de terre s'alignaient essentiellement des magasins et entrepôts qui accueillaient les marchandises en transit. Certains arboraient des façades de verre et d'acier reluisantes, d'autres affectaient plus de simplicité. C'était le cas de celui où il se rendait.

Abdullah Osman attendait dans son bureau, à l'arrière du bâtiment de bois, quand il vit le camion se garer dans la cour, non loin de sa fenêtre. La moitié du bâtiment donnant sur la rue abritait un dépôt de meubles dont les propriétaires avaient depuis longtemps regagné leurs pénates. Ils ne soupçonnaient pas les activités frauduleuses auxquelles s'adonnait leur voisin. De toute manière, un camion manœuvrant dans ces parages ne risquait pas plus d'attirer l'attention qu'un Hollandais pédalant dans les rues d'Amsterdam.

Abdullah sortit à sa rencontre et les deux hommes libérèrent les fausses cloisons. Le déchargement des sachets d'héroïne boudinés en saucisses ne demanda que quelques minutes. Un quart d'heure après son arrivée, le camionneur avait repris la route.

Le demi-bâtiment qu'occupait Abdullah Osman était loué au nom d'une société hollandaise, la Turktex BV, dont c'était officiellement le siège. Les frères y entreposaient effectivement leurs vêtements, blue-jeans et vestes de cuir, qui constituaient une excellente couverture à leur trafic d'héroïne. Une sorte de hangar adossé au bureau servait à emmagasiner les marchandises. C'est là qu'Abdullah rangea soigneusement la dernière livraison de drogue familiale.

Cette tâche accomplie, il remonta dans son bureau. Il appela aussitôt son plus jeune frère, Behcet, à son domicile de Stoke Newington, dans la banlieue de Londres.

— Babe, lui dit-il en employant le surnom affectueux que réservait la famille au plus jeune de ses membres, la marchandise est arrivée. Tu devrais dire à ton Irlandais de préparer son fric.

Le trafic d'héroïne, en Hollande, était essentiellement contrôlé par neuf familles turques. La famille Osman représentait sans doute la plus importante des neuf. À trente-deux ans, Abdullah incarnait le type même du trafiquant de la nouvelle génération qui dominait depuis 1976 le marché hollandais de la drogue. Contrairement à ses aînés, il était mince, presque frêle. Avec ses lunettes, ses cheveux blonds déjà clairsemés, l'air d'infinie bonté qu'il affichait en public, il ressemblait à un pasteur de l'Église réformée de Hollande soucieux de répandre un message d'amour et de tolérance conforme à la doctrine chrétienne. Il menait une vie exemplaire de respectabilité avec sa femme et ses deux enfants, n'avait jamais glissé la pointe d'une semelle dans une de ces discothèques où l'ecstasy circulait sous le manteau, et roulait dans une banale Peugeot de fabrication française. Il n'en conduisait pas moins ses affaires avec une impitoyable rigueur et avait, pour devise : « Éviter d'attirer l'attention des autorités et, plus encore, de les contrarier. » Cela pouvait se comprendre. Moins de 20 % de l'héroïne qu'il venait de recevoir finirait dans les veines et les poumons de Hollandais. Comme pour les huit autres familles turques, la Hollande n'était pour lui qu'un lieu de stockage où il entreposait la marchandise en attendant de la livrer à ses clients d'Angleterre, de France, d'Allemagne et d'Espagne. Il n'allait pas mettre en péril ce commode avantage en se mettant à dos la tolérante police locale.

En effet, les bureaux d'Interpol à Lyon, l'OCTRIS française, les douanes de Sa Majesté, la DEA américaine estimaient à quatorze tonnes au moins la quantité d'héroïne introduite en Hollande en 1996. C'était cinq fois plus que n'en consommait la communauté toxicomane du pays, transformé en « silo à drogue » de l'Europe.

« La Hollande, se lamentaient les douaniers britanniques dépités, est devenue le Mexique de l'Angleterre. »

Jim Duffy aligna une à une devant Nancy Harmian les dix photographies que lui avait fournies l'ambassade. Elle les examina avec une attention extrême, à la mesure de son immense désir d'aider à retrouver les meurtriers de son mari. Elle écarta les cinq premières, qu'elle retourna sur la table placée près d'elle, en accompagnant chaque fois son geste d'un hochement de tête attristé pour indiquer que ces visages ne lui rappelaient rien.

Celle du Professeur était la sixième. En la posant sous les yeux de Nancy, Duffy s'appliqua à ne rien laisser paraître sur ses traits de l'importance particulière qu'elle revêtait pour lui. Nancy considéra l'homme en manteau bleu avec la même concentration que celle qu'elle avait accordée aux autres photos avant de l'envoyer rejoindre les précédents inconnus.

Un Duffy passablement déçu lui tendait la septième photo quand, soudain, Nancy se ravisa et reprit la photo du Professeur sur le guéridon.

— J'aimerais jeter encore un coup d'œil à celle-ci.

Elle soupira, les yeux plissés par l'effort.

— J'essaie de l'imaginer avec une barbe.

— Vous savez, n'importe quel homme peut se laisser pousser la barbe et la raser à volonté.

Elle mit la photo de côté et regarda les dernières que Duffy lui présentait. Aucune n'éveilla le moindre souvenir. Quand elle eut achevé la série, elle reprit la photo du Professeur, l'observa un instant et ferma les yeux.

— Oui, annonça-t-elle. Je crois que c'est lui. Même sans la barbe, il me semble le reconnaître. Savez-vous comment il s'appelle ?

— Bollahi.

— C'est ça ! s'écria-t-elle avec l'entrain d'une joueuse de tennis qui vient de marquer un point. C'est ce nom-là. Je m'en souviens maintenant. Professeur Bollahi, c'est ainsi que Terry me l'a présenté.

Duffy rassembla ses photos en souriant.

— C'était celui-là que je voulais vous voir reconnaître. J'espère que je n'ai pas déterminé votre choix par télépathie, au moins.

— Jim ! Vous ne croyez tout de même pas à ces sornettes ! Que fait cet homme dans la vie ?

— Bollahi gère les activités des pétroles iraniens ici, à Londres, mais en réalité son rôle véritable consiste à dénicher des armes ultra-sophistiquées pour le gouvernement de Téhéran.

— Vous pensez qu'il est pour quelque chose dans le meurtre de Terry ?

— Directement ? Je ne le pense pas. Mais indirectement, c'est bien possible. Il se peut qu'il ait demandé aux personnes qui, à Téhéran, s'occupent de ce genre de chose d'organiser son exécution.

— Mais pourquoi, mon Dieu ?

— J'aimerais bien le savoir, Nancy.

— Vous ne pensez tout de même pas que mon Terry était impliqué dans des trafics d'armes ? Pour le compte des mollahs ? Vous ne me ferez pas croire ça, Jim.

— Il s'y est peut-être trouvé entraîné avant votre rencontre, pendant la guerre Iran-Irak. Tous les Iraniens, quels que soient leurs sentiments à l'égard des mollahs, ont dû sentir frémir leur fibre patriotique à ce moment-là.

Nancy agitait la tête d'un air incrédule, mais Duffy reprit :

— Vous savez, le trafic d'armes, c'est comme le papier tue-mouches qu'on mettait dans nos maisons quand nous étions petits et qui collait irrémédiablement aux doigts. On y entre facilement, mais il est pratiquement impossible d'en sortir.

— Il devait travailler pour une organisation du genre de la CIA. Ou pour un groupe d'opposants au régime. Il leur donnait des renseignements sur les activités des mollahs.

— S'il s'était trouvé en contact avec des opposants au régime, j'en aurais été informé. Votre mari a été assassiné parce que quelqu'un à Téhéran tenait assez à cette enveloppe pour le tuer.

— Qu'est-ce qu'elle pouvait bien contenir, Jim ?

— Bien des choses. Quelques millions de dollars en titres au porteur appartenant aux mollahs. Je crois plutôt qu'il avait connaissance des établissements offshore où les mollahs planquent leur argent. Les banques et les numéros de comptes, les paradis fiscaux où ils avaient mis leurs sous à l'abri. Ils ont plus de fric en réserve en dehors du pays que le pauvre Shah n'en a jamais possédé.

Un air de consternation, presque de désespoir, assombrit les traits harmonieux de Nancy.

— Comment peut-on partager sa vie, son lit, son corps, ses idées, ses espoirs avec un homme pendant deux ans sans jamais percer à jour les secrets de son existence ? Comment est-ce possible ?

— C'est moins rare que vous ne pourriez le croire, Nancy.

Duffy estimait qu'il était trop tôt encore pour lui parler de la drogue. Il attendrait un autre entretien pour lui livrer ces révélations. Elle avait assez souffert pour aujourd'hui.

— Eleanor Philby, la dernière femme de Kim Philby, le grand espion russe, ne s'est jamais doutée un instant que son mari travaillait pour le KGB. La maîtresse de Richard Sorge à Tokyo, pendant la Seconde Guerre mondiale, n'a jamais imaginé que sa loyauté allait à Staline et non à Hitler. Certaines personnes ont un don inné pour la dissimulation. Cela leur vient aussi naturellement qu'à d'autres l'art de dessiner. Je crois que c'était le cas de votre mari. Cela explique bien des choses.

Nancy se leva.

— J'ai besoin d'un verre. Je peux vous offrir quelque chose ?

Duffy consulta sa montre. Sept heures et demie.

— Je peux considérer que je ne suis plus en service. Je prendrais volontiers un whisky avec des glaçons.

Nancy le servit et s'accorda une vodka.

Duffy leva son verre.

— À notre guérison. Aux bienfaits du temps qui passe. Qu'il nous aide à surmonter notre peine.

Nancy écrasa une larme au coin de sa paupière.

— Merci, Jim, murmura-t-elle.

— J'ai promis à Flynn, mon associé, de lui consacrer ma soirée, expliqua Duffy. Je vais donc devoir vous quitter assez vite. Je ne sais pas ce qu'il me réserve, sauf que je ne m'attends à rien de désopilant, mais vous et moi avons encore des choses à nous dire. On pourrait peut-être dîner ensemble un soir.

Duffy était sidéré de s'entendre prononcer ces mots. Lui qui ne songeait pas même à poser les yeux sur une femme depuis la mort de la sienne. Voici qu'il osait cette invitation et celle à qui il la destinait était encore sous le coup d'un deuil récent.

Nancy hésita, visiblement déconcertée. Elle avala une longue gorgée de vodka et accrocha fermement son regard.

— Oui, Jim. Ce sera avec plaisir.

Dans le grand port allemand de Hambourg, l'homme dont la photographie avait tant fasciné Jim Duffy et Nancy Harmian cheminait sur le Kennedybrucke, le pont qui enjambe le lac Alster. Ce soir-là, il était rasé de près, comme sur le cliché sur lequel Nancy avait reconnu le visiteur de Terry.

Ainsi qu'il l'avait annoncé à ses collègues de Téhéran, il s'était rendu à Vienne tout de suite après la réunion du Comité des opérations secrètes. Il lui fallait mettre à exécution le plan qui lui permettrait de se procurer les dispositifs haute technologie nécessaires pour exploiter les trois engins nucléaires, dans le cadre de l'opération Khalid. De Vienne, il avait gagné son terrain privé de Hartenholm dans un de ses Cessna immatriculés en Allemagne. C'était à dessein qu'il franchissait le pont d'un pas mesuré. On l'avait initié aux techniques visant à détecter d'éventuels suiveurs. Il tenait son savoir d'un membre des services secrets du Shah, lequel les devait lui-même à ses instructeurs de la CIA et du Mossad israélien. C'est merveilleux, cette transmission des ruses du diable d'un cercle vicieux à l'autre, philosophait le Professeur.

Le pont se prêtait idéalement à ce genre d'exercice. Aucun véhicule en stationnement d'où on pourrait le guetter. Aucun piéton en vue. Les automobiles ne pouvaient s'attarder. Il suffisait donc de repérer celles qui auraient tendance à faire demi-tour ou à repasser plusieurs fois.

Convaincu de n'être pas suivi, Bollahi s'éloigna du

pont et se dirigea vers la croix verte d'une pharmacie de la Warburgstrasse. Il entra, examina un instant les médicaments exposés pour s'assurer quand même que personne ne le filait, acheta une boîte d'aspirine et ressortit. Aucun passant ne flânait sur le trottoir. Il aperçut la voiture qui l'attendait en face.

Il traversa en hâte et se dépêcha d'y monter.

— Eh bien, nous nous retrouvons, dit-il au chauffeur en refermant la portière.

— Cher vieil ami, comment allez-vous ? répondit l'autre en lui serrant la main. Vous avez l'air de bien vous porter. On dirait même que vous avez rajeuni depuis la dernière fois qu'on s'est vus. Ce doit être l'interdiction islamique de boire de l'alcool. C'est excellent pour garder la forme.

On ne pouvait en dire autant du conducteur. Josef Mischer, dit « Joe », souffrait d'un excès de poids qui n'avait pas épargné son visage. Sa mâchoire s'alourdissait de bajoues peu seyantes, malencontreusement soulignées par une moustache fournie à la Hercule Poirot. Son ventre débordait de son pantalon qui ne parvenait pas à retenir les pans de sa chemise. Le Professeur voyait en lui un cerveau bien organisé dans un corps de brute, un ingénieur de haut niveau qui avait des allures, et parfois des manières, de docker aviné.

Mischer démarra. Le Professeur sourit.

— Ne vous inquiétez pas. Je ne vais pas perdre mon temps, et le vôtre, à vous sermonner sur les bienfaits de l'ascétisme prôné par l'islam. Nous avons à traiter de sujets plus importants.

— Super ! Je me doutais que vous n'étiez pas venu pour vous rincer l'œil devant les filles en vitrine au Reeperbahn. Je serais ravi de travailler de nouveau avec vous.

Le profit qu'il en retirerait ne serait pas uniquement intellectuel, il le savait. Les costumes bien coupés qu'affectionnait le Professeur possédaient des poches bien garnies et Joe Mischer ne s'intéressait pas qu'à la science. L'argent l'attirait bien davantage et les moyens de l'acquérir ne lui posaient aucun problème de conscience. Il avait tenté autrefois d'aider le Professeur à accéder aux industries nucléaires de l'ancienne Allemagne de l'Est. Dans l'immédiat, il menait seul une affaire d'entreposage et de distribution de tablettes d'ecstasy fabriquées par trois Hollandais dans leur garage de Hilversum.

— Racontez-moi. Que se passe-t-il ? demanda-t-il. Ce vieux Mike se tue à la tâche pour vous, là-bas, à Pinneberg, mais il refuse absolument de me dire ce qu'il fricote.

— C'est un bon point pour lui. Il sait, comme vous-même, je n'en doute pas, à quel point j'apprécie l'extrême discrétion chez mes associés. Vous vous rappelez notre voyage en RDA avant la chute du mur de Berlin ?

— Nous cherchions des lasers ultra-rapides applicables à la séparation des isotopes, compléta Joe en riant. Les isotopes d'uranium, peut-être ?

— Vous ne brillez pas par votre humour, mon cher Joe, remarqua le Professeur. Mais oui, c'était cela. Les Allemands ont eu tort de refuser de traiter avec nous. Ils n'auraient pas trop de notre argent à l'heure qu'il est et nous ferions bon usage de leur technologie. Si je me souviens bien, vous en connaissiez un bout sur ces lasers de puissance.

— Oui, c'est un sujet que j'ai beaucoup potassé.

— Parfait. Nous allons peut-être avoir l'occasion de mettre à profit vos connaissances. Où se trouve Mike exactement ?

— Il crèche dans un petit hôtel de Pinneberg. C'est à vingt minutes d'ici en voiture.

Mike les attendait dans le salon de sa suite. Le Professeur avait l'impression d'avoir devant lui un premier de la classe impatient d'étaler son savoir. C'est presque à contrecœur qu'il commanda du café pour tout le monde et s'efforça de tenir sa langue jusqu'au départ du serveur.

— Bon, Mike, dit alors le Professeur. J'écoute ton rapport. Tu peux parler librement devant Joe. Il aura peut-être un rôle à jouer dans la suite des opérations.

Mike bondit sur ses pieds.

— Eh bien, avant tout, le bon M. Steiner est, comme vous le suspectiez, dans la merde. Jusqu'aux yeux.

— Pauvre homme, déplora le Professeur.

— Pauvre, il ne va pas tarder à le devenir, reprit Mike. Il a travaillé chez Haas, le grand spécialiste allemand des lasers, pendant douze ans. Il était chargé de mettre au point de nouveaux produits, d'accord ?

Le Professeur agita mollement sa main blanche, d'un geste élégant d'approbation ou d'indifférence.

— En 1995, il a l'idée de génie, du moins il a cru que c'était une idée de génie, de construire un laser plus performant. On s'en sert pour graver des numéros de série dans le métal de diverses machines. Le châssis des voitures, par exemple. Ou même dans le verre des bouteilles de bière, vous vous rendez compte ! Tout le monde rêve toujours du laser qui ira plus vite que le précédent, aura un rendement meilleur que celui du voisin. Alors, il quitte Haas et crée sa propre affaire pour offrir au monde un super-laser.

— En oubliant comme par hasard qu'il avait acquis la technique en travaillant pour quelqu'un d'autre.

Mike émit un ricanement, une manière de dire que l'aspect éthique de ce comportement lui importait peu.

— Cela nous donne néanmoins un aperçu du personnage, n'est-ce pas, Mike ?

— Si vous le dites, Professeur. Toujours est-il que je suis allé au registre du commerce de Pinneberg pour jeter un coup d'œil à l'inscription concernant sa société, Lasertechnik. Elle a été créée le 16 octobre

1996, avec un capital de cinquante mille deutsche Mark. Steiner y figure comme seul actionnaire et administrateur. L'adresse du siège correspond à celle du bâtiment, situé dans Rookvillestrasse, où Steiner avait loué des bureaux et des ateliers. La société a pour objet la mise au point et la construction de lasers ultra-puissants. Ce sont les seuls renseignements qui sont demandés dans le formulaire d'inscription au registre du commerce.

— Avec cinquante mille marks, on ne construit pas des foules de lasers.

— Non, en effet. Aussi, dix jours plus tard, Steiner consentait à la société un prêt de trois millions de marks, représentant apparemment les économies de toute une vie, pour que la société dispose d'un capital de roulement.

— Notre ami Steiner avait foi dans son entreprise, on dirait.

— Un peu trop, si vous voulez mon avis. En avril 1997, étant à cours d'argent, il va demander un emprunt de cinq millions de marks à la Commerzbank. Il semble qu'il ait voulu le garantir au moyen d'actions de Lasertechnik. Mais la banque s'est méfiée. Trop risqué, lui a-t-on dit. Les banquiers préféraient tabler sur sa maison. Il l'a donc hypothéquée sans rien dire à sa femme.

— C'est un homme plein de prévenances que tu me décris là, Mike. Tout à fait le genre d'homme avec qui nous pouvons négocier. Mais, dis-moi, comment as-tu appris tout cela ?

— Il y a un bar en face de l'usine. Ses employés s'y retrouvent. J'ai pris l'habitude de venir y traîner et je suis devenu très copain avec le patron, qui se trouve être lui-même un ami de M. Steiner.

Merveilleux, méditait intérieurement le Professeur. La République islamique d'Iran s'appuie sur les patrons de bar pour obtenir ses renseignements.

— J'ai aussi vérifié l'état de ses finances auprès d'une de ces entreprises qui font commerce de ce genre d'information. J'ai prétendu que je voulais savoir si je pouvais prendre le risque de lui accorder un crédit à quatre-vingt-dix jours sur des matières premières que je devais lui fournir. On m'a répondu : « Surtout pas. » Il croule sous les dettes. Ses promesses de paiement ne valent rien. J'ai appris en outre que la banque a l'intention de récupérer ses cinq millions de marks et qu'elle ne compte pas se payer en actions de Lasertechnik. Elles ne valent pas tripette. Elle va confisquer sa maison et Herr Steiner va se retrouver à la rue avec sa petite famille. Ils iront coucher sous les ponts avec les polacks et les romanos.

— Sa femme est au courant ?

— Il ne semble pas. Mon ami le barman le dit désespéré. Il a même peur qu'il ne se suicide.

— Nous n'allons pas le laisser en arriver à cette extrémité. Nous allons voler à son secours. Tu vas m'acquérir des parts importantes de Lasertechnik. Au moins cinquante pour cent, déclara le Professeur.

— Mais, Professeur, intervint Joe, Mike vient de vous dire que ces actions n'ont aucune valeur !

— Pour moi, elles en ont beaucoup. Quel prix crois-tu qu'il va nous en demander, Mike ?

Mike haussa les épaules.

— Qui sait ? Si vous payez ses dettes, le débarrassez de la banque et lui accordez un capital suffisant pour poursuivre ses recherches, à mon avis, il se prosternera devant vous et vous baisera la main.

— Je ne lui en demande pas tant. Le Professeur avait déjà reporté son attention sur Mischer. Joe, j'aimerais que vous alliez trouver Herr Steiner dès que possible. Vous lui montrez que vous vous y connaissez en lasers, vous lui en jetez plein la vue, vous lui dites toute l'admiration que vous inspire son travail et combien vous êtes tenté par l'expérience. Vous lui proposez de vous associer. Vous affirmez que vous êtes prêt à injecter les fonds nécessaires pour prendre une participation de cinquante pour cent du capital. Assez pour le dégager de ses dettes, effectuer un remboursement partiel de son emprunt bancaire et lui mettre entre les mains quelques millions de marks afin de financer ses recherches. Disons trois millions.

Le Professeur glissa un regard à Mike pour guetter sa réaction à l'énoncé de ces chiffres.

Pour Mike, c'était une affaire de routine, une tractation comme il en avait déjà souvent réalisé avec le Professeur pour l'achat de dizaines d'entreprises européennes.

— Ça devrait convenir, confirma-t-il.

— Je suppose, continua le Professeur, qu'il faudra déclarer le nouvel actionnaire au registre du commerce.

— Sans conteste.

— Dans ce cas, Joe, vous achèterez cette participation de cinquante pour cent au nom de TW Holdings. C'est une société fantôme ayant son siège au 19, Albertstrasse, au Liechtenstein. Elle a un compte à la Liechtensteinische Landesbank. Quand vous vous serez mis d'accord sur les termes de votre association, TW Holdings placera la somme dont vous serez convenus sur un compte déposé auprès du notaire chargé d'enregistrer le transfert des actions. Vous vous ferez remettre par le notaire un certificat d'acquisition de cinquante pour cent des actions de Lasertechnik, libellé au nom de TW Holdings. Vous enverrez ce certificat à l'adresse de la société au Liechtenstein. Le notaire s'occupera des formalités d'inscription au registre du commerce.

Joe donna son accord avec empressement. Il proposerait à son futur nouvel associé un peu moins de trois millions, en demanderait quatre au Professeur et partagerait la différence avec Herr Steiner. C'était très exactement ce que prévoyait le Professeur. C'était ce qu'il en coûtait de traiter des affaires en secret, en marge de la légalité, avec des lascars du genre de son ami Mischer. Mais l'argent ne comptait pas. L'important était de parvenir à masquer l'implication de l'Iran.

C'était une combine désormais classique. Si quelqu'un s'avisait de chercher TW Holdings au Liechtenstein, il ne trouverait qu'une plaque de cuivre sur la porte d'un avocat. Lequel avocat se montrerait aussi peu loquace qu'une statue de pierre de l'île de Pâques. Il se garderait de révéler, par exemple, que TW Holdings était une filiale de Trade World Inc., société panaméenne gérée par les services fiduciaires d'une banque des îles Caïmans. Elle faisait partie des sociétés dont les titres au porteur se trouvaient dans l'enveloppe qui avait coûté la vie à Tari Harmian. Son rôle consistait à investir les « impôts » prélevés par Said Djailani sur la drogue transitant par l'Iran, en les affectant à ces portefeuilles pour que le Professeur puisse en disposer à loisir quand le besoin s'en faisait sentir. Le Professeur et, à travers lui, les mollahs de Téhéran.

— Ce que j'attends de vous, Joe, c'est que, une fois votre affaire conclue, vous vous installiez dans l'entreprise de Herr Steiner pour lui tenir lieu de bras droit. Le plus discrètement possible. Il n'est absolument pas nécessaire de crier haut et fort que vous êtes là et que la société a changé de mains. Nous allons convenir ensemble de la rétribution qui vous reviendra et je vous dicterai la marche à suivre une fois que tout sera en place.

— Pas de problème.

Joe sourit. Il savait que les rétributions consenties par le Professeur pouvaient être très généreuses.

Pour la première fois depuis qu'il était monté dans la voiture de Joe à Hambourg, le Professeur se sentait autorisé à se détendre. Il se laissa aller contre le dossier de son siège. Le plan qu'il avait imaginé pour entrer en possession des éléments indispensables à la réussite de l'opération Khalid commençait enfin à prendre tournure. Il entrevoyait enfin la possibilité du succès. Il y consacrerait quelques millions de marks. Mais, s'il fallait en passer par là pour obtenir les dispositifs que Mike avait qualifiés de « têtards à tête de verre », la dépense en valait la peine. Son équipe de jeunes scientifiques lui avait assuré qu'une fois qu'ils en détiendraient quelques-uns ils pourraient les reproduire par dizaines. Et octroyer à l'Iran la puissance la plus phénoménale qui soit au monde. Cela n'avait pas de prix.

Jim Duffy entendait les graviers crisser sous ses pieds dans l'escalier obscur qui plongeait dans les entrailles de l'Oratoire de Brompton, non loin de Harrod's, dans le quartier de Knightsbridge, à Londres. Pourquoi Flynn m'amène-t-il ici, se demandait-il. C'est son éducation jésuite qui ressort ? Il a décidé de me convertir ? J'ai vraiment été trop bête d'accepter de lui réserver une de mes soirées, ronchonnait-il intérieurement en s'appuyant au mur pour ne pas se casser la figure.

— Drôle d'endroit pour un pub, grommela-t-il en atteignant la dernière marche.

Flynn éclata de rire.

— Les réunions du genre de celle à laquelle nous allons assister se tiennent souvent dans les cryptes des églises. Comme les premiers chrétiens dans les catacombes. Un nouveau mouvement spirituel qui rassemble dans les souterrains les égarés, les humbles, les déshérités, les malmenés de la vie.

— C'est ça que nous venons voir ? Les pauvres et les déshérités ? Pas de strip-teaseuses et de bière tiède ?

— Pas ce soir, mon vieux.

Flynn l'entraîna dans un couloir au terme duquel ils débouchèrent dans une grande pièce qui rappelait à Duffy les salles de classe de son enfance. Il faisait sombre. Le seul éclairage émanait d'une dizaine de cierges allumés sur une table, au centre de la pièce. Deux rangées de chaises pliantes, une vingtaine en tout, l'entouraient. La moitié était déjà occupée.

Une jeune femme surgit de l'ombre, embrassa Flynn sur les deux joues en murmurant « salut » et tendit la main à Duffy.

— Bienvenue. Asseyez-vous où vous voulez.

Duffy s'installa sur une chaise et se mit à observer les membres de l'assistance à la lueur vacillante des bougies. Certains conversaient entre eux avec animation, d'autres méditaient, le visage concentré, absorbés dans leurs pensées.

— Ces rencontres sont fondées sur le partage, chuchota Mike à l'oreille de Duffy. Certaines personnes n'arrivent pas à s'exprimer librement dans les grands rassemblements en pleine lumière, d'où l'intérêt de ces petites réunions éclairées aux chandelles. Elles diffusent une chaude clarté qui crée une intimité impossible à obtenir autrement. Ainsi s'établit une véritable communion entre les éléments du groupe.

Oh, Seigneur ! se désespérait Duffy. Partage. Communion. Y avait-il une porte dérobée par laquelle il pourrait s'éclipser ?

Les chaises se remplissaient vite. Soudain, une grande femme sèche, vêtue d'une simple robe de laine bleue, parut dans le halo de lumière et se posa sur l'une des deux chaises placées devant la table.

— Bonjour. Je m'appelle Dariane, commença-t-elle. Bienvenue à cette réunion des Toxicomanes anonymes.

— OK, je comprends mieux, admit Duffy.

— Nous voulons avant tout remercier les bons pères de l'Oratoire de nous avoir prêté cette salle, même si, comme vous le savez, nous ne nous recommandons d'aucune religion ou confession particulière, mais seulement du pouvoir de la spiritualité elle-même pour nous guider et nous soutenir dans notre lutte et notre vie quotidiennes. C'est Jung, grand explorateur suisse de l'âme humaine, qui s'est le premier rendu compte que la psychothérapie était impuissante à guérir l'alcoolisme et qu'il fallait un engagement vers une forme de spiritualité dépassant l'individu. Son premier patient a défini les douze étapes qui motivent notre présence ici, ce soir.

Elle saisit sur la table un papier qu'elle lut :

— Étape numéro un. Nous avons reconnu que nous sommes sans défense face à notre toxicomanie et que notre vie est devenue, de ce fait, ingérable.

Une voix, masculine celle-là, s'éleva.

— Étape numéro deux. Nous en avons déduit que seule une force supérieure à nous-mêmes peut nous rendre notre santé de corps et d'esprit.

Duffy entendit, subjugué, d'autres voix jaillir spontanément de l'assemblée pour énoncer une à une toutes les étapes de leur cheminement, jusqu'à la dernière, que récita la femme assise à la table pour clore ce credo.

— Étape numéro douze. Éveillés à la spiritualité au terme de cette progression, nous nous efforcerons de transmettre ce message aux autres et d'en appliquer les principes dans nos existences.

Elle se tut et promena un grand sourire sur l'auditoire.

— Quelqu'un a-t-il un anniversaire à fêter ?

— Il s'agit de l'anniversaire du jour où ils ont renoncé à la drogue, balbutia Mike à l'adresse de Duffy. Ici, la naissance physique s'appelle « jour du déboutonnage ».

Un homme d'âge moyen se dressa dans la pénombre, au second rang.

— Oui, dit-il. Aujourd'hui, je célèbre ma cinquième année sans héroïne... Un tonnerre d'applaudissements accueillit ces paroles. Mais je sais, comme vous tous, que le combat continue. Il n'est jamais terminé. Il se poursuit, jour après jour.

— C'est vrai ! Bien dit ! crièrent quelques voix.

Après l'annonce de trois autres anniversaires, l'animatrice se leva.

— Maintenant, je vous demande d'accueillir notre intervenante de ce soir, Belinda F.

— Jamais de noms de famille, murmura Mike. C'est là que commence le respect de l'anonymat.

Duffy était trop intrigué par la silhouette qui émergeait de l'obscurité pour écouter ce que disait Flynn. Il vit s'avancer une jeune femme qui devait approcher la trentaine ou l'avoir franchie depuis peu. Elle portait une robe blanche unie. Les mains croisées sur le ventre, elle s'approcha de la table comme une jeune mariée monte à l'autel. Le faible éclat des chandelles accentuait la pâleur maladive de ses traits et auréolait ses cheveux blonds d'un halo argenté, fantomatique. Une héroïne de Tennessee Williams, remarqua Duffy.

Elle s'assit à la table à côté de la modératrice, étala ses mains devant elle, prit une grande inspiration pour conforter son courage et déclara :

— Mes chers amis, il y a quatre-vingt-dix jours aujourd'hui que je me suis libérée de l'esclavage de l'héroïne.

L'assistance applaudit.

— Merci. Je sais que c'est un pas minuscule comparé à l'immense chemin que la plupart d'entre vous avez parcouru sur la voie longue et difficile de la guérison, mais avec votre aide, vos encouragements et votre amitié je finirai par vaincre cette horreur.

Elle s'interrompit. Duffy, qui avait oublié ses envies de pub londonien, en profita pour l'examiner plus à loisir. Jeune comme elle l'était, elle aurait pu être sa fille — s'il en avait eu une. Tendue par l'effort que lui coûtait son discours, elle paraissait infiniment fragile et vulnérable, une fleur délicate fouettée par un vent rageur.

— J'étais héroïnomane depuis huit ans. Contrairement à la plupart d'entre vous, qui avez dû commencer en sniffant ou en fumant, j'ai tout de suite adopté la méthode la plus radicale. Je fumais de la marie et du hasch depuis l'âge de douze ans. J'avais besoin de la compagnie des gosses avec qui je fumais et de l'échappatoire que j'y trouvais. Je pense qu'au départ de la toxicomanie on trouve toujours ce même phénomène, le désir de fuir la réalité.

Il y eut comme une brèche soudaine dans son élocution, un vide où semblaient s'engouffrer de douloureux souvenirs.

— J'aimerais pouvoir dire que j'avais des parents indignes, m'accrocher à l'excuse d'avoir vécu dans un milieu social défavorisé. Ce n'était pas le cas. J'ai eu des parents aussi normaux que possible. J'ai un diplôme universitaire. Le problème venait de moi. De moi et des amis dont je m'entourais.

À son accent, Duffy aurait juré qu'elle était soit américaine, soit originaire du Yorkshire tant, dans ce coin-là, ils parlent comme leurs cousins d'Amérique.

— On se croyait les meilleurs, on était prêt à tout essayer. À vingt ans, j'ai eu un petit ami. Je savais qu'il fumait de l'héroïne. Comme beaucoup de ses copains. Je lui en ai demandé, mais il a refusé de m'en donner. Alors, je suis allée trouver un mec de sa bande. J'ai couché avec lui et, après, je lui ai dit : « Je veux essayer l'héroïne. Je veux savoir quel effet ça fait. » C'était la première fois que je me prostituais pour de la drogue. Ce ne serait pas la dernière.

« Il m'a répondu qu'il n'en était pas question, que j'étais trop jeune. J'ai insisté. Il a fini par me proposer un sniff. Je lui ai dit : "Non, je veux une injection, comme tout le monde." Et puis je l'ai ramené dans ma chambre, je me suis allongée sur le lit et je lui ai dit : "Vas-y."

« Au moment où il allait planter l'aiguille, je lui ai demandé : "Est-ce qu'on peut en mourir ? — Certainement", il a répondu.

« J'ai hésité une fraction de seconde, mais ça ne m'a pas arrêtée. C'est bien la réaction des toxicos, n'est-ce pas ? On sait que ça peut nous tuer, mais on s'en fiche.

Belinda considéra les visages de ses auditeurs noyés dans l'ombre. Elle prenait de l'assurance, portée par son récit.

— Je suis tombée amoureuse de l'héroïne à l'instant. Le coup de foudre. Ou plutôt le coup de dope. Tout à coup, j'avais trouvé la solution à tous les problèmes. Je ne m'étais jamais sentie aussi bien. Je n'avais jamais éprouvé une telle paix, un tel bien-être. Je suis restée des heures sans bouger de peur de rompre le charme. Je flottais au paradis, à l'abri de tout danger, de toute souffrance, rien ne pouvait m'atteindre. J'avais entrevu le ciel et j'allais payer ce frisson de ma vie.

Belinda tergiversa encore, comme reprise par la magie de la drogue.

— Oui, reprit-elle enfin, soyons francs. Il n'y a pas sur terre de sensation plus extraordinaire que celle que procure la première piqûre d'héro. Et pas de pire que celle qui vous faisait comprendre que vous n'êtes plus qu'une pauvre camée irrécupérable, emprisonnée dans un cachot noir de désespoir par votre héroïne adorée.

Elle s'agita sur sa chaise.

— On me disait : « Comment peux-tu faire ça ? C'est tellement désagréable et dangereux, les aiguilles, tu pourrais attraper le sida. »

« Ces gens-là n'avaient rien compris. Ma génération vénère la placidité. Être cool. C'est le rêve, le but, la finalité suprême. L'héroïne est le moyen absolu pour atteindre la sérénité parfaite, alors elle est devenue la divinité de la jeunesse des années quatre-vingt-dix. Ne pas avoir de réaction. L'âme et le cœur totalement vierges, voilà l'idéal, et l'héroïne met dans cet état. Une impassibilité telle qu'on peut voir torturer sa propre mère sans bouger le petit doigt.

« Vous n'avcz qu'à voir qui sont nos idolcs. Rivcr Phoenix, Axel Rose, Slash, Kurt Cobain. Tous camés. Et Calvin Klein avec ses mannequins complètement ravagés. S'ils ne sont pas camés, ils en ont bien l'air. Glorifier la drogue à travers les jeans de Calvin Klein, voilà l'idée. Ah oui, l'héroïne, c'était la grande affaire, la reine de la nuit, avec l'attrait du danger et la saveur de l'interdit.

« Pendant un certain temps, j'ai réussi à me contenter d'une prise le samedi. Et puis je suis passée à vendredi et samedi. Et ensuite à vendredi, samedi et dimanche. Vous connaissez tous le processus lent, graduel, insidieux, de la dépendance. Quelle que soit l'intensité de la première extase, personne ne décide de devenir toxico. Nous jurons tous que nous arrêtons demain. Mais nous n'arrêtons jamais. Ainsi, peu à peu, l'accoutumance s'installe, devient de plus en plus exigeante. Les intervalles entre les prises diminuent et la félicité qu'elles procurent s'amenuise chaque fois un peu plus.

« Un beau jour, on se dit : "Cette came est trafiquée. Elle est moins forte qu'avant." Mais ce n'est pas l'héroïne qui est en cause. C'est soi-même. C'est l'organisme qui est devenu tolérant.

Belinda, qui avait jusque-là gardé les mains sagement posées sur la table, les secoua tout à coup, comme pour envoyer ses auditeurs vers de lointains et sinistres horizons.

— C'est là que s'amorcent les compromissions, les éternelles compromissions. Je pensais observer une forme de probité dans la conduite de ma vie. Je l'ai perdue. On se met à manipuler ceux qui nous entourent, ceux qu'on aime. On dit que les héroïnomanes sont les plus grands menteurs du monde. On est prêt à trahir son amant, son meilleur ami, ses parents, son chien pour une dose. J'ai commencé à voler ses bijoux à ma mère pour payer ma came.

Belinda laissa échapper un petit rire.

— L'alcoolique vous vole et vous dit : « Je ne sais pas », si vous lui demandez où est passée la chose qu'il vous a fauchée. Le camé se porte volontaire pour vous aider à chercher.

Un gloussement parcourut l'assistance.

— L'angoisse devient notre intime compagne. Le besoin d'héroïne impose son cycle à l'existence. La première pensée qui vient à l'esprit quand on se lève le matin, c'est : « Où vais-je trouver ma dose aujourd'hui ? Avec quoi vais-je la payer ? Est-ce que j'en aurai de la bonne ? »

« Comme je ne pouvais plus supporter le mal que j'infligeais à mes parents, j'ai fui les États-Unis et je suis venue ici. Ma toxicomanie m'a suivie, évidemment. J'ai dû m'acoquiner avec une nouvelle bande de dealers, m'organiser un nouveau *modus vivendi*. Je n'ai eu aucun mal. Il suffit qu'un camé débarque dans une grande ville d'Europe et, dans les vingt-quatre heures, il a toute une cohorte de dealers à ses pieds. Ce sont des salopards. Mais il ne faut pas se voiler la face. Ce n'est pas eux qui viennent nous harceler pour nous fourguer leur drogue. C'est nous qui allons les chercher.

Ah, constatait Duffy, c'est donc bien un accent américain. Quelle vie épouvantable a eue cette jeune fille ! Et il se demandait comment il aurai réagi s'il avait été son père. Se serait-il rendu compte de ce qu'il lui arrivait ? Aurait-il su l'arrêter à temps ? Aurait-il zigouillé quelques-uns de ses fournisseurs ?

— Je travaillais dans la conception graphique au États-Unis. Ici, je n'ai pas retrouvé de travail. La plupart du temps, je n'arrivais pas à me lever le matin. J'ai donc fait la seule chose dont j'étais encore capable : la putain. Je me suis mise avec un dealer de Earl's Court moyennant deux doses par jour, une pour moi, une que je revendais pour m'acheter de quoi bouffer. Je lui demandais ma dose avant de lui donner son plaisir. Quand je planais, j'étais détachée. Comme si c'était une autre. Je me suis fait embaucher dans un hôtel de passe, une de ces adresses qu'on trouve sur les cartes distribuées dans les cabines téléphoniques. J'étais comme privée de conscience quand j'avais absorbé ce que j'appelais ma « vitamine H ». Le type pouvait se branler et me besogner autant qu'il voulait, ça m'était égal parce que c'était comme si je n'étais pas là. J'avais le même dealer que les tapineuses noires. La vie devient de moins en moins belle et nous finissons toutes dans la même déchéance.

Duffy réprima une grimace. Mon Dieu, je veillerai à ne jamais faire partie de leurs clients.

— À la fin, j'ingurgitais un gramme par jour et j'étais tout le temps malade. J'avais tellement mal aux jambes que j'avais l'impression que mes os se tordaient. Des frissons, la chair de poule. Le nez qui coule. Des diarrhées. Une tristesse à me broyer le cœur. Finie la béatitude extatique du premier jour. Ce n'était plus ça, l'héroïne, oh non ! Seulement un passeport pour une heure d'état normal. J'étais comme un chien attaché au piquet du désespoir et de la dépendance, qu'une dose libérait pendant une heure de ses chaînes.

Belinda F. quitta sa chaise et se mit à tourner en rond autour de la table.

— Le moment est arrivé où je n'avais plus une veine intacte. Je me piquais dans la bouche, dans le cou, n'importe où.

Elle releva sa jupe et Duffy eut un mouvement de recul devant le spectacle qu'elle leur découvrait. Au-dessus du genou gauche, la cuisse n'était plus qu'un amas de croûtes, un monceau de pustules rouges et blanches, comme si la chair avait été passée au broyeur.

— Il y a trois mois, j'avais là un énorme ulcère, une plaie qui suppurait. Je l'entretenais volontairement parce qu'il n'y avait que là que je pouvais encore planter une aiguille. Je ne travaillais plus. On m'avait éjectée. Quel homme aurait pu bander en voyant ma jambe ? Un jour, j'ai débarqué dans le cabinet du docteur Bellman à son centre de désintoxication. Je l'ai supplié : « Doc, s'il vous plaît, remettez-moi d'aplomb. »

La jeune femme regagna sa chaise et s'y laissa tomber.

— C'est ce qu'il a fait. Et maintenant, grâce à vous, au soutien que j'ai trouvé auprès des Toxicomanes anonymes, à nos douze étapes, j'ai l'espoir de renaître à la vie. Cela va demander des mois, des années d'efforts, de volonté, de courage. Je le sais. Je ne suis pas encore guérie. Si je me retrouve à Earl's Court un jour, avec du vague à l'âme, et qu'un dealer de ma connaissance me propose un coup de dope pour soigner mon cafard, est-ce que j'aurai la force de refuser ? Je le souhaite de tout cœur, mais comment être sûre ?

Elle contempla ses mains, de nouveau imbriquées sur la table, puis son regard glissa sur les visages à peine visibles de ceux qui l'entouraient et qui priaient intérieurement pour qu'elle trouve la détermination dont elle aurait besoin face aux épreuves qui l'attendaient.

— Le monde abrite une horde de faux dieux et de faux prophètes qui guettent les membres trop faibles de ma génération pour les attirer dans leurs pièges. Ils nous font entendre le chant des sirènes : la mode est au nihilisme, minaudent-ils, le comble du chic réside dans l'insensibilité, l'autodestruction vous rend unique. C'est faux, croyez-moi.

Duffy vit briller une larme au coin de son œil quand elle se leva, sa pénible confession achevée.

— Merci de tout cœur pour votre aide, pour la force que vous m'avez communiquée en acceptant de m'écouter ce soir.

Quand, un moment plus tard, il resurgit dans les vastes allées qui longeaient l'église pour regagner Brompton Road et les trépidations de la circulation, Duffy était encore sous le choc de ce qu'il venait d'entendre, de l'enfer que la jeune femme avait évoqué devant eux.

— Merci, Mike, déclara-t-il. Les paroles de cette jeune personne m'ont donné une leçon d'humilité dont j'avais besoin, je crois. Après cela, ce que je vous ai dit dans l'avion à propos de la drogue et des drogués semble particulièrement malvenu, non ?

— Non, Jim. C'est exactement ce que disent ceux qui n'ont pas eu à affronter personnellement ce problème.

— Vous êtes trop indulgent, mais merci quand même. Le drame qu'a vécu Belinda imprime une autre dimension à notre action, n'est-ce pas ? Non seulement les fumiers que nous traquons essaient de se constituer un arsenal capable de nous mettre en pièces, mais, en plus, ils financent leur projet ignoble en bousillant la vie de garçons et de filles comme elle. Il donna un coup de pied virulent dans un caillou qui se trouvait sur son chemin. Quelles chances a-t-elle d'après vous de résister jusqu'à la fin de ses jours ?

— Pas énormes. Moins d'une sur deux.

— Si peu ?

— Si peu. Une fois qu'on est tombé dans la dépendance, c'est aussi difficile de s'en débarrasser que de venir à bout d'un cancer généralisé. Cela demande un courage proche de l'héroïsme qui lui fait défaut, je le crains.

— Qu'est-ce que vous en savez ?

— Belinda F. s'appelle Flynn, Jim. C'est ma sœur.

— Que diriez-vous d'une bonne tasse de thé anglais ? proposa le superintendant détective MacPherson à Jim Duffy et Mike Flynn en les introduisant dans son bureau le lendemain matin. À moins que vous ne préfériez un café noir bien râpeux pour démarrer la journée du bon pied ?

— Un thé, ce sera parfait, assura Duffy.

— Bien, annonça-t-il quand il eut rempli les tasses. J'ai donc transmis ce matin au briefing quotidien du commandant des opérations les informations dont vous m'avez fait part avant-hier au déjeuner. Sans en révéler l'origine, cela va de soi. Un moment un peu désagréable, précisa-t-il d'un air chagrin, quand il a fallu avouer devant tout le monde qu'on ramassait une gamelle.

— Plaît-il ? sursauta Duffy.

— Qu'on était tombé sur un bec, si vous préférez. Que l'enquête ne donnait rien. Que nous allions devoir classer l'affaire qui irait grossir l'immense marre des crimes non résolus.

Duffy tenta de le consoler.

— Vous n'avez rien à vous reprocher, chef. À moins de prendre ces types sur le fait au moment où ils étaient en train de massacrer Harmian, vous n'aviez pratiquement aucune chance de les arrêter.

— Sale affaire, en tout cas. Nous n'en rencontrons pas souvent de semblables, Dieu merci. Ce qui est drôle, c'est qu'à en croire les résultats de l'enquête c'était le meilleur des hommes. Les Affaires étrangères l'avaient autorisé à vivre ici et lui avaient délivré une carte de résident en bonne et due forme. Tout le monde n'y a pas droit. Et il n'a pas débarqué les mains vides.

— Ce qui veut dire ?

C'était au tour de Flynn d'ouvrir de grands yeux.

— Il avait des moyens. On se demande comment un homme aussi fortuné a pu se commettre avec ceux qui l'ont tué.

— Si seulement nous le savions ! soupira Duffy. L'autre jour, chef, vous avez eu la gentillesse de nous proposer de jeter un coup d'œil à vos dossiers avant qu'ils soient classés.

— En effet. Au nom de l'amitié transatlantique. Des relations particulières unissant nos deux pays, etc. Laissez-moi seulement vous indiquer la règle du jeu. Si je dépose une demande auprès du ministère de l'Intérieur comme je suis censé le faire, nous fêterons Pâques et la Trinité avant que j'aie obtenu une réponse. Alors, c'est une histoire entre vous et moi, d'accord. Je ne vous ai rien montré. Compulsez les dossiers, prenez toutes les notes que vous voulez, mais rappelez-vous : ce n'est pas ici que vous les avez vus.

— Merci, chef, répondit Duffy. Vous pouvez compter sur notre discrétion. Votre aide nous est précieuse. Nous vous en sommes très reconnaissants.

— Bon, eh bien, suivez-moi. Je vous conduis à la salle où sont rassemblées les pièces à conviction.

Pendant les six heures qui suivirent, Flynn et Duffy dépouillèrent les piles de relevés de banque, factures, lettres, registres téléphoniques, reçus de cartes de crédit, témoignages et autres documents qu'avait accumulés le Yard au cours de son enquête sur le meurtre de Tari Harmian.

— Je vais vous dire une chose, déclara Flynn quand le tas eut baissé de moitié, j'ai assisté à bien des enquêtes policières dans ma vie, mais je n'en ai jamais vu d'aussi exhaustive.

— Ni d'aussi peu instructive, grommela Duffy. Ce Harmian devait mener une double vie, celle dont rend compte toute cette paperasse, et une autre, ailleurs, dont il a eu soin d'effacer tous les indices.

Un peu avant seize heures, Flynn s'exclama soudain :

— Hé, regardez ça. Dites donc, ils n'ont pas fait les choses à moitié ! Il agita un papier sous le nez de Duffy. C'est le registre de la cabine téléphonique d'où sont parties les communications que nous avons interceptées. Ils ont pensé qu'il aurait pu téléphoner de là quand il cherchait la discrétion, parce que c'était la cabine la plus proche de chez lui.

— Mon Dieu, quelle clairvoyance ! Voyons cela.

Ils examinèrent lentement la liste des numéros appelés depuis la cabine téléphonique au cours du mois précédent la mort de Harmian. Chaque numéro était accompagné d'une indication au crayon identifiant le destinataire. Duffy repéra assez vite les deux coups de fil envoyés à Istanbul qu'avait captés la NSA.

Et puis il remarqua brusquement un appel signalé à 15 h 02 le jeudi 8 janvier et adressé à la NIOC, la National Iranian Oil Company. C'était là, d'après l'antenne londonienne de la CIA, que le Professeur avait établi sa résidence clandestine lorsqu'il séjournait à Londres. Harmian avait été assassiné le 30 janvier. Nancy avait situé la visite du Professeur Bollahi à son mari environ trois semaines avant sa mort, donc dans le même créneau de dates. Se pouvait-il qu'il y eût un lien entre cet appel et la rencontre des deux hommes ?

La transmission avait dû s'opérer par câble terrestre et échapper par conséquent à la vigilance de la NSA. Restait le MI5, pensait Duffy. Peut-être avaient-ils mis cette ligne sur écoute. En tout cas, ils auraient dû. À inclure à mon programme de demain, décida-t-il.

Quelques minutes plus tard, ayant achevé leur consultation et exprimé leurs remerciements à MacPherson, les deux hommes hélaient un taxi devant le siège de New Scotland Yard.

— Vous savez quoi, Mike ? dit Duffy en grimpant à l'arrière. Je suis encore ébranlé par l'histoire de votre sœur. Quand je repense à toutes les années que j'ai passées en Afghanistan ! Je savais que mes moudjahidin cultivaient le pavot. J'en avais rien à foutre. Maintenant, je ne vivrai plus à l'idée que ça va servir à fabriquer l'héroïne qui a failli saboter la vie de votre sœur.

— Je sais, Jim. Les salauds qui vendent la came, pas les pauvres paysans que vous avez connus en Afghanistan, mais les gros truands, la mafia, les Colombiens, les Turcs, sèment le malheur et la mort. Ils alimentent leurs comptes en banque au rythme des vies humaines qu'ils détruisent. Voilà la vérité. Et voilà pourquoi je fais ce boulot.

— Oui, continua Duffy, depuis hier soir, je vois les choses différemment. Écoutez, il y a certaines annexes à l'affaire qui nous occupe sur lesquelles j'aimerais vous éclairer quand nous serons rentrés à l'ambassade. Nous vous avons tenu dans l'ignorance de certains aspects, mais zut ! J'estime que vous avez le droit de savoir.

À quelques kilomètres au nord de Londres, Behcet Osman, surnommé « Babe », s'apprêtait à accomplir l'émouvant rituel par lequel débutait quotidiennement sa journée de travail. Après avoir avalé le petit déjeuner copieux que lui servit sa femme vers trois heures de l'après-midi, il prit place à bord de sa Mercedes. Aucun trafiquant turc qui se respecte n'accepterait d'être surpris au volant d'une voiture anglaise. Et il alla chercher ses fils à l'école. Ce n'est pas parce qu'on démolit les vies de ses contemporains à coups d'héroïne qu'on n'est pas attaché aux valeurs familiales.

Lorsque, deux ans plus tôt, ses frères l'avaient chargé d'aller gérer les affaires familiales en Angleterre, ils lui avaient en même temps confié une lourde responsabilité, celle qui consistait à injecter l'énorme apport d'argent liquide généré par la vente de drogue dans le système bancaire international, où il serait lavé de ses origines criminelles avant d'aboutir sur les comptes verrouillés et secrets de la famille.

Dans ce commerce qui se prête mal à l'usage des chèques et des cartes de crédit, l'écoulement du flot toujours croissant de liquidités qu'il engendre confronte les trafiquants à un problème au moins aussi délicat et complexe que l'acheminement de la drogue jusqu'au consommateur. En assignant cette tâche au plus jeune membre du clan, les frères Osman lui avaient témoigné une grande confiance.

Il embrassa ses fils et serra sa femme sur son cœur. Elle serait profondément endormie quand il rentrerait, vers cinq heures du matin, encore tout chaud de l'étreinte de la danseuse du ventre qu'il avait pour maîtresse.

— À Harringay, dit-il à son chauffeur, encore un de ces fidèles employés embauchés par la famille dans son fief du sud de la Turquie.

Tandis que le conducteur se frayait un chemin prudent au milieu des voitures nombreuses à cette heure, Babe réfléchissait, les yeux fermés, bien calé au fond de son siège.

Il était le plus grand des cinq frères après Refat. Il détestait l'exercice physique. Son corps n'était pour lui qu'un outil servant de support à sa tête. Cependant, grâce peut-être à sa jeunesse — il n'avait que vingt-huit ans —, il restait mince et svelte. Il avait les cheveux aile-de-corbeau, presque aussi noirs que ses yeux.

À Harringay, le chauffeur gara la Mercedes, comme d'habitude, sur l'aire d'une station Shell déjà fermée pour la nuit. Babe descendit, laissant son chauffeur dans la voiture. Il n'avait pas besoin de savoir où il allait. Il se rendait dans un studio perché au troisième étage d'un petit immeuble de Walpole Street. L'appartement était loué au nom d'un ami de Babe, un compatriote qui avait regagné Izmir depuis des mois. Le loyer mensuel, les factures d'électricité, d'eau et de téléphone, et la taxe d'habitation étaient réglés directement par prélèvement automatique sur un compte ouvert par l'ami de Babe à la Barclay's Bank avant son départ. Babe alimentait régulièrement le compte par des transferts provenant de l'étranger. En dehors du fait qu'il était le seul à en posséder une clé, rien ne permettait d'établir un lien quelconque entre Babe et ce studio.

Babe importait tous les deux mois environ cent à cent cinquante kilos d'héroïne venus de l'entrepôt d'Abdullah à Amsterdam. Le studio constituait une excellente planque où stocker la came en attendant de la répartir en lots de un ou deux kilos à livrer à ses clients d'Angleterre. À certains moments, cet antre secret pouvait renfermer pour un million et demi de livres de marchandise. Voilà pourquoi personne, pas même un complice aussi fidèle que son chauffeur, ne devait en connaître l'emplacement.

L'héroïne était rangée par sachets de un kilo, enveloppés dans des feuilles de plastique marron maintenues par plusieurs tours de ruban adhésif. Cet emballage préservait le précieux produit de l'humidité et des déchirures par où il risquerait de s'échapper. Babe prit un sachet de un kilo qu'il glissa dans la poche intérieure de son pardessus et nota rapidement son prélèvement sur son carnet d'inventaire. Il ne lui restait plus que quinze kilos, mais Abdullah venait d'en recevoir cent quatre-vingt-cinq d'Istanbul et avait déniché une paire de mules pour les introduire en Grande-Bretagne. Des Belges, un jeune couple qui faisait l'amour en direct sur la scène d'une boîte de nuit des quartiers chauds d'Amsterdam. Le transport de came devait mieux payer que la fornication en public. Rien de tel en plus que les jeunes couples pour attendrir les douaniers à coups de sourires béats et de doigts enlacés.

Babe ferma le studio, redescendit dans la rue et interpella un taxi. C'était le moment qu'il exécrait entre tous, celui où il se baladait avec l'héroïne sur lui. Un parfait candidat à la prison. Il se fit déposer à proximité du Sultan II, un restaurant de Kingsland Road. Au lieu d'y entrer, il traversa la rue et se mit à marcher lentement sur le trottoir. La voiture qu'il cherchait, une Rover argentée, attendait dans le parking bondé d'un supermarché envahi par la horde de fin de journée.

Il se faufila sur le siège avant, à côté du chauffeur, et posa le sachet d'héroïne entre eux. Le conducteur lui remit une enveloppe en échange. Elle devait contenir sept mille livres en billets de cinquante, un gros tiers de la somme totale qu'il devait à son vendeur, soit vingt mille livres. Babe ne traitait qu'avec les gens en qui il avait confiance, essentiellement des compatriotes turcs, comme dans le cas présent. Ainsi, il pouvait en toute tranquillité n'exiger qu'une partie du paiement d'avance et laisser à son client le temps d'écouler sa marchandise avant de lui verser le reste.

En la vendant au gramme, éventuellement coupée ou rallongée avec un peu de Manitol, l'homme réaliserait un bénéfice de vingt mille livres sur son kilo de came. En un mot, la culbute. Trente mille pour l'ensemble des dealers qu'il enverrait au charbon dans la rue. Ce n'était pas mal quand on songeait au revenu qu'avait rapporté à Ahmed Khan, l'unijambiste afghan réchappé de la guerre, sa récolte d'opium.

— Je vous dépose quelque part ?

— Non merci. Babe avait hâte de s'éloigner de ce kilo de came. Je vais prendre un taxi.

Dix minutes plus tard, il regagnait sa Mercedes.

— OK, dit-il du ton d'un homme dont la journée s'annonce chargée. Allons-y.

Le chauffeur n'avait pas besoin de plus de précision pour savoir quelle était leur prochaine destination.

Green Lanes, dans le centre de Stroke Newington, une avenue bordée de bars, de troquets turcs et de marchands de kebab autour desquels gravitait toute une faune en quête de drogue. Parmi les établissements qui jalonnaient la rue, on comptait un grand nombre de clubs privés, porteurs de noms à consonance turque et affichant à l'entrée cet avis : « réservé aux membres ». On y trouvait des postes de télévision reliés par câble à Istanbul, des tables de trictrac, des arrière-salles où tenir des conversations privées, mais pas un Anglais et très peu de femmes. L'air y était chargé d'un nuage opaque de fumée de cigarettes à désespérer les représentants de la ligue antitabac. Il y régnait une odeur de café mêlée à un parfum de cardamome et d'épices et, en guise de musique d'ambiance, un cliquetis de pions de jacquet sur fond de grésillement de grillades.

Babe s'y sentait comme un poisson dans l'eau. Ces endroits lui tenaient lieu de bureaux. Il s'y trouvait à l'aise et en sécurité, comme son frère Refat dans les casinos d'Istanbul. On le connaissait. On lui témoignait du respect. Les rares personnes qui savaient comment il gagnait sa vie ne lui en accordaient pas moins leur estime.

Comme tous les soirs, il commença sa tournée en bas de la rue et la remonta lentement, en s'arrêtant dans les bistrots, où il se gorgeait de café turc, écoutait des chants turcs, commentait la politique d'Istanbul, déplorait les revers des Besiktas, la grande équipe de foot d'Istanbul, et évoquait le pays avec ses compatriotes.

Il ne recherchait pas les clients. Les clients venaient à lui. Il hantait les bars de la rue pour se rendre accessible à ceux de ses acheteurs qui avaient besoin de renouveler leurs stocks. Il ne traitait jamais avec des inconnus, ne parlait jamais affaires au téléphone. Avec Babe, les transactions se négociaient face à face, les yeux dans les yeux.

Il n'acceptait les nouveaux clients qu'à condition qu'ils lui soient recommandés par l'un de ses habitués ou un patron de bar en qui il avait toute confiance. Sinon, le mot « drogue » prononcé devant lui dans une conversation lui arrachait une expression d'étonnement et d'incompréhension telle qu'on pourrait en attendre d'un enfant de six ans à qui on entreprendrait d'expliquer les lois de la physique nucléaire.

Puisqu'ils contrôlaient le marché anglais de la drogue à quatre-vingts ou quatre-vingt-dix pour cent, les Turcs en établissaient les règles. Et on était prié de s'y conformer sous peine de représailles pouvant aller jusqu'à l'exécution. Les Turcs ne pratiquaient pas de violences exotiques à la manière des Colombiens. Ils se contentaient de tabasser ou de tuer sans fioritures. Ils y avaient gagné une réputation d'inflexibilité sur laquelle ils s'appuyaient pour asseoir leur crédibilité.

Ce soir-là, Babe rencontra deux de ses clients habituels. Chaque fois, l'acheteur potentiel indiqua d'un signe de tête qu'il voulait lui parler. Le premier le rejoignit à la table de trictrac. Il n'y eut aucun échange de drogue ou d'argent. La négociation se déroula sous forme de phrases brèves, elliptiques, établissant la quantité de marchandise souhaitée, un kilo dans les deux cas, le prix, le montant de l'acompte, la date et le lieu de la livraison, un coin de rue, un parking.

Une journée de travail ordinaire pour Babe, une livraison, deux commandes, la promesse d'une rentrée de soixante mille livres dans les coffres de la famille Osman. Normalement, il aurait dû la terminer au night-club de Bodrum pour dîner avec sa danseuse du ventre.

Malheureusement, il avait un rendez-vous spécial à honorer en cette soirée frisquette de février. Il renvoya son chauffeur et prit le volant pour se rendre dans le centre de Londres. À Charing Cross, il empoigna son téléphone mobile.

— Allô, l'Irlandais ? annonça-t-il à son correspondant. J'arrive dans vingt minutes.

D'un geste instinctif, il effleura la crosse du pistolet qu'il portait à la ceinture.

Babe n'emportait généralement pas d'arme dans ses virées nocturnes et son garde du corps avait ordre de s'en passer. La législation anglaise était extrêmement stricte dans ce domaine. Ce soir, pourtant, il faisait une exception. L'« Irlandais », Paul Glynn de son vrai nom, était un nouveau client. Il lui avait été présenté par un ami turc qui avait passé avec lui quelque temps à la prison de Brixton pour trafic de drogue.

On lui avait d'abord accordé cinq kilos. Puis on était passé à quinze. Ce qu'il y avait de bien avec Glynn, c'est qu'il prenait livraison de l'héroïne à Amsterdam et se chargeait lui même de l'introduire en Angleterre. Un mois plus tôt, il avait informé Babe qu'il voulait, pour la prochaine fois, cinquante kilos d'héroïne. Selim avait fini par accepter, à la condition qu'il verse cinquante pour cent du prix à la commande. À raison de neuf mille cinq cents dollars le kilo, cela représentait la somme impressionnante de deux cent trente-sept mille cinq cents dollars.

C'était beaucoup d'argent et le risque n'était pas négligeable. Comment savoir si Glynn ne filerait pas avec la came ? Néanmoins, il avait d'excellents débouchés à Liverpool et Glasgow et il appréciait leur marchandise à cause de sa qualité exceptionnelle. Il pourrait devenir un de leurs gros clients.

Babe arriva en vue du lieu de rendez-vous, un parking souterrain à deux pâtés de maisons du Kentucky Fried Chicken d'Oxford Street. Il y pénétra et descendit lentement la rampe jusqu'au troisième sous-sol. Là, le long du mur noir, il reconnut la Renault 5 verte de Glynn. La place voisine était libre. Il s'y faufila. Glynn sortit de sa voiture avec un sac de sport Head.

Il le posa sur les genoux de Babe, qui l'ouvrit et

glissa un coup d'œil à l'intérieur. Son regard tomba sur un amas de chaussettes sales, de shorts et de sous-vêtements crasseux. Glynn était persuadé que cette couche de linge odoriférant découragerait les policiers les plus zélés de pousser plus loin leur examen s'ils s'avisaient de fouiller le sac. Babe, lui, ne se laissa pas arrêter. Il écarta les vêtements pour découvrir ce qu'ils dissimulaient, quelques liasses de billets de cinquante livres.

— Comme convenu, cent quarante-huit mille cinq cents en coupures de cinquante, assura l'Irlandais.

Babe n'avait pas l'intention de les compter sur place. Il referma le sac et extirpa une enveloppe de sa poche.

— Bon, quand tu voudras prendre possession de la marchandise, tu iras à la gare centrale d'Amsterdam, OK ?

— OK.

— Tu traverseras la grande esplanade pour descendre le Damrack. À deux cents mètres environ, tu verras un hôtel, le Van der Helder. Tu prendras une chambre et tu appelleras le numéro qui se trouve dans cette enveloppe. Tu laisseras ton numéro de chambre sur le répondeur. Un dénommé Halis te rappellera. Il viendra te trouver à l'hôtel et t'expliquera comment récupérer tes colis. Quand pars-tu ?

— Dans une semaine à peu près.

— En voiture ?

— Ouais.

— Parfait. Préviens-moi vingt-quatre heures à l'avance pour que je puisse prendre les dispositions nécessaires.

— Dis, Babe, quand tu passeras tes consignes, tu diras à tes gars de ne plus me mettre les paquets dans leurs faux sacs imitation Samsonite, d'accord ? Je veux de belles valises comme en ont les gens chics. Hermès. Ou Vuitton.

— Eh, l'Irlandais, tu crois vraiment que tu pourras te faire passer pour un grand de ce monde ?

Au lieu de lui répondre, Glynn exhiba deux étiquettes à bagage, l'une de l'Executive Gold Club des British Airways, l'autre de l'Admirals Club des American Airlines.

— Je veux ça sur les valises.

Babe les prit en se gondolant.

— Dis donc, tu as décidé de prendre du grade ou quoi ?

— C'est pour les douaniers, crétin. Quand ils verront ces cartons sur mes valises, ils refermeront mon coffre sans aller fouiner plus loin. On fiche la paix aux rupins. C'est la règle.

Quelques minutes plus tard, Babe roulait vers le nord de Londres avec une seule idée en tête : s'occuper de blanchir cet argent au plus vite.

Au moins, constata Duffy, nos cousins britanniques sont plus discrets que nous. Ils ne s'affichent pas avec des pancartes en veux-tu en voilà.

Le MI6 et le MI5, autrement dit les services de renseignements et de contre espionnage britanniques, abritent leur siège dans un bel immeuble flambant neuf, non loin de la gare de Vauxhall. Le secret est si bien gardé que les trois quarts des chauffeurs de taxi de Londres en connaissent l'adresse. L'immeuble n'en est pas moins équipé de tous les dispositifs de sécurité modernes : une vitre épaisse, à l'épreuve des explosifs, en protège l'entrée, perchée au sommet d'une volée de marches, et les parkings souterrains réservés aux employés sont fermés par des grilles de fer qu'actionnent des gardes.

Duffy dut se plier au contrôle de sécurité, passer dans un détecteur de métal et subir une fouille avant d'être introduit dans une salle d'attente où viendrait le chercher son guide.

On avait dû tirer un drôle de paquet de sonnettes à Langley pour lui obtenir ce rendez-vous du jour au lendemain. Dès qu'il était rentré à l'ambassade avec Flynn après leur séjour dans les bureaux du superintendant détective-chef MacPherson, Duffy avait transmis sa demande à son ami Jack Lohnes, au siège de la CIA. Dieu seul savait auxquels de ses saints Lohnes avait dû s'adresser pour obtenir satisfaction. Au directeur, sûrement. Au conseiller à la NSA ? Au président en personne ? Peut-être bien.

Le pire, c'est que tout ce remue-ménage se révélerait peut-être aussi vain qu'inutile. Peut-être que la National Iranian Oil Company n'était-elle pas sur écoute. Peut-être, si elle l'était, les Anglais ne seraient-ils pas forcément disposés à partager leur manne avec l'Agence.

— Monsieur Duffy ?

Un jeune homme tout en minceur, arborant un physique d'athlète tel qu'on en acquiert dans les rangs des forces spéciales de Sa Majesté, venait de surgir dans la pièce.

— Je m'appelle Jason. Si vous voulez bien me suivre, je vais vous piloter. Le directeur adjoint va vous recevoir.

Jason le précéda dans ce qui ressemblait à un ascenseur privé, qui les emmena au dernier étage pour les déposer directement dans un ensemble de bureaux. Deux cerbères se tenaient à l'entrée d'un salon derrière lequel s'étalaient deux grands comptoirs. Ils étaient occupés chacun par une secrétaire à l'air sévère, vêtue avec l'élégance discrète qui valait aux demoiselles du Vieux Continent d'avoir la faveur des employeurs américains avant que les ordinateurs ne les relèguent dans la catégorie des espèces en voie de disparition.

— Par ici, lui dit Jason en l'entraînant dans une

vaste pièce qui s'ouvrait dans le dos d'une des deux employées.

Les fenêtres donnaient sur la Tamise. Le directeur adjoint quitta son bureau pour venir à sa rencontre, main tendue.

— Bienvenue, monsieur Duffy. Votre réputation vous a précédé en ces lieux. Mes agents d'Islamabad m'ont beaucoup vanté votre action en Afghanistan.

— Merci, répondit Duffy avec un sourire.

Le directeur adjoint lui désigna un fauteuil confortable et lui proposa l'inévitable « thé ou café ». Après les préliminaires d'usage sur le temps londonien, il déclara :

— On m'a demandé de prêter une oreille bienveillante à votre requête. Que puis-je pour vous ?

Cette entrée en matière mettait Duffy dans une position délicate. Il ignorait l'étendue des explications qu'avait dû donner Langley pour lui obtenir ce rendez-vous de dernière minute.

— Eh bien, comme vous le savez, monsieur, les tentatives du gouvernement iranien pour s'équiper en armements de destruction massive, et plus particulièrement en armes nucléaires, sont au premier plan des préoccupations de notre NSA.

— Je comprends. C'est aussi notre cas.

— Bien. Nous sommes très inquiets actuellement à cause d'un aspect particulier de ce danger. Ce que j'ai à vous demander est très simple, très précis, et concerne directement cet aspect qui nous inquiète. Le 8 janvier, à 15 h 02, un appel téléphonique a été passé depuis une cabine publique de Belgravia, dont le numéro est 235.7728, aux bureaux de la National Iranian Oil Company qui se trouve dans les environs de Westminster. La communication ayant été transmise par câble terrestre, notre NSA n'a pas pu l'intercepter. Ma question est celle-ci : est-ce que vous avez placé le téléphone de la NIOC sur écoute et, si oui, auriez-vous un compte rendu de cette communication ?

Le directeur adjoint s'affala contre le dossier de son siège.

— Vous imaginez bien que ce document, si nous l'avons, est classé confidentiel.

— Je m'en doute.

— Peut-être pourriez-vous m'expliquer un peu en quoi consiste cette « inquiétude » dont vous me parlez.

Voilà. Il était au pied du mur. Soit il jouait cartes sur table, soit il pouvait dire adieu à son information, à condition qu'elle existe.

— Vos services sont au courant. Il s'agit de ce rapport que nous avons tous cherché à vérifier en 1992-1993, selon lequel les Iraniens avaient réussi à s'approprier trois engins nucléaires de nature inconnue au Kazakhstan, au moment où les Russes démantelaient leur arsenal.

— Oui, je m'en souviens. Si ma mémoire est exacte, nous ne sommes pas arrivés à savoir s'il était crédible. Comme il venait des Israéliens, nous avions quelques incertitudes quant à son objectivité.

— Eh bien, nous savons maintenant qu'il disait vrai.

Le directeur adjoint se redressa comme sous le choc d'une décharge électrique.

— Nous ? Vous voulez dire Langley, je suppose ? Avons-nous été informés ? Officiellement, s'entend ?

— Officiellement, monsieur, je ne sais pas. La liaison n'est pas mon domaine. Officieusement, vous venez de l'être.

Et maintenant, songeait Duffy, filez-moi cette putain d'écoute.

— Voyez-vous, ce n'est pas nous qui nous occupons de la surveillance téléphonique. C'est la partie du MI5 et du GCHQ le Governmental Communications Headquarters, quartier général gouvernemental des communications. Nous leur demandons leur coopération quand la sécurité internationale est en cause, mais ce sont eux qui gèrent ce secteur. Pour être franc, j'ignore totalement s'ils ont mis la NIOC sur écoute.

— Vous savez certainement le rôle que joue la NIOC dans le plan d'obtention d'armements de l'Iran.

— Tout comme je sais le ramdam auquel nous aurions droit si la presse libérale apprenait que nous espionnons une entreprise qui est censée n'avoir d'autre but que commercial. Le *Guardian* nous accuserait de vouloir spéculer sur les cours du pétrole.

— Oui, ricana Duffy, nous avons tous ce genre de problème, vous ne pensez pas ? Tout ce que je peux vous dire, c'est que ma démarche bénéficie de l'appui des plus hautes autorités.

Duffy s'avançait un peu. En langage officiel, « les plus hautes autorités » désignaient par euphémisme le président lui-même. Aurait-il appuyé sa démarche ? Allez savoir, mais Duffy avait constaté dans sa carrière que le succès ne souriait qu'aux audacieux.

La ruse produisit son effet. L'homme se leva, s'approcha de son bureau et pressa un bouton. Presque au même instant, une jolie jeune femme d'une trentaine d'années les rejoignit. À croire qu'elle attendait près de son interphone l'appel de son patron. Elle affectait la même élégance sobre que les secrétaires de l'entrée.

— Voici Victoria Parker, mon trait d'union avec le Cinq et le GCHQ, dit-il.

Il lui indiqua les numéros de la NIOC et de la cabine téléphonique publique et lui exposa la demande de Duffy.

— Victoria, vous seriez un amour de voir avec le GCHQ s'ils écoutent ce numéro. Si c'est le cas, priez-les de bien vouloir nous sortir une retranscription de la communication qui intéresse notre ami américain.

Un amour ! s'ébahit Duffy. Chez nous, un mot pareil adressé à une femme nous vaudrait une comparution devant le conseil de discipline pour harcèlement sexuel.

— Cela risque de prendre quelque temps, avertit lc directeur adjoint en plaçant devant Duffy un numéro du *Daily Telegraph*. Un peu de lecture vous aidera à patienter.

En fait, ce ne fut pas si long. La jolie Miss Parker reparut au bout de cinq minutes avec un feuillet qu'elle remit à son patron. Celui-ci le parcourut attentivement avant de le tendre à Duffy.

— Je ne vois pas trop ce que cela pourra vous apporter, mais lisez tout votre soûl. Pas de copie en revanche. Si vous en voulez une, déposez une demande en bonne et due forme, adressée au GCHQ par la NSA de votre pays.

GCHQ — TOP SECRET

0108981502Z

VOIX N° 1 : 0171.235.7728

CABINE PUBLIQUE ECCLESTON PLACE LONDRES SW1

VOIX N° 2 : 0171.371.2067

SIÈGE DE LA NATIONAL IRANIAN OIL COMPANY, LONDRES

AUTORISATION RÉF. HO1997/23471

TRADUIT DU FARSI PAR H.T. MOTZARFFIN GCHQ 345692

Voix n° 1 : *Professeur, Tari à l'appareil. On vient de me mettre au courant de votre opération Khalid. C'est de la folie. Pure et simple.*

Voix n° 2 : *Tari, je vous en prie. Ce n'est pas un endroit pour parler de ça.*

Voix n° 1 : *Pas de problème. Je suis dans une cabine. Écoutez, vous ne vous rendez pas compte des représailles que cela entraînerait ! Nous serons écrasés, balayés ! C'est la mort de notre pays, de notre peuple !*

Voix n° 2 : *Tari, du calme. Si Dieu nous donne cette arme, c'est pour combattre les ennemis de l'islam. Nos dirigeants...*

Voix n° 1 : *Nos dirigeants ont perdu la boule. J'ai accepté de travailler avec vous pour venir en aide à mon pays, pas pour contribuer à sa perte. Je démissionne. J'arrête tout. Immédiatement.*

Voix n° 2 : *Tari, pouvez-vous être chez vous dans une heure ? Je vais venir vous voir pour que nous puissions en discuter à tête reposée.*

Voix n° 1 : *(Inaudible.)*

Fin de la conversation.

— Alors ? Satisfait ?

— Satisfait, je ne sais pas. Atterré, ça oui.

Duffy se leva et se mit à marcher de long en large devant le bureau du directeur adjoint. Soudain, il s'immobilisa.

— Je vous ai avoué officieusement il y a un instant que nous avions maintenant la certitude que les Iraniens possèdent au moins trois engins nucléaires. Ce que cette communication nous révèle, je le crains, c'est que ces cinglés ont l'intention de s'en servir.

Cette situation doit être aussi déroutante pour elle que pour moi, songeait Jim Duffy en observant Nancy Harmian plongée dans l'examen du menu du petit restaurant français où il l'avait emmenée dîner. Il se sentait comme un collégien qui sort une fille pour la première fois.

— Tout ça me paraît délicieux, remarqua Nancy, tout sourire, en posant le menu. Comment avez-vous trouvé cet endroit ? Un éclat espiègle s'alluma dans son œil. Nos organismes de sécurité nationale fourniraient-ils à leurs agents en mission à l'étranger une liste des restaurants chics des villes où ils se rendent ?

— Mes employeurs auraient plutôt tendance à me filer celle des Burger King.

Le serveur leur apporta leurs boissons. Nancy prit

dans ses mains son verre de vodka. Elle fit tinter les glaçons. Une lueur mélancolique avait chassé la malice de son regard. Elle secoua la tête comme pour débarrasser son esprit de la lourde emprise du passé. Elle leva les yeux sur Duffy.

— Au temps, Jim. Ce sera notre meilleur médecin à tous les deux, non ?

Duffy leva son verre à son tour.

— Oui. Au temps qui « ravaude la toile embrouillée du remords ». Il n'avait pas achevé sa phrase qu'il laissa échapper une exclamation étouffée : Mon Dieu ! Je me trompe. Ce n'est pas le temps, c'est le sommeil, n'est-ce pas ? Voilà ce que c'est que de chercher à impressionner les dames !

Nancy éclata de rire.

— C'est l'intention qui compte. Je ne savais pas que nos agents secrets s'amusaient à citer Shakespeare.

Nancy avait pêché un morceau de baguette fraîche dans le panier à pain. Elle en détacha une bouchée qu'elle se mit à grignoter de l'air concentré de quelqu'un qui goûte un mets rare pour la première fois. Duffy la regardait avec admiration. Certaines femmes, dont Nancy faisait partie, avaient le don d'imprimer aux gestes les plus simples une forme de noblesse.

— Eh bien, puisque vous ne protestez pas, j'en déduis que je n'avais pas tort de penser que vous êtes de la CIA.

La vie est plus facile quand on sait en infléchir de temps en temps les règles à sa convenance. Duffy l'avait depuis longtemps constaté. Il en enfreindrait plus d'une ce soir.

— C'est vous qui l'avez dit. Pas moi.

— Depuis longtemps ?

— Toute ma vie professionnelle.

— Qu'est-ce qui vous y a amené ?

— La naïveté. Je suis patriote. Duffy imprima à son verre un mouvement de balançoire. Non. Mettez ça sur le compte de la vocation. Ça fait un peu moralisateur. En réalité, c'est l'Agence qui est venue me chercher. J'avais un diplôme universitaire de russe. Je me suis senti flatté. La vie qu'on me proposait paraissait exaltante. Elle l'a été. Et puis l'idée de servir la nation me turlupinait. Je lui ai tordu le cou en m'engageant.

— C'est une façon comme une autre de régler la question, finalement. C'est agréable de trouver quelqu'un qui ne traîne pas une cohorte de regrets derrière lui.

Duffy engloutit une longue gorgée.

— Oh, j'en ai ma part.

— Professionnels ?

— Il m'est vraiment impossible d'en parler, Nancy.

— Pas personnels, j'espère pour vous. Quelque chose me dit que vous deviez être un merveilleux mari.

Duffy adopta sa mine de gamin turbulent.

— Est-ce que ça existe, un bon mari ? Je me le demande. J'ai parfois l'impression que c'est devenu une rareté de nos jours. Disons, si vous voulez, que je n'ai pas été un mauvais mari.

— J'en suis persuadée. Tout comme j'ai la faiblesse de croire que je n'ai pas non plus été une mauvaise épouse pour mon Terry pendant les deux années que Dieu nous a données de vivre ensemble. Au fait, vos recherches avancent ?

— Un peu.

Nancy sirotait sa vodka.

— Vous me cachez quelque chose, Jim. Quelque chose que vous mourez d'envie de m'apprendre sans oser me le dire. Je le lis dans vos yeux. On ne vous enseigne donc pas l'art de la comédie dans votre Agence ?

Duffy buvait avec application pour mettre de l'ordre dans ses pensées. Que pouvait-il se permettre de lui dévoiler ? Il se rappela le texte de sa déposition, le récit de ses efforts désespérés pour tenter de sauver son mari. Elle méritait sa part d'information. Elle avait gagné le droit de savoir, par exemple, que l'homme dont elle avait partagé la vie n'était pas aussi mauvais bougre que semblait le révéler l'enquête.

— Dites-moi, Nancy, votre mari vous avait-il parlé d'un projet appelé opération Khalid ?

Nancy ouvrit de grands yeux.

— Non, jamais. Khalid n'est d'ailleurs pas un nom persan, mais arabe. Pourquoi ?

— Je ne devrais pas vous le dire, mais je trouve que vous avez le droit de savoir. Vous vous souvenez de ce Bollahi que vous avez reconnu dans le jeu de photos que je vous avais apportées ? Celui qu'on surnomme le Professeur ?

— Bien sûr.

— Eh bien, nous savons que votre mari travaillait avec lui depuis un certain temps. Comme j'ai dû déjà vous le souffler, Bollahi s'emploie activement à procurer des armes au gouvernement iranien.

— Tari ! Acheter des armes ? Je n'y crois pas ! Il savait à peine distinguer un revolver d'une vingt-deux. Ses amis anglais s'acharnaient à l'inviter à des chasses auxquelles il n'allait jamais.

— Je ne pense pas qu'il se soit occupé directement de trouver des armes. Il gérait l'aspect financier. Il se chargeait sans doute d'investir leur argent en attendant qu'ils s'en servent. Toujours est-il qu'il s'est brouillé avec le Professeur à cause de cette affaire Khalid, quelle qu'en soit la nature. Il a dit au Professeur qu'il craignait des représailles contre l'Iran. À mon avis, il a refusé de leur donner l'argent dont ils avaient besoin pour mettre à exécution ce plan et c'est la raison pour laquelle il a été tué.

— Khalid..., réfléchissait Nancy. Vous savez, Jim, quand j'ai épousé Terry, j'ai un peu étudié le Coran, puis l'histoire de l'islam. Khalid est un de leurs premiers grands héros, un guerrier du temps du califat, après la mort du Prophète... Elle se recula sur son siège et posa sa main fine et soignée sur l'échancrure du col de son chemisier de soie noire. Il a traversé le désert de Syrie, à la tête de six à sept cents hommes, en deux semaines, ce qui était une performance pour l'époque. Là, il a attaqué l'armée byzantine et jeté les chrétiens hors de Palestine. Il les a repoussés jusqu'à ce qui est actuellement la frontière entre la Syrie et la Turquie. Il a été, en un sens, un libérateur de la Palestine. Vous croyez que c'est l'idée qui sous-tend le projet Khalid ? Une réédition moderne des exploits de ce personnage ? Ces mollahs sont timbrés, mais quand même pas au point de songer à attaquer Israël ! Avec quels moyens ?

— Ne vous faites pas d'illusions, Nancy. Pour les fous et les fanatiques, seule l'action elle-même importe. Les raisonnements qui la précèdent n'entrent pas en ligne de compte.

Le serveur avait surgi pour prendre leurs commandes. Voyons, hésitait Duffy entre le carré d'agneau et le magret de canard. Ce que Nancy venait de lui raconter éclairait sans doute la signification de ce plan Khalid. Cela coïncidait avec la conversation dont il avait lu le contenu au MI6, non ? Les mollahs cherchaient le moyen d'utiliser leurs engins nucléaires contre les ennemis de l'islam. Qui visaient-ils ? Les Américains. Ou plus probablement Israël. Ils voulaient offrir au monde un nouvel holocauste.

En plein cœur du quartier financier de Londres, non loin de la cathédrale Saint-Paul, Behcet Osman se dirigeait vers un bureau de change pour effectuer la première d'une série d'opérations de purge monétaire qui s'imposaient depuis ses tractations de la veille. Il affichait la même désinvolture qu'un touriste venu changer son argent de poche en devises locales. Il s'apprêtait pourtant à réaliser une transaction d'une autre ampleur.

Avec les deux ventes négociées à Green Lanes, ajoutées à la somme avancée par Glynn, il se trouvait en possession de deux cent trente mille livres en liquide. À Amsterdam, son frère Abdullah avait, lui, accumulé deux cent quatre-vingt mille livres en monnaies diverses. Il était grand temps d'injecter toutes ces espèces dans le système bancaire.

Il avait déjà veillé à répartir tout cet argent en billets de cinquante livres. Il en avait quatre mille six cents en tout, de quoi condamner un éléphant à l'indigestion ou un inspecteur des douanes à l'apoplexie. Aussi Babe comptait-il s'en débarrasser au plus vite.

Il se planta devant le guichet. Il avait souvent fait appel aux services de ce bureau de change. Le quartier financier de Londres foisonne de ces officines prêtes à satisfaire le client sans excès de formalités. Le service qu'elles rendent est parfaitement légal, même si les clients, souvent affiliés au monde de la criminalité, versent sur leurs comptoirs des fonds aux origines douteuses. Contrairement aux États-Unis où la loi exige que toute transaction supérieure à dix mille dollars soit déclarée au fisc, la Grande-Bretagne n'exerce aucun contrôle légal sur les mouvements d'espèces.

— Bonjour, lança Babe de son ton le plus aimable. J'ai quatre-vingt mille livres en coupures de cinquante, que je voudrais convertir en marks. En billets de mille marks, s'il vous plaît.

— La totalité ? s'informa l'employé, un Pakistanais d'âge canonique qui ne manifesta aucune surprise devant l'énormité du chiffre.

— La totalité.

— Avec plaisir, mais il nous faut un délai de quarante-huit heures pour réunir les devises.

— Pas de problème.

— Parfait. Notre commission est de quatre pour cent et nous vous demandons de nous laisser en dépôt dix pour cent de la somme que vous souhaitez changer.

Pour Babe, ce n'était pas une découverte. Depuis le temps, il connaissait lc refrain. Il avait déjà préparé huit mille livres dans une enveloppe qu'il tendit au guichetier. L'homme compta les billets et abattit un tampon sur un reçu. Il ne demanda pas son nom à Babe. Le reçu suffisait pour récupércr l'argent.

— Vous pourrez venir chercher vos marks dans quarante-huit heures à compter de maintenant, monsieur.

Babe le remercia et s'en alla. Il réitéra l'opération deux fois de suite, dans deux autres bureaux de change qu'il connaissait dans les alentours.

Quand il revint deux jours plus tard, l'équivalent en deutschmark de ses deux cent trente mille livres l'attendait, réduit à six cents billets allemands. Il les divisa en deux liasses, qu'il rangea dans des enveloppes ordinaires, faciles à glisser dans une poche intérieure de veste. Il se rendit alors à la gare de Waterloo, où il embarqua dans l'Eurostar à destination de Bruxelles.

À Bruxelles, il monta, sans avoir de douane à franchir, dans le Transeuropéen pour Amsterdam. Son frère Abdullah l'accueillit à la gare centrale. Ils descendirent dans le parking souterrain situé de l'autre côté du canal. Abdullah y avait garé sa deuxième voiture, une Opel Vectra, propice à l'incognito. Il montra à Babe un grand sac rempli d'une extraordinaire variété de monnaies européennes, florins hollandais, francs belges et français, pesetas espagnoles, marks, représentant les revenus de la marchandise familiale emmagasinée dans leurs entrepôts hollandais.

Babe jeta sa valise dans le coffre par-dessus le sac fourre-tout et prit les clés de la voiture des mains d'Abdullah, en lui disant :

— Écoute, j'ai besoin de reconstituer mon stock très vite. Je n'ai plus que quinze kilos.

— J'y travaille, Babe, mais ce n'est pas facile. Les

types prêts à risquer vingt ans pour un transport de dope ne courent pas les rues.

— Malgré le prix qu'on les paie ? Et les deux danseurs pornos ?

— Nous essayons de les amadouer, mais ils ont un peu les jetons.

— N'oublie pas que l'Irlandais va ramener sa fraise dans une semaine pour récupérer ses cinquante kilos.

— Ce n'est pas un problème.

Babe asséna à son frère une grande claque dans le dos.

— OK. Je pars pour Budapest. Je serai revenu dans deux jours au plus tard.

Il grimpa dans la voiture et démarra, avec près d'un million de dollars en liquide dans le coffre, fort de la certitude qu'aucun douanier n'irait vérifier le contenu de ses bagages entre Amsterdam et la frontière hongroise.

C'était le moment de la journée, ou plutôt de la nuit, que le Professeur savourait entre tous. Il était au calme, ses prières dites, l'esprit en repos. Il gisait sur son lit d'hôtel, drapé dans la longue djellaba qu'il aimait revêtir pour la nuit, les mains refermées sur le précieux Coran dédicacé par l'Ayatollah. Il était ouvert à la page du verset qu'il venait de lire, la sourate al-Mai'idah 55. « Louez le parti de Dieu, car il est celui qui triomphera. »

Le parti de Dieu, le Hezbollah. Il en connaissait par cœur le manifeste, dont les phrases affleuraient à son esprit. « La liberté n'est pas un don, elle se gagne et le prix se compte en âmes et en effusions de sang. » Le sang des jeunes héros qui avaient porté leurs bombes au cœur des territoires ennemis. Ils appartenaient au Hamas, un organisme musulman sunnite, mais, sous les ordres de Téhéran, ils étaient désormais tous frères, sunnites et chiites, Hamas et Hezbollah, unis dans la même guerre sainte, dans le même combat sacré pour rendre les arpents de Palestine à *Dar el-Islam*, la terre d'Islam, chasser l'ennemi israélien du sol musulman, annihiler les traîtres qui voulaient pactiser avec l'occupant. Le moment venu, il se trouverait encore des braves prêts à mourir pour accomplir cette sainte mission, et ce serait à lui de leur remettre l'arme terrifiante qui leur assurerait la victoire.

Chaque jour les rapprochait de ce but estimable. Herr Steiner avait saisi l'offre de rachat de cinquante pour cent des parts de Lasertechnik présentée par Mischer comme un homme qui se noie saisit la bouée qu'on lui tend. Le prix avait été fixé à quatre millions trois cent mille marks. Steiner n'avait posé aucune question pour tenter de savoir qui se cachait derrière la société TW Holdings, domiciliée au Liechtenstein. Il avait supposé qu'elle appartenait à Mischer, à qui elle servait de paravent à des fins d'évasion fiscale, pratique courante dans ce genre de sociétés. Rien en tout cas ne pouvait laisser imaginer l'existence d'une intervention iranienne.

Joe avait déjà démarré ses activités dans un bureau voisin de celui de Steiner, dans son usine, et s'employait à plaire à son nouvel associé tout en étudiant tranquillement les opérations auxquelles s'adonnait Lasertechnik. Le moment était venu de passer à la phase suivante. Mais le Professeur devait tout d'abord prendre les dispositions financières qui s'imposaient et informer Téhéran de l'évolution de la situation.

Il ouvrit son ordinateur portable et entra le code d'accès à ses fichiers financiers. Il avait installé ce code au moyen d'un logiciel spécial qu'il avait acheté à Düsseldorf. Si quelqu'un tentait de consulter ses dossiers en se trompant deux fois, le programme les effaçait automatiquement à la deuxième erreur.

Bientôt, la liste de ses avoirs s'afficha sous ses

yeux : l'état de son compte à la banque Melli de Munich, les comptes de la Fondation pour les opprimés au Liechtenstein, en Suisse et aux Caïmans, autant de lieux, remarqua-t-il à part lui en scrutant son écran, qu'on associe mal aux opprimés de ce monde. Il appela alors d'un doigté leste le compte intitulé « acquisition », qui drainait les revenus de la taxe de transit perçue par Said Djailani sur la morphine-base en route pour la Turquie. Les chiffres qui s'alignaient avaient de quoi réjouir l'âme et justifiaient amplement l'idée qu'ils avaient eue de confier à l'ancien moudjahid cette fonction de collecteur d'impôts. Depuis neuf mois qu'il travaillait pour eux, Djailani avait apporté trente et un millions sept cent mille dollars au compte acquisition. Il présentait dans l'immédiat un solde créditeur de neuf millions deux.

Normalement, ces fonds auraient dû être transférés automatiquement sur le compte exploité aux îles Caïmans par le traître Harmian, qui les aurait placés, au nom d'une des sociétés écrans, sur le marché à court terme d'où ils auraient alimenté les comptes du Professeur dès qu'il en aurait eu besoin.

Il restait encore à trouver à Harmian un remplaçant de confiance. En attendant, l'argent s'accumulait. Le Professeur consulta alors Falcon, le dernier compte qui servait directement au financement des achats clandestins d'armes. Il accusait un solde créditeur de deux millions six cent mille dollars. Falcon possédait Trade World qui, à son tour, détenait TW Holdings, qui avait permis l'achat des actions Lasertechnik. Le Professeur affectionnait ce système pyramidal grâce auquel aucun analyste financier, si perspicace soit-il, ne pourrait jamais remonter la filière des achats et avoirs jusqu'à Téhéran. Il faudrait songer à déplacer l'argent de la drogue sur Falcon et à organiser son transfert sur le Liechtenstein.

Il quitta le programme financier et connecta l'ordinateur à la boîte noire de codage que lui avaient vendue les Suisses de Ciphers AG. Il l'avait apportée de Téhéran après avoir programmé les codes selon les instructions des vendeurs suisses. Il avait formaté un disque vierge en y enregistrant l'une des clés fournies par Ciphers. Il était désormais prêt à inaugurer le système.

Pour plus de sécurité, il avait toutefois fait installer dans son bureau de Téhéran un téléphone spécialement destiné à recevoir ses messages. L'abonnement avait été pris au nom d'un professeur de philosophie de l'université de Téhéran qui venait de mourir d'un cancer du pancréas. Le lendemain, il quitterait l'hôtel et irait se terrer dans l'appartement qu'avait loué Mischer à son nom pour eux deux. Il débrancha le téléphone de l'hôtel et inséra dans la prise la terminaison du câble de sa boîte noire. Ces préliminaires techniques achevés, il se mit au travail.

« Au nom d'Allah, le Très-Miséricordieux, que sa bénédiction soit sur vous et sur notre grande entreprise. J'ai le plaisir de vous informer que l'Allemand a accepté notre offre et que nous avons installé notre représentant dans ses bureaux. Je mettrai en œuvre sous peu l'étape suivante de l'opération Khalid. D'ici là, je prie notre frère Djailani de bien vouloir procéder au transfert de 1,75 million de dollars du compte d'acquisition sur mon compte Falcon, pour que je puisse créditer le compte de l'Allemand du solde du montant de l'achat effectué par TW Holdings. »

Suivaient les formules de politesse fleuries conformes à la tradition persane. Le point final apposé, le Professeur enfonça la touche « entrée ». Il entendit son texte s'infiltrer dans la boîte de codage en émettant une succession de crépitements identiques à ceux qui accompagnent les copies sur disquette. Puis il reconnut la mélodie indiquant que la machine composait le numéro de téléphone du professeur de philo disparu.

Après deux sonneries, un tintement analogue à ceux que produisent les fax se déclencha. C'était le décodeur de Téhéran qui se mettait en marche et s'apprêtait à mouliner son texte. Et la boîte noire mit fin à la communication. Un miracle, s'extasia le Professeur. Qui valait largement la dépense engagée.

LIVRE SEPT

Le cheval de Troie de Menwith Hill

Le gouvernement des États-Unis ne possède pas d'installation plus secrète que celle qu'il exploite sur la base du Commandement du renseignement et de la sécurité de Menwith Hill, blottie dans les replis des vallonnements verdoyants des Yorkshire Dales, non loin de Harrogate, aux abords de l'A59, à deux cent cinquante kilomètres de Londres. Dans le genre ultra-secret, on ne fait pourtant pas plus voyant. Les automobilistes aperçoivent déjà à un kilomètre de distance les vingt-trois radômes de la station égrenés sur l'horizon comme autant d'énormes balles de golf attendant le drive d'un club géant. En se rapprochant, on découvre les cent « mâts polaires », pylônes et antennes, dressés comme des dards, qui hérissent la base de trois cercles concentriques.

Menwith Hill réunit la crème des moyens technologiques qui permettent aux Américains d'envelopper le monde d'une vaste toile électronique. Tous ces radômes et antennes pompent la bouillie électronique qui sature les ondes célestes, la soupe du cyberespace, la totalité des communications, qu'il s'agisse de transmissions par fax ou téléphone expédiées par satellite, d'échanges sur téléphones mobiles, de séances pornographiques retransmises par Internet, de transferts codés de milliards de dollars, de l'empreinte électronique d'un tank serbe projetant un missile sur la Bosnie ou d'un chasseur russe larguant un engin sol-air sur une cible en Tchétchénie. C'est bien simple, toutes les formes de communications, autres que celles qui transitent par fibre optique sans mouchard, tombent dans les griffes avides de Menwith Hill.

La zone est tellement protégée qu'aucun député anglais n'a jamais été autorisé à y pénétrer. Le terrain qu'occupe la base appartient aux États-Unis, qui l'ont acheté en 1951, et est régi par un accord resté secret à ce jour, signé par Harry Truman et Winston Churchill. Les deux mille employés, civils et militaires, représentent un éventail saisissant de compétences les plus variées, depuis la connaissance du tibétain jusqu'à l'art de manœuvrer les programmes informatiques les plus complexes qui se puissent concevoir.

En ce matin glacial de février, Jack Galen, quarante-deux ans, chef des opérations de la base, abordait le sentier qui dévalait de l'appartement qu'il occupait au block 42 de la résidence juchée au sommet de la colline vers le long bâtiment aveugle des opérations. Galen était un civil, haut fonctionnaire de la NSA qui administrait en réalité la base de Menwith Hill, même si elle était officiellement placée sous commandement militaire pour ménager la sensibilité des Britanniques.

Il était six heures et demie. Galen avait, comme d'habitude, une demi-heure d'avance, la relève des équipes s'effectuant à sept heures. Devant lui, le bâtiment des opérations, étiré sur quatre cents mètres, baignait dans l'intense lumière déversée par les projecteurs pour des raisons de sécurité. Il se faufila entre le parking et la clôture métallique surmontée de rouleaux de barbelés qui gardait l'unique entrée extérieure du bâtiment, baptisé Steeplebush II. Le MP de service vérifia son laissez-passer orné d'une photo d'identité en couleur et accompagné d'une carte d'accès énonçant la liste des secteurs réservés dans lesquels il était habilité à se rendre, en l'occurrence un méli-mélo de caractères correspondant à dcs noms de code.

Il alla d'abord à la cafétéria, où il se servit une grande tasse de café noir pour démarrer la journée d'un bon pied. Puis il emprunta l'ascenseur jusqu'à l'étage des opérations où il dut subir un nouveau contrôle d'identité.

— Monsieur Galen, annonça l'un des gardes de faction, il y a quelque chose pour vous au SCIF.

Le SCIF, Sensitive Compartemented Information Facility, consacré, donc, au traitement des informations particulièrement sensibles, constituait le saint des saints de cette installation ultra-secrète et se terrait par conséquent dans une salle insonorisée, privée de fenêtres, où l'on accédait en franchissant une porte commandée par un code dont seulement douze personnes, sur les deux mille employés, connaissaient la combinaison.

— Alors, que se passe-t-il ? demanda-t-il au responsable de permanence.

Celui-ci allongea le bras vers une chemise grise posée sur l'un des trois bureaux de la pièce.

— Ceci est arrivé cette nuit. Une nouvelle transmission Brainwave.

Galen prit le dossier. Il portait l'estampille « TS, Top secret. Réservé C/OPS-F830 ». Il contenait une bande magnétique et une retranscription de la communication, qui se présentait sous la forme d'un charabia impossible de lettres et de signes, du genre %$#@.

L'homme de la NSA soupira et avala une gorgée de café. Il allait avoir besoin de tout son courage et de toute son énergie. Il inséra la bande dans une machine reliée à l'un des deux ordinateurs qui encombraient son bureau. La machine se mit à projeter un à un sur l'écran les caractères imprimés sur la bande, en en amplifiant la taille. Galen examina le premier, un W, puis le deuxième, le symbole &. Au cinquième, il s'arrêta. C'était un A. À la cime de la lettre, juste en dessous du point de jonction des deux jambes, apparaissait un point minuscule. Il recopia la lettre sur son autre ordinateur.

Il lui fallut une bonne heure pour inspecter ainsi la totalité du texte codé qu'avaient intercepté les engins de surveillance de la NSA. De temps à autre, il détectait l'un de ces points infimes, caché dans un recoin de caractère ou de signe, qui allait alors rejoindre ses semblables sur le deuxième écran.

Ce premier exercice achevé, Galen quitta le SCIF pour un autre secteur tout aussi fermé, le SBI, Sensitive Background Information, support d'informations sensibles en jargon local. Là, il emprunta un disque informatique du programme Brainwave et retourna au SCIF. Il fourra le CD dans son deuxième ordinateur. Il renfermait un diagramme schématique de l'algorithme qui avait servi à crypter le message intercepté. Le diagramme collecta tous les points microscopiques qui avaient été secrètement enfouis dans le message au moment de son codage. Il lança une opération comparative de la base de données du programme Brainwave et en dégagea une série de lettres et de chiffres qu'il aligna sur l'écran. C'était la clé du code qui avait servi à crypter le message.

Galen chargea cette clé dans son premier ordinateur et déroula la bande magnétique. Le fatras de signes cabalistiques se transforma en texte clair, tel que l'avait écrit son auteur : « Au nom d'Allah, le Très-Miséricordieux... » Galen assistait, fasciné, à cette métamorphose.

— Ah, les cochons de Suisses ! On les y prend encore !

Le programme Brainwave, « télépathie », représentait l'un des plus beaux triomphes de la NSA. Sachant pertinemment que les entreprises suisses telles que

Ciphers AG vendraient n'importe quoi à n'importe qui pourvu que le prix en vaille la peine, elle avait réussi à infiltrer une mathématicienne suédoise dans l'équipe de scientifiques d'élite qui avait élaboré l'algorithme hyper-complexe placé à la base du système d'encodage suisse. L'algorithme devait être capable de reconnaître la clé de codage sélectionnée par l'expéditeur du message. Travaillant en collaboration avec la NSA, les Suédois avaient manipulé l'algorithme de façon à inclure dans le texte crypté une succession de ces mini-points invisibles qui, identifiés par un lecteur averti, dévoilaient la clé de codage utilisée par l'expéditeur du message.

« Un super-cheval de Troie. » C'était ainsi que les très rares personnes au courant de l'astuce l'avaient baptisée.

Les Suisses, Herr Zurni comme les autres, ne se doutaient pas que leurs merveilleux systèmes étaient frelatés. Ils en vendaient allègrement à tous les amateurs, le Vatican, les Syriens, les Irakiens, le gouvernement radical islamiste soudanais de Hassan el-Turabi, les Libyens de Kadhafi et les blanchisseurs d'argent.

Galen n'avait aucune idée de la signification de ce message. Il remarqua la présence de noms tels que Falcon, Djailani, constata qu'il provenait de Hambourg et était destiné à Téhéran. Il avait ordre de renvoyer immédiatement les trouvailles de Brainwave au siège de la NSA à Fort Meade.

Il rédigea un long rapport pour accompagner le texte et confia le tout à la ligne téléphonique nationale protégée, le NSTS, National Secure Telephone System, qui les achemina, via la « balle de golf » numéro deux dressée devant son bureau, à Fort Meade, alors que ceux qui seraient chargés, là-bas, de les analyser dormaient encore du sommeil du juste.

Babe Osman et sa valise bourrée d'argent se dirigeaient vers leur dernière escale, une petite impasse nichée dans un recoin du deuxième district, le quartier chic de Buda, la moitié de la capitale hongroise située en face de Pest, sur l'autre rive du Danube. Au fond de cette impasse se dressait l'immeuble de la Banque internationale d'Europe centrale. Osman et ses confrères trafiquants gardaient le secret de cette adresse aussi jalousement qu'un gourmet refuse de révéler l'emplacement de son troquet favori.

Créée en 1979 par le régime communiste hongrois, la banque jouit du statut d'établissement off-shore pour ses transactions monétaires et est exemptée, par décret spécial, des réglementations imposées au système bancaire international par la Banque centrale de Hongrie. Elle applique le principe autrichien des comptes sur livret Pass, identifiés par un simple numéro ou un nom inscrit sur le livret correspondant au compte.

Quand on est titulaire d'un compte de ce type, il suffit de présenter son livret Pass et on peut déposer autant d'argent qu'on veut, dans n'importe quelle monnaie. Franklin Jurado, l'ancien de Harvard expert en blanchiment d'argent du cartel de Cali, avait dressé une liste de tous les centres de blanchiment d'argent existant dans le monde et les avait classés en fonction de leur degré d'efficacité, de confidentialité et de sécurité. La banque d'Europe centrale obtenait la meilleure note pour l'Europe.

Ployant sous le poids de sa valise, Babe arriva devant la façade de grès dépouillée. Mon Dieu, se dit-il en entrant, que l'argent peut être lourd !

Dès qu'il eut franchi la porte, il tendit son livret à un gardien armé, qui le conduisit dans un petit bureau privé. Un moment plus tard, une jeune femme employée de la banque vint l'y rejoindre. Il lui montra son livret Pass, établi au nom de Turktex, et ils entreprirent de trier les différentes devises et d'en compter la valeur en dollars, qui demeure la monnaie de référence sur le marché international.

Le total s'élevait à huit cent vingt-deux mille cinq cent trente dollars. L'employée remit à Babe un reçu, sur un formulaire de la banque, indiquant le numéro du compte et le nom de son titulaire, Turktex, puis elle appela un gardien armé pour transporter l'argent dans les coffres. Pendant ce temps, Osman rédigea un ordre demandant à la banque de transférer huit cent vingt mille dollars sur le compte de Turktex à la Sovereign Guarantee Trust Company des Caïmans.

Il remercia et s'en alla. L'opération n'avait pris qu'une vingtaine de minutes. L'argent serait expédié avant l'heure de fermeture. Et ce ne serait qu'une goutte d'eau dans le flot continu des transferts électroniques de fonds qui sillonnaient la planète quotidiennement par milliards de dollars. Babe savait que la Fincen, l'office américain de répression des délits financiers, et les vingt-huit brigades financières nationales se contentaient de traquer les transferts suspects de plus d'un million de dollars. Aussi veillait-il à toujours rester en dessous de ce seuil. Il savait aussi que la répression financière ne saisissait qu'un pour cent des revenus blanchis de la drogue, ce qui représentait moins d'un quart du montant de la commission qu'il avait versée pour changer ses livres en marks. Quel monde fantastique !

Sa dernière démarche, avant de repartir pour Amsterdam, consista à appeler Selim, le patriarche familial, à son Barcelona Gran Hotel d'Istanbul, pour lui indiquer le montant exact de la somme en partance pour les Caïmans.

Selim accueillit la nouvelle avec plaisir. Il était temps, désormais, de passer commande d'un nouveau contingent de morphine-base auprès du petit changeur d'argent chafouin du bazar, le dénommé Jaffar Bayhani. Le trafic de drogue ressemblait à un grand manège qui ne s'arrêtait jamais de tourner. La jeunesse d'Occident aux poches trop pleines en redemandait sans cesse, malgré les conséquences. Malheureusement, les gosses de riches de Turquie commençaient, eux aussi, à apprécier l'héroïne. Si cela prenait des proportions trop importantes, le gouvernement pourrait bien décider de démanteler les réseaux comme le sien. C'est pourquoi certains gros bonnets de la drogue, dont il était, s'efforçaient d'appliquer la règle d'or qui régissait autrefois la filière française : ne jamais vendre à ses compatriotes.

Il appela donc Bayhani à son officine.

— Cher ami, chantonna-t-il. Il me faudrait encore deux cents paires de chaussures, le plus vite possible.

— Nous y pourvoirons, avec l'aide de Dieu, promit Bayhani.

— Je fais transférer sur votre compte dès aujourd'hui un quart du prix d'achat et votre commission, comme d'habitude.

— Dieu vous bénisse, mon frère, et vous accorde ses dons de santé et de bonheur, roucoula Bayhani d'une voix tellement empressée qu'on aurait dit un prêtre remerciant un paroissien qui viendrait de lui acheter deux cents litres d'eau bénite.

Qui ce bonhomme peut-il bien être ? se demandait Selim Osman. Si seulement nous pouvions le court-circuiter, quelle économie ! Cela dit, il resterait toujours ces fichus Iraniens. Il était bien certain que la moitié des quatre mille dollars que lui coûtait chaque kilo de morphine-base partait dans leurs poches. Mais comment l'éviter ? Le moyen le plus sûr, le plus simple et le plus rapide d'importer le produit en Turquie est de passer par l'Iran.

Selim transmit à son mandataire l'ordre de transférer immédiatement deux cent quarante mille dollars sur le compte que détenait Bayhani dans une autre banque de ces îles et de répartir les cinq cent quatre-vingt mille dollars restants entre les cinq sociétés appartenant aux frères Osman, lesquelles réinvestiraient à leur tour ces fonds en biens immobiliers et valeurs boursières. À raison de quelques impulsions électroniques, d'ici quarante-huit heures, les huit cent vingt mille dollars de Babe Osman seraient devenus invisibles. L'institution légale qui serait en mesure de retrouver leur trace n'avait pas encore été inventée.

— Djailani ! Jack Lohnes s'éjecta à moitié de son siège en lisant le message Brainwave qu'on venait de lui transmettre. N'est-ce pas le type que Jim Duffy essaie de coincer ? Son vieux copain le Gucci Moudj, comme il dit, qui récupère la TVA sur la drogue en transit ?

— Lui-même, confirma son assistant.

— Duffy est toujours à Londres, n'est-ce pas ? Dites à Menwith Hill d'envoyer ce message et toutes les infos qui vont avec à leur correspondant de l'ambassade, à l'attention de Jim. Il s'interrompit un instant, le temps de laisser jaillir une idée. Autre chose. Demandez à la Fincen d'enfourner ces trois noms, Falcon, Acquisition et TW Holdings dans leur banque de données pour voir ce qu'il en sort. S'ils obtiennent un résultat, qu'on le communique à Duffy dans la minute.

— Je m'en occupe tout de suite, dit l'assistant de Lohnes en saisissant son téléphone.

Jim Duffy constata qu'il était plus difficile de se faire admettre dans la salle 4210, le bureau de liaison de Menwith Hill à l'ambassade américaine de Londres, que dans n'importe quelle pièce du siège de la CIA. Après trois contrôles d'identité et un balayage électronique de sa personne pour vérifier qu'il ne portait ni micro ni magnétophone camouflés sur lui, on le poussa enfin dans le bureau du représentant local de la NSA.

— Monsieur Duffy, Fort Meade vient de nous demander de vous montrer un message top secret qui a été intercepté et décodé par notre station de surveillance cette nuit.

En entendant les mots « Fort Meade » et « message intercepté » réunis dans la même phrase, Duffy eut un sursaut de dégoût au souvenir des heures d'ennui interminables passées à éplucher la récolte de la NSA au rez-de-chaussée de la CIA. Mon Dieu, préservez-moi, songea-t-il en saisissant l'enveloppe grise que lui tendait son interlocuteur.

Il y trouva une simple feuille de papier estampillée « TOP SECRET — CONFIDENTIEL BRAINWAVE ».

— Seigneur ! s'exclama-t-il en posant les yeux sur la phrase « l'étape suivante de l'opération Khalid ». D'où est-ce que ça vient ? demanda-t-il.

— Hambourg, en Allemagne. Le Forum Hotel.

— Quelle destination ?

— Une résidence privée de Téhéran dont, à vrai dire, nous ne savons absolument rien.

— Il n'y a pas de signature. Ni de nom de destinataire. Comment ça se fait ?

— Le texte était crypté selon un code exclusif auquel n'ont sans doute accès qu'un très petit nombre de personnes. Comme ils se connaissent tous, ils peuvent se passer de signer.

— Comment avez-vous réussi à percer ce code ?

Le correspondant de Menwith Hill esquissa un sourire.

— Confidentiel NSA, monsieur Duffy.

En d'autres termes, ce n'étaient pas ses oignons.

— On m'a chargé de vous remettre également un autre message. Il m'a été transmis via nos canaux protégés par votre siège de Langley. La Fincen a puisé dans sa base de données les renseignements concernant les trois sociétés citées dans ce document. Voici ce qu'elle a glané.

Il donna à Duffy une autre enveloppe grise. Elle contenait un mot de Lohnes lui retraçant les grandes lignes des recherches effectuées par la Fincen. Les trois sociétés avaient été créées et leurs statuts enregistrés au Panama, entre 1987 et 1995. La plus ancienne était Falcon. Dans les trois cas, les statuts avaient été déposés par le même cabinet juridique, Arosmena, Arias & Casals, qui avait pour adresse une boîte postale dans la ville de Panama.

Ce qui signifie, j'imagine, résuma Duffy, qu'une même personne se cache derrière les trois. Et si Falcon appartenait à Bollahi, dans ce cas, les deux autres aussi, non ?

La banque de données de la Fincen, continuait la missive de Lohnes, *ne fait apparaître aucune transaction effectuée au nom d'Acquisition ou de TW Holdings. En revanche, Falcon a participé à des négociations qui ont eu lieu en mars 1992, visant à acheter à Aerospace Systems, Inc., à Houston, Texas, des lampes de fusée employées dans les systèmes de guidage de missiles, et à les exporter en infraction aux lois américaines sur les contrôles d'exportation.*

Duffy remercia le correspondant de la NSA et alla retrouver Mike Flynn aux étages inférieurs.

— Ce doit être notre ami le Professeur Bollahi qui a envoyé ce message, vous ne croyez pas ? commenta Flynn dès que Duffy l'eut mis au courant. Qui d'autre ? La question est : est-il encore à son hôtel ? Et, dans ce cas, avons-nous des chances de l'y trouver ?

— J'en doute, répondit Duffy. Il est aussi insaisissable qu'une anguille.

— Vous devriez rameuter quelques personnes à Langley pour les lancer à ses trousses. Et, s'ils le trouvent, le placer sous surveillance discrète vingt-quatre heures sur vingt-quatre.

— Ça pose un problème, Mike.

— Ah oui ?

— La CIA ne peut mener une opération de cette ampleur sans faire appel au personnel du contre-espionnage allemand, leur BfV, *Bundesamt für Verfassungsshutz*, ce qu'ils appellent le Bureau pour la protection de la Constitution, à Cologne. Il faudrait alors leur expliquer ce qu'il se passe.

— Eh bien ?

— Langley ne voudra jamais. Nos relations avec nos cousins allemands ne sont pas excellentes. Ils ont une perception de la menace que font peser les mollahs sur le monde très différente de la nôtre. Ils ont pour principe de faire des affaires avec eux, en espérant qu'ils ne fabriqueront pas de bombes. Je crois que ce qu'ils craignent, à Langley, c'est qu'un membre du BfV n'avertisse le Professeur en douce. Lui conseille de quitter l'Allemagne.

— On ne pourrait pas leur présenter la chose sous l'angle des Stups ? Dire aux Chleuhs que le Professeur est impliqué dans des affaires de drogue ? Ce qui n'est pas totalement faux.

— Ouais. Ça pourrait marcher. Je vais y réfléchir, Mike. C'est cette phrase qui m'embête : « Je mettrai en œuvre sous peu l'étape suivante de l'opération Khalid. » Qu'est-ce que ça peut bien vouloir dire ?

Le vent d'ouest plaintif soufflant de l'Atlantique agitait les eaux du Shannon qui se hérissaient de vaguelettes et allait verser son crachin à l'intérieur des terres, sur Ennis, Limerick et l'aéroport international. De son bureau du Hall T53 situé dans la zone franche de l'aéroport, Jimmy Shea considérait d'un œil morne la bruine maritime qui enroulait ses volutes humides autour du bâtiment. Nous allons avoir de la bouillasse pendant au moins un mois, constata-t-il tristement.

Un temps à rester au coin du feu ou à se blottir dans la chaleur conviviale d'un pub avec une bonne bière. Perdu qu'il était dans ses sombres pensées, Shea n'entendit pas sa secrétaire l'appeler.

— Jimmy, téléphone. Un M. Steiner, d'Allemagne.

À la deuxième tentative, elle parvint à capter son attention. Steiner, se répéta-t-il en fouillant sa mémoire, qui cela peut-il bien être ? Il approchait le combiné de son oreille quand la réponse se fit jour : oui, c'était cet ingénieur de chez Haas qui s'était mis à son compte pour construire un laser plus performant. Il avait appelé sa société Lasertechnik. La rumeur prétendait que, comme beaucoup de ceux qui s'aventurent sur cette voie, il avait accumulé plus de dettes que de lasers.

— *Herr Steiner !* s'exclama-t-il avec toute la bienveillance empressée du commercial aguerri. Comment allez-vous depuis tout ce temps ?

— Bien, répondit Steiner. Vous vous souvenez que je vous avais parlé, il y a environ un an, de mon projet de laser super-puissant ?

— Oui, bien sûr.

— Le projet est resté quelque temps en suspens, mais les affaires ont repris. J'ai de nouveaux apports financiers et nous allons pouvoir nous y remettre.

— Ah, c'est unc grande nouvelle, monsieur Steiner. J'espère que EG&G aura sa place dans vos activités futures.

— Certainement. À vrai dire, c'est la raison de mon appel. Je voudrais vous passer commande de soixante-quinze thyratrons, modèle HY53.

Shea se raidit sur son siège. À trois mille dollars pièce, cela représentait un contrat intéressant. Jusqu'à présent, il s'était contenté d'un ton de politesse obligatoire. Mais, là, l'Allemand méritait toute son attention.

— Nous serons ravis de vous les fournir. Si vous voulez bien me confirmer par fax, votre commande sera transmise à Salem avant ce soir.

— Merveilleux. Je travaille aussi avec des membres de la faculté de médecine sur un projet annexe. Nous essayons de mettre au point un laser ultra-rapide qui aurait des applications en chirurgie de la peau. Il permettrait en particulier de supprimer les taches pigmentaires sur le visage. Si notre entreprise aboutit, je crois que nous pouvons révolutionner la chirurgie esthétique.

— Si vous réussissez, ce serait en effet un grand progrès pour l'humanité.

— Je pense que nous pouvons y arriver. Cela va demander beaucoup de travail et toute une phase d'expérimentation. Mon idée consiste à placer un cristal de sodium dans une cavité pouvant absorber six à sept kilovolts et à maintenir le plan de polarisation de façon à empêcher le rayon de sortir de la cavité tant qu'on n'y a pas accumulé un maximum de photons. Après quoi nous utiliserons un Pockelcell pour projeter cette énergie concentrée en une pulsation laser d'une durée inférieure à deux nanosecondes. Pas même des microsecondes.

Shea, qui était titulaire d'un doctorat en ingénierie électrique, possédait plus que des notions de la technologie des lasers.

— Oui, approuva-t-il. Ça devrait fonctionner.

— J'espère bien. Seulement, pour cela, nous aurons besoin de vos krytrons KN22B. J'aimerais donc, en plus des soixante-quinze thyratrons, vous commander aussi une douzaine de KN22B.

— Pas de problème, Herr Steiner. Vous n'ignorez pas qu'en raison de leurs applications éventuelles dans le domaine nucléaire nous devons obtenir une licence d'exportation du ministère américain du Commerce pour ces articles.

— Naturellement, je comprends.

— Il faudra donc nous remettre un formulaire de demande de licence d'exportation dûment rempli, avec une déclaration indiquant où et à quelles fins seront employés ces krytrons.

— Il ne devrait pas y avoir de problème, puisqu'ils sont destinés à l'Allemagne. Si vous voulez bien m'envoyer par télécopie les documents nécessaires, je les complète et je vous les retourne demain matin avec la confirmation de la commande et un chèque d'acompte. Est-ce que vingt-cinq pour cent vous conviendraient ?

— Ce sera parfait. Je vous envoie tout ça et nous nous occupons de votre commande.

— Très bien. Combien de temps faut-il compter, à votre avis ?

— Oh, ce ne sera pas très long. Trois à cinq semaines.

Paul Glynn, l'« Irlandais » des frères Osman, longeait la gare centrale d'Amsterdam, conformément aux instructions. Il s'engagea dans le Damrack et se mit en quête de l'hôtel Van der Helder. Les trottoirs grouillaient de touristes, de jeunes routards pour la plupart. L'avenue s'étirait en bordure d'un chenal jalonné de bateaux à l'ancre dont les capitaines vantaient à tue-tête les charmes d'une promenade sur les canaux de la Venise du Nord avec l'enthousiasme factice de bonimenteurs de carnaval.

Il passa devant la pizzeria Marco Polo, le restaurant indochinois, l'agence de voyages Malibu et ses promesses de « vols les moins chers pour toutes les destinations du monde », le musée du sexe à travers les âges et le musée de la torture. Au moins, se dit Glynn, s'il avait du temps à perdre en attendant de récupérer sa came, il aurait de quoi s'occuper. Il trouva enfin l'hôtel au numéro 34. Il occupait les étages qui surmontaient l'agence de voyages Nouvelle Asie. Le patron lui donna une chambre avec douche et petit déjeuner complet à cinquante florins la nuit. Heureusement qu'il ne traînait pas à ses basques une greluche à épater. Ce bouge présentait néanmoins un avantage. Les Stups hollandais, comme ceux du monde entier, s'imaginaient que les dealers menaient grand train. C'était donc le dernier endroit où on viendrait le chercher.

Glynn s'installa dans sa chambre et composa le numéro que lui avait indiqué Babe Osman. Quand le messager de poche répondit, il expédia son numéro de chambre, puis il s'allongea sur son lit pour faire un somme.

Dans ses bureaux de la Turktex au 36A, Papaverweg, Abdullah Osman portait son récepteur à sa ceinture. Il y posa les yeux et leva les bras au ciel avec désespoir. Il était débordé de travail. Il n'avait jamais fini. À peine ses frères lui livraient-ils un chargement qu'il s'évaporait à la minute et ses sous-traitants le harcelaient déjà pour obtenir un réapprovisionnement.

On croyait que les dealers avaient une existence dorée, qu'il leur suffisait de vendre un peu de dope une fois par hasard et de se la couler douce le reste du temps. Pas du tout. Ils se rongeaient de stress et d'angoisse et ne connaissaient pas une minute de répit. Abdullah avala le cachet que lui avait prescrit son médecin pour soigner son ulcère à l'estomac.

Il se donnait un mal de chien pour organiser le voyage des deux danseurs pornos qui devaient apporter ses cent kilos de came à Babe, à Londres. Son jeune frère lui avait redit que ça devenait urgent. Mais ce n'était pas une mince affaire.

Ils avaient mis au point un système assez efficace pour éviter les douanes de Sa Majesté. Babe avait la part belle dans l'histoire. Il allait acheter une vieille voiture, qu'il payait cinq cents livres cash, chez un revendeur du nord de Londres, Honest Hikmet par exemple, et il partait avec. Il n'était pas obligé de décliner son identité pour effectuer son achat. Honest Hikmet lui donnait les papiers du véhicule, encore établis au nom du précédent propriétaire. Babe avait une semaine pour aller payer sa taxe au bureau des immatriculations et modifier la carte grise. Naturellement, il ne prenait pas cette peine. Il laissait la voiture garée quelque part et attendait la livraison d'Abdullah.

À Amsterdam, Abdullah avait la tâche moins facile. C'était à lui de recruter les « mules » pour le transport. Il ne s'en chargeait pas directement. C'était trop risqué. Il confiait ce rôle à un « rabatteur », un Hollandais qui maquereautait trois racoleuses de vitrine du quartier chaud de la ville. Le rabatteur recevait dix mille dollars par chargement, les mules quarante mille, la moitié au départ, le reste à l'arrivée. Il n'employait jamais les mêmes mules deux fois de suite et ne leur laissait jamais voir son visage. Évidemment, l'idéal serait de pouvoir confier les colis à des enseignantes à la retraite, d'adorables vieilles dames que les douaniers anglais laisseraient passer avec le sourire. Mais ce n'était pas le genre de fréquentation qu'entretenait le rabatteur dans son quartier de Warmoesstrasse. Ses relations se composaient plutôt de strip-teaseuses, de prostituées et de camés.

Quand les mules étaient prêtes à partir, le rabatteur leur empruntait leur voiture pour une heure ou deux et chargeait la came dans des valises qu'il plaçait dans le coffre avant de la leur rendre, avec un billet pour le ferry Calais-Douvres et un numéro de téléphone. C'était tout. Pas de nom, pas d'adresse, seulement ce numéro qui appartenait à un portable cloné que la police ne pourrait donc pas retrouver en cas de débandade.

Ce que les mules ne savaient pas, c'était qu'un inconnu embarquerait dans le ferry en même temps qu'elles pour s'assurer qu'elles franchiraient la douane sans accroc. Dans ce cas, il appelait Babe à Londres pour lui donner le feu vert. Babe, contacté par ses transporteurs sur son téléphone cloné, leur décrivait la voiture d'occasion achetée chez Honest Hikmet, en leur indiquant le numéro minéralogique, et leur fixait un rendez-vous pour récupérer la marchandise. Il choisissait volontiers les stations-service qui longeaient les autoroutes convergeant vers Londres, où les conducteurs peuvent s'arrêter, faire le plein et se restaurer. Les clés de la voiture se trouveront dans le pot d'échappement, leur disait-il. Prenez-les, mettez la marchandise dans le coffre et filez.

Babe s'y rendait dans sa voiture d'occasion, la garait, assistait à l'échange de loin, généralement d'une fenêtre de la cafétéria, pour parer à une éventuelle intervention de la police.

Comme il arrive souvent avant le départ, les danseurs belges assommaient le rabatteur d'Abdullah de questions. Et si les douaniers trouvent la came ? Qu'est-ce qu'ils devront dire ? Ce qu'ils veulent, gueulait Abdullah par rabatteur interposé. Ils seront logés dix ans dans une prison anglaise. Pourquoi croient-ils qu'on les paie ce prix-là ? Et comme s'il n'avait pas assez de ces imbéciles pour lui taper sur les nerfs, deux de ses meilleurs clients de Rotterdam demandaient un réapprovisionnement de toute urgence. Le premier, qu'il avait surnommé « le Turc invisible », régentait un bataillon de dealers originaires du Maroc et du Surinam à Spangen, un quartier déshérité qui comptait sans doute plus de vendeurs de drogue que d'épiciers. L'autre répondait au sobriquet de « Frenchy », parce que l'essentiel de sa clientèle était constitué de dealers français qui venaient s'approvisionner en Hollande, là où l'on trouve de la came tant qu'on veut à des prix imbattables.

Ce trafic coïncidait avec un phénomène apparu récemment, désigné sous le nom de « narco-tourisme ». Il se manifestait à deux niveaux. Il s'épanouissait, à la base, dans les quartiers chauds d'Amsterdam et de Rotterdam. La police d'Amsterdam dénombrait 4 à 5 000 petits dealers pratiquant la vente à la sauvette. Ils vendaient l'héroïne par « dose » d'un demi-gramme à 25 florins aux drogués du coin et aux Anglais, Allemands, Français, Espagnols et Belges, toxicomanes ou en passe de le devenir, qui grouillaient là où la came coûtait trois à quatre fois moins cher qu'à Paris, Berlin ou Barcelone.

Le vrai narco-tourisme, celui qui permettait à Abdullah d'alimenter les caisses du clan Osman, s'exerçait selon les modalités plus sophistiquées du côté de Rotterdam, d'Arnhem ou de Maastricht. Là, l'héroïne se négociait au kilo. Abdullah la vendait à Frenchy 15 000 dollars le kilo. Une partie des clients français de Frenchy arrivaient de Paris, Lille, Calais ou Lyon en voiture, achetaient pour 25 ou 28 000 dollars de drogue, selon la quantité, et repartaient comme ils étaient venus, avec leur acquisition dans leur coffre, profitant de l'absence de contrôles aux frontières entre la France, la Belgique et la Hollande, stipulée par les accords de Schengen. De retour à Paris, le kilo de drogue, divisé en sachets d'un gramme ou d'un demi-gramme, leur rapportait un bénéfice de 100 000 dollars à la revente sur les boulevards de la Ville Lumière.

D'autres effectuaient le voyage en train. Le client débarquait accompagné d'un toxico, une femme de préférence, qui acceptait de se charger du transport en échange d'un approvisionnement gratuit. Frenchy et son acheteur lui scotchaient un paquet de 500 grammes sur chaque jambe et la revêtaient d'une longue jupe ample. Pendant le trajet de retour, le dealer s'installait à distance raisonnable de sa mule pour la tenir à l'œil. Si elle se faisait prendre à l'occasion d'un contrôle de douane imprévu, il disparaissait et la laissait assumer seule les conséquences de ses actes.

Abdullah Osman engloutit un autre cachet. Comment pouvait-il trouver la came que lui réclamait Frenchy, aider son rabatteur à calmer les deux froussards qui paniquaient dans leur sex-club, approvisionner l'un au moins de ses dealers d'Amsterdam, tout cela en quarante-huit heures ? C'était trop pour un seul homme ! Et puis il y avait cet Irlandais dont il fallait qu'il s'occupe. Quel métier ! grommela-t-il en quittant son bureau pour monter dans sa voiture.

Il se rendit dans le centre-ville pour appeler le Van der helder d'une cabine publique plantée sur un quai en bordure du canal qui longeait la rue, en face de l'hôtel.

— Qui est à l'appareil ? demanda-t-il quand il entendit décrocher.

— Paul.

— Bon. Ici Hallis. Écoutez bien. Il y a un bistrot, le Hooters, près de votre hôtel. Allez-y dans une demi-heure exactement. Installez-vous à une table et commandez un café. Je vous y rejoindrai.

Cela laissait à Abdullah une demi-heure pour se poster dans le café et vérifier que la police ne comptait pas l'y prendre sur le fait. Il reconnut l'Irlandais quand il sortit de l'hôtel grâce à la description que lui en avait donnée son frère. Apparemment, il n'avait pas été suivi. Il attendit cinq minutes avant de l'aborder. L'Irlandais buvait son café en lorgnant une adolescente qui se dandinait à côté de lui, un casque de baladeur rivé aux oreilles, en fumant ostensiblement un joint.

— Paul, murmura Abdullah, allons faire un tour.

Il le ramena dans les parages de la gare centrale, devant le parking permanent dont l'entrée s'ouvre dans un coude du canal de Het Ji, en face de la gare.

— À dix heures précises demain matin, vous entrerez là-dedans. Vous descendrez au deuxième sous-sol et vous vous garerez. Vous laisserez les clés de votre voiture dans le pot d'échappement et vous ressortirez pour aller vous asseoir dans ce café, là. Abdullah lui désignait le café Karpershoek. C'est le plus vieux troquet d'Amsterdam. Prenez un café, une bière, une tarte aux pommes, ce que vous voudrez. Restez-y trois quarts d'heure. Alors, vous pourrez aller récupérer votre voiture. La came se trouvera dans le coffre. Vous n'aurez plus qu'à rentrer chez vous.

— Et s'il y a un problème ?

— Il n'y aura pas de problème. Vous avez le numéro de mon messager de poche, de toute façon. Abdullah lui tendit la main. Ravi de faire affaire avec vous.

Il tourna les talons et disparut. Il ne tenait pas à prolonger plus que nécessaire ses relations avec les clients. Si quelqu'un devait dorloter ce chaland, c'était à Babe de s'en charger à Londres.

Le lendemain de son coup de téléphone à Jimmy Shea, Herr Steiner expédiait en urgent son dossier constitué au commercial d'EG&G à ses bureaux de la zone franche de l'aéroport international de Shannon. Shea ouvrit l'enveloppe d'un geste impatient. Tout y était : la confirmation de la commande de soixante-quinze thyratrons HY53 et de douze krytrons KN22B, un chèque certifié de soixante-deux mille cinq cents dollars et les deux documents nécessaires à l'obtention de la licence d'exportation américaine pour les krytrons, signés de la main de Steiner et oblitérés du cachet de Lasertechnik.

Shea détacha le premier document. Il se présentait sous la forme d'une lettre type qu'adressait EG & G à tous les acheteurs potentiels de krytrons.

Comme vous le savez peut-être, disait le texte, *le commerce international des krytrons est soumis aux réglementations relatives à la non-prolifération des armes nucléaires. Nos clients doivent donc nous remettre une déclaration indiquant l'usage auquel ils les destinent.*

Les krytrons peuvent être expédiés librement, dans les conditions normales d'exportation, vers les pays signataires de la convention pour la protection antinucléaire dont la liste est jointe. Veuillez noter toutefois que les exportations vers les autres pays doivent faire l'objet d'une autorisation du département du Commerce des États-Unis et des autorités allemandes compétentes.

Steiner avait signé ce papier pour manifester son accord.

Le deuxième document était une lettre de Steiner adressée à EG&G, rédigée sur papier à en-tête de Lasertechnik.

Nous certifions que les krytrons sont destinés à un laser NYDAG à cristal de sodium visant à expérimenter un laser de puissance à pulsation courte employé en chirurgie faciale.

Nous certifions en outre que ces krytrons sont destinés à l'Allemagne où ils seront utilisés.

Ces deux déclarations paraissaient conformes, constata Shea après les avoir lues attentivement. Malgré tout, cette histoire de krytrons le laissait perplexe. Depuis un paquet d'années qu'il travaillait dans les bureaux de EG&G à Shannon, il n'avait jamais vendu plus de cinq krytrons à la fois, et encore à des sociétés américaines installées en Europe qui s'en servaient comme détonateurs de charges explosives non nucléaires.

Il apporta le dossier à son collègue, Greg Hickey. Ils avaient déjà discuté de cette commande exceptionnelle. Hickey examina les formulaires.

— Oui, soupira-t-il, un quart de million de dollars. Ce n'est pas rien. Le dossier est au point. L'usage auquel il destine ces krytrons me semble parfaitement légitime. Et pourtant...

Il fronça les sourcils.

— On devrait appeler Johannes.

Johannes Schmidt était l'un des organisateurs de la Biennale des lasers à Munich. L'industrie du laser constituait un univers restreint. Tous les protagonistes se connaissaient plus ou moins entre eux. Schmidt avait la réputation de tout savoir sur tout le monde.

Un quart d'heure plus tard, Hickey venait au rapport.

— L'histoire de Steiner tient la route, annonça-t-il. D'après Johannes, il s'est trouvé un bon ange, un Allemand tombé du ciel avec un bon magot.

— On transmet la commande à Salem, alors ?

— Oui. Je ne vois pas ce qu'on peut faire d'autre, admit Hickey. Sauf peut-être la signaler à Paul Aspen. Qu'il y jette un coup d'œil avant qu'elle suive son cours.

Dieu merci, on est vendredi. Paul Aspen s'assit rageusement devant la pyramide de papiers qui encombrait son bureau. Y a-t-il vraiment de quoi remercier Dieu, bougonnait-il intérieurement. La météo de l'aéroport de Logan Boston annonçait quinze centimètres de neige pour le week-end, sa dernière fille Jennie venait d'attraper les oreillons et les Celtics de Boston de gâcher leur dernière chance de sélection.

Il attira à lui le tas de dossiers avec un grand soupir et appela Angela, sa secrétaire, pour lui demander son café du matin.

— Double ration aujourd'hui, précisa-t-il.

Le premier dossier de la pile venait de Shannon. Il se demandait bien pourquoi cette commande aboutissait sur son bureau au lieu de suivre la voie normale. Il ne lui fallut pas plus de trois minutes pour connaître la réponse.

— Angela ! hurla-t-il. Laissez tomber le café. Passez-moi plutôt Leigh Stein du secrétariat à l'Énergie. Immédiatement. Dites-lui que c'est urgent.

Aspen fut étonné de la rapidité de réaction des autorités. L'affaire devait être sérieuse car, dix minutes après son coup de fil à Stein, il recevait un appel de Londres de Duffy, le type qui était venu se renseigner sur les krytrons.

— Je vous remercie infiniment d'avoir averti M. Stein, lui dit Duffy. Nous ne sommes pas sur ligne protégée, je n'entrerai donc pas dans les détails, mais je voulais juste vérifier quelque chose. La société qui a passé cette commande s'appelle Lasertechnik, n'est-ce pas ? Elle est basée à Hambourg, en Allemagne ?

Aspen consulta ses papiers.

— Le nom est exact, mais la société se trouve à Pinneberg. Je crois que c'est un peu au nord de Hambourg.

— Parfait. Puis-je vous demander un service ? J'aimerais que vous mettiez cette commande de côté en attendant que je reprenne contact avec vous.

De Londres, Jim Duffy appela ensuite le chef d'antenne de la CIA à Bonn sur ligne protégée. Au moins, cette situation ne posait pas de problèmes de protocole délicats l'obligeant à coordonner son action avec les renseignements allemands.

— Dites-moi, demanda-t-il à son correspondant, nous avons du monde à Hambourg ?

— Vous plaisantez ! Vous avez vu comment le Congrès a rogné notre budget !

— Peu importe. Adressez-vous au consulat. Qu'ils envoient un de leurs employés au registre du commerce de la ville de Pinneberg. Je veux qu'il me rapporte tous les renseignements concernant une société appelée Lasertechnik.

— Vous les voulez pour quand ?

— Avant-hier.

— Mon Dieu, Jim, mais le consul va avoir une attaque quand je vais lui dire ça.

— Tant pis. Vous lui dites d'y aller lui-même au besoin, mais que ce doit être fait tout de suite immédiatemcnt. Il pcut rcmettre à plus tard toutes les réunions capitales qu'il avait prévues avec ses buveurs de bière. C'est ça ou il se prépare à ouvrir un consulat à Oulan Bator.

Il faut croire que Duffy avait réussi à se montrer assez persuasif, car, moins d'une heure plus tard, le chef d'antenne le rappelait.

— La société Lasertechnik appartient à cinquante pour cent à son fondateur, un Allemand du nom de Steiner. Les cinquante pour cent restants viennent d'être rachetés par une de ces sociétés fantômes du Liechtenstein qui s'appelle TW Holdings.

— Ouais ! s'écria Duffy. Merci, mon vieux. Je vous ferai décerner une médaille pour ça.

Quelques secondes plus tard, il fonçait vers l'agence de voyages de l'ambassade. Aujourd'hui, songea-t-il en pouffant de rire, l'oncle Sam ne demandera pas mieux que de nous rapatrier, Flynn et moi, en Concorde.

Le flot de voitures dégorgé par le ferry s'écoulait lentement sur le quai de débarquement de Douvres. Elles étaient dirigées, à leur sortie, vers l'une des six files d'attente alignées pour le passage à la douane et à l'immigration. Lorsque leur Peugeot 306 émergea au sommet de la rampe pour aller se placer dans une rangée, Lise Volter serra la main de son petit ami, Ralph Routh.

— Ralphie, j'ai peur.

— Mais non, ma chérie. Ça va être du gâteau, comme on dit dans les films américains.

— Qu'est-ce qu'on dit à la douane ?

— Rien. Laisse-moi faire. Contente-toi de me regarder avec ton air alangui de fille qui vient de connaître le plus bel orgasme de sa vie.

— Comme au night-club ? demanda-t-elle en ricanant.

— En un peu plus réaliste si possible, dit-il avec un sourire moqueur. Dix ans, c'est long !

Arrivé au guichet, il abaissa sa vitre et tendit leurs cartes d'identité belges.

— Bonjour, lança le douanier d'un ton enjoué. Où allez-vous, jeunes gens ?

— À Londres pour le week-end, répondit Ralph d'un air aimable. Écoutez un peu de musique.

Le douanier lui rendit ses papiers. Ralph les donna à Lise en lui adressant un clin d'œil qui voulait dire : « Tu vois, ce n'est pas plus compliqué que ça. »

Le douanier lui désigna alors la pancarte verte qui énonçait les marchandises illégales et celles qui devaient être déclarées.

— Vous êtes dans la zone « rien à déclarer ». Vous savez ce que cela implique, je suppose.

— Oh oui, assura Ralph.

— Bien. Je vais vous demander de vous ranger sur le côté, s'il vous plaît.

Une ombre d'inquiétude balaya le sourire préfabriqué de Ralph.

— Il y a un problème ?

Lise crispa les orteils de son pied gauche. Sous le sparadrap qui enveloppait son petit orteil, elle avait plaqué le bout de papier sur lequel elle avait inscrit le numéro de téléphone à appeler quand ils auraient franchi la douane.

— Visite de routine, leur lança le douanier.

Deux de ses collègues surgirent du bâtiment au moment où Ralph se garait. Ils firent le tour de la voiture en examinant l'intérieur. Puis l'un d'eux demanda :

— Vous voulez bien ouvrir le coffre, je vous prie ?

Ralph obéit. Il contenait trois valises, la sienne, celle de Lise et une plus grande renfermant l'héroïne.

— C'est à vous ? s'informa l'homme poliment.

C'était l'instant critique. Ralph savait qu'il jouait là dix ans de sa vie. Mais que pouvait-il faire ? Garde ton sang-froid, se répétait-il, restons calme.

— Oui, répondit-il, la gorge serrée et la voix soudain rauque.

— Pouvez-vous les ouvrir ?

Ralph commença par celle de Lise, dans l'espoir que la vue de ses dessous de soie affriolants apaiserait leurs soupçons.

Il n'en fut rien.

L'un des douaniers pointa le doigt vers la grande valise.

— Et celle-ci ?

Les mains tremblantes, Ralph dégrafa la courroie de cuir et souleva le couvercle. Les sachets de drogue enveloppés de ruban adhésif apparurent, soigneusement alignés en rangs superposés.

— C'est quoi, ça ?

— Je... je ne sais pas, bégaya Ralph.

— Du sucre, probablement. Vous en mettez tant que ça dans votre thé ?

— Je ne sais pas d'où ça sort. Il devrait y avoir mes affaires.

Le douanier réprima un sourire. C'était ce qu'ils disaient tous.

— C'est sans doute un lutin qui vous a joué un tour. Il prit un sachet. Je vais vous demander de me suivre, monsieur.

— Où ? souffla-t-il dans un murmure étranglé.

— Nous allons analyser cette substance. Pour savoir ce que c'est.

Lise s'était tassée sur le siège, les bras croisés sur le ventre, luttant pour ne pas éclater en sanglots. Dix ans. Cette pensée l'obsédait. Dix ans en prison. Elle dirait que c'était la faute de son compagnon, qu'elle n'était au courant de rien. Mais il y avait ce petit bout de papier coincé sous son bas. Il fallait qu'elle s'en débarrasse. Après, elle pourrait leur dire tout ce qu'ils voulaient savoir.

Dans le bâtiment des douanes, l'un des agents prit, dans une sorte d'armoire à pharmacie, un flacon de verre à moitié plein d'un liquide transparent. Il l'ouvrit, préleva une pincée de poudre dans le sachet de plastique et suspendit son geste.

— Monsieur, dit-il à Ralph. Je m'apprête à effectuer le test du Marquis Reagent qui va me permettre de détecter la présence éventuelle d'opiacés dans cette poudre.

Il lâcha sa pincée dans le flacon et agita la mixture. Pendant quelques secondes, il ne se passa rien. Puis le liquide laiteux se colora d'une ravissante teinte violette.

— Monsieur, annonça-t-il, c'est de l'héroïne que vous transportez dans ces sachets. Vous êtes en état d'arrestation pour tentative d'importation de drogues illicites sur le territoire du Royaume-Uni. Souhaitez-vous faire appel à un avocat ?

La saisie sur les quais de Douvres de cent kilos d'héroïne, d'une valeur estimée à la vente de dix millions de livres sterling, alimenta les gros titres de l'*Evening Standard* et donna lieu à d'abondants commentaires dans les journaux télévisés du soir. L'homme à qui était destinée cette héroïne sautait d'une chaîne à l'autre et les écoutait toutes à la fois, envahi d'un sentiment de dépit et de colère mêlés. Un douanier perspicace avait été intrigué par le comportement du couple de trafiquants, expliquait un présentateur.

— Un douanier perspicace, mon cul ! marmonna Babe Osman.

C'était le baratin que les services de douanes racontaient à la presse pour tairc la vérité, à savoir qu'ils avaient été avertis par un informateur. S'ils l'admettaient publiquement, les avocats exigeraient sa présence au procès et il ne leur serait plus d'aucune utilité.

C'était une belle catastrophe ! Jamais, nulle part, la police n'avait saisi même un gramme d'héroïne de la famille Osman. C'était la première fois. Cent kilos d'un coup ! On se fichait du prix à la vente dans les rues. Pour Babe et ses frères, c'était un million et demi de livres qui partaient en fumée.

Quelqu'un avait vendu la mèche. Ce n'était pas possible autrement. Qui était le traître ? Ce devait être le rabatteur qu'Abdullah chargeait à Amsterdam du recrutement des mules.

— Fumier !

Dans le salon voisin de la salle de télé, ses deux fils gloussaient en faisant leurs devoirs.

— Papa n'est pas content, chuchota l'aîné.

Babe abattit son poing dans sa paume. Il fallait mettre ce foutu rabatteur hors d'état de nuire avant qu'il aille bazarder toute la famille aux flics et bousiller leur belle organisation.

Vendredi soir et un autre week-end en perspective. Dans le quartier de Strasbourg-Saint-Denis à Paris, autour de la Plaza Mayor de Madrid et de la gare centrale de Francfort, à la station Saint Paoli de Hambourg, à Alphabet City dans le Lower East Side de New York, à Bedford Stuyvesant à Brooklyn et entre les façades délabrées du South Bronx, les dealers étaient sur le pied de guerre, prêts à vanter en sourdine les merveilles de leur fonds de commerce aux passants innombrables qui fourmillaient dans les rues en quête de plaisirs mémorables.

À Londres, Eddie Foulkes, « Eddie le Rastaquouère » comme l'appelaient ses clients à cause du grand chapeau mou à large bord qu'il portait vissé sur la tête, se préparait à passer l'action. Il ne risquait pas la rupture de stock, pas cette nuit. Il s'était procuré un demi-kilo de came auprès de son fournisseur favori, Paul Glynn, l'« Irlandais ». Glynn en avait toujours de la bonne, toute fraîche, arrivée de Turquie.

Il venait de constater la qualité exceptionnelle de la dernière livraison de Glynn grâce à une petite manipulation chimique un peu plus rudimentaire que le test du Marquis Reagent cher aux douanes et à la police, mais non moins efficace. Il avait répandu une pincée de poudre sur une feuille de papier d'argent qu'il avait chauffée à la flamme d'un briquet. La poudre avait fondu et il avait examiné le liquide qui en résultait. Plus il était clair, plus la dope était pure. Cette fois, il avait obtenu un liquide aussi transparent qu'une eau d'Évian, signe qu'il était en présence d'un produit très haut de gamme.

Il aurait pu allonger la sauce, en un mot couper la came, mais Eddie le Rastaquouère plaçait sa fierté dans la qualité de sa marchandise. Avec ce truc, ses clients chevaucheraient les cimes pendant des heures... et se souviendraient au réveil de celui à qui ils le devaient.

Sauf qu'ils étaient de plus en plus rares à se shooter. Les nouveaux sniffaient et fumaient. Les choses avaient radicalement changé depuis quatre ou cinq ans. Dans le temps, il avait un noyau fixe de fidèles, tous accros, qui entretenaient une consommation régulière. Il savait qu'il vendrait toujours à peu près à la même clientèle. Fini, ça. Maintenant, c'était comme au supermarché, le cohue le week-end et les journées creuses pendant la semaine.

Avec soin, presque avec amour, Eddie pesa l'héroïne gramme par gramme sur sa balance et la répartit dans de petits sachets transparents qu'il fermait hermétiquement avec un bout de scotch. Certains crétins vendaient leur came quarante-cinq ou cinquante livres. Celle-là en valait au moins soixante ou soixante-dix le sachet.

Bien, bien, songea Eddie en scellant le dernier sachet, voici Eddie le Rastaquouère. Bonnes gens, vous allez voir ce que vous allez voir.

Vingt minutes plus tard, il émergeait de la station de métro de Earl's Court, prêt à arpenter le pavé de sa paroisse, grand prêtre d'une nouvelle religion incontestablement laïque. Il commença par aller déposer la presque totalité des trente sachets qu'il espérait écouler pendant la nuit dans le placard fermé à clé de la chambre qu'il louait au rez-de-chaussée d'un *bed and breakfast* de Earl's Court Square.

Puis il partit en patrouille dans le quartier, longea les successions de petits meublés dont les pensionnaires prenaient le frais ou contemplaient la nuit sur les perrons, remonta vers Exhibition Hall, reprit Earl's Court en s'arrêtant dans les bistrots, les cafés, les pubs, même les librairies. Après tout, les intellos aussi s'envoyaient une dose de temps en temps. Il sortait de la librairie de Waterstone justement et se dirigeait vers la station de métro quand il reconnut une silhouette familière à quelques pas devant lui. Nom de Zeus, c'était l'Américaine, la blondasse qui baissait culotte pour se payer sa dope. Et elle s'en payait une sacrée quantité ! Deux, trois sachets, presque deux cents livres dans la poche du brave Eddie tous les jours. Et puis, tout à coup, pouf ! disparue. Elle avait dû se faire pincer pour racolage, c'était du moins ce qu'avait pensé Eddie.

Il hâta l'allure et finit par se trouver à sa hauteur. Ils marchaient côte à côte.

— Hé, jolie dame, murmura-t-il, comment va ? Où étais-tu passée ?

Belinda Flynn posa sur lui un regard médusé.

— J'ai lâché, Eddie. Je suis en désintoxe.

— Hé, dis donc, c'est super. Depuis combien de temps t'en as pas pris ?

— Trois mois.

— Ben, mon vieux. Eddie afficha ses canines dans une tentative de sourire affectueux qui ressemblait plutôt au rictus de Dracula. Trois mois. Si t'y reviens maintenant, tu repars au septième ciel direct.

— Je n'ai pas l'intention de retomber, Eddie.

Ouais, pensait le dealer. Ils disent tous ça. Jusqu'au jour où ils craquent. Elle portait un manteau de cachemire poil de chameau serré à la taille, avec deux grandes poches béantes sous la ceinture. Eddie y glissa subrepticement un sachet de sa réserve.

— C'est de l'extra que j'ai en ce moment, murmura-t-il. Un petit cadeau de la part de ton vieux pote Eddie, des fois que t'aurais besoin d'un petit remontant.

— Je t'ai dit, j'ai lâché, se fâcha Belinda.

— Ouais, je comprends bien. En tout cas, si t'as besoin de moi, tu sais où me trouver, susurra le dealer avant de se dissoudre dans la cohue qui s'épanchait de la bouche de métro.

Belinda le regarda s'éloigner, la main sur le sachet couché au fond de sa poche. Qu'est-ce que tu fais là ? lui reprochait une voix intérieure. Pourquoi te promènes-tu dans ce quartier ? Tu ne vas tout de même pas replonger parce qu'un dealer te fourre un peu de blanche dans la poche ? Jette-la, vite, avant qu'il soit trop tard.

De l'autre côté de la Manche, dans la capitale française, se déroulait une scène tout à fait différente. À vingt-six ans, Céline Nemours s'était établie cantinière d'une petite réunion hebdomadaire qui avait lieu tous les vendredis soir. Son but : rassembler quelques amis, âgés de dix-huit à vingt-cinq ans, pour partager ensemble les doux plaisirs de la sniffe.

Ils avaient tous suivi le même itinéraire, le hasch, puis les pilules d'ecstasy avec leurs délires et, maintenant, la divagation plus sereine engendrée par l'héroïne. Céline était chargée de se procurer la came. C'était devenu « super-facile ». Elle n'avait qu'à appeler le messager de poche de son fournisseur sur son téléphone mobile. Elle tapait le numéro de code personnel qu'il lui avait attribué, le 32, et elle raccrochait. Quelques minutes plus tard, il la rappelait d'une cabine téléphonique et ils convenaient d'un lieu de rendez-vous où ils échangeraient la marchandise contre l'argent.

C'était bien différent de ce qu'elle avait connu à ses débuts, en 1992. À l'époque, elle devait se rendre avec son ami portugais rue Marcadet, dans le XVIIIe arrondissement, un quartier miteux grouillant de putes et de camés. Ils allaient acheter leur dose dans un petit immeuble minable, dont les chambres de bonne étaient occupées par toute une faune de dealers sénégalais et guinéens. Elle avait l'impression de pénétrer dans un bazar du Centrafrique. Maintenant, il suffisait de s'en remettre à la magie des moyens modernes de communication.

La soirée démarra à dix heures, comme d'habitude. Ils commencèrent par rire et bavarder autour d'un repas léger mais bien arrosé. Pendant que les filles rangeaient la vaisselle, Céline mit un disque techno et, au lieu du café traditionnel, distribua les sachets de poudre.

Rien à voir avec les séances d'avant, où on se piquait et où chacun restait à l'écart dans l'isolement de sa torpeur. Là, c'était un moment de partage interactif, qu'on savourait avec les autres, à coups de mots et de caresses. Ils ne portaient pas sur eux l'odeur rance des camés d'autrefois.

Et puis, se persuadait Céline, ce n'est pas avec une prise par semaine, ni même deux, qu'on devient accro. Alors, profitons-en.

Elle était souvent la seule Blanche dans ces parages comprimés entre la 125e et Park Avenue quand elle venait y flâner en quête de quelques sachets d'héroïne. Curieusement, elle aimait bien ces incursions à la frange du Harlem hispanique de New York. Elle avait la sensation de flirter avec le danger, d'entrer dans le monde interdit de l'illégalité, de risquer ce que ses anciennes camarades des universités chics n'oseraient jamais tenter. Cela faisait partie d'un charme obscur et mystérieux lié à l'usage de l'héroïne.

Normalement, c'était son mari qui allait aux emplettes. Mais, aujourd'hui, il était parti ouvrir la petite maison qu'ils venaient d'acheter au bord de la mer pour y passer l'été. Jerry et elle représentaient le prototype du couple branché de Manhattan des années quatre-vingt-dix. Ils faisaient du jogging dans le parc à sept heures et demie tous les matins, mangeaient végétarien, ne juraient que par les films de Woody Allen, connaissaient tous les petits restos sympas de l'Upper West Side et roulaient en break Volvo délabré à souhait. Il était cadre commercial, elle était acheteuse pour un magasin de mode.

Seule entorse au modèle, ils avaient inscrit l'héroïne au chapitre de leurs loisirs de week-end, depuis qu'ils avaient essayé ce « nouveau truc » chez des amis, six mois plus tôt. C'était merveilleux, génial, super-cool et exaltant parce que défendu et que leurs autres amis seraient choqués s'ils savaient.

L'astuce, pour acheter dans le coin, consistait à se balader l'air de rien, en évitant de regarder les passants dans les yeux pour qu'on n'aille pas vous prendre pour un flic en civil qui joue au client afin de pincer les dealers. Elle repéra alors un jeune Hispanique, affalé sur le capot d'une Buick Riviera comme sur un canapé, les pieds sur un *rastabox* qui beuglait du rap à faire péter les vitres.

Elle accrocha son regard. Ayant obtenu le plissement de paupières qu'elle espérait, elle s'approcha et murmura :

— Savez où je pourrais trouver un joint ?

C'était l'entrée en matière. On n'a jamais vu personne se faire choper pour un joint, n'est-ce pas ?

— Oui, roucoula-t-il, je peux m'en occuper. Autre chose ?

— Eh ben, tu sais, si t'avais un peu de came, ce serait bien.

— J'ai la meilleure du marché. Arrivée tout droit de Turquie. Il omit naturellement de préciser que l'héroïne sortait tout droit du trou de balle d'un camé anglais qui jouait les containers pour un frère nigérien, lequel avait obtenu la drogue à titre de paiement pour avoir buté la journaliste turque.

Elle lui acheta un lot de dix sachets à dix dollars et sauta dans un taxi pour rentrer chez elle. Comme toute l'héroïne vendue à Harlem, celle-ci portait sa marque, inscrite en travers : Red Rum — *murder*, « meurtre », en verlan.

Minuit à la Reeperbahn de Hambourg. Les filles sont alignées sur le trottoir, entre le commissariat de police Davidswache de Saint Pauli et Herbertstrasse. Parées de combinaisons de ski vert fluo, bleu ciel, mauve, abricot, or et argent pour se garantir du froid, elles ressemblaient à une équipe féminine attendant le départ de la compétition. Hongroises, Tchèques, Polonaises, Allemandes de l'Est, elles étaient les laissées-pourcompte de l'effondrement du socialisme, amenées à pratiquer dans ces rues le capitalisme sous sa forme la plus ancienne et la plus fruste.

Ludwig von Benz arpentait la rue à la recherche des deux Hongroises qui travaillaient pour lui. Comme la plupart de leurs consœurs du tapin, Eva et Magda carburaient à l'héroïne. En patron attentionné, il leur apportait leur petit remontant pour les aider à surmonter l'épreuve du froid et d'une nuit de dur labeur.

Il aperçut d'abord Magda, adossée à la vitrine du Burger King, une cigarette aux lèvres, les traits tirés, les yeux hagards. Pas vraiment la racoleuse épanouie et fière de l'être, remarqua Ludwig. Il l'embrassa sur les deux joues.

— Comment ça marche, ma belle ? demanda-t-il d'un ton empressé.

Magda signifia son indifférence d'un haussement d'épaules.

— Le turbin habituel. Deux Anglais tellement imbibés de bière qu'ils l'avaient aussi molle qu'un spaghetti trop cuit.

Ludwig lui ôta la cigarette de la bouche.

— Tiens, je t'ai apporté mieux, dit-il en lui en plantant une autre entre les dents.

C'était le joint connu à Hambourg sous le nom de « skunk », un mélange de haschisch, d'héroïne et de tabac ordinaire. Il n'avait pas besoin de donner plus de précisions à Magda. Elle inhala une longue bouffée qu'elle retint dans ses poumons le plus longtemps possible.

— Ah, c'est bon ! soupira-t-elle en exhalant un nuage de fumée.

— Ça t'aidera à passer la nuit, assura Ludwig en souriant.

Et il la gratifia de deux nouveaux bisous sur les pommettes. Puis, tel le bon samaritain veillant sur ses brebis, il partit à la recherche d'Éva pour lui prodiguer à elle aussi ses encouragements à sa manière.

Tout va mal, se lamentait Belinda Flynn. Je suis là, dans une chambre sinistre, dans une ville étrangère, un pays étranger, aussi seule qu'on peut l'être. L'arrivée inopinée de son frère Mike à Londres lui avait apporté une bouffée d'air pur. Mais il avait dû rentrer précipitamment à Washington. Le boulot qu'on lui avait promis chez Laura Ashley lui avait été retiré à la dernière minute. Donné à une autre. Sans explication. Sans un mot de regret.

Du coup, tous ses espoirs s'étaient effondrés. Elle était fauchée, gravement fauchée. Il lui restait en tout et pour tout quarante-trois livres et soixante pence sur son compte en banque, même pas de quoi prendre son billet de retour. Elle était tellement déprimée, tellement anéantie, qu'elle n'avait même pas la force de s'arracher à son siège pour essayer d'aller se vendre — en admettant qu'elle le souhaite, ce qui n'était pas le cas.

Au comble de la détresse, elle considérait le petit sachet qu'Eddie le Rastaquouère avait glissé dans sa poche à Earl's Court. Quelle impulsion sournoise l'avait poussée à aller traîner dans ce quartier de tous les dangers ? Pourquoi ne s'était-elle pas tout de suite débarrassée de cette poudre ? Fallait-il y voir l'appel du destin, de la fatalité ?

Elle s'empara de son téléphone pour appeler à l'aide ses amis des Toxicomanes anonymes. S'il vous plaît, s'il vous plaît, suppliait-elle, le tympan vrillé par la vaine sonnerie du téléphone. Il faut que l'un de vous soit chez lui pour me donner la force, m'insuffler l'espoir, me tenir éloignée de ce petit sachet.

Personne.

Elle éclata en sanglots. Soudain, l'inspiration jaillit. Mike devait être rentré à son appartement de Washington. Elle lui demanderait de lui envoyer son billet. Elle était tellement soulagée à cette idée que ses doigts tremblaient en composant frénétiquement le numéro sur le cadran. Elle poussa un cri de joie en reconnaissant la sonnerie caractéristique du téléphone américain, suivie du déclic de la ligne qui décroche.

« Salut. Vous êtes bien chez Mike Flynn. Je suis désolé de ne pouvoir vous répondre dans l'immédiat... »

Elle laissa tomber l'appareil et succomba à une nouvelle crise de sanglots. Alors, comme sous l'emprise d'une force invincible, elle reposa son regard sur le petit sachet de poudre blanche qui gisait sur la table. Machinalement, comme mue par le mécanisme de l'habitude, elle se dirigea vers son armoire à pharmacie et y prit une seringue hypodermique. Elle trouva dans le tiroir de sa kitchenette une cuillère, dont elle inclina le manche. Puis elle y versa la poudre. Avec son briquet, elle la chauffa et obtint un liquide clair, dont elle emplit la seringue.

Elle alla s'allonger sur son lit. D'un geste précis de professionnelle, elle planta l'aiguille dans la veine de l'avant-bras, juste sous le biceps, et appuya sur le piston. Le produit des pavots cultivés par Ahmed Khan dans un pays qu'elle ne savait même pas situer sur une carte, la morphine-base que Ghulam Hamid avait trimbalée au travers des plaines désertiques du Baloutchistan, celle sur laquelle Said Djailani avait prélevé la taxe des mollahs d'Iran, l'héroïne purifiée sur les bords de la mer de Marmara dans les laboratoires de la famille Osman, s'écoulait maintenant dans les veines de Belinda Flynn.

Une agréable chaleur l'envahit. Elle sentit ses pupilles se contracter. Plus rien ne pouvait l'atteindre. Elle planait sur une nue d'infini bien-être, propulsée vers des sommets de douceur par la drogue à l'œuvre dans son organisme.

Le sang apporta l'héroïne au foie, dont les enzymes la ramenèrent à l'état de morphine, aussitôt acheminée au cerveau par le flux sanguin. Là, les terminaisons nerveuses avaient commencé à déverser dans ses vaisseaux les substances chimiques qui lui procuraient une immense sensation de plaisir. En même temps, la drogue engourdissait le centre chargé de contrôler son rythme respiratoire. Il devint de plus en plus lent. Et les oxydes de carbone, en s'accumulant, accentuèrent le phénomène.

Il n'y eut ni convulsions ni spasmes de suffocation, comme le décrit à tort le film *Pulp Fiction*. La vie la quitta doucement, sans affres ni douleur, presque paisiblement. En sept minutes, le centre du cerveau qui commande la respiration s'éteignit. La longue épreuve de Belinda Flynn s'achevait. L'héroïne avait gagné.

Eh bien, souriait intérieurement Jim Duffy, quand on voit le vice-président s'amener au bureau en jean et blouson un samedi matin, c'est qu'on a réussi à capter l'attention du gouvernement. Dans la salle de conférences de la NSA, au rez-de-chaussée de l'aile ouest de la Maison-Blanche, il attendait, en compagnie du conseiller à la Sécurité, le rapport de Duffy.

Un peu partout dans la ville, d'autres membres éminents du gouvernement contemplaient leurs écrans de visioconférence, suspendus à ce qu'il allait dire. À l'exception du chef d'état-major, impeccable dans son uniforme bleu marine, personne n'avait de cravate. À Langley, Duffy s'était vu offrir la place d'honneur dans le bureau du directeur, face à la caméra, entre le directeur lui-même et le directeur adjoint aux opérations, c'est-à-dire Jack Lohnes. De quoi vous donner la grosse tête, méditait-il.

Le conseiller à la NSA présidait la réunion en personne.

— Messieurs, annonça-t-il, vous vous souvenez sans doute qu'il y a trois semaines, Jim Duffy, de l'Agence, nous apportait la confirmation irréfutable du rapport selon lequel les Iraniens avaient réussi à soutirer trois engins nucléaires aux Soviétiques lorsque ceux-ci avaient démantelé leur arsenal du Kazakhstan. Il vient nous expliquer ce matin comment les Iraniens se proposent de transformer les obus qu'ils ont détournés en armes viables de grande puissance et ce qu'ils comptent en faire. Monsieur Duffy.

Duffy s'éclaircit la voix et se pencha vers la caméra. Il revint d'abord brièvement sur le meurtre de Tari Harmian.

— Nous savons que les Iraniens prélèvent un droit de passage sur la morphine-base qui transite par l'Iran pour être transportée vers les laboratoires de Turquie. Harmian était chargé d'investir l'argent ainsi récolté en attendant que cet homme s'en serve pour ses besoins.

Duffy avait activé une commande de sa console qui projeta la photo du Professeur sur les écrans du circuit interne.

— C'est le Professeur Kair Bollahi. Son rôle essentiel consiste à fournir des armes au régime des mollahs et plus particulièrement des matériels de haute technologie servant à la fabrication des armements de destruction massive. On peut considérer qu'il est le responsable de leur programme nucléaire.

Duffy effleura les touches de sa console et fit apparaître cette fois le texte de la communication téléphonique interceptée par le M15, qu'avaient échangée le Professeur et Harmian peu avant le meurtre de celuici.

— Tout d'abord, je pense que nous trouvons là l'explication du meurtre de M. Harmian. Nous pouvons surtout déduire de ce texte que le nom de code attribué au programme nucléaire des Iraniens est Khalid. Mais le plus grave, je crois, c'est qu'il en ressort qu'ils ont l'intention d'utiliser ces armes contre Israël quand elles seront prêtes.

— Qu'ils tentent cette folie, gronda le chef d'état-major, et ils seront rayés du club des puissances nucléaires. Ils seront rayés, point.

— Messieurs, laissez M. Duffy poursuivre son rapport, intervint le conseiller à la NSA. Vous n'avez pas entendu le plus intéressant.

— Il y a environ deux semaines, TW Holdings, une société panaméenne dont nous savons, grâce à la surveillance de la NSA, qu'elle appartient à notre ami le Professeur, a pris une participation de cinquante pour cent dans une entreprise allemande qui fabrique des lasers près de Hambourg, Lasertechnik.

— Avec l'argent de la drogue ? demanda l'adjoint au Secrétaire d'État.

Duffy haussa les épaules.

— Qui sait ? Probablement. Toujours est-il qu'hier EG&G a reçu à Salem une commande de cette société Lasertechnik pour douze krytrons. Si vous vous souvenez, on nous avait expliqué que les Iraniens auraient besoin de ces commutateurs électriques pour déclencher l'explosion des noyaux de plutonium contenus dans leurs obus nucléaires.

— Bon boulot ! s'exclama le chef du FBI, pourtant généralement avare de compliments à l'égard de la CIA. Voilà douze krytrons dont ces salauds ne verront jamais la couleur !

— D'après mes souvenirs, s'étonna l'adjoint au secrétaire d'État, on nous avait dit la dernière fois qu'il leur en faudrait au moins deux cents pour reconfigurer leurs engins.

— C'est vrai, reconnut Duffy. Entre-temps, j'ai rencontré les spécialistes de EG&G. D'après eux, si les Iraniens arrivaient à se procurer une dizaine de ces dispositifs, ils seraient sans doute parfaitement capables de les dupliquer et de fabriquer eux-mêmes très rapidement les deux cents et quelques krytrons dont ils ont besoin.

Le choc que provoqua cette nouvelle peu réjouissante se traduisit par un silence prolongé.

— Dieu merci, vous avez éventé leurs manigances, soupira l'amiral de l'état-major.

— Permettez-moi une question, dit l'adjoint à la Défense. Pourquoi ne pas communiquer cette photo aux renseignements allemands et leur demander de lui mettre la main au collet ? Une manière de couper l'herbe du savoir sous le pied des Iraniens, si je peux dire.

— Parce que nous avons de bonnes raisons de craindre qu'ils n'en feront rien, répondit le directeur de la CIA. Il est connu qu'ils sont très peu coopérants dans ce domaine. Ils risquent de lui souffler à l'oreille : « Les Américains sont à vos trousses », et de l'embarquer dans le premier avion pour le Proche-Orient.

— J'ai une bien meilleure idée, proposa le conseiller à la NSA en s'étranglant de rire. On transmet la photo du gars avec son CV au Mossad. On leur dit que, s'ils cherchent bien, ils le trouveront du côté de Hambourg. Et on les laisse s'en occuper, comme ils se sont occupés de ce Canadien, Bull, qui montait un canon à longue portée pour Saddam Hussein.

— Ou du chef du Hamas en Jordanie ? glissa le représentant du Secrétariat d'État avec un sourire en coin.

— Doug, reprit le directeur de la CIA en réponse au conseiller à la Sécurité, nous nous rendrions complices d'un meurtre. L'Agence respecte les recommandations du Congrès à cet égard.

Mon Dieu, s'énervait Duffy, cette conférence tourne en rond. Il se rapprocha de son micro.

— Messieurs, la situation nous offre en fait une occasion que nous ne devons pas manquer.

Duffy avait la réputation, le conseiller à la Sécurité

ne l'ignorait pas, de souvent jouer le rôle de l'éléphant dans le magasin de porcelaine, de foncer têtc baissée dans le troupeau de vaches sacrées, ou que certains, du moins, considéraient comme sacrées.

— Nous vous écoutons, monsieur Duffy, lâcha-t-il d'un ton méfiant.

Duffy s'appliqua à chasser de son regard la lueur de malice qu'il y sentait poindre à la perspective des réactions offusquées qu'allait provoquer sa proposition chez ses auditeurs.

— Je crois que la tactique la plus sage viserait à laisser la vente de ces douze krytrons à la société allemande suivre son cours aussi normalement et tranquillement que possible.

— Ce type est complètement jeté ! grommela le chef du FBI d'un ton d'où avait disparu toute trace d'admiration pour la CIA.

Duffy feignit de n'avoir pas entendu.

— Nous sommes certains d'une chose, messieurs, les Iraniens possèdent trois engins nucléaires. Ce que nous ignorons, c'est où ils les ont cachés. Tant que nous ne le saurons pas, nous serons impuissants à combattre la menace qu'ils font peser sur nous.

— Et vous pensez que c'est en leur apportant les krytrons sur un plateau d'argent que nous allons résoudre ce problème ! s'indigna le conseiller à la NSA.

Duffy avait entre-temps récupéré au fond de sa poche un krytron que lui avait donné Paul Aspen et le brandissait devant la caméra.

— Puisqu'ils ont besoin de ces machins pour amorcer leurs bombes, il y a fort à parier qu'ils vont aboutir à proximité des noyaux de plutonium auxquels ils sont destinés, sinon tout à côté, en tout cas pas loin.

Il tapota l'ampoule de verre un peu moins grosse qu'une phalange de petit doigt.

— Voici ce que je propose : nous allons insérer un

mouchard à l'intérieur des Krytrons avant qu'ils quittent les usines de EG&G pour être vendus aux Iraniens via la société allemande. On introduit dans ces bidules un émetteur-récepteur minuscule, interrogeable par nos satellites Sigint. Quand l'émetteur dit « hou, hou, je suis là », on détermine sa situation par triangulation. Ensuite, on rameute un de nos nouveaux satellites GPS et on l'oriente vers la zone ainsi délimitée pour prendre une photo de l'endroit du globe d'où est émis le signal.

— Nette, la photo ? s'informa quelqu'un.

— Assez pour localiser le mouchard au centre d'un cercle de trois mètres de diamètre. En d'autres termes, nous pouvons suivre une voiture, un camion, un gus qui marche dans la rue avec les krytrons dans sa valise, jusqu'à la porte de l'arsenal nucléaire des Iraniens. Quand nous en serons là, quand nous saurons exactement où ils les planquent, alors, nous déciderons de la suite des opérations. Envoyer une équipe Delta pour les récupérer. Passer le mot aux Israéliens... On verra.

— Et vous êtes sûr qu'on peut caser une miniradio dans ces ampoules rikiki ? Un émetteur aussi performant ? doutait l'adjoint au Secrétaire d'État.

— Non, je n'ai pas la prétention de posséder le degré de compétence suffisant pour en jurer. Mais je connais des gens qui sauront répondre à cette question. J'aimerais leur exposer le problème et entendre ce qu'ils ont à proposer.

Le vice-président intervint pour la première fois depuis le début des débats.

— Je crois que c'est une sacrée bonne idée que M. Duffy a là. Je suggère qu'il aille voir les spécialistes qu'il veut interroger à la première heure lundi matin et qu'il nous revienne aussi vite que possible avec la solution.

LIVRE HUIT

La grotte des Martyrs

Où donc est passé Flynn, s'impatientait Duffy, exaspéré. Lui qui est toujours d'une exactitude exemplaire, il choisit justement le jour où se payer une demi-heure de retard. Duffy baissa les yeux sur sa montre. Huit heures trente. S'il voulait arriver à l'heure à Tyson Corner, il n'avait plus que dix minutes maximum pour embarquer dans sa voiture avec le conseiller que lui avait adjoint le Directoire des sciences et technologies de l'Agence.

Il parcourait la première page du *Washington Post* pour la troisième fois quand il vit Mike Flynn débouler dans l'étroit couloir qui séparait les cellules de moine tenant lieu de bureaux au Centre antidrogue. Hirsute, la cravate en bataille, une dégaine qui n'était pas son style. Quand il pénétra dans la pièce minuscule, Duffy s'aperçut qu'il avait les yeux rouges. Ma parole, on dirait qu'il a pleuré, s'étonna Duffy.

— Qu'est-ce qui se passe, Mike ?

— C'est ma sœur, Belinda.

— Eh bien ?

— Elle est morte. D'une overdose, à Londres. Ses amis des Toxicomanes anonymes l'ont trouvée hier soir dans son appartement.

— Merde alors ! Duffy revoyait la jeune femme frêle et vulnérable qui leur racontait, assise dans la chaude lueur des chandelles, les horreurs de sa vie de toxicomane. Qu'est-il arrivé ?

— Comment savoir ? Maintenant la camelote est tellement pure que l'effet est fatal si on l'injecte dans un organisme déshabitué. Et je pense que c'était le cas.

— Mon Dieu, Mike, je suis vraiment désolé. Duffy le serra contre lui dans une étreinte un peu maladroite. Je ne sais pas qui je déteste le plus, du Professeur et de ses fanatiques ou des salauds qui répandent la cochonnerie qui a tué votre sœur.

— Ce sont les mêmes bienfaiteurs de l'humanité, remarqua Flynn d'une voix enrouée.

— Oui, vous avez raison. Écoutez, allez à Londres pour ramener le corps de Belinda. J'assurerai la permanence pendant ce temps-là.

Une demi-heure plus tard, Duffy et le spécialiste des communications dépêché par le Directoire des sciences et technologies se trouvaient dans une salle de réunions, quelque part dans les étages d'une tour de bureau qui pointait sa façade de verre derrière le centre commercial de Tyson Corner. En face d'eux s'alignaient trois hommes et une femme, principaux dirigeants d'une entreprise appelée Eagle Eye Technologies. Les petits génies de la décennie, à peine entrés dans la trentaine, émules de Bill Gates, commenta Duffy en son for intérieur. Un QI moyen de 185 et tous titulaires de doctorats scientifiques dans des disciplines aussi bizarres que pointues. Je parie qu'ils arrivent au bureau en patins à roulettes pour limiter les émissions d'oxyde de carbone dans l'atmosphère et qu'ils se nourrissent de produits biologiques arrosés de tisane.

— Alors, monsieur Duffy, demanda leur patron, Mitch Storrs. Qu'y a-t-il pour votre service ?

Duffy leur expliqua son projet. Son exposé achevé, il exhiba le krytron de Paul Aspen.

— Ceci est un krytron. Nous aimerions, avec votre

aide, arriver à implanter un émetteur-récepteur dans cette petite chose minuscule.

Storrs lui prit l'objet des mains.

— Oui, je sais ce qu'est un krytron. J'ai fait mes études au MIT en physique nucléaire.

Qu'est-ce que je disais, soupira intérieurement Duffy. J'ai devant moi une brochette d'enfants prodiges.

Storrs examina le krytron pour se rafraîchir la mémoire, puis le passa à ses collègues.

— Je vais vous donner un aperçu des activités qui sont les nôtres ici, dit-il à Duffy en s'emparant d'une boucle de ceinture en métal. Historiquement, elles ont toujours été plus ou moins liées au domaine de la sécurité nationale. Mais, depuis quelque temps, nous avons développé des applications commerciales de nos technologies. Nous avons donné à nos émetteurs-récepteurs le nom de Tags Eagle Eye. Nous pouvons en ancrer un, par exemple, dans une boucle de ceinture comme celle-ci. Imaginez que, pour une raison quelconque, vous craigniez d'être enlevé. Vous portez votre ceinture partout où vous allez. Un jour, vous disparaissez. Nous envoyons un signal au tag que nous avons introduit dans votre boucle de ceinture. Et nous demandons : « Ohé, où êtes-vous ? » Nous recevons la réponse sur un satellite Global Star. Il y en a quarante-huit qui gravitent là-haut, affectés essentiellement à la transmission vocale, mais nous avons un truc qui nous permet de nous en servir pour pister quelqu'un.

Storrs alluma l'ordinateur encastré dans la table de conférence.

— Nous avons un client à Baton Rouge, en Louisiane, qui se balade actuellement avec une ceinture équipée de notre petit dispositif. Je viens d'envoyer un signal par l'intermédiaire de la station terrestre de Washington. La réponse va nous parvenir par le satellite qui a transmis la recherche. Nous prenons en compte tout un ensemble de facteurs, le temps que prend l'aller et retour du signal, l'effet Doppler, etc., parce que, évidemment, le satellite se déplace, et grâce à tous ces éléments nous pouvons calculer la position exacte de la boucle à la surface du globe. Voici ce que nous obtenons.

Un assemblage de chiffres apparut sur l'écran de l'ordinateur.

— La latitude et la longitude du point d'émission du signal qu'envoie la boucle.

Il manipula sa machine et fit surgir une carte du comté de Bayou en Louisiane, barrée de deux lignes rouges disposées en croix.

— Il se trouve là, à l'intersection de ces deux lignes. Nous pouvons localiser l'homme qui porte cette boucle à sa ceinture dans un rayon d'un mètre.

— Cet homme a-t-il senti quelque chose quand vous avez interrogé sa boucle de ceinture ?

— Absolument rien. Maintenant, considérons votre problème. Storrs reprit le krytron de Duffy et le leva à hauteur de ses yeux. Dans cette petite ampoule de verre, il y a un vide, qui contient un gaz légèrement radioactif, le nickel 63. Ça, c'est la bonne nouvelle. Cela veut dire que cet objet dégage en permanence de la radioactivité et que vos copains iraniens ne risquent donc pas de repérer notre signal radio au moment où il se déclenchera.

— Fort bien, dit Duffy en souriant. Quelle est la mauvaise nouvelle ?

— Il n'y a pas assez de place là-dedans pour installer à la fois un émetteur et un récepteur. Un émetteur, oui. Mais pas les deux.

— Quelle taille aura cet émetteur ?

— C'est infime. À peine un éclat de métal. On peut tout enfourner, y compris la pile, dans cette petite boule de verre. On utilise de l'arséniure de gallium.

C'est une puce, un microprocesseur à très haut rendement. Voilà à quoi ça ressemble.

Storrs lui montra un minuscule carré couleur or.

— Tout est là. La source d'énergie et le microémetteur.

— Seigneur ! s'étrangla Duffy. C'est si petit que ça ? Il n'aurait pas cru que la miniaturisation pouvait atteindre de tels extrêmes. Mais c'est rien du tout !

Storrs se rengorgeait, aussi rouge de fierté qu'un père dont le fils vient de gagner le championnat des minimes.

— Il émet sur une fréquence préétablie, bip, bip, bip. On reçoit l'émission et on localise son lieu de provenance au moyen de la méthode que je viens de vous montrer.

— Quelle est la source d'énergie ?

— Le lithium.

— Et vous pouvez programmer ce système pour émettre une fois par jour ?

— Nous pouvons le programmer comme on veut. Vous voulez localiser vos krytrons au jour le jour ou d'heure en heure ?

Duffy réfléchit un instant à la question.

— Si on pouvait les suivre d'heure en heure, ce serait le rêve ! Mais il faut tenir compte du temps nécessaire pour que EG&G les livre aux Allemands qui servent de façade aux Iraniens et que les Iraniens les transfèrent à destination. Je pense qu'il est raisonnable de prévoir un mois pour jouer la sécurité.

Storrs enchaîna quelques calculs sur son ordinateur.

— Bon, disons qu'on vous programme un bip toutes les heures. La pile dure cinq jours minimum. Vous me dites qu'il doit en partir douze chez les Iraniens ? Nous leur implantons à tous un émetteur, réglé pour relayer les autres. Le premier krytron vous renseigne pendant les cinq premiers jours, le krytron numéro deux du sixième au dixième jour, et ainsi de suite. Vous ne les perdez pas de vue pendant soixante jours.

Duffy résumait mentalement toutes les informations accumulées depuis le début de la séance. Ces techniques se révélaient beaucoup plus sophistiquées que tout ce qu'il avait pu imaginer.

— Sur quelle fréquence le signal serait-il émis ?

— Nous avons une préférence pour la bande L. C'est une onde ultra-courte. Une fréquence de 1,5 gigahertz devrait convenir.

— Monsieur Storrs, je ne suis pas très calé en électricité, mais j'ai cru comprendre que les ondes sont saturées depuis quelque temps par les radios, les télévisions, les téléphones cellulaires, les radars, et Dieu sait quoi encore. Comment pouvez-vous être certain que votre signal va arriver à passer à travers tout ce fouillis pour atteindre le satellite sur la fréquence que vous avez choisie ?

— Monsieur Duffy. Storrs posa sur Duffy le regard condescendant du maître envers l'apprenti encore très ignare. Il n'existe aucun émetteur qui transmette pile poil sur la fréquence que vous lui avez assignée. D'abord, il y a toujours des échos, des bavures latérales qui débordent de l'émission principale. L'émission prévue pour passer sur 1,5 le fera sur 1,501 ou 1,5016, avec en plus les bavures qui se promèneront entre 1,1 et 1,9 gigahertz. Seulement voilà : elles ne sont pas gênantes parce qu'elles ne sont soutenues par aucune énergie. Il faut être à trente ou cinquante centimètres de la source pour les percevoir. OK ?

Duffy hocha la tête.

— Le satellite, lui, est programmé pour chercher ce bip particulier sur un spectre de 1,4950 à 1,5050, mettons, et il le trouvera grâce à la puissance avec laquelle notre petit émetteur clandestin l'aura propulsé.

Duffy se tourna vers son conseiller du Directoire des

sciences et technologies. Une petite mise au point s'imposait à ce stade.

— Vous êtes d'accord avec tout ce que vous avez entendu jusqu'ici ?

— Complètement. Dans ce cas, nous pourrons naturellement passer par nos satellites de surveillance Sigint, tels que Vortex et Mentor. Ils peuvent situer le point d'émission par triangulation de façon beaucoup plus précise que le Global Star auquel ils ont recours. Ici, ils vous positionnent un signal à un coin de rue. Nos engins le localisent au milieu de la table.

— Avec un point photo ?

— Imaginez que la table se trouve dans le jardin. Une table de pique-nique, par exemple. Et que l'émetteur soit posé dessus. Les rejetons de la dernière génération de Jumpseats vous en tirent une photo sur laquelle votre bipeur se trouve au milieu d'un cercle d'un mètre cinquante de diamètre. Vous n'arriverez peut-être pas à lire le *Washington Post* qui traînait sur la table, mais vous n'aurez aucun mal à déchiffrer le titre de une.

— Bien, essayons d'envisager ce qui pourrait mal tourner. La surveillance iranienne peut capter les signaux et repérer leur origine.

— Il existe une technique, répondit Storrs, qui permet de déployer les émissions sur un large spectre de fréquences. Donc, si les Iraniens s'amusent à vérifier des fréquences individuelles, ils n'arriveront pas à isoler la vôtre sans les codes de modulation correspondants.

— Génial. Maintenant, voyons. Quels sont les endroits d'où le signal envoyé nous devient impossible à capter ? Un avion ?

— Pas de problème.

— Un camion, une automobile, un train ?

— Aucune difficulté.

— Un bâtiment en hauteur ?

— Cela dépend de la hauteur et de l'emplacement de l'émetteur dans la tour. S'il est dans les cinq, six derniers étages, nous le recevrons.

— Une cave souterraine ?

— Négatif. Mais dès qu'il en sort, à bord d'un véhicule quelconque, nous le récupérons.

— À votre avis, combien de temps faudra-t-il pour piéger les douze krytrons ?

Le jeune ingénieur sourit.

— Pas longtemps. Le mieux serait d'aller sur place à EG&G pour nous entendre avec les responsables de la fabrication. Disons deux jours.

— Monsieur Storrs.

Les paroles de Duffy se voulaient aussi solennelles que celles du prêtre consacrant un mariage, mais, comme c'était souvent le cas chez lui, elles prirent une consonance ironique quand il les prononça.

— Votre pays va avoir besoin de vous. Tenez-vous prêt à recevoir un appel urgent dans les jours qui viennent.

Quels que soient le scepticisme, le cynisme avec lesquels on considère le monde politique, on reste impressionné quand il s'agit de rencontrer le président des États-Unis dans le bureau ovale. Ce n'était pas la première fois. Dans les années quatre-vingt, quand il était le poulain de Casey, Duffy avait déjà eu l'occasion de rendre compte à Ronald Reagan de l'évolution de la guerre d'Afghanistan.

On prétendait que Reagan se contentait d'opiner vaguement pendant les longues réunions. Ce n'était pas ce qu'avait constaté Duffy. Lorsque la discussion portait sur les moyens de se débarrasser des cocos, le Grand Communicateur était tout ouïe et écoutait avec une attention soutenue. Maintenant qu'il se retrouvait dans cette pièce chargée d'histoire, sous le portrait de

George Washington peint par Stuart, avec les pelouses de la Maison - Blanche déployées en contrebas, Duffy sentait de nouveau vibrer en lui l'exaltation d'antan. Il avait eu raison après tout de quitter ses bois du Maine pour reprendre du service.

Soudain, la porte s'ouvrit. Un marine entra en annonçant d'une voix forte :

— Le président des États-Unis !

Il parut, flanqué de son conseiller à la NSA. Il était beaucoup plus grand qu'il ne paraissait sur les écrans de télévision. Il aurait pu venir jouer défenseur dans l'équipe d'Oklahoma avec nous dans les années soixante, se dit Duffy.

Le président s'avança pour serrer les mains des conseillers qu'il avait convoqués : les ministres des Affaires étrangères et de la Défense, le directeur de la CIA, le chef d'état-major, M. Stein, le concepteur d'armement attaché au secrétariat d'État à l'Énergie. Quand il arriva à Duffy, il s'immobilisa, enferma dans ses deux mains celle que Duffy lui tendait et posa sur lui un regard d'une intensité déconcertante.

Les politiciens ont l'art de donner à l'individu auquel ils s'adressent l'impression d'être, pendant un court instant, la personne la plus importante du monde. L'actuel président avait dans ce domaine un talent reconnu. Duffy fut néanmoins surpris de l'attention exclusive que lui témoignait à cette minute le chef de l'exécutif.

Le regard bleu s'étrécit et la voix fit entendre ses intonations familières.

— Vous avez fait du bon travail, monsieur Duffy. Nous avons de la chance de vous compter de nouveau parmi nous. Quand toute cette affaire sera réglée et que nous serons libérés des menaces qui pèsent actuellement sur notre sécurité, je veillerai à ce que le gouvernement vous apporte réparation des conditions dans lesquelles vous avez dû quitter l'Agence.

Duffy était tellement stupéfait qu'il parvint à peine à marmonner :

— Merci, monsieur le Président.

Ayant fini de saluer tout le monde, le président prit place derrière son bureau.

— Je vous en prie, messieurs, asseyez-vous. George, continua-t-il en inclinant la tête vers son conseiller à la NSA, m'a exposé en détail le problème auquel nous confrontent les trois obus nucléaires que détiennent les Iraniens. Il m'a également informé des découvertes de M. Duffy concernant cette société allemande qui leur sert de façade pour effectuer leurs achats de krytrons et m'a parlé de son projet visant à insérer dans ces krytrons des émetteurs invisibles. Je pense donc qu'il serait bien, avant toute chose, de donner la parole à M. Duffy pour qu'il nous éclaire sur les implications scientifiques de son idée et leur faisabilité.

Il n'y a rien de plus intimidant que de briefer le président des États-Unis. Duffy avait vu un Secrétaire d'État en perdre la voix devant Reagan. Il avait donc soigneusement préparé son speech. Il s'apprêtait à commencer quand le président intervint de nouveau, en s'adressant cette fois directement à lui :

— Je voudrais vous dire une chose, monsieur Duffy. Ici, nous sommes entre nous. On oublie la hiérarchie. Je veux des informations, les meilleures possible, et, si vous voulez savoir, je me fiche du grade de celui qui me les fournit.

— Bien, monsieur.

Duffy sourit. Il s'apercevait, à sa grande surprise, qu'il éprouvait de la sympathie pour le bonhomme. Il délivra donc son rapport, point par point, sans quitter des yeux le président et ses conseillers afin de s'assurer qu'on le suivait. Quand, ses explications terminées, il se recula sur son siège, le président jeta un regard circulaire sur l'assistance, dans l'attente d'une réaction.

— Très franchement, messieurs, déclara-t-il finalement, à moi qui suis néophyte, cette idée paraît tout à fait raisonnable. Quelqu'un a-t-il des remarques à faire ?

Il pointa le doigt comme le canon d'un revolver sur chacun des participants réunis autour de lui. Personne ne souleva d'objection.

— OK, reprit le président. Avant de passer au plan pratique, je voudrais que nous examinions les autres solutions que nous avons à notre disposition. Commençons par la plus évidente : notre ministère du Commerce refuse tout simplement d'accorder son autorisation. Il dit à l'entreprise allemande : « Non, les amis, pas de krytrons pour vous. »

— Cela ralentira les Iraniens dans leurs tentatives pour transformer leurs noyaux de plutonium en armes puissantes, monsieur le Président, remarqua le ministre de la Défense. Mais est-ce que cela les arrêtera ? J'en doute. Les Pakistanais sont bien arrivés à se procurer un stock important de krytrons sans que nous ayons notre mot à dire.

Un murmure approbateur accueillit ses paroles.

— Bon, poursuivit le président, supposons qu'ils parviennent à reconfigurer ces obus nucléaires, quelles sont les intentions que nous pouvons leur prêter ?

— Monsieur le Président, intervint Duffy, ayant eu connaissance de messages interceptés concernant cet aspect de la question, je peux peut-être essayer de répondre. Il y a à mon avis deux points importants. D'abord, une phrase de l'homme qui est apparemment le responsable de leur programme nucléaire dans laquelle il dit que ces armes sont destinées aux « ennemis de l'islam ». Comme vous le savez, monsieur le Président, pour ces extrémistes, l'islam a essentiellement deux ennemis, Israël et les États-Unis. Le choix du nom « Khalid » comme nom de code de leur opération désigne clairement celui des deux qu'ils ont décidé de prendre pour cible. Il expliqua la signification de ce mot en rendant un hommage silencieux à la perspicacité de Nancy Harmian. C'est à Israël qu'ils pensent, monsieur le Président, pas à Long Island.

— Bien, bien, approuva le président. Mais je vais me faire l'avocat du diable. C'est mon rôle dans ces cas-là. Quel est le plan véritable des Iraniens dans cette affaire ? L'offensive ? La dissuasion ? Peut-on penser qu'ils ne souhaitent avoir ces armes qu'à titre purement défensif ? De façon à pouvoir dire : « Nous avons des armes nucléaires planquées dans un coin pour défendre notre révolution islamique contre toute attaque extérieure. Mais nos intentions ne sont pas agressives. »

Mme le Secrétaire d'État se chargea de la réponse.

— Monsieur le Président, en corollaire à ce que vous venez de suggérer, il est certainement possible qu'ils se soient fixé pour but d'associer ces armes à un de ces missiles longue portée qu'ils ont tellement envie de posséder. Ils pourraient alors annoncer au monde islamique : « Nous avons maintenant les moyens d'atteindre Pékin, Moscou, Paris ou Washington. » Même s'ils ne comptent pas s'en servir, vous imaginez le prestige, le pouvoir que cela leur conférerait. S'ils pouvaient lâcher la nouvelle à la prochaine conférence des pays islamiques, par exemple ?

— Pourrions-nous l'accepter ? Et pensez-vous que les Israéliens le permettraient, madame ? s'enquit le conseiller à la NSA.

— Supposons alors qu'ils les considèrent comme des armes offensives, comment les larguent-ils ? Avec leurs missiles Scud ?

— Monsieur le Président, dit le chef d'état-major, pour l'instant, ils n'ont que des Scud de faible portée à propulsion liquide. Ça ne vaut pas grand-chose. La portée est de six cents kilomètres ; c'est à peine suffisant pour atteindre Tel-Aviv et ça supprime toute possibilité d'utiliser ces armes contre nous. D'ailleurs, je ne vois pas comment ils pourraient insérer dans un

Scud les ogives nucléaires volumineuses auxquelles ils vont aboutir.

— Et ces missiles No Dong nord-coréens qu'ils essaient de reproduire, *dixit* l'Agence ? Leiv Shahab 3 ? Cela nous a suffisamment inquiétés pour envoyer Frank Wisner à Moscou prier les Russes d'arrêter de leur vendre les pièces qui leur permettaient de les assembler, n'est-ce pas ? Ils peuvent peut-être s'en servir.

— D'après nos renseignements, ils n'en sont pas encore là. Quant aux systèmes de guidage, c'est de la camelote. Aucune précision.

— Jack, précisa le conseiller à la NSA, pour envoyer un engin de trente kilotonnes sur Israël, il n'est pas nécessaire qu'il tombe exactement dans la chambre du maire de Tel-Aviv, vous savez. N'importe quel point de chute fera l'affaire.

— Et pourquoi ne pas la faire porter par un terroriste ?

— Monsieur le Président. Le chef d'état-major reprenait la parole, d'une voix affermie par la conviction. Je crois que nous pouvons écarter d'emblée cette solution. L'Histoire a démontré qu'à partir du moment où un État se trouve en possession d'une arme nucléaire il tient à la garder sous le contrôle étroit de ses institutions. Il ne va pas la confier à un barjot suicidaire qui risquerait de la déclencher par erreur avant d'avoir quitté la ville.

— Où en sont les Israéliens sur ce coup-là ? Que savent-ils ?

— Ils sont au courant pour les trois engins nucléaires, dit le directeur de la CIA. Nous ne leur avons pas parlé du message intercepté par la NSA ni des travaux de Duffy, mais ils ont peut-être déjà appris tout ça par eux-mêmes. Ils sont obsédés par la menace iranienne. Nous pensons à l'Agence que ce serait une erreur pour le moment de leur transmettre des informations qui ne feront qu'accentuer leurs inquiétudes tant que nous n'avons rien à leur proposer pour approfondir la question ou résoudre le problème.

— Ma foi, après tout ce que je viens d'entendre, je comprends qu'ils soient inquiets, remarqua le président. Monsieur Duffy, je sais que vous avez écouté attentivement. Est-ce que cela change quelque chose à vos projets ?

— Non, monsieur. Nous vivons dans un monde où l'information constitue le degré ultime du pouvoir. Et l'ignorance un péché impardonnable. Tant que nous ne saurons pas exactement où se trouvent ces engins nucléaires, il ne sert à rien d'élucubrer sur l'usage que comptent en faire les Iraniens ou sur les moyens de les en empêcher.

— Bien parlé, décréta le président.

— Naturellement, continua Duffy, si nous arrivons à les dénicher, c'est là que nos ennuis vont commencer. Vous savez ce que dit la Bible : « Celui qui acquiert la connaissance acquiert la souffrance. »

— Ecclésiaste, précisa le président, toujours heureux d'étaler son érudition théologique. Vous avez raison, c'est indéniable.

— Monsieur le Président, déclara le directeur de la CIA, si nous mettons ce plan à exécution, il faudra réduire au minimum le cercle des initiés.

— De quel temps disposons-nous, monsieur Duffy ?

— Si j'ai bien compris, monsieur, le délai normal pour obtenir la licence d'exportation du ministère du Commerce et expédier les marchandises en Allemagne est de vingt jours. Je suppose qu'on peut compter sur les Iraniens pour les acheminer à destination le plus rapidement possible. Ce qui veut dire que nous avons trois semaines devant nous.

— Trois semaines, soupira le président. Et alors, nous nous trouverons devant l'une des décisions les plus difficiles qu'on ait jamais eue à prendre dans cette pièce.

Il frémit légèrement en promenant son regard sur le bureau légendaire. Ses adversaires l'accusaient d'indécision, ils le prétendaient confiné dans la passivité à force d'hésiter entre les choix possibles. Il n'en fut rien.

— Messieurs, veuillez mettre en œuvre le plan de M. Duffy, ordonna-t-il. Il se tourna vers le chef d'état-major. Amiral, je veux que le Pentagone commence à étudier des modes d'action pour le cas où nous devrions envisager la pire des solutions. Il nous faudra décider si nous allons sur place pour récupérer les trois engins nucléaires des Iraniens. Donnez-moi des raisons d'opter pour ce parti.

— Avec les forces conventionnelles, monsieur ?

— Les forces conventionnelles. Ou les opérations spéciales. Demandez au commandement des opérations spéciales d'analyser toutes les possibilités. C'est à ça qu'il sert, non ?... Ses yeux s'arrêtèrent sur le directeur de la CIA. Je veux aussi que l'Agence mitonne une opération secrète éventuelle, même si ses interventions n'ont pas rencontré beaucoup de succès ces temps derniers. Mais j'aimerais qu'on pense dès maintenant aux moyens à employer pour aller rafler ces fichus obus si nécessaire. Une mission qui marche. Pas comme la dernière que nous avons menée en Iran.

Une demi-heure après la fin de la réunion, le responsable de la communication présidentiel descendait à la salle de presse rendre compte aux journalistes de la Maison-Blanche.

— Dites, on a une crise sur le feu ? demanda le correspondant de la chaîne ABC. Comment se fait-il qu'on ait tout le gratin en même temps ?

— Oh oui, et quelle crise ! s'esclaffa l'attaché de presse. Ils sont venus discuter le budget du renseignement avant qu'il parte au vote. Et vous savez quelles questions délicates cela soulève toujours.

Creusée dans le flanc d'une colline de la chaîne de montagne de l'Anti-Liban qui s'étend à vingt-cinq kilomètres au sud-est de Baalbek, dans la plaine de la Bekaa, la caverne représentait pour le nombre restreint de fidèles qui la visitaient un lieu aussi sacré que la grotte de Lourdes pour les catholiques. C'était un monument à la mémoire des martyrs du Hezbollah qui avaient fait le sacrifice volontaire de leur vie pour contribuer à la lutte contre Israël.

L'entrée s'ornait d'un drapeau noir, symbole de la bannière noire du Prophète. Du plafond pendait une enseigne de tissu sur laquelle s'étalaient les paroles de l'ayatollah Khomeiny : « Le martyre est l'essence de l'Histoire. » À l'intérieur de la grotte, éclairées par des chandelles et une armada d'ampoules électriques, s'étalaient les photographies des martyrs du Hezbollah qui avaient sauté avec leurs bombes, à commencer par les deux chiites libanais qui avaient lancé leurs camions bourrés d'explosifs contre les casernes américaine et française à Beyrouth en 1983. Sous chacune des photos, le nom du martyr apparaissait accompagné de la date et du lieu de sa mission fatale et, dans certains cas, d'une phrase, une réflexion qu'il avait livrée avant son départ pour son dernier voyage.

« Je suis rempli de joie à l'idée de mourir dans cette opération, avait par exemple écrit celui qui avait sauté avec son véhicule devant le poste frontière israélien, au sud du Liban, en 1987. J'en suis fier. Nous montrons ainsi à nos ennemis israéliens que les croyants peuvent les frapper où et quand ils le veulent. »

L'un des murs était presque entièrement consacré à des chiites musulmans, libanais pour la plupart. Leur vocation au martyre leur venait de quatorze siècles d'histoire marquée par l'injustice infligée selon eux à la maison d'Ali, cousin et gendre du Prophète. Alors qu'il aurait dû en être le successeur à sa mort, les disciples du prophète l'avaient rejeté pour confier l'autorité à son beau-père, Abu Bakr. À la mort de celui-ci, le titre de *Khalifat rasul Allah* était revenu à Omar, chef d'un clan aristocratique de La Mecque, la ville sainte. De cette lignée était issue la dynastie guerrière des Omeyyades dont se recommandait la majorité sunnite de l'islam.

Cet épisode historique avait ancré dans l'âme chiite un profond sentiment d'injustice et d'oppression. Chez les plus extrémistes d'entre eux, il en découlait un principe selon lequel aucun régime, aucun gouvernement établi, royaume héréditaire ou démocratie, n'est légitime, car seul Dieu peut conférer l'autorité.

De ces convictions était née la certitude qu'un parti restreint, investi de son bon droit, peut triompher contre les forces du mal là où une majorité moins concentrée en est incapable. Les disciples les plus fanatiques de l'ayatollah et leurs alliés du parti de Dieu, le Hezbollah, incarnaient cette tradition dans sa forme la plus récente. Ce qu'un monde perplexe et terrifié qualifiait d'actes de terrorisme était pour eux et les autres radicaux de l'islam une manifestation extrême de dévotion. Les martyrs comme ceux dont les portraits couvraient les murs de la grotte s'érigeaient en dépositaires de ce culte sacré, l'élite de ceux qui prônent l'idée que le guerrier — le terroriste, dirait-on en Occident — ne doit pas survivre à son acte rédempteur.

Aux chiites de la grotte s'était ajouté plus récemment un contingent de martyrs sunnites, de plus en plus important, ceux qui avaient semé la mort dans des autobus de Tel-Aviv ou au marché de Jérusalem.

L'organisation dont ils étaient membres, le Hamas, n'était nullement inféodée ni subordonnée au Hezbollah ou aux mollahs d'Iran. Mais au moment où le processus de paix était en passe de les priver de leur but commun, la destruction de l'État d'Israël, ils étaient davantage disposés à unir leurs forces.

Leurs relations obéissaient à un esprit de coopération mutuelle, sans allégeance à un pouvoir centralisé, contrairement à ce qu'était tenté de croire un Occident déconcerté par l'irrésistible expansion de l'islam militant.

La complexité de cette épopée du fanatisme trouvait une illustration dans la scène qui se déroulait, en ce matin venteux du mois de mars, dans la grotte des Martyrs. Trois jeunes gens tout de blanc vêtus visitaient le sanctuaire sous la conduite du cheikh qui en avait la garde. C'étaient des chiites libanais. Ils avaient brigué l'honneur de devenir un jour les martyrs de la guerre sainte en suivant l'entraînement du camp de Janta tout proche, dont la formation était réservée aux volontaires les plus prometteurs du Hezbollah. Ils avaient tous les trois été scrutés et observés de près par les cheikhs et les instructeurs du camp, soucieux d'évaluer la profondeur de leur ferveur et leur capacité à conserver leur sang-froid dans les situations de stress.

Ils avaient aussi d'autres qualités : une bonne connaissance de la langue française, héritage de parents et de grands-parents élevés dans un pays autrefois placé sous mandat français, et un physique aussi peu arabe que possible. C'étaient en un mot des candidats idéals à la mission que devrait accomplir l'homme qui serait choisi pour porter la bombe du Professeur au cœur de Tel-Aviv lorsque sonnerait l'heure de l'exécution de l'opération Khalid.

Naturellement, ils ignoraient tous les trois ce qu'on attendait d'eux. Ils savaient seulement qu'on les avait séparés de leurs camarades du camp et revêtus de vêtements blancs, parce qu'à la veille de sa mission celui qui serait désigné se « marierait », et prendrait la mort pour épouse.

Leur guide leur montrait les photos de tous les martyrs qui les avaient précédés.

— Le sacrifice de soi au service d'une juste cause représente la plus noble action de l'homme. Qui peut sonder la profondeur de la foi qui a conduit ces grands martyrs dont vous voyez ici les portraits ?

Il réprima un rire.

— Les Occidentaux prétendent qu'ils sont allés à la mort parce qu'ils étaient pauvres, désespérés et incultes. Ou parce que les mollahs les poussaient au suicide en leur promettant le paradis. Êtes-vous pauvres ? Désespérés ? Incultes ?

Les trois garçons secouèrent vigoureusement la tête.

Le cheikh les fit asseoir sur les tapis qui recouvraient le sol.

— Notre chef, le responsable de la mission que l'un de vous aura le privilège de mener à bien, est ici.

Une exclamation étouffée leur échappa quand ils virent entrer celui qui était pour eux une légende vivante. Ils avaient bien sûr immédiatement reconnu Imad Mugniyeh.

L'homme qui avait planifié l'attentat de Beyrouth les serra dans ses bras et s'assit en tailleur au milieu d'eux.

— Quel honneur ! murmura l'un des trois jeunes gens.

— Non, c'est moi qui me sens honoré de me trouver en présence de garçons aussi courageux, répliqua Mugniyeh. Vous avez tous les trois été jugés dignes de remplir une mission d'une telle importance que notre ennemi israélien ne s'en relèvera pas. Celui d'entre vous qui sera choisi méritera une place insigne sur ces murs. Les générations à venir vénéreront sa mémoire, il sera cité comme un *mara al-taqlich*, un homme à imiter.

C'était l'entrée en matière psychologique destinée à susciter entre ces trois garçons une compétition pour être celui à qui serait accordée la faveur du martyre.

— Pouvons-nous savoir en quoi consistera la mission ? s'informa l'un d'eux.

— Oui. Il s'agira d'amener un véhicule soigneusement préparé au centre de Tel-Aviv, au cœur du territoire ennemi, et, une fois sur place, de déclencher une explosion, à l'image de ce qu'ont déjà fait nombre de vos aînés.

Ils supposaient naturellement que Mugniyeh parlait de simples explosifs entassés dans une voiture. C'était l'arme préférée du Hezbollah.

Mugniyeh n'avait pas l'intention de les détromper. Il travaillait d'arrache-pied depuis qu'on lui avait demandé, à la dernière réunion du Comité des opérations secrètes, de préparer un plan pour déposer l'une des bombes nucléaires du Professeur à Tel-Aviv. Mais ce plan reposait sur le secret absolu. Personne, en dehors des membres du comité, ne devait connaître la véritable nature de la bombe que concoctait le Professeur.

La première étape viserait à transporter la bombe, une fois qu'elle serait opérationnelle, de sa cachette iranienne à la plaine de la Bekaa, au Liban. C'était la partie la plus facile. Les matériels fournis par l'Iran au Hezbollah arrivaient par la route via la Syrie, ou par avion à partir de l'aéroport de Damas. Dans un cas comme dans l'autre, leurs déplacements ne subissaient aucun contrôle de la part de la Syrie. Cet état de fait résultait d'un accord tacite entre le Syrien Hafiz al-Asad et les mollahs de Téhéran. Ayant la possibilité de mettre fin à tout instant à ce privilège, Asad exerçait grâce à cette menace un contrôle sur les activités du Hezbollah en temps de crise. Cependant, le leader syrien ne saurait rien de l'opération Khalid tant que la bombe du Professeur n'aurait pas explosé à Tel-Aviv.

Personne à Téhéran ne le jugeait assez digne de confiance pour le mettre dans la confidence.

La deuxième étape ne poserait pas non plus trop de problèmes. Une fois à Janta, la bombe serait dissimulée dans la voiture d'un sympathisant jordanien qui effectuait régulièrement le trajet entre Irbid, où il habitait, au nord de la Jordanie, et la plaine de la Bekaa. Les polices des frontières syrienne et jordanienne du poste frontalier d'Ali Mufraq le connaissaient assez depuis le temps pour le laisser passer sans plus de vérification qu'un vague coup d'œil.

La troisième étape s'annonçait plus difficile et plus risquée. Le Jordanien remettrait la bombe à une cellule de partisans radicaux du Hamas qui opéraient aux abords de la ville palestinienne de Nablus. C'est à eux qu'il incomberait de transférer la bombe sur l'autre rive du Jourdain et de la mettre à l'abri quelque part dans les environs de Nablus. La police palestinienne et les Israéliens surveillaient la rive occidentale du fleuve, l'armée jordanienne la rive orientale. Tous contrôlaient de près le trafic qui allait et venait sur le pont Allenby. Il n'était pas évident de franchir leurs barrières de sécurité et de passer au travers de leurs systèmes infrarouges de détection nocturne. Pourtant, le Hamas avait trouvé des astuces pour trimbaler clandestinement à leur insu ses armes, ses explosifs et ses hommes.

À ce stade du plan, l'un des trois garçons qui entouraient à cet instant Mugniyeh dans la grotte des Martyrs aurait été sélectionné pour exécuter la quatrième étape, qui consistait à introduire la bombe dans la ville de Tel-Aviv. Curieusement, ce ne serait pas le plus difficile. Mugniyeh étala sur le tapis une grande carte d'Israël, de la Palestine et des territoires occupés. Il avait élaboré cette partie de son plan avec toute la minutie et le souci du détail qui avaient présidé à la préparation du bombardement de l'ambassade américaine et de la caserne des marines à Beyrouth, faisant de lui un ennemi très redouté des neveux de l'oncle Sam.

Il savait quelque chose que le public ignorait. Le rempart de sécurité qui séparait Israël de la Palestine et des territoires occupés n'était pas du tout aussi hermétique qu'on le croyait. Son doigt épais s'abattit sur la mer Morte.

— Un nombre considérable de touristes viennent ici tous les jours admirer cette mer, goûter son eau et même s'y baigner. Certains s'enduisent le corps de boue qu'ils ramassent sur le bord. Ils pensent que ça les gardes jeunes. Mugniyeh égrena un petit rire qui disait toute l'absurdité qu'il voyait dans cette idée. Puis il fixa son regard sur les trois jeunes gens qui buvaient ses paroles. La plupart arrivent de Tel-Aviv en voiture. Des voitures de location, évidemment. Elles ont donc des plaques d'immatriculation israéliennes et portent sur la vitre arrière le nom de la compagnie de location, Hertz, Avis, ou autre. C'est un spectacle très rassurant pour les policiers israéliens.

Il tapota la carte.

— Il y a deux routes qui mènent à la mer Morte. Une qui vient de Jéricho. Quand on arrive par là, il faut franchir un barrage de sécurité des forces palestiniennes. Ou alors, si on ne veut pas visiter Jéricho, on bifurque avant le barrage pour aller directement à la mer, ce que font la majorité. Des questions ?

Les trois candidats au martyre secouèrent négativement la tête.

Mugniyeh fouilla dans ses poches et en sortit deux passeports français qu'il posa sur le tapis, deux beaux échantillons des talents de faussaire que cultivaient les services de sécurité iraniens. Il leur montra le premier. Il était vierge.

— Ce passeport sera attribué à celui d'entre vous qui sera choisi pour conduire la voiture transportant la bombe à Tel-Aviv. Naturellement, on y aura ajouté la photo du conducteur.

— Et l'autre ?

Mugniyeh sourit, prit le deuxième passeport et l'ouvrit sous leurs yeux ébahis. On y voyait déjà un nom et une photo. Celle d'une jeune femme.

— Qui est-ce ? demanda un garçon, ahuri.

— L'une de vos sœurs. Elle s'appelle Latifa. Le jour de la mission, le conducteur de la voiture sera accompagné de cette courageuse Palestinienne. Un jeune couple français attirera beaucoup moins l'attention de la police israélienne qu'un homme seul. D'autre part, Latifa connaît extrêmement bien la route de la mer Morte à Tel-Aviv.

— Mais elle ne sera pas dans le véhicule quand la bombe explosera, quand même ?

— Non. L'islam ne demande pas à nos sœurs d'accéder au martyre. Elle descendra de voiture entre Jérusalem et Tel-Aviv, quand la voie sera libre.

— Quel genre de voiture ?

— Avant la mission, le conducteur choisi pour l'exécuter sera hébergé par un de nos commandos près de Nablus. Aux premières heures de la matinée, la bombe sera placée dans le coffre de la voiture du commando et le conducteur, Latifa et les membres du commando partiront pour la mer Morte. Il n'y a pas de poste de contrôle entre Nablus et la mer Morte.

— Quelle sera la taille de la bombe ?

Mugniyeh se rappela les paroles du Professeur à la réunion du Comité des opérations secrètes.

— Elle tient sans problème dans un coffre de voiture. Vous vous arrêterez dans un endroit assez isolé que les hommes du commando connaissent bien, au bord de la mer Morte. Vous attendrez de voir arriver une voiture de location. Le commando se chargera alors de neutraliser les touristes pour que vous puissiez leur emprunter leur véhicule.

Quand Mugniyeh parlait de « neutraliser » les touristes, il s'agissait bien entendu de les tuer.

— Vous n'interviendrez pas dans cette opération. Les hommes du commando mettront alors la bombe dans le coffre de la voiture de tourisme et notre conducteur s'en ira immédiatement avec Latifa, direction Tel-Aviv.

— Y a-t-il des barrages routiers israéliens sur cette route ?

— Non. Mugniyeh parut amusé. Étonnant, n'est-ce pas ? Il y a un poste de contrôle à Ras al-Amoud, à l'entrée de Jérusalem. Normalement, la police israélienne se contente de jeter un simple coup d'œil, à moins d'une alerte sérieuse. De toute façon, on peut éviter ce poste en se dirigeant droit vers le mont des Oliviers avant de pénétrer dans la ville. Latifa connaît bien le chemin. Elle vous guidera.

— Et entre Jérusalem et Tel-Aviv ?

— Rien. Absolument rien.

Les trois candidats au martyre se regardèrent, stupéfaits.

— Et où le conducteur devra-t-il déclencher l'explosion de la bombe ? s'informa l'un d'eux.

— Où il voudra dans le centre-ville de Tel-Aviv. À un feu rouge, par exemple.

— Par quel moyen ?

Mugniyeh extirpa de sa poche un objet qui ressemblait à un briquet.

— Le détonateur aura cet aspect. Vous n'aurez qu'à appuyer sur ce bouton et vous aurez accompli votre acte d'héroïsme suprême. Vous aurez mérité votre récompense éternelle, vous occuperez à jamais une place d'honneur dans les mémoires, au titre de martyr entre tous les martyrs.

Il déposa délicatement le briquet-détonateur sur le tapis pour leur permettre de l'examiner. Incroyable, songeait-il. Si le Professeur et son équipe de scientifiques arrivaient à leurs fins, ce serait presque un jeu d'enfant de balayer Tel-Aviv de la surface du globe d'une déflagration nucléaire, plus facile que de détruire les casernes de marines américains de Beyrouth.

La réunion qui se déroulait dans la salle à manger majestueuse de la propriété de Hassan Osman, juchée en surplomb de la mer de Marmara, tenait à la fois du conseil de guerre familial et du procès par contumace. Comme il sied à l'aîné de la fratrie qui dirige l'un des réseaux de trafic d'héroïne les plus importants de Turquie, Selim Osman occupait le haut bout de la table, un Cohiba coincé entre les dents. Selim savait maîtriser ses appétits. S'étant récemment trouvé hors d'haleine après l'une de ses visites quotidiennes aux Natacha du dernier étage de son Barcelona Gran Hotel, il avait décidé de limiter sa consommation de tabac à un cigare par jour. Il se contentait donc de mâchonner celui-ci afin de garder son souffle pour ses Natacha.

À sa droite, il avait Hassan, le responsable du laboratoire familial tout proche. Refat, le troisième, l'exécuteur des basses œuvres, se trouvait à sa gauche. Il jouait en quelque sorte le rôle de juge d'instruction. Abdullah, chargé des circuits de distribution européens, qu'il administrait de son siège d'Amsterdam, et Behcet « Babe », qui exploitait le marché britannique et veillait à l'écoulement des liquidités monétaires via Budapest, se partageaient l'autre extrémité de la table.

C'était la saisie à Douvres de cent kilos d'héroïne familiale qui avait motivé cette réunion. Le manque à gagner du clan Osman n'atteignait pas, loin s'en fallait, les dix millions du prix de vente dans la rue qu'avaient annoncés les médias, mais il représentait néanmoins une perte terrible, la première subie par la famille en dix années de trafic sans heurt. Plus grave encore que le déficit financier, le coup porté à l'honneur de la famille exigeait une réaction. Les douanes britanniques ignoraient sans doute d'où provenait la drogue qu'elles avaient saisie, mais, chez les initiés d'Istanbul, la nouvelle s'était déjà répandue. Personne ne croyait à la fable du douanier zélé qui aurait ordonné une fouille pour obéir à une intuition. Les saisies de cette importance ne devaient rien au pifomètre.

La réputation de la famille était en jeu. S'ils ne répliquaient pas, la rumeur circulerait que le clan Osman avait perdu de sa vigueur. Leur empire ne tarderait pas à vaciller.

— Abdullah, demanda Refat, est-ce que tu connaissais ce mac hollandais ? Personnellement ?

— Non.

— Tu ne l'as jamais rencontré ?

— Non.

— Il connaît ton nom ?

— Non. Il me connaît sous le pseudo de Halis. C'est le nom que j'emploie sur mon mobile cloné.

— Dans ce cas, comment êtes-vous entrés en contact ? Comment en est-il venu à te proposer ces mules belges ?

— Ça s'est fait par l'intermédiaire de Nissim Cakici, un dealer que je sous-traite. C'est à lui que le Hollandais achète sa drogue pour ses filles. Nissim lui a demandé de voir s'il ne trouverait pas des volontaires pour se faire un bon paquet de blé.

— Cakici est turc ?

— Bien sûr.

— Depuis combien de temps le connais-tu ?

— Depuis mon arrivée en Hollande.

— Il n'a jamais essayé de te doubler ?

— Jamais.

Refat médita cette information avant de reprendre :

— Comment le mac a-t-il pris possession des colis ?

— Je les ai emballés dans une vieille valise que j'ai emportée sur une aire de repos de l'A10. Cakici s'y trouvait. J'ai mis la valise dans sa voiture et je suis allé me garer à l'opposé. Une demi-heure plus tard, Henrik, le proxo hollandais, s'est pointé. J'ai vu Cakici lui remettre les billets de ferry et la drogue. Après son départ, j'ai donné son billet à Cakici pour qu'il file les danseurs belges pour moi.

Refat se cala contre son dossier pour réfléchir.

— C'est donc le mac qui a vendu la mèche. Sans doute directement aux British. Ils paient mieux que les Hollandais.

Les quatre frères firent entendre un murmure approbateur.

— Le fumier doit mourir.

— Oui, confirma Babe. Il faut le tuer, le fils de pute.

Selim retira de sa bouche son cigare éteint.

— Les autres familles n'en attendent pas moins de nous. Mais nous devons rester à l'écart du meurtre. Et surtout ne pas provoquer la police néerlandaise. Comme on dit, ne réveillons pas l'eau qui dort.

Il éclata de rire, enchanté de sa plaisanterie.

— Si c'est un indic des Anglais, les Hollandais s'en balancent, remarqua Refat. Abdullah, tu vas rentrer chez toi. Demande à Cakici de laisser entendre au Hollandais que nous croyons à cette histoire d'intuition miraculeuse du douanier et qu'il a gros à gagner à trouver d'autres mules.

— Et ensuite ?

— Le reste, je m'en charge.

« Où coule le Shannon... » Engoncé dans son manteau dont il avait relevé le col pour se protéger du crachin venu de l'Atlantique, Jimmy Shea chantonnait, le sourire aux lèvres, en traversant le parking de la zone franche de l'aéroport international. Faut-il que nous autres Irlandais soyons de fieffés romantiques pour écrire des chansons sur un vieux fleuve puant et sale, riait-il intérieurement en poussant la porte de son bureau des ventes européennes d'EG&G.

Il suspendit son manteau dégoulinant, se prépara une tasse de café brûlant et s'installa à sa table pour dépouiller les fax qui s'étaient accumulés pendant la nuit.

— Greg ! appela-t-il en découvrant le deuxième de la pile. Tu veux bien jeter un coup d'œil là-dessus ? Le ministère américain du Commerce nous accorde la licence d'exportation pour vendre ses krytrons à notre M. Steiner de Hambourg.

— Pour son laser à rendre les gens beaux ?

— Oui. Salem dit que tout paraît en règle. On donne suite. Ils nous enverront sa commande dans soixante-douze heures.

— À vrai dire, Jimmy, je suis un peu étonné, marmonna Hickey. Mais je suppose que les Américains savent ce qu'ils font. Après tout, nous sommes là pour vendre, non ? C'est une jolie commande. Nous avons appliqué les règlements. Veillons tout de même à conserver précieusement dans nos dossiers toutes les déclarations de Steiner.

— Oh, ne t'inquiète pas pour ça. Je vais pouvoir annoncer à Steiner que nous aurons sa marchandise vendredi.

Désormais, les krytrons de Steiner seraient acheminés à Hambourg sans autres formalités. Ils arriveraient à l'aéroport de Shannon en un colis soigneusement étiqueté. Les douaniers irlandais, confiants dans la sagesse de leurs homologues américains, le remettraient à Shea en échange du paiement des droits de douane prévus pour cette commande. Dès lors, les krytrons pourraient voyager librement à l'intérieur de la Communauté européenne et être expédiés en Allemagne sans plus d'exigences douanières.

— Oui, tu peux y aller, dit Hickey en riant. Et tant

que tu y es, demande donc à ce monsieur Steiner s'il ne pourrait pas te ravaler la façade avec le beau laser tout neuf qu'il est en train de concocter.

Le Professeur venait de s'offrir ce tout nouveau jouet haute technologie, un téléphone satellite Inmarsat (international maritime satellite) modèle M, le genre de gadget qu'utilisent les reporters du bout du monde pour envoyer leur scoop à leur rédaction. Le téléphone permet de répercuter directement son signal sur l'un des quatre satellites commerciaux de communication qui gravitent en orbite autour de la Terre et d'éviter ainsi les aléas des réseaux de communication du tiers monde ou d'échapper à la surveillance de censeurs trop zélés.

Le téléphone du Professeur se prêtait à la fois à la communication vocale et à l'envoi de messages écrits, cryptés au moyen du système de codage qu'il avait acheté aux Suisses. Il devait veiller à leur brièveté pour que les satellites de surveillance américains ne puissent localiser l'origine de l'émission par goniométrie. Il existait des matériels plus sophistiqués, utilisés par la CIA, capables d'émettre à une telle vitesse qu'aucun système de surveillance n'avait le temps d'effectuer le moindre repérage. Il n'avait pas réussi à s'en procurer.

Il tapa sur la machine à encoder des Suisses son message au Comité des opérations secrètes lui annonçant la bonne nouvelle, à savoir que les krytrons top secret achetés aux Américains avaient obtenu la licence d'exportation et qu'il serait en mesure de les acheminer vers l'Iran dès vendredi. Puis il transféra son texte sur son téléphone Inmarsat. Il s'approcha alors de la fenêtre.

L'Inmarsat ressemblait assez à un ordinateur portable. Il ouvrit la fenêtre et leva le couvercle, semblable à l'écran d'un portable. Il l'orienta vers la position approximative du satellite de l'Atlantique par lequel il voulait transmettre son message. L'appareil restitua une série de sifflements. Il le déplaça jusqu'à obtenir le volume maximum qui indiquait qu'il avait établi le lien avec le satellite. Il lui suffit alors d'appuyer sur une touche pour envoyer son message à Téhéran.

Deux heures plus tard, Jim Duffy débarquait dans le bureau du directeur des opérations de la CIA, le poing levé comme un golfeur qui a réussi un putt de huit mètres.

— Ils ont mordu à l'hameçon ! déclara-t-il, triomphant, à son ami Jack Lohnes.

— Comment le savez-vous, monsieur « je-sais-tout » ?

— Grâce à ça, gloussa Duffy en brandissant un message intercepté par la NSA. Menwith Hill vient de le décoder. Encore un de ces messages Brainwave envoyés par les Iraniens sur leur super-codeur suisse qu'ils croient inviolable.

« Les dispositifs américains dont nous avons besoin arriveront à l'usine vendredi matin, disait le texte. Je me chargerai personnellement de leur récupération et de leur transport en Iran. »

— Qui est l'expéditeur ? Votre copain le Professeur ?

— Je pense, oui.

— D'où l'a-t-il envoyé ?

— Ça, nous ne le savons pas. Le temps d'émission était trop bref. Mais il a été capté à la fois par Menwith Hill et la grande écoute de Bad Aibling, en Allemagne, donc l'émission est partie d'un lieu situé quelque part entre ces deux points.

— Sans doute à proximité de l'usine de Lasertechnik, s'il compte aller chercher le colis lui-même. Vous croyez qu'il a l'intention de rapporter ces trucs à Téhéran sur un avion de ligne commercial ?

— C'est possible. Pourquoi pas ? Le paquet ne doit pas être très gros.

— Jim, êtes-vous sûr à cent pour cent que les petits émetteurs que vous avez dissimulés dans les krytrons nous renverront leur signal ? Vous connaissez les enjeux. Si ça rate, il se trouvera toujours un député pour annoncer au monde que la CIA a permis aux Iraniens de fabriquer des bombes nucléaires en leur facilitant la tâche. L'Agence a déjà bien assez de problèmes en ce moment. Elle ne s'en relèverait pas.

— Jack, nous avons passé une journée entière à les vérifier à Salem. Nos satellites Sigint répercutaient haut et fort leur moindre bip.

— Bon, eh bien, prions pour que votre plan fonctionne. Si les krytrons arrivent en Allemagne vendredi matin, je suppose qu'il faudrait prévoir le premier bip pour 12 heures GMT ce jour-là.

— Exact.

— Il faut mettre en place dès maintenant nos meilleurs engins pour suivre ces signaux et prendre d'excellents clichés. L'Office central d'imagerie se chargera de régler les satellites. Le président signera leur programme dès qu'il sera établi. Mais c'est le NRO, l'Office national de reconnaissance, qui se trouve sur la R28 près de Chantilly, qui effectuera le vrai travail de repérage. Ce sont ses équipes qui devront capter les signaux du satellite Sigint et déclencher les prises de vues pour que nous puissions suivre pas à pas ces foutus bitoniaux. Nous avons rendez-vous là-bas, vous et moi, avec Keith Small, le responsable de la boutique, pour mettre au point les détails. Mais n'oubliez pas, c'est vous qui êtes en première ligne. Si ça foire et que vous soyez viré, ce coup-ci vous ne pourrez vous en prendre qu'à votre ange gardien.

Dirk Van Vleck, officier de la brigade de lutte antidrogue du commissariat de police de la Warmoesstrasse, dans le quartier chaud d'Amsterdam, observait le lacis de ruelles intriquées qui constituaient son secteur, le repaire de toxicomanes le plus dense de la ville d'Europe la plus infestée par la drogue. En cette fin d'après-midi printanier, il fourmillait déjà de monde.

Dans cette foule grouillante — Dirk était bien placé pour le savoir — se faufilaient quelques-uns des quatre à cinq mille dealers qui hantaient en permanence ces ruelles pour offrir aux touristes agglutinés autour d'eux leur version du service commercial diversifié. Cocaïne, poudre ou crack, héroïne, haschisch provenant de la production hollandaise locale, tablettes d'ecstasy, amphétamines, le choix était illimité. Pour Dirk et les quatre agents de sa brigade, il était pratiquement impossible de contrôler ce flot, surtout dans un pays qui affichait son indifférence à l'égard des dealers et de leurs activités.

En 1996, Dirk et ses hommes avaient procédé à trois mille arrestations et obtenu deux mille cinq cents condamnations. La justice d'Amsterdam, dans son infinie clémence, les condamnait à trois ou quatre mois de prison. Ils y restaient six semaines, dans des geôles qui ressemblaient à des hôtels de luxe, avec un excellent service de restauration, la télé couleurs dans les cellules et de la lecture à discrétion, à condition, ironisait Dirk, que ces voyous sachent lire. Après ces quasi-vacances, ils reprenaient du service dans la rue, où ils se mettaient dix mille florins par jour dans les poches. Les offensives de Dirk se traduisaient par un effet dissuasif égal à celui que peut exercer l'agneau sur le lion affamé.

Pourtant, malgré tout, Dirk aimait son métier. Il avait affaire à des dealers tenaces, retors. Quatre-vingts pour cent d'entre eux étaient originaires du Surinam, contre quinze pour cent de Nord-Africains, le reste se composant de toxicomanes hollandais. Ils importaient les dernières nouveautés des États-Unis et travaillaient par équipes de quatre ou cinq, comprenant un chef, un trésorier, un « magasinier », qui gardait la provision du jour, et un coursier qui apportait la drogue, souvent dissimulée dans sa bouche, au client.

Ils vendaient la drogue par « balles » d'un demi-gramme ou d'un dixième de gramme. La came était devenue tellement abondante que le prix au gramme avait chuté de deux cents à quarante florins en deux ans.

Ils connaissaient tous Dirk, surnommé « John Wayne » à cause de sa démarche chaloupée, son mètre quatre-vingt-dix et ses quatre adjoints. Les éclaireurs des dealers les repéraient à cinquante mètres. Ils s'étaient donc transformés en acteurs de plein air pour pratiquer leurs arrestations. La réserve du commissariat abritait sous ses poutres vénérables assez de déguisements pour nipper tous les figurants des comédies musicales de Broadway. Les cinq hommes arpentaient le quartier en balayeur des rues, laveur de carreaux, prostitué travesti, pasteur. Dirk avait une prédilection pour un costume de Père Noël qu'il avait acheté un jour de décembre. Il l'avait agrémenté d'une cloche et d'un insigne de cuivre de l'Armée du Salut, et il partait, ainsi accoutré, récolter dans le quartier quelques oboles et quelques photos subreptices des dealers en action.

Les Guyanais du Surinam se procuraient leur héroïne, à raison généralement de un kilo par commande, auprès de sous-dealers turcs tels que ceux qui travaillaient pour Abdullah Osman. Ils opéraient à partir d'appartements loués dans la zone à haut risque appelée Bylmermeer.

L'ennui, c'est que, pour arrêter un Turc, il fallait

convaincre son acheteur surinamien de le dénoncer — or entre un genou fracassé (châtiment réservé aux « balances » par les dealers) et six semaines de farniente dans une prison tout confort (peine infligée par la police à ceux qui refusent de parler), qui hésiterait ?

Cependant, une fois par hasard, l'occasion se présentait de frapper à un niveau plus élevé que celui de la délinquance de rue dont Dirk faisait son ordinaire. C'était le cas en ce moment. Un mois plus tôt, un maquereau qui « parrainait » deux putes de vitrine des bords du canal était venu lui poser une question. Qu'est-ce qu'il gagnerait à balancer deux danseurs de cabaret belges qui s'apprêtaient à passer un chargement d'héroïne en Angleterre ?

Dirk avait transmis la question à un ami des douanes anglaises. En temps normal, les Anglais, les Français et les Américains évitaient ce genre de collaboration aboutissant à des arrestations en Hollande. La loi hollandaise autorisait les avocats de la défense à exiger que soit révélée l'identité de l'informateur en cours de procès et, comme dans les affaires de drogue il y avait presque toujours un indicateur à la clé, les policiers ne voulaient pas tarir leur source d'information pour une seule arrestation.

Mais, dans ce cas, l'arrestation aurait lieu en Angleterre, dont les douanes pourraient invoquer la bonne fortune d'un agent perspicace. C'était ce qui s'était produit. Le maquereau indic de Dirk avait gardé son anonymat et il allait maintenant lui remettre sa prime de cinquante mille florins.

Il partit donc le retrouver à une station de bus d'un quartier pimpant de la banlieue résidentielle de Hilversum, loin des regards de la faune qui déambulait dans les alentours de son commissariat.

Une demi-heure après avoir émergé de la gare, le mac montait dans sa voiture. Dirk lui donna sa liasse de billets.

— Alors, comment vont les affaires ? demanda-t-il.

— Pas mal. Mon correspondant m'a demandé de lui trouver d'autres mules.

— Parfait. C'est la preuve qu'on ne vous soupçonne pas. Pourquoi ne pas leur dire que vous avez quelqu'un ?

— Parce que je n'ai personne.

— Si.

— Qui ?

— Moi.

Keith Small, le directeur de l'Office national de reconnaissance, accueillit Jim Duffy et Jack Lohnes par ces mots :

— Messieurs, la Maison - Blanche m'a intimé l'ordre de mettre à votre disposition tous les moyens dont bénéficient nos installations.

Duffy perçut dans son ton un sous-entendu impliquant que les interventions de la Maison - Blanche étaient aussi rares que malvenues. Allons bon. Avait-il commis une erreur en s'adressant aux fabricants de l'Eagle Tag au lieu de venir trouver M. Small ? Difficile de battre un haut fonctionnaire du gouvernement américain en matière de susceptibilité !

— L'Office central d'imagerie m'a envoyé un tableau des configurations dont vous avez besoin, continuait Small. Nous nous occupons en ce moment même de mettre en place les engins à votre convenance. Je vous propose de vous emmener à l'étage des opérations pour vous montrer ce qui se trame à votre intention. Ainsi, vous pourrez nous dire ce que vous attendez de nous.

Le directeur du NRO n'ayant pas pris la peine de les inviter à s'asseoir à leur arrivée, ils n'eurent qu'à lui emboîter le pas et à le suivre dans l'ascenseur.

Le gouvernement américain n'avait officiellement admis qu'en 1992 l'existence de l'organisme sur lequel régnait M. Small. Avant cette date, il était installé sur la base de l'armée de l'air de Los Angeles, qui jouxte l'aéroport international de la ville, et les prédécesseurs de Small figuraient dans l'annuaire du Pentagone à la rubrique Air Force, sous le titre de directeurs de l'Espace et de la Technologie. Le secret derrière lequel s'abritait l'organisme était tombé lorsqu'on avait décidé de le transférer dans ses nouveaux locaux tout en verre et acier proches de l'aéroport de Dulles. L'idée au départ consistait à faire croire que le bâtiment servait à héberger les bureaux de l'un des principaux sous-traitants de l'Office, Rockwell International.

L'imbroglio avait duré jusqu'au jour où le percepteur des impôts du comté de Fairfax était venu prélever ses taxes locale et foncière sur le nouvel immeuble. Le mutisme patriotique des comptables de Rockwell n'avait pu résister longtemps à l'enquête des agents du fisc.

Small introduisit Lohnes et Duffy dans l'antichambre du centre des opérations. La pièce maîtresse en était un énorme globe pivotant doucement sur son axe. Il semblait occuper toute la salle pourtant spacieuse. Autour de la sphère gravitait un essaim de boules, de la taille de celles qui ornent les sapins de Noël, correspondant chacune à un satellite de l'Office national de reconnaissance. La vitesse à laquelle elles tournaient autour de la grosse sphère plus lente avait été calculée de façon à restituer très exactement la vitesse relative de rotation de la Terre et de gravitation des satellites dans son orbite. La réalisation de ce mobile représentait un exploit technique aussi remarquable que coûteux, mais n'en constituait pas moins une illustration à la fois élégante et réaliste des activités de l'Office, dont pourrait faire son profit un député en visite trop épris de restrictions budgétaires.

Duffy ne put s'empêcher de rire.

— Qu'y a-t-il de si drôle ? s'informa Small.

— Ça me fait penser à un crottin de cheval entouré d'une nuée de mouches.

— Un crottin de cheval qui vaut deux millions, grommela Small en s'approchant de sa précieuse maquettc.

Il s'empara d'une baguette pour joindre le geste à la parole au cours de sa démonstration.

— Nous fondant sur vos indications selon lesquelles le premier signal envoyé par l'émetteur caché dans les krytrons devrait venir de l'usine de laser basée au nord de Hambourg, nous avons préparé les conditions d'une triangulation sur la région à partir de trois de nos satellites Vortex Sigint. Le premier se trouve ici. Du bout de sa baguette, il désigna une boule rouge. Au-dessus de la mer du Nord, à environ cent milles marins à l'ouest du port de Hambourg. Le deuxième est perché à l'aplomb de la péninsule du Jütland, à cent cinquante kilomètres à peu près de la ville, et le troisième à cent cinquante kilomètres de l'entrée de la Baltique.

Il pointait chaque fois sa baguette sur le satellite concerné.

— La NSA va continuer à intercepter leurs communications, comme d'habitude, mais nous, ici, nous capterons le signal de votre émetteur répercuté par les trois satellites. Nous effectuerons alors une triangulation pour déterminer le lieu exact d'où il provient. Nous pouvons arriver à le situer à trois mètres près.

Les deux agents de la CIA souriaient, émerveillés par les miracles qu'était capable d'accomplir cette technologie moderne.

— Nous avons également positionné au-dessus de la zone l'un de nos meilleurs satellites photographes de reconnaissance, un Jumpseat KH13 de la nouvelle génération. Sa baguette s'orienta cette fois vers une boule bleu foncé. Sa vitesse de rotation a été réglée sur celle de la Terre pour qu'il conserve une position fixe par rapport à la surface terrestre. En ce moment, il est placé au-dessus de Hambourg. La grande qualité du KH13, c'est qu'on peut le manier à volonté. Si nous voulons le déplacer très rapidement, on accélère sa course, il cavale dans l'espace et nous freinons le mouvement au-dessus de Téhéran, par exemple, si c'est là que vous souhaitez le stationner.

— Et c'est cet oiseau-là qui va prendre nos photos ? interrogea Duffy.

— Absolument. On lui indique la latitude et la longitude obtenues lors de la localisation par triangulation du signal émis par les krytrons. Le KH13 dirige alors ses objectifs vers la zone ainsi délimitée.

— Et ça prend combien de temps ?

— Une ou deux minutes après l'émission du signal. On appelle cela le « temps d'accession ».

Tout en parlant, Small avait ouvert la porte donnant sur la salle d'opérations. C'était un local immense, d'une surface équivalant à la moitié d'un terrain de football. Chacun des satellites de prise de vues qui vadrouillaient dans l'espace accaparait une équipe de quatre scientifiques groupés autour d'un ensemble de consoles informatiques et de manettes de communication qui les reliaient, au travers d'un enchevêtrement de cordons ombilicaux, aux engins qu'ils supervisaient. Le spectacle rappelait à Duffy les scènes retransmises par la télévision depuis la NASA à l'époque des missions Apollo.

— Les techniciens que vous voyez à l'œuvre dans cette pièce disent aux satellites où ils doivent aller, ce qu'ils doivent photographier. Nous recueillons nous-mêmes les images, soit directement, soit par l'intermédiaire d'une de nos stations relais, comme celle d'Alice Springs en Australie, et nous les stockons. Nous les classons, nous vérifions qu'elles correspondent bien à ce que nous recherchions et nous les transmettons aux agences de renseignements, la CIA et l'agence de renseignements militaires de la Défense. Ou à Menwith

Hill, en Angleterre. Nous sommes de simples fournisseurs. Ce n'est pas nous qui analysons les documents que nous obtenons. Ça, c'est votre rôle.

Small les entraîna dans la salle de visionnage. Elle comportait cinq grands écrans noirs extraplats, commandés chacun par un technicien installé devant une des consoles qui composaient le tableau de commande central disposé sous l'écran principal. Pour Duffy, cela avait quelque chose de l'antre du Dr Folamour.

Le directeur leur désigna des sièges.

— Bien, déclara-t-il. Je voudrais vous montrer quelques-unes des difficultés que nous pourrions rencontrer dans l'exécution de votre projet. Je ne veux pas dire qu'il est irréalisable. Il peut marcher. Mais il peut aussi échouer.

Duffy demeura silencieux, le front soudain moite.

— Jack, demanda Small au technicien. Projette-nous sur l'écran principal les images relevées il y a une heure par le KH13 qui est au-dessus de Hambourg.

Le technicien pianota sur son clavier d'ordinateur. Très vite, une photographie emplit l'écran. Elle était remarquablement claire et nette.

— Ce que vous voyez là, c'est une portion circulaire de trois mètres de diamètre de la rue qui sépare la gare de Hambourg du centre commercial qui lui fait face.

Lohnes et Duffy regardaient avec fascination. On voyait parfaitement les cinq piétons qui marchaient sur le trottoir avec leurs sacs à provisions. Si l'un d'eux avait levé le nez au moment où la photo avait été prise, un de ses proches aurait pu le reconnaître. On distinguait aussi deux voitures qui circulaient sur la chaussée, plus l'arrière d'une troisième.

— Supposons, pour les besoins de ma démonstration, que la photo a été prise à l'instant exact où votre émetteur a envoyé son signal. Il se trouve donc quelque part à l'intérieur de ce cercle. Peut-être dans le sac à provisions d'un passant. Ou alors dans une voiture. Mais laquelle ? Si nous avons une confiance aveugle dans la technologie et que nous le situions pile au milieu du cercle, l'émetteur du signal est sans doute dans le coffre de la première voiture.

Small se tourna vers son technicien.

— OK, Jack, passe-nous la suivante.

Une autre photo, aussi nette que la première, se déploya sur l'écran.

— Celle-ci a été prise exactement deux minutes après la précédente. Ce qui correspond au temps d'accession maximal de notre satellite. Les voitures et les gens ont tous bougé pendant ces deux minutes, comme vous pouvez le constater. Où sont les cinq piétons ? Partis. Remplacés par d'autres. Et les voitures ? Disparues.

— Vous ne pouvez pas élargir la zone couverte par le cliché ? interrogea Duffy. L'étendre de façon à tenir compte du temps qui s'écoule entre l'émission du signal et le centrage de la caméra ?

— Si, c'est possible. Jack... Le technicien manipula son ordinateur. L'image s'étala pour couvrir une zone beaucoup plus vaste, d'une trentaine de mètres de diamètre. Voici nos piétons et les deux voitures de tout à l'heure. Seulement, maintenant, nous avons dix voitures dans le champ. Et une bonne douzaine de piétons en plus.

« Voilà le problème, messieurs. Nous allons recevoir un bip toutes les heures et il faut espérer qu'il nous en arrivera d'endroits assez déserts pour que nous puissions déterminer, dès le premier cliché renvoyé par le satellite, de quel objet précis provient le signal. Avec un peu de chance, nous parviendrons à maintenir cet objet dans le champ de vision du satellite et à le suivre jusqu'à sa destination. Mais si nous n'obtenons jamais ce cliché ? Que se passera-t-il ?

Small fit signe à son technicien d'ôter l'image de l'écran.

— Je vais vous dire, reprit-il. Ce n'est pas la première fois que nous effectuons des missions de ce genre. Parfois, on obtient un résultat. Parfois, non. Je ne sais pas ce que vous cherchez exactement, mais je tenais à vous prévenir. Le résultat n'est pas sûr à cent pour cent.

Murés dans un abîme de silence à la mesure de leur inquiétude, Lohnes et Duffy traversaient le parking de l'Office national de reconnaissance où les attendait la voiture de l'Agence.

— Eh bien, soupira Lohnes. Voilà de quoi calmer l'enthousiasme général, n'est-ce pas ?

— Ouais.

— Alors, qu'est-ce qu'on fait ?

Duffy lança un coup de pied rageur au premier caillou venu.

— Rien. On ne change rien. On poursuit l'opération comme prévu en espérant que ça marchera.

— Et dans le cas contraire ?

— Nous nous retrouverons au même point que maintenant. Les Iraniens ont trois engins nucléaires et nous ne savons pas où.

— Sauf qu'entre-temps nous leur aurons fourni une douzaine de krytrons qu'ils n'auront plus qu'à reproduire pour transformer leurs trois boules de plutonium en vraies bombes atomiques.

— Ça marchera, Jack. Il le faut. Nous avons quand même deux mois de bip devant nous, quoi, merde !

— J'aimerais partager votre optimisme. Je crois que vous devriez sauter dans un avion ce soir pour aller suivre l'opération de Menwith Hill. Comme ça, en cas d'anicroche, vous serez presque à pied d'œuvre.

— Bonne idée, approuva Duffy en riant. Et si ça

tourne au vinaigre, je pourrai filer à Téhéran demander l'asile politique.

Refat Osman inspectait l'aire de repos de l'A10, qui encercle Amsterdam, avec toute la concentration d'un général napoléonien examinant le champ de bataille la veille de l'affrontement. Il était un peu plus de sept heures du soir. La nuit étendait déjà ses ombres sur la campagne hollandaise. Le vacarme intense de la circulation couvrirait au besoin les bruits indésirables, cris ou protestations, qui pourraient survenir pendant l'exécution.

Refat comptait utiliser un .22 équipé d'un silencieux. C'était la seule arme, à sa connaissance, dont on pouvait étouffer complètement la détonation. Malheureusement, un .22 ne garantissait jamais l'instantanéité. Avec deux ou trois séries de balles dans le corps, certains continuaient à s'agiter en hurlant pendant une bonne minute avant d'avoir la décence de tomber mort.

En revanche, le relais était séparé de la route par une haie à hauteur d'homme. Les automobilistes ne verraient pas ce qu'il se passait derrière. L'aire de repos avait la taille d'un terrain de jeux. À cette heure-ci, elle était déserte. Le rendez-vous fixé pour la remise de la « came », cinquante kilos de farine de sarrasin, était prévu pour onze heures, quatre heures plus tard. Il y avait de bonnes chances pour qu'il n'y traîne pas âme qui vive à ce moment-là.

Refat aperçut une sorte de gros abri bas à l'amorce de la rampe de sortie.

— Venez, lança-t-il à Abdullah et à Nissim Cakici, leur messager auprès de Henrik le proxénète. Allons jeter un coup d'œil.

C'était une vaste caisse en bois où l'on entreposait le sable qui servait à recouvrir l'asphalte en cas de verglas. Un mètre cinquante de haut, un mètre quatre-vingts de long, à moitié vide, constata Refat en soulevant le couvercle. Idéal. Personne ne viendrait y regarder avant l'hiver prochain. Ils y planqueraient le corps après l'exécution. Le sable boirait le sang. Le lourd couvercle contiendrait l'odeur du cadavre en putréfaction. Le monde perdrait la trace du pauvre Henrik jusqu'au jour où un employé de la voirie viendrait ouvrir l'abri, après les premières neiges, au mois de décembre.

— Bon, dit-il à Cakici, tu te gareras ici, parallèle à la caisse. Tu lui diras de ranger sa voiture le long de la tienne. Tu sors et tu vas ouvrir ton coffre pour lui donner la came. Quand il sera près de toi, tu diras « voilà ». Moi, je serai planqué derrière l'abri. Ce sera mon signal. Je me lève, je le plombe, on le fourre dans la caisse et on taille la route.

Refat avait déjà décidé que Cakici prendrait la voiture du mac, filerait à Francfort, sans angoisse de passage de frontière grâce aux accords de Schengen, laisserait la voiture dans un parking longue durée de l'aéroport et s'envolerait pour Istanbul. Là, pour le récompenser de sa coopération, la famille Osman lui attribuerait un emploi permanent et bien rémunéré à son service.

Refat, lui, partirait pour Paris dans la voiture de Cakici, qu'il abandonnerait quelque part dans la capitale française avant de reprendre l'avion pour la Turquie.

Le service de police auprès duquel Henrik avait mouchardé se douterait de ce qui était arrivé, mais qu'y pourrait-il ? En admettant même qu'il ait révélé l'identité de Cakici, celui-ci serait à l'abri. Refat était un spécialiste, le champion de l'élimination expéditive et sans trace.

Une bonne préparation est mère de succès. Refat en était convaincu. Le plan prévu se déroulait parfaitement. À onze heures moins deux, l'aire de repos de l'A10 était vide. Il n'y était venu personne pendant l'heure qu'avait passée Refat tapi derrière l'abri de bois. La voiture de Cakici parut à l'heure dite et s'immobilisa le long de la caisse à sable. Deux minutes plus tard, le mac hollandais surgissait à son tour. Refat entendit un bruit de portières qui claquent, puis le mot « voilà ».

Il bondit de sa cachette, l'arme au poing. Suivant les instructions de Refat, Cakici portait un blouson de ski de couleur clair qui permit à Refat de le distinguer de sa victime dans le noir.

Refat visa Henrik. Il n'avait cependant pas l'intention de le tuer sans s'offrir d'abord la satisfaction de lui dire en face sa façon de penser.

— Enfant de salaud ! gronda-t-il. On ne double pas les Turcs. La famille Osman est pas du genre à se laisser baiser.

Ne sachant pas parler hollandais, Refat s'exprimait en anglais. Henrik n'avait de cette langue qu'une connaissance très limitée, dont la maîtrise se réduisait à quelques phrases comme « gentille petite femme, très bon prix ». Il écoutait Refat, les yeux dilatés par l'incompréhension ou la peur.

Tout à coup, Refat vit une autre silhouette jaillir de la voiture du traître, l'ombre de la main prolongée de celle d'un revolver. Il n'eut pas une seconde d'hésitation. Il tira deux fois sur le Hollandais. L'autre aboya une phrase en hollandais que Refat ne comprit pas. Il pointa son arme dans la direction du cri, mais il n'eut pas le temps de tirer. Trois balles très proches l'atteignirent à la poitrine. Il mourut sans savoir s'il avait été tué par un policier ou par le garde du corps du Néerlandais.

L'incident occupa évidemment la une des journaux d'Amsterdam le lendemain matin. Le ministère de l'Intérieur des Pays-Bas profita de l'occasion, glosant sur cet exemple de la détermination dont faisait preuve le gouvernement pour réprimer le trafic des drogues dures dans le pays. Les supérieurs de Dirk Van Vleck eurent cependant une réaction quelque peu différente. Le meurtre par un policier hollandais d'un ressortissant turc, fût-il soupçonné de trafic de drogue, mettait le gouvernement hollandais dans l'embarras. Or, le gouvernement hollandais n'aime pas se trouver dans l'embarras. Van Vleck écopa pour sa peine d'une affectation dans la petite ville côtière de Den Helder, aussi loin qu'on peut l'être de la guerre contre la drogue et de ses champs de bataille.

L'épisode comporta cependant une conséquence heureuse. Craignant d'être lui-même arrêté, Abdullah Osman partit à l'aube pour Istanbul, mettant fin, au moins pour un temps, aux activités de la famille Osman en Hollande.

— Votre train part à dix-sept heures de la gare de Euston, annonça à Jim Duffy l'employée de l'agence de voyages de l'ambassade. Le trajet dure environ trois heures. Menwith Hill vous enverra une voiture à votre arrivée à Harrogate pour vous conduire à votre hôtel. Ils vous y feront prendre vendredi matin. Elle lui tendit son billet et le bon de réservation de l'hôtel. Vous aimerez cette petite auberge, je crois. Il paraît que c'est là qu'allait se réfugier Agatha Christie quand elle disparaissait pour se mettre au vert. Mais ça, c'était un mystère dont elle ne donnait pas la clé.

Duffy lui prit les papiers des mains en songeant qu'il n'avait que faire des mystères d'Agatha Christie. Il en avait bien assez à sonder et à éclaircir dans sa vie pour ne pas aller les chercher entre les pages des livres. Il était onze heures du matin. Il avait encore six heures à attendre avant de prendre son train. Il devait s'efforcer de rester éveillé pour venir à bout du décalage horaire qui l'anéantissait après une nuit passée dans l'avion en provenance de Washington. Il pleuvait des cordes, la ville était drapée dans un brouillard cotonneux qui ne devait rien au bon vieux fog londonien désormais disparu, mais en évoquait le souvenir. La chanson de Louis Armstrong affleura à sa mémoire tandis qu'il gravissait les étages pour rejoindre l'antenne de la CIA. Que faire un jour de brume à Londres ?

Comme attiré par un aimant invisible, il se dirigea vers le premier téléphone libre qui se présenta et composa le numéro de Nancy Harmian.

— Oh, Jim ! s'exclama-t-elle à l'autre bout du fil. Quelle bonne surprise ! Duffy entendait avec plaisir dans ses paroles les accents de la sincérité. Comment va le travail ? Mais je ne suis sans doute pas censée vous le demander.

— Bien et non, répondit Duffy en riant.

— Vous êtes à Londres pour quelque temps ?

— Malheureusement, non. Je pars cet après-midi pour le Nord où je dois passer quelques jours.

— Oh !

Avait-il détecté un soupçon de regret dans sa voix ?

— Voulez-vous venir déjeuner ? proposa Nancy. Comme ça, au pied levé, je ne peux pas vous promettre un Lucullus, mais ce sera toujours meilleur que la cafétéria de l'ambassade.

— Avec joie.

— À une heure, dans ce cas ?

Nancy vint ouvrir elle-même. Son visage avait perdu l'aspect maladif que le deuil avait modelé sur ses traits délicats la dernière fois que Duffy l'avait vue. Les courbes et l'expression s'en étaient adoucies. Elle portait un jean bleu délavé et un cardigan en cachemire bleu pâle sur un chemisier de soie blanche. Après l'austère sévérité qu'elle mettait dans son habillement dans les premières semaines qui avaient suivi le meurtre de son mari, cette tenue apportait un contraste saisissant. Fallait-il voir dans ce style plus relâché le signe d'un apaisement du chagrin qui la minait ?

— J'espère que vous êtes aussi en forme que vous en avez l'air, remarqua Duffy avec un sourire.

— Plus, je crois, que la dernière fois que nous nous sommes vus. Elle le précéda dans l'escalier qui menait au salon. Cela fait trois mois maintenant. Mes amis me disent que les trois premiers mois sont les plus durs. Qu'en pensez-vous ?

En disant cela, elle agitait la main vers le bar.

— Servez-vous.

— Et pour vous ?

— Je vais prendre un verre de sancerre, dit-elle en désignant une bouteille qui se couvrait de buée dans un seau à glace, sur le bar.

Duffy servit deux verres.

— Trois mois, je ne sais pas, reprit-il en s'asseyant à la place qu'elle lui indiquait sur le canapé. Pour moi, il me semble que ça a été plus long. L'amélioration ne vient pas grâce à une sorte d'antibiotique spirituel qu'il suffirait d'administrer à une âme blessée pour la guérir.

Duffy but une gorgée de vin, ramené par ses souvenirs à ses longs mois de solitude dans les forêts du Maine.

— Personnellement, j'ai eu une drôle de réaction après la mort de ma femme. Je me suis fabriqué un cocon dans lequel je me suis enfermé. Je ne voulais partager ma peine avec personne. C'était mon affaire et je refusais de laisser quiconque, y compris mes parents ou mes amis les plus proches, s'en mêler. C'était ma façon à moi, je suppose, de préserver les souvenirs que j'avais d'elle.

— Vous avez dû beaucoup l'aimer.

— En effet. La perte d'un être cher, c'est comme tout dans la vie. Il n'y a pas de règle, pas de méthode idéale pour affronter la mort ou la souffrance. Les recettes que proposent les modes successives ne sont en général pas plus en prise avec la réalité que les séries interminables de la télévision. Je n'ai commencé à sortir de ma coquille que lorsque l'agence pour laquelle je travaille est venue me chercher, me forçant à reprendre le collier, à replonger dans le monde réel.

Un frémissement imperceptible parcourut Nancy.

— Oui, murmura-t-elle en embrassant d'un mouvement large le salon élégant dont Duffy avait tant admiré la décoration lors de sa première visite. Je me demande souvent si je ne devrais pas changer de vie. Complètement. C'est trop pénible de vivre ici sans lui. Ce ne sont pas tant les souvenirs de son meurtre qui me hantent que les autres, les bons moments. Je ne peux pas marcher dans cette maison ou toucher quelque chose sans penser à lui, presque sentir sa présence.

— Oui, soupira Duffy, l'emprise du passé. Il est très difficile de lui échapper. Que faisiez-vous avant votre mariage ?

Nancy s'anima.

— Oh, j'étais un drôle d'oiseau. Ethnologue. J'étais spécialisée dans les civilisations de la partie islamique de l'ancien Empire soviétique, Turkmènes, Ouzbeks, Kazakhs.

— Vous enseigniez ?

— Oui. À l'université de Berkeley. Et puis j'ai obtenu une bourse pour effectuer des recherches au Magdalena College de Cambridge. J'étais donc souvent à Londres, et c'est là que Terry et moi nous sommes rencontrés.

— Avec un bagage comme celui-là, je suis étonné que mes employeurs n'aient pas essayé de vous embaucher.

— Oh, mais ils ont essayé ! avoua-t-elle en riant. J'ai dit au bonhomme qui est venu me voir que j'étais beaucoup trop libérale pour eux. Que je fumais des joints, que j'avais plein de petits copains, que j'avais manifesté contre la guerre du Vietnam autrefois.

Ce fut au tour de Duffy de pouffer de rire.

— Vous auriez été au contraire une recrue idéale. La CIA est un nid de gauchistes en chambre. Moi, je suis plutôt conservateur et je suis considéré comme un dinosaure.

Puisque ce sujet semblait plus prometteur que les considérations sur le deuil et la souffrance, Duffy poursuivit dans cette voie.

— Avez-vous obtenu votre doctorat ?

— Presque. Je préparais ma thèse quand je me suis mariée. Je me disais toujours que j'allais m'y remettre, mais...

— C'est le moment.

— Je sais. J'y ai pensé. Ce serait une façon de rompre avec tout ça, n'est-ce pas ?

— Si ces études vous passionnaient avant, vous les trouverez tout aussi passionnantes maintenant.

— Sans doute... Elle but un peu de vin. À propos de choses passionnantes, où en êtes-vous avec le plan Khalid ? Mais je ne dois peut-être pas poser de questions.

— Vous pouvez poser la question, répondit Duffy avec un sourire candide, mais je n'ai pas le droit de vous répondre. Nous nous acheminons vers un dénouement. Lequel ? Dieu seul le sait.

Duffy se laissa aller contre le dossier du canapé, assailli soudain par une idée, l'idée d'un projet. Il voulait en soumettre les bribes à Nancy, pour la sonder, comme un joueur de poker tâte le terrain en commençant par une mise modeste.

— Dites-moi, Nancy, êtes-vous très attachée à votre vie à Londres ?

— J'aime la vie ici. Mais je ne suis pas mariée avec cette ville, si vous voyez ce que je veux dire. Je me dis parfois qu'il faudrait que je parte carrément ailleurs. J'aurais du mal à retourner à Berkeley après avoir vécu ici. Dans ce milieu d'universitaires qui sont persuadés d'être le centre du monde. Je me suis rendu compte à quel point leur univers est étroit.

— Quel dommage en même temps de ne pas exploiter vos connaissances ! Les personnes spécialistes de ces domaines sont rares. On en manque affreusement.

— Où ça ?

— À Washington, par exemple.

— À Washington ?

— Certainement. Et pas seulement au gouvernement. Pour conseiller des entreprises qui font des affaires avec les pays islamiques. Vous n'imaginez pas les possibilités qui s'offrent aux gens comme vous.

— Mais est-ce que j'aimerais vivre à Washington ? À vrai dire, je n'y suis pas retournée depuis le voyage scolaire qu'avait organisé le lycée. Vous voyez, la visite guidée, les cerisiers en fleur, Mount Vernon, le laïus sur la citoyenneté au Congrès, le guide de l'Hôtel de la Monnaie qui répète pour la cent millième fois : « Nous ne distribuons pas d'exemplaires gratuits. »

— C'est une ville merveilleuse. Vraiment. Le meilleur endroit où vivre en Amérique. À mon avis.

Ou, du moins, je l'ai pensé à une époque, compléta Duffy intérieurement.

— On dit qu'il y a dix femmes pour un homme à Washington.

Duffy fut secoué d'un petit rire. Il ne put s'empêcher de poser sa main sur la sienne.

— Nancy, je ne m'en ferais pas trop pour ça si j'étais vous.

À cet instant, Rebecca surgit pour annoncer :

— Le déjeuner est prêt, Madame.

— Alors, au changement ! dit Nancy en vidant son verre. Vous reviendrez à Londres après votre séjour dans le Nord ?

— Je l'espère.

— Bien. Vous pourrez venir me raconter la vie à Washington.

Combien de temps vais-je devoir rester cloîtré ici ? se demandait Jim Duffy en promenant un regard circulaire sur la centrale d'accession satellite de Menwith Hill. C'était presque la réplique exacte de la salle de contrôle de l'Office national de reconnaissance qu'il avait visitée quarante-huit heures plus tôt avec Jack Lohnes et Keith Small : le même déploiement d'écrans noirs luminescents attendant de recevoir les images que leur enverrait de l'espace le satellite Advanced Jumpseat KH13. Près de lui, un technicien, attablé devant son ordinateur, se tenait prêt à manipuler ces images le moment venu.

Ils étaient reliés par les lignes téléphoniques protégées du National Secure Telephone System aux deux autres centres qui recevraient également les images du satellite, la salle de visionnage de l'Office national de reconnaissance et celle de la CIA, qui était la plus sophistiquée des trois.

Duffy regarda l'horloge accrochée au mur au-dessus de sa tête. Elle indiquait 11 : 22 GMT/ZULU, heure de Greenwich, que les militaires américains appelaient ZULU dans leur jargon. Trente-huit minutes avant qu'un krytron leur adresse son premier bip. À Langley, Jack Lohnes attendait aussi en compagnie de deux conseillers, un spécialiste des affaires iraniennes et un des affaires allemandes. Ils devaient ingurgiter des tonnes de café en vérifiant et revérifiant les liaisons entre leur ordinateur et la base de données de l'Agence concernant l'Iran et l'Allemagne.

J'ai certainement besoin de tout sauf de café, se disait Duffy. Une bonne dose de tranquillisants, voilà qui me ferait du bien. Il entendait son estomac gronder de nervosité. Ce bip sortirait-il ? Les satellites le capteraient-ils ? Quel genre d'image obtiendraient-ils sur leurs écrans ?

— Jim ?

Il reconnut la voix de Lohnes.

— Vous m'entendez ?

— Haut et clair.

— Nous venons d'avoir EG&G. Le transporteur vient d'aviser Shannon qu'il avait livré le paquet à 11 h 17 GMT, 13 h 17, heure allemande.

— Au moins, cela nous évitera d'avoir le portrait d'un gros camion sur notre première image. Dites-moi, à quelle distance se trouve l'usine de l'aéroport de Hambourg ?

— Une heure de voiture à peu près.

Duffy ne connaissait pas cette voix. Elle devait appartenir au conseiller allemand. Pour convoyer ses krytrons le plus vite possible à Téhéran, le Professeur allait-il filer à l'aéroport le plus proche ? Pour sauter dans un avion ?

— Pourriez-vous vérifier les horaires des avions qui décollent dans les prochaines heures ? suggéra Duffy. Les vols pour l'Iran et les correspondances les plus commodes pour Téhéran.

— C'est déjà fait, lui répondit-on de Langley. Le seul avion qui pourrait lui convenir est un vol de la Lufthansa qui part à 14 h 15 pour Istanbul via Francfort. De là, ils trouveront une correspondance pour Téhéran.

— Jim. C'était Lohnes. Nous avons du mal à imaginer vos bonshommes plantés à Istanbul avec leurs krytrons sous le bras en attendant un avion pour Téhéran. C'est trop risqué. Les généraux turcs ne peuvent pas blairer les mollahs. Ils le savent.

— Un peu de silence, messieurs.

Une voix inconnue. Celle sans doute du technicien

qui veillait sur la console de l'Office national de reconnaissance. Il avait raison.

— Plus que sept minutes. Libérons les lignes autant que possible.

Sept minutes, songeait Duffy. Le technicien qui était près de lui prit un thermos qu'une personne attentionnée avait posé à portée de leurs mains et lui servit un café. Malgré les réticences qui lui avaient traversé l'esprit un moment auparavant, il accepta. Il buvait en s'appliquant à se façonner un air confiant pour feindre une assurance qu'il était loin d'éprouver. Il se gardait de parler de crainte de s'entendre émettre des couinements d'animal apeuré.

— Le satellite 2 a capté, annonça soudain le technicien de l'Office national de reconnaissance d'un ton plat d'horloge parlante. Il s'agissait du satellite situé au-dessus du Jutland. Le 3 a capté. Le 1 a capté. Nous effectuons la triangulation, poursuivait l'homme de sa voix de robot.

Un peu rassuré, Duffy se détendit. Au moins, l'émetteur fonctionnait. Dans deux minutes au plus, ils auraient une image sur l'écran.

— Point d'émission à la latitude 53 :54,9 nord, longitude 010 :02,4 est. Les chiffres s'alignaient sur l'écran au fur et à mesure que le technicien les énonçait. Nous avons commandé la prise de vues du site.

— Savons-nous où se situe ce point d'émission ? demanda Duffy.

— Nous déroulons le logiciel cartographique à l'instant même, répondit Lohnes.

— Bordel de Dieu ! s'exclama le spécialiste allemand. C'est à quatre-vingt-dix mètres au nord de la nationale 206, en bordure de la forêt domaniale de Segeberg, pile au milieu d'un petit aérodrome privé qui se trouve près d'un bled appelé Hartenholm.

— Un aérodrome privé ! s'étonna Duffy.

— Et pas n'importe lequel, précisa le correspondant allemand. Il appartient au gouvernement iranien.

— Vous vous fichez de moi, là ! Les Iraniens possèdent un aérodrome en Allemagne ?

— Pas officiellement, naturellement. Ils l'ont acheté en 1993. C'est votre ami le Professeur Bollahi qui en a fait l'acquisition par l'intermédiaire d'un homme de paille, un autre Iranien domicilié à Marbella. Il a payé par chèque sur son compte de la banque Melli de Munich. Celui que le gouvernement iranien alimente pour lui.

— Et les Allemands laissent faire ? Je ne peux pas le croire !

— Croyez-le, mon vieux. Chaque fois que nous avons essayé d'inciter les autorités locales du Schleswig-Holstein à remédier à cette situation, on nous a envoyé paître. Même le Premier ministre du Schleswig-Holstein, qui connaît parfaitement la véritable histoire, n'a cessé de nous répéter que ces Iraniens n'étaient que de gentils hommes d'affaires.

— C'est pas vrai, je rêve !

— La vue aérienne de Jumpseat arrive, proclama le technicien du NRO.

Duffy vit, subjugué, l'image prendre forme sur l'écran. Une superproduction en technicolor, avec du bleu, du vert, des jaunes aussi lumineux que nature. À gauche de l'image, on apercevait un coin de bâtiment. Une voiture était stationnée à proximité. Sur la droite se déployait une pelouse qui semblait entourer le bâtiment. On distinguait çà et là quelques pousses bourgeonnantes. En revanche, pas un humain en vue.

— Est-ce qu'on pourrait élargir, s'il vous plaît ? demanda le voisin de Duffy. À une échelle de dix ?

Il se tourna vers Duffy pour lui expliquer la manœuvre.

— L'Office de reconnaissance va élargir le champ de la caméra d'un facteur de dix. Elle englobera un cercle de trente mètres de diamètre. Nous aurons une vue beaucoup plus étendue, mais une moins bonne définition, évidemment.

L'image se modifia sur l'écran pour couvrir une surface nettement plus vaste. Il devenait clair que c'était bien un terrain d'aviation que fixait l'objectif. En haut à droite de l'image se dressait une petite tour de contrôle avec, à sa base, une manche à air en berne. La silhouette d'un avion se dessinait sur la gauche.

— Est-il possible de voir cet avion de plus près ? demanda Duffy. Quelqu'un sait-il ce que c'est comme appareil ?

— Ça ressemble à un Cessna, remarqua le conseiller allemand de Langley. Probablement un 210. Les deux lettres OE sur la carlingue signifient qu'il a été immatriculé en Autriche.

— Il y a des gens qui sortent du bâtiment en bas à gauche, leur signala l'Office national de reconnaissance. Les voulez-vous en gros plan ?

— Affirmatif, dit aussitôt Lohnes.

Tandis que les caméras du satellite rétrécissaient de nouveau leur champ, Duffy suivait du regard les trois hommes qui se dirigeaient vers l'avion. Celui du milieu portait un manteau sombre et tenait sous son bras droit quelque chose qui pouvait être une mallette ou un gros paquet. Avait-il enfin devant lui son cher ennemi, le Professeur ?

— Est-ce que ces têtes disent quelque chose à quelqu'un ? s'informa Lohnes.

— Vous voyez le type qui est à gauche ? Celui qui a une veste de cuir et une casquette de base-ball ? C'était encore l'expert allemand qui intervenait. Je suis prêt à parier que c'est le dénommé Said Ali. C'est un *pasdaran*, un gardien de la révolution. Les services secrets iraniens l'ont envoyé de Téhéran pour administrer l'aérodrome. Il y a un directeur officiel, un Iranien marié à une Allemande, mais le vrai patron, c'est lui.

Les trois hommes avaient atteint l'avion. Celui qui s'appelait peut-être Said Ali aida l'homme en manteau sombre à grimper dans l'appareil et lui passa sa mallette. Le troisième avait contourné l'avion et montait de l'autre côté. C'était manifestement le pilote.

L'Office de reconnaissance ramena l'image à son échelle précédente. Ainsi, ils purent suivre la manœuvre de l'avion qui prenait place au bout de la piste pour se préparer à décoller. Des trois salles de visionnage, celle du NRO, celle de la CIA et celle de Menwith Hill, une douzaine de paires d'yeux regardaient l'avion prendre de la vitesse et amorcer son envol.

— Il a décollé de la piste 05, remarqua l'expert allemand, parce qu'il n'y a pas de vent. Il va sans doute naviguer plein est vers Lübeck quand il aura pris de l'altitude.

Duffy demeurait pétrifié. C'est parti. Mes krytrons sont en route pour l'Iran.

Il y avait cinq minutes que le Cessna s'était envolé quand le contrôleur de l'Office de reconnaissance avisa :

— Notre cible s'est stabilisée à cinq mille pieds. L'appareil est orienté est-sud-est au 135. S'il conserve cette trajectoire, il quittera l'espace aérien allemand dans approximativement soixante-cinq minutes pour voler au-dessus de la Pologne.

— Nous allons pouvoir continuer à suivre cet avion sur l'image satellite ? interrogea Duffy. Où qu'il aille ?

— Affirmatif, sauf s'il passe sous une couverture nuageuse particulièrement épaisse.

— Cela n'aurait rien de surprenant à cette époque de l'année. Jack, on ne pourrait pas demander à la base aérienne du Rhin-Main d'asticoter un de leurs Awacs pour qu'il nous coince ce Cessna sur son radar ? Deux précautions valent mieux qu'une, non ?

— OK là-dessus, Jim. Nous transmettons une

demande d'urgence au Pentagone. J'ai aussi demandé à un de nos experts en aéronautique de venir ici nous apporter ses lumières.

Il était 12 h 47 GMT. Dans treize minutes, le deuxième signal lcur permettrait de s'assurer que les krytrons se trouvaient bien à bord du petit avion dont ils observaient les évolutions dans le ciel de Traumunde, dans les parages de l'ancien centre d'essai de fusées nazi.

L'horloge de Menwith Hill venait à peine d'afficher 13 :00 que l'Office de reconnaissance se manifestait.

— Les trois Sigint ont enregistré le signal. Nous procédons à la triangulation... Un bref silence, puis : La triangulation situe le signal à une altitude de 5 132 pieds, 14,6 mètres en arrière de la position actuelle de la cible. La source émettrice se trouve à bord de cet avion.

Duffy fut tenté de bondir de sa chaise en poussant un grand cri de triomphe, mais il se contenta d'un sourire matois pour exprimer sa joie.

— Dites-moi, Jack, demanda-t-il à son collègue de l'autre bord de l'Atlantique, ce petit avion peut-il avaler tout le trajet jusqu'à Téhéran sans escale ? Aura-t-il assez de carburant pour ça ?

— Je vais demander à notre expert de vous répondre.

— Monsieur Duffy. Vous avez raison. La question est là. S'il choisit l'itinéraire le plus direct, ce qui semble être le cas, il va traverser la Pologne en suivant une trajectoire sud-est, passer en Ukraine sans doute un peu à l'est de Lublin, contourner Kiev, et de là, en veillant à rester bien au nord de l'espace aérien turc, survoler l'Arménie et l'Azerbaïdjan pour atteindre la mer Caspienne. Ensuite, il pique vers le sud et pénètre en Iran. Cela représente une distance d'environ trois mille kilomètres.

— Alors, peut-il y arriver ?

— S'il a un réservoir de secours qui lui permet d'emporter un supplément de carburant, cela doit être possible. Mais de justesse. Il prendrait moins de risque en se posant quelque part pour se réapprovisionner.

— Bon, mais ce n'est pas aussi simple que de s'arrêter dans une station-service quand on est en voiture. Il ne suffit pas de se garer près de la pompe en disant : « Le plein, siouplait. » On va demander au pilote d'où il vient, où il va. Il devra montrer un plan de vol, ses papiers, tout ça, non ?

— Oh, ne croyez pas ça. Si vous débarquez dans un petit aérodrome polonais pour faire le plein d'essence, vous vous imaginez qu'on vous réclamera votre plan de vol ? J'en doute. Ils seront trop contents de l'aubaine.

— Mais, carburant ou pas, il ne peut pas parcourir tout ce chemin sans être surpris à un moment quelconque sur un radar ? Et obligé d'atterrir et de fournir des explications ?

— C'est vrai qu'avant d'entreprendre un voyage comme celui-ci il est censé normalement déposer un plan de vol auprès du Service d'information aéronautique allemand. À moins qu'il n'ait l'intention de voler en toute illégalité sans rien dire à personne. Dans ce cas-là, la première chose dont il se passera, ce sera de remettre un plan de vol à qui que ce soit. En Allemagne, ce n'est pas obligatoire tant qu'on reste à l'intérieur de l'espace aérien allemand.

L'expert reprit son souffle.

— Il éteint son transpondeur pour ne pas être entendu des radars de contrôle aérien et il décolle. En voyageant à quatre ou cinq mille pieds, une excellente altitude pour limiter la consommation de carburant, il a toutes les chances de ne pas être repéré par les radars civils allemands. Une fois qu'il est passé au-dessus de la Pologne, ce n'est plus l'affaire des Allemands.

— Au fait, l'interrompit Duffy, l'Awacs pourra-t-il nous dire s'il a branché ou non son transpondeur ?

— Affirmatif. Donc, il entre en Pologne, il se tient à l'écart du radar de contrôle du trafic aérien de Varsovie. Puis cap sur Lublin. S'il garde son altitude de quatre à cinq mille pieds, il est pratiquement certain de passer inaperçu. Ou, si un radar le capte, on le prendra pour un vol d'oies sauvages.

— Et les Ukrainiens ?

— Oh, en ce moment, tout fout le camp chez eux. Les radars sont en panne la moitié du temps et, quand ils marchent, c'est de travers. En plus, leur formation est inexistante. Quant à l'Arménie et à l'Azerbaïdjan, c'est bien simple, ils n'en ont pas.

— À vous entendre, c'est une promenade de santé.

— C'est très facile. Beaucoup plus qu'on ne le pense. C'est pourquoi tout dépend en fait de la quantité de fioul que le pilote a réussi à embarquer. Je suppose que l'Office de reconnaissance enregistre les images que nous pondent les satellites.

— Affirmatif, confirmèrent les intéressés.

— Pourriez-vous me repasser la séquence du décollage du Cessna sur un des écrans de l'Agence ?

— Entendu. La voici.

Quelques minutes plus tard, l'expert en aéronautique revenait sur les ondes.

— Pour un décollage par temps parfaitement calme, sans un pet de vent, il s'est coltiné une sacrée longueur de piste, déclara-t-il. Il est drôlement chargé. Pour autant que nous le sachions, ils ne sont que deux personnes à bord, le pilote et son passager, plus une valise. Si le reste du chargement est composé de fioul, eh bien, il pourra arriver à destination d'une seule traite.

— Jim, intervint Lohnes. Les Awacs l'ont sur leurs écrans. Son transpondeur est muet. Il cherche donc à se faufiler ni vu ni connu.

— L'avion a quitté l'espace aérien allemand, nota

l'Office de reconnaissance. Il pénètre maintenant en Pologne au nord de Szczecin suivant un cap est-sud-est au 115.

L'Office venait d'exposer sur l'un des écrans de chacun des centres de visionnage une Navtac, une carte de navigation tactique du territoire que survolait le Cessna. L'appareil y figurait sous la forme d'un petit avion rouge. C'était trop mignon, mais Duffy trouvait surtout cela beaucoup plus intéressant que le film de l'aéroplane lui-même traçant son sillon dans le ciel.

— Est-ce que, au NRO, vous pourriez nous indiquer la vitesse de notre avion cible ? demanda l'expert en aéronautique de Langley.

— Plus ou moins deux cent trente kilomètres à l'heure, fut la réponse.

— Ça colle, commenta l'expert. On dirait bien qu'il essaie d'économiser son pétrole. À cette vitesse-là, on peut calculer qu'il arrivera à Téhéran vers 24 heures GMT, 3 heures, heure locale. Peut-être un peu plus tard, ça dépendra de l'itinéraire.

Duffy se rendit compte qu'ils étaient donc condamnés à rester des heures assis devant leurs écrans à regarder le petit avion rouge glisser sur la carte. Il n'était pas envisageable de quitter Menwith Hill pendant que l'opération était en cours. Pas question non plus d'aller se dégourdir les jambes dans les couloirs. Même les grosses légumes de la CIA n'étaient pas autorisées à se balader dans cette enceinte sans escorte. Il ne me reste qu'à attendre, se résigna Duffy, et à réfléchir à la suite.

Où les Iraniens avaient-ils bien pu planquer leurs machines infernales ? Dans leur installation nucléaire inachevée de Bushire, près de l'embouchure du golfe Persique ? Non, les mollahs n'étaient pas si bêtes. Ils savaient que le jour où les Israéliens s'aviseraient de détruire leurs engins, comme ils avaient détruit le réacteur Osirak des Irakiens à Bagdad, ce serait le premier endroit qu'ils viseraient.

Ils avaient dû plus probablement opter pour la région au nord de Téhéran où se trouvait autrefois le Département à l'énergie atomique du Shah, près du centre de télécommunications. C'était une zone à forte densité de peuplement. Une attaque dans ce secteur provoquerait une hécatombe dans les populations civiles, constituées d'Iraniens sans doute déjà amèrement déçus par le régime. Quel sentiment en concevraient tous ces Iraniens qu'on espérait tellement détourner des mollahs ? Et quelles seraient les réactions dans le monde à l'égard des musulmans ?

Cela reviendrait à leur dire : « Vous, les musulmans, vous n'avez pas le droit d'avoir des armes nucléaires. Nous ne pouvons le tolérer. Les Israéliens, oui, mais les musulmans, non, on n'a pas confiance. »

On a par moments l'impression que, chaque fois qu'on tente quelque chose pour enrayer l'expansion de l'intégrisme islamique, on ne réussit qu'à le renforcer au contraire en attisant l'hostilité de l'islam envers l'Occident. Si son plan réussissait, une chose était sûre : le gouvernement américain ne récolterait pas que des bienfaits.

Dix heures plus tard, Duffy se trouvait toujours à sa place, les yeux levés vers l'écran où la petite figurine rouge représentant le Cessna progressait vers le centre de la mer Caspienne, d'où il filait maintenant plein sud en direction de l'Iran. Les Awacs de la base du Rhin avaient été remplacés par ceux de la base d'Incirlik en Turquie.

Le pilote n'était plus qu'à deux cents kilomètres de Téhéran, encore une heure de vol au-dessus des monts Elbrouz. Il avait pris du retard. Il n'atterrirait à Téhéran que vers 1 heure GMT, 4 heures, heure locale. En pleine nuit. Le satellite retransmettait des images de vision nocturne infrarouge, dont la définition n'était pas comparable à celle des photos couleur d'une netteté lumineuse qu'il leur servait en plein jour. La fin du parcours constituerait la partie la plus délicate de l'opération, quand il faudrait traquer le Professeur (car Duffy avait maintenant la certitude que c'était lui) et sa valise dans le véhicule qu'il emprunterait à l'arrivée et le talonner jusqu'au terminus où devaient aboutir les krytrons. Quelle ironie ! Le plan se déroulait admirablement bien, mais il pouvait encore capoter à la dernière minute, au moment le plus crucial.

— Votre attention, s'il vous plaît ! La voix du contrôleur du NRO s'éleva soudain. Notre avion cible vient de virer à soixante degrés à gauche. Il vole désormais selon un cap sud-sud-ouest au 240.

— Qu'est-ce que ça veut dire ? demanda Duffy au technicien de Menwith Hill qui se tenait toujours à son côté.

Entre-temps, l'Office de reconnaissance avait matérialisé la nouvelle orientation de l'avion sur la carte où s'inscrivait sa route. Le tracé se dirigeait vers un point de convergence des frontières de l'Iran, du Pakistan et de l'Afghanistan, très au nord des villes de Qom, Yazd et Ispahan.

— Votre attention, reprit le technicien du NRO. L'avion cible vient de rompre le silence radio pour informer la tour de contrôle de Téhéran qu'il a assez de fioul pour arriver à destination. Il estime son heure d'atterrissage à 5 h 30, heure locale, 2 h 30 GMT.

— La NSA et les Awacs guettaient ses communications radio, expliqua à Duffy le technicien de Menwith Hill.

— A-t-il indiqué sa destination finale ? demanda quelqu'un de la CIA à l'Office de reconnaissance.

— Négatif, mais, étant donné sa vitesse moyenne, elle doit se trouver à mille deux cents, mille trois cents kilomètres de sa position actuelle.

— Nom de Dieu ! s'exclama Duffy. Il va se poser au lever du jour.

— C'est un sacré pilote, remarqua l'aviateur expert de la CIA. Ce n'est pas possible, ils doivent pisser dans les réservoirs pour rester en l'air !

Malgré le manque de sommeil, Duffy était parfaitement lucide, tenu en éveil par l'adrénaline que sécrétait généreusement son organisme à l'approche du dénouement. Comme l'avion se rapprochait de la frontière iranienne, le NRO annonça :

— Votre attention, s'il vous plaît. L'avion cible a amorcé sa descente. L'appareil est maintenant à quatre mille deux cent cinquante pieds.

Il était 2 h 55 GMT, 4 h 55, heure locale.

— Qu'est-ce qu'il y a comme terrain d'aviation dans le coin ? s'enquit la CIA.

— Le plus proche est un aérodrome civil situé dans les alentours d'une petite ville appelée Zabol. Il est équipé pour les atterrissages de nuit.

Zabol ! réagit Duffy. N'était-ce pas la ville qui avait été citée dans les écoutes de la NSA ? Le lieu d'origine de l'appel adressé au téléphone mobile cloné d'Istanbul ?

Sur le grand écran déployé devant lui, il voyait le Cessna s'incliner pour décrire un virage afin de se placer dans l'alignement de la piste. À cet instant, un faisceau lumineux déversa un rai de clarté sur le tarmac. Aux premières lueurs de l'aube, les images relayées par le Jumpseat manquaient encore de netteté. Elles semblaient voilées d'un lavis grisâtre, mais Duffy n'avait aucun mal à suivre les évolutions de l'avion et sa manœuvre d'atterrissage.

Le pilote immobilisa l'appareil, vira sur place et se dirigea vers ce qui devait être le bâtiment administratif de l'aérodrome. Une Mercedes 190 noire surgit à l'opposé de l'image. Elle roulait à la rencontre de l'avion.

— Décidément, les mollahs adorent ces Baby Mercedes, s'esclaffa l'Iranien de Langley. Entre 89 et 93, ils en achetaient à la pelle. On les appelait « les poussettes à mollahs ».

Comme la voiture arrivait à la hauteur de l'avion, le pilote freina. Le technicien du NRO concentra l'objectif sur l'avion. Et Duffy put assister, fasciné, au débarquement de son cher ennemi le Professeur.

— Oh, mon Dieu, il est tombé ! s'écria-t-il.

— Ne vous inquiétez pas, le rassura le conseiller iranien. Il embrasse le sol et dit une prière d'action de grâces, comme l'ayatollah Khomeiny à son retour.

Son oraison achevée, le Professeur se releva et reçut l'accolade des quatre silhouettes qui avaient jailli de la voiture. Deux de ces hommes, porteurs de turbans, appartenaient de toute évidence au clergé. Les deux autres, le fusil à l'épaule, devaient faire fonction de gardes du corps, malgré l'absence d'uniforme.

— Des *pasdaran*, indiqua le conseiller iranien. Les gardiens de la révolution, encore eux.

Le Professeur les entraîna vers la voiture en serrant sa mallette contre son cœur. À la sortie de l'aérodrome, deux automitrailleuses prirent position, l'une devant, l'autre derrière la voiture.

La procession s'engagea dans les rues vides de la petite ville de Zabol encore endormie et déboucha sur une route goudronnée qui filait au sud à travers un paysage de terres incultes et inhabitées. À trente kilomètres de Zabol, le convoi traversa un autre village assoupi au-delà duquel la route se lançait à l'assaut d'une ligne de crêtes. Au bout d'un kilomètre de cahots sur ce terrain défoncé, les véhicules tournèrent dans un chemin de terre qui s'étirait vers l'est. Ils s'arrêtèrent presque aussitôt devant un barrage routier tenu par une douzaine d'hommes en armes, mais sans uniforme.

— Pas un soldat iranien à l'horizon, nota Langley. Rien que des gardes révolutionnaires. Cela m'a tout l'air d'une opération exclusive des *pasdaran*.

— Quel enseignement doit-on en tirer ? s'informa Duffy.

— Eh bien, il y a peut-être certaines personnes à Téhéran qui n'ont pas la moindre idée de ce qui se trame là-bas.

Les gardes sautaient de joie à la vue du Professeur calé dans sa voiture. D'autres hommes armés venaient s'agiter sur l'image au passage du convoi. Il partit escalader une piste légèrement en côte vers la gauche, poursuivi par une colonne de gardes gesticulants.

La piste s'achevait au pied d'un escarpement vertical délimitant un plateau artificiel, prolongé par un porche en saillie devant la façade du talus. Il semblait abriter l'entrée de locaux aménagés dans un espace creusé à l'intérieur de la colline. Un nouveau déferlement d'hommes, ceux-là sans armes, entoura la voiture du Professeur, dont ils palpaient les portes et les pare-chocs du plat de la main en signe d'accueil. Le Professeur se dressa au milieu de cette forêt de bras et de mains tendus. Serrant toujours sa mallette, il s'avança, tel un général inspectant sa garde d'honneur, en distribuant à la ronde des saluts islamiques. Soudain, il disparut dans la caverne obscure percée à flanc de colline.

Eh bien, nous y voilà, songeait Duffy. Nos krytrons sont arrivés à destination.

— Félicitations, Jimbo ! tonitrua Lohnes depuis Washington. Votre plan a marché du feu de Dieu.

Duffy était trop éreinté, trop épuisé par la tension des dernières heures pour éprouver l'euphorie que méritait son succès. Il se sentait tout à coup accablé de fatigue et de faim.

— Je suppose que nous allons laisser un satellite fixé sur eux vingt-quatre heures sur vingt-quatre à partir de maintenant, dit-il.

— Vous supposez bien. J'appelle immédiatement la Maison-Blanche pour leur annoncer la bonne nouvelle.

Duffy se leva.

— Eh bien, moi, je descends à la cafétéria me sustenter avant de tomber raide, dit-il au technicien toujours rivé à sa console.

— Allez-y. Je reste surveiller la boutique.

Alors que Duffy dévorait un sandwich au fromage dans la campagne anglaise, l'homme dont il avait suivi le voyage à travers la moitié de l'Europe jusqu'aux premières régions d'Asie admirait ce qu'il considérait à juste titre comme un triomphe de la science iranienne. Une équipe d'ingénieurs, tous fervents islamistes, avait installé un laboratoire nucléaire magnifiquement équipé sous les calottes de ces montagnes isolées au fin fond de l'Iran. Il occupait trois étages, le premier au niveau du sol, les deux autres forés dans le solide calcaire du sous-sol. On accédait à ces niveaux souterrains au moyen de deux ascenseurs. L'entrée du domaine était gardée par d'énormes panneaux d'acier coulissants qui restaient fermés quand personne n'était censé entrer dans le laboratoire ou en sortir.

L'ensemble était ventilé par des filtres électrostatiques qui retenaient toutes les particules provenant des matériaux radioactifs pour les empêcher de circuler à l'intérieur de l'installation. Un système de conditionnement d'air amenait l'air de l'extérieur, le filtrait et le propulsait en permanence à une température constante de dix-huit degrés. Un générateur alimenté au gaz, relégué à sept cents mètres, fournissait l'énergie électrique, qui était acheminée par des câbles enterrés.

L'équipe de scientifiques du Professeur, techniciens et spécialistes de physique nucléaire, presque tous formés en Occident, avait rassemblé dans ce lieu tous les équipements qui leur seraient nécessaires pour mener à bien la dernière phase de l'opération Khalid. Ils avaient réuni là un nombre impressionnant d'ordinateurs, des IBM bien sûr et même un Cray 3X, soumis normalement à un contrôle d'exportation très rigoureux, mais que le Professeur avait réussi à détourner vers l'Iran depuis la zone franche du canal de Panama alors qu'il était officiellement en partance pour la Hollande.

C'était grâce à ces ordinateurs que les scientifiques attachés au Professeur avaient établi le schéma d'amorçage qui leur permettrait de mettre à feu leurs trois engins nucléaires.

Il confia sa précieuse mallette au physicien de quarante-sept ans diplômé du MIT qu'il avait nommé ingénieur en chef de l'opération Khalid. Il n'avait pas besoin de lui dire ce qu'elle contenait. L'homme prit la mallette d'un geste affectueux et y posa les lèvres avec une ferveur que d'autres réserveraient à Sharon Stone.

— Venez, Professeur, dit-il d'un ton pressant, il faut que je vous montre les habillages que nous avons mis au point pour les trois noyaux de plutonium.

Il s'agissait de six demi-sphères de cuivre finement usinées qui seraient réunies deux par deux pour renfermer les noyaux. Elles présentaient chacune en surface trente échancrures, les lentilles placées aux endroits précis où devraient, d'après leurs études, être déclenchés les détonateurs pour libérer un maximum de puissance.

Le positionnement de ces lentilles avait demandé des mois de travail sur les fraiseuses commandées par ordinateur que ses hommes avaient installées dans le laboratoire souterrain. Ils avaient mesuré les niveaux de tolérance à dix angströms près, un millionième de mètre, une distance tellement infinitésimale que l'œil humain ne peut la percevoir, même aidé d'un microscope ultra-puissant.

Le Professeur considérait d'un air émerveillé l'œuvre de son ingénieur.

— Par la grâce de Dieu, dit-il d'une voix vibrante d'admiration, vous allez mettre une arme d'une puissance illimitée entre les mains de nos guerriers de l'islam.

Il pénétra alors dans la chambre forte où étaient gardés les trois noyaux de plutonium extraits des obus d'artillerie qu'il avait achetés au Kazakhstan. À ce moment, ils avaient une forme elliptique, adaptée à celle des obus. On les avait enfermés hermétiquement dans un four, dans lequel, environnés de gaz inerte, on les avait refondus et remodelés pour leur donner la forme sphérique qu'ils arboraient désormais. Ils étaient maintenant conservés dans des « non-cellules » hermétiques emplies d'argon, car le plutonium, comme le sodium, a tendance à réagir à une atmosphère humide en s'enflammant. Chaque cellule comportait une paire de manchons qui permettaient aux ingénieurs de manipuler les sphères sans risquer de libérer le gaz.

Le Professeur rayonnait. Ces installations représentaient une immense victoire. Elles avaient été mises en place et équipées en moins d'un an, grâce à un financement provenant de ses comptes secrets. L'ensemble du projet avait été réalisé sous le contrôle exclusif du Comité des opérations secrètes. Seuls les éléments les plus sûrs du régime étaient dans la confidence. Les réformateurs soupçonneux qui gravitaient autour du nouveau président aux idées dévoyées, Mohammed Khatemi, ignoraient jusqu'à l'existence du lieu.

Le Professeur allait pouvoir informer le Comité qu'il était arrivé à bon port avec son précieux chargement.

Son casse-croûte matutinal avalé, Jim Duffy retourna au centre de visionnage des images satellite de Menwith Hill pour jeter un dernier coup d'œil aux prises de vues du moment avant de rentrer à Londres et de s'octroyer enfin quelques heures de sommeil bien mérité.

— Hé ! lança le technicien de service à son entrée. Content de vous revoir. Votre bureau vient d'appeler sur la ligne protégée. On vous veut à Washington aussi vite que possible. Aujourd'hui même, à vrai dire.

« Macbeth plus jamais ne dormira », se récita Duffy avec humour. À moins qu'il n'arrive à somnoler dans le Concorde. Il glissa un ultime regard aux images de l'antre secret des Iraniens qui leur parvenaient de l'espace. Le jour s'était levé sur ces lointaines régions de l'Iran et les contours se dessinaient maintenant avec netteté sur l'écran. À gauche de l'entrée de leur espèce d'abri creusé dans le rocher se dressaient deux bâtiments jumeaux à un étage, peut-être des entrepôts ou des casernes où loger les *pasdaran*.

— Regardez ! dit-il au technicien. Il y a des gens qui sortent.

— NRO, pouvez-vous centrer sur l'entrée du site, s'il vous plaît ? demanda le technicien.

C'était le Professeur, toujours emmitouflé dans son long manteau sombre. Ça doit cailler là-haut, songea Duffy. Il s'avança, flanqué d'un assistant, jusqu'au centre du terre-plein qui s'étendait devant l'abri. Il tenait un appareil que Duffy prit pour un ordinateur portable.

— Ah, le salaud ! s'écria le technicien. Il s'est payé un Inmarsat dernier cri !

— Un quoi ?

— Un téléphone par « international maritime satellite », qui permet de communiquer par voie satellitaire.

Le Professeur avait déjà rabaissé la plaque qui tenait lieu de couvercle.

— Il a fait vite. Impossible de le repérer.

— Comment ça ? s'étonna un Duffy perplexe.

— Vous vous souvenez de ce Dudayev qui menait la guerre contre les Russes en Tchétchénie ?

— Oui.

— Il possédait un de ces bidules. Seulement, lui, il était très bavard. Trop. L'un de nos satellites a intercepté son signal et nous l'avons localisé par repérage gonio, une technique analogue à celle que nous avons appliquée ici. C'était la semaine de bonté envers Boris Eltsine, alors nous avons transmis l'information à nos amis russes, qui l'ont communiquée à l'un de leurs SU25 armés de missiles sol-air à guidage laser. Ils se sont branchés sur son signal et poum ! adieu M. Dudayev.

Duffy émit un sifflement méditatif.

— On pourrait peut-être en faire autant.

— Il faudrait que votre copain soit plus loquace.

Il s'en gardera bien, se résigna Duffy. Mais il aurait parié sa chemise qu'il venait d'assister à l'envoi d'un de ces messages Brainwave que savait si bien intercepter et décrypter la NSA. Il en aurait probablement le texte entre les mains avant de monter dans l'avion pour Washington.

LIVRE NEUF

La bénédiction de l'ange

Après les centres de commande d'imagerie satellite de l'Office national de reconnaissance et de Menwith Hill qu'il avait visités récemment, Jim Duffy trouvait la salle de conférences de la Maison-Blanche presque banale. Elle était dépourvue de toute la machinerie électronique complexe qui caractérisait ces deux établissements. Les personnes présentes se tenaient autour d'une table de conférences réglementaire des locaux gouvernementaux, assises sur des chaises tellement vétustes qu'on pouvait les soupçonner de soutenir les augustes derrières des hauts fonctionnaires depuis la crise de la baie des Cochons au moins. Le seul équipement un peu moderne consistait en un circuit interne de télévision, d'ailleurs éteint pour le moment.

Plus impressionnante était la concentration de cerveaux civils et militaires assemblés autour de la table. La réunion portait l'étiquette officielle de séance de la National Command Authority. Chacun à Washington avait sa définition de ce que recouvrait cette entité. Cela se comprendrait sans peine, car sa composition variait en fonction de la crise qu'elle avait à traiter. Ce matin-là, elle réunissait les ministres de la Défense et des Affaires étrangères, le chef d'état-major, le patron de Duffy, directeur de la CIA, et le conseiller à la NSA. Duffy et M. Stein avaient été appelés à se joindre à eux en raison de leurs compétences particulières dans le domaine objet de la discussion.

Le président avait décidé de diriger lui-même la séance. Dès que le dernier serveur eut quitté la pièce après avoir apporté le café et que le marine en faction eut refermé la porte, il fit tinter sa cuillère contre sa tasse et lança :

— Bien. Allons-y.

Pour Duffy, c'était le couronnement des soixante-douze heures les plus extraordinaires de sa carrière, pendant lesquelles il avait pourchassé les krytrons jusqu'à Zabol grâce aux satellites, avant de se retrouver ici pour contribuer à ce qui resterait sans doute comme l'une des décisions les plus graves qu'aurait à prendre un gouvernement américain depuis l'affaire des missiles cubains.

Le président fixa le laser bleu de son regard sur Duffy.

— Félicitations, Jim. Votre plan a superbement réussi... et nous place devant un problème encore plus épineux.

— Monsieur le Président, intervint le directeur de la CIA. Nous avons reçu samedi un message intercepté par la NSA. Nous l'avons communiqué à tous les intéressés, mais certains d'entre vous n'ont peut-être pas eu le temps d'en prendre connaissance. Le voici.

Il distribua à chacun une copie estampillée top secret du texte de la communication à laquelle Duffy avait assisté sur les images satellite. Il disait ceci :

« Au nom d'Allah, le Très Bon et Très Miséricordieux, que Sa bénédiction soit sur vous, mon frère, et sur notre grande entreprise. Les accessoires américains se trouvent maintenant entre les mains du frère qui dirige le projet. Il m'a montré le travail exceptionnel accompli avec ses ingénieurs pour préparer nos dispositifs à les recevoir dès que nous en aurons fabriqué le nombre nécessaire. Nous nous rencontrerons bientôt afin d'établir le calendrier de la phase finale de l'opération, mais vous devriez avertir notre frère Mugniyeh de se tenir prêt à exécuter la partie qui lui incombe d'ici trois à quatre semaines. »

— Monsieur le Président, continua le patron de la CIA quand il eut fini sa distribution, nous avons constaté, sur le film tourné en continu par le satellite, que notre homme, le Professeur Bollahi, est ressorti une seule fois de leur espèce de tanière pour envoyer ce message.

— Ce qui signifie sans doute que c'est là que sont cachés les « dispositifs » dont il parle, n'est-ce pas ? dit le président en levant les yeux de la photo satellite de l'installation souterraine qu'il était en train d'examiner. Et je suppose que les dispositifs en question désignent les trois têtes nucléaires qui nous préoccupent, c'est bien ça ?

— Je pense que c'est ce que nous devons en conclure, monsieur le Président, confirma le directeur de la CIA.

Le président jaugea l'assistance d'un regard circulaire.

— Quelqu'un a-t-il un autre avis ?

Personne n'opposa d'opinion contraire.

— Un aspect de ce message mérite un commentaire, me semble-t-il, monsieur le Président. Le « frère Mugniyeh » auquel il fait référence est très certainement Imad Mugniyeh, l'homme responsable de la destruction de notre ambassade à Beyrouth et de la caserne des marines. Il vit maintenant à Téhéran. On lui a accordé la nationalité iranienne et un passeport diplomatique. S'il est impliqué dans cette opération, il est fort probable qu'ils mijotent une action de type terroriste.

— Contre Israël ?

— Sans doute. Il se peut aussi qu'ils prennent pour cible les champs de pétrole d'Arabie Saoudite. Une façon de tuer un grand nombre d'Américains et de transformer la région la plus riche en pétrole du globe en désert radioactif. Imaginez les conséquences sur l'économie mondiale !

Le président laissa tomber ses mains sur la table et les referma sur sa tasse de café.

— Bon, dit-il d'une voix chargée de tristesse résignée. Nous savons qu'ils possèdent ces armes redoutables. Nous savons maintenant où elles se trouvent. Nous avons une vague idée de ce qu'ils comptent en faire. Et une idée approximative du moment. Alors, que décidons-nous ? Un coup de force pour aller les leur prendre ?

— Monsieur le Président.

C'était son ministre des Affaires étrangères, Mme le Secrétaire d'État, qui prenait la parole. Après la Seconde Guerre mondiale, quand les sionistes se battaient avec les Anglais pour créer un État juif en Palestine, on disait ironiquement de Mme Golda Meir qu'elle était le seul homme du gouvernement. Il circulait une plaisanterie analogue sur celle à qui le président avait confié sa politique extérieure.

— Nous tous ici avons admis maintes et maintes fois que le développement des armements nucléaires, bactériologiques et chimiques au Proche-Orient constitue l'enjeu majeur auquel est confrontée notre sécurité en cette période d'après-guerre froide. Nous avons bien failli en toucher du doigt le danger lors du conflit qui nous a opposés à Saddam Hussein à propos des équipes d'inspection des Nations unies. Pourtant, dans ce cas, nous n'avions que des soupçons, fondés, certes, mais rien de plus que des soupçons. Elle ôta ses lunettes, comme pour accentuer par ce geste la portée de ce qu'elle allait dire. Là, c'est différent. Nous sommes en présence de faits avérés, solides, indiscutables.

Elle soupira, sachant que les paroles qu'elle allait

prononcer risquaient fortement de déplaire à certains de ses confrères masculins.

— Nous ne pouvons tout simplement pas nous permettre d'attendre de voir ce que les Iraniens vont faire de leurs bombes. Nous devons montrer au monde que, quand nous affirmons qu'il y a une limite à ne pas dépasser, nous le pensons vraiment. Elle se tut encore, soucieuse de peser ses mots. Si nous avons la prétention de devenir la seule superpuissance mondiale, il faudrait songer à nous comporter comme telle. Nous devons agir. Nous devons aller là-bas récupérer ou détruire ces maudits engins de mort. Seuls. Dans le plus grand secret. Ensuite, nous expliquerons au monde ce que nous avons fait et pourquoi, quand ce sera terminé, pas avant.

Son discours ferme et sans concession plongea l'assistance dans un silence stupéfait et songeur.

— Quelqu'un souhaite-t-il ajouter quelque chose ? demanda le président.

— Ce qui veut dire que nous n'attendons même pas une résolution du Conseil de Sécurité des Nations unies pour nous couvrir ? remarqua le conseiller de la NSA.

— Surtout pas, monsieur le Président ! protesta madame le ministre. L'ONU est une machine à parlotte. Ils vont en discuter jusqu'à plus soif, comme lorsqu'il a fallu contrer Saddam Hussein. C'est l'exemple parfait de ce qu'il ne faut pas faire. Cette rencontre de l'Ohio diffusée dans le monde entier par CNN, quelle ineptie ! Il faut garder le secret absolu. Si nous divulguons nos intentions, nous verrons les Français, les Allemands, les Nations unies, les Chinois et les Russes se dresser en hurlant : « Stop ! Essayons d'abord de discuter gentiment avec les mollahs avant d'entreprendre quoi que ce soit. » Et pendant ce temps-là, les Iraniens, alertés, auront tout loisir de contrecarrer notre attaque de façon à décupler le nombre de nos victimes.

— Vous nous conseillez donc de ne prévenir personne ?

— Personne, confirma le Secrétaire d'État. Nous pouvons à la rigueur envoyer une délégation auprès des Israéliens et de Tony Blair pour les informer de la situation au moment où nos forces entreront en action. Mais c'est tout.

— Je vois là une allusion à un facteur également capital, monsieur le Président, renchérit le ministre de la Défense d'un ton où chantait une pointe d'accent du Maine. Israël. Les Israéliens ignorent sans doute à l'heure qu'il est que nous avons réussi à localiser ces ogives nucléaires. Mais n'ayez crainte, ils ne vont pas tarder à l'apprendre. Notre pays ne détient pas un secret concernant le Proche-Orient qui ne parvienne tôt ou tard à leurs oreilles, plutôt tôt que tard d'ailleurs.

— Et quelle sera leur attitude quand ils sauront ?

— Leur attitude, monsieur le Président ? Ils agiront. Sans hésiter. En employant tous les moyens qu'ils jugeront nécessaires pour éliminer la menace que ces armes font peser sur leur existence. N'oubliez pas que l'ancien ministre de la Défense israélien est passé à l'histoire pour avoir déclaré publiquement qu'Israël déclencherait une attaque préventive dans le but de ne pas laisser l'Iran s'équiper d'armes nucléaires.

— De quelle puissance nucléaire les Israéliens disposent-ils ?

— Les Israéliens possèdent plus d'armes nucléaires que l'Angleterre. Ils ont au moins soixante-dix engins en cours d'assemblage à la base aérienne de Tel-Nof, dans le Néguev. Et presque autant qui attendent d'être insérés dans les têtes de leurs missiles Jéricho au fond de leurs bunkers souterrains des collines de Judée.

Le président leva les yeux au ciel d'un air effaré.

— Les mollahs ne sont tout de même pas assez fous

pour aller s'attaquer à un pays qui possède une telle puissance de riposte ! Avec seulement trois petites bombes atomiques dans leur arsenal ?

— Monsieur le Président, il suffit de poser deux de ces bombes, une à Tel-Aviv, l'autre à Haïfa, pour anéantir les trois quarts de la population d'Israël. Quand les poussières radioactives se déposeront, il ne restera peut-être pas grand-chose non plus de l'Iran, c'est vrai. Mais, quoi qu'il en soit, Israël aura disparu. C'est un calcul dément, qui nous paraît, à vous et à moi, hallucinant, mais qui ne l'est pas pour certains de ces fanatiques. Les Israéliens le savent bien. Qu'ils apprennent où sont gardées ces bombes et ils ne resteront pas les bras croisés, vous pouvez me croire.

— Le président se tourna vers le chef d'état-major.

— Est-ce qu'ils seraient capables d'investir ces installations par leurs propres moyens ?

Le général Theodore « Tad » Taylor prit une profonde inspiration et, ce faisant, bomba bien involontairement son torse orné de cinq rangées de médailles gagnées à l'occasion de trois séjours au Vietnam et de sa participation à l'invasion du Panama et à la guerre du Golfe.

— Franchement, monsieur le Président, sauf à employer un missile nucléaire, ce qui me paraît peu probable en l'occurrence, je crois qu'agir seuls serait trop lourd pour eux. Je pense qu'ils viendraient nous demander notre aide, sous la forme d'une couverture aérienne assurée par les appareils de nos porte-avions de la mer d'Oman, pendant que leurs troupes attaqueraient sur le terrain.

« Donc, que nous allions récupérer nous-mêmes ces bombes nucléaires ou que nous laissions les Israéliens s'en charger, nous récolterons de toute manière une tempête de protestations. Il faut s'y attendre, monsieur le Président.

Le président se leva et se mit à arpenter la pièce, les

mains derrière le dos, le menton affaissé sur la poitrine, le visage figé en une expression de sombre inquiétude. Ses conseillers observaient un silence respectueux, manifestement émus par le débat douloureux auquel le contraignait la situation. Il finit par interrompre son va-et-vient.

— Pourtant, dit-il à la ronde, les Iraniens n'ont-ils pas tenté de museler les extrémismes dans leur pays ? Le président Khatemi s'efforce de le sortir de son isolement. En essayant de rétablir le dialogue, y compris avec nous. N'est-ce pas ?

Mme le Secrétaire d'État lui répondit :

— Monsieur le Président, je ne mets pas un instant en doute la sincérité de M. Khatemi. Et je reste persuadée qu'il incarne les aspirations de la majorité du peuple iranien. Ce qu'il n'incarne pas, en revanche, c'est le véritable ancrage du pouvoir en Iran.

— Ainsi, monsieur, enchaîna le ministre de la Défense, moins d'une semaine avant la fameuse interview accordée par Khatemi à CNN, nos satellites ont capté la signature thermique d'un essai de leur nouveau missile balistique de mille trois cents kilomètres de portée à leur centre de Shahid Hemat, près de Téhéran. Depuis, ils en ont effectué trois autres. Leur missile ne va pas tarder à être au point, s'il ne l'est déjà, et ces monstres admettent des charges d'une tonne ; c'est plus qu'il n'en faut pour lancer leurs ogives sur Tel-Aviv.

— Monsieur le Président, intervient le directeur de l'Agence centrale de renseignements. Pour une fois, la CIA et les Affaires étrangères ont une perception assez proche de la situation en Iran. Ce pays aborde un tournant crucial de son histoire. Le vote massif en faveur de Khatemi aux élections présidentielles a causé un choc aux mollahs de la tendance dure. Ils se sont affolés. Cela signifiait qu'après dix-huit ans de gouvernement sous leur autorité une majorité d'Iraniens se déclaraient déçus par l'ensemble de la doctrine du pouvoir islamique. Je pense que vous trouverez moins d'islamistes rigoristes en Iran aujourd'hui qu'en Turquie, en Égypte et au Soudan. Et certainement moins qu'en Algérie. Nous croyons Khatemi et ses partisans sincèrement opposés à ce programme d'armement. Mais le vrai pouvoir, du moins pour le moment, est entre les mains du noyau dur de fanatiques que comptent leurs dirigeants. Ils se sentent menacés, dans leur personne et dans leurs idées. Ils sont impatients de répliquer, de réaffirmer leur volonté de tenir les rênes.

« À la tête de leur activité, précisa le directeur de la CIA en consultant le bloc-notes qu'il avait devant lui, on trouve une organisation baptisée Comité des Sept. Quatre d'entre eux sont des éléments haut placés des *pasdaran*, les gardiens de la révolution. Ils supervisent le prélèvement de l'argent de la drogue. L'un des groupes dissidents les mieux informés qui nous renseignent estime à deux cents tonnes la quantité de morphine-base acheminée via l'Iran l'année dernière, le triple du chiffre relevé en 1990. Les trois autres membres de ce comité sont ce qu'ils appellent des *bazaaris*, des génies de la finance sachant parfaitement investir et placer l'argent récolté et le mettre à l'abri sur des comptes servant à financer les projets qu'ils préfèrent ne pas porter à la connaissance de Khatemi et de ses semblables, genre achat d'armes et subventions à des groupes terroristes.

« Regardez les images satellite du site que nous avons découvert grâce à Jim Duffy, poursuivit le directeur. On ne voit pas un seul militaire en uniforme. C'est une opération exclusive des gardiens de la révolution. Et qui trouve-t-on derrière les *pasdaran*, monsieur le Président ? Les mollahs les plus intégristes.

Le président regagna son siège sur cette dernière phrase.

— Quel impact une opération exclusivement américaine aura-t-elle sur le monde musulman ? Madame le secrétaire d'État ?

— Les voisins des mollahs ne tiennent pas du tout à vivre à côté d'un Iran équipé d'armes nucléaires, même s'il s'agit d'un arsenal aussi limité. Les généraux turcs, leur gouvernement politique, la famille saoudienne, tous les autres dirigeants du golfe Persique, Asad en Syrie et même, Dieu nous ait en sa miséricorde, Saddam Hussein, nous béniront en privé de les en avoir débarrassé. Publiquement, ils resteront neutres.

« Ce sont les masses musulmanes qui vont se lancer sur le sentier de la guerre, ajouta-t-elle. Du Maroc à l'Indonésie. Nous aurons une ou deux ambassades prises d'assaut, quelques touristes américains assassinés peut-être. Les extrémistes religieux diront : "Vous voyez, le nucléaire est réservé au club judéo-chrétien. Les Israéliens ont des armes nucléaires, mais les Américains n'en tiennent pas compte. Ils nous refusent le droit d'en posséder simplement parce que nous sommes musulmans."

— Ils oublient le Pakistan, remarqua le président.

— Certes, mais ils objecteront que les Pakistanais se sont débrouillés tout seuls, envers et contre nous.

— Ce qui n'est pas tout à fait exact, nuança le directeur de la CIA.

— Allons bon, comment doit-on comprendre cette remarque ?

— En 1983-1984, l'Agence a été informée de leurs manœuvres pour se procurer des matériels de haute technologie. Au lieu de nous demander de les en empêcher, Casey nous a recommandé de faire comme si de rien n'était. Il craignait, si nous tentions d'enrayer le programme nucléaire de Zia, que ce dernier ne nous mette des bâtons dans les roues au moment où notre action en Afghanistan commençait à porter ses fruits.

Le président secoua la tête d'un air atterré.

— Eh bien, on apprend de ces choses ! Vous êtes bien sûre, madame, qu'il ne faut pas prévenir les Russes ?

Cette fois, Mme le Secrétaire d'État perdit un peu de son calme olympien.

— Mon Dieu, ce serait la dernière chose à faire ! Nous n'aurions pas raccroché notre téléphone que ce cochon de Primaikov s'empresserait d'appeler Téhéran pour les mettre au courant ! Je crois que ce qu'il faudrait faire, du point de vue diplomatique c'est préparer un message adressé au président Khatemi, à lui remettre lorsque nous attaquerons, pour l'assurer qu'il ne s'agit pas d'une agression belliqueuse, mais d'une intervention de police dans le seul but de saisir et désarmer ces engins nucléaires. Des engins dont il ignore même l'existence, si ça se trouve.

— Quelqu'un, le vice-président peut-être, devra avertir le Congrès un peu avant que nous passions à l'action, ajouta le conseiller à la NSA. Cela dit, monsieur le Président, je pense que nous n'aurons aucun mal à obtenir son approbation. En revanche, c'est si nous ne faisons rien que nous risquons d'essuyer leurs foudres.

Le président émit un énième soupir avant de se tourner une fois de plus vers le patron de la CIA.

— Ne pourrait-on envisager une intervention occulte ?

À ces mots, un sourire désenchanté effleura les traits graves du général Taylor. Oh oui, éloignez cette potion amère de nous autres militaires, suppliait-il intérieurement. Refilez le bébé à la CIA. Mais il savait qu'il ne fallait pas se bercer de vaines espérances. Les interventions occultes n'étaient plus d'actualité.

Il fallut trois bonnes minutes au patron de Duffy pour en expliquer la raison : depuis Woolsey, et même avant, les nouvelles orientations de l'Agence l'amenaient à recourir davantage aux moyens techniques qu'aux moyens humains. Aucun de ses agents n'avait infiltré le personnel impliqué dans le programme d'armement iranien, et très peu les institutions gouvernementales. La CIA pouvait fournir des informations utiles à l'action des militaires, mais l'époque où elle était en mesure de renverser un gouvernement en provoquant un soulèvement de combattants de lutte gréco-romaine et de marchands de bazar était depuis longtemps révolue.

Comme le général Taylor l'avait prévu, la balle vint rebondir dans le camp de l'armée.

— Alors, lui dit le président, si nous optons pour la force, quel est le tableau ?

— Comme vous le savez, monsieur, nous avons divisé le monde en cinq régions. L'Iran relève de la région Centcom, Central Command, l'ancien domaine de Norman Schwarzkopf, dont le commandement se trouve à Tampa, en Floride. Ils planchent sur la question depuis que vous en avez donné l'ordre et, grâce à M. Duffy, ils connaissent depuis samedi l'objectif, qu'ils peuvent étudier à loisir sur les images satellite. Il se trouve que l'Ussocom, le commandement des opérations spéciales, est également basé à Tampa. Ils examinent les solutions non conventionnelles.

— Quand seront-ils en mesure de m'apporter leur rapport ?

Le général n'eut pas une seconde d'hésitation.

— Mercredi matin, à dix heures, monsieur.

— Parfait. Duffy percevait dans le ton du président une note de désespoir résigné. Ça ne me plaît pas du tout. Mais voilà. Apparemment, nous n'avons pas le choix. Il faut aller récupérer ces engins nucléaires. La question maintenant est de savoir comment. Tout le monde ici mercredi à dix heures pour l'exposé des moyens militaires d'intervention. Général Taylor, je veux entendre le laïus de la bouche des intéressés. Des hommes qui auront à exécuter l'opération, pas des bureaucrates du Pentagone.

Ceux qui avaient pris part à la réunion se dispersèrent discrètement, en silence. La salle de conférences donnait sur le même couloir que le mess de la Maison-Blanche. Près de la porte se trouvait un distributeur de sucreries. Le patron de Duffy en recueillit une pleine poignée.

— Merde ! marmonna-t-il. De bêtes pastilles de menthe ! Y avait des trucs bien meilleurs avant.

— Allons, dit Duffy en rigolant, il faut voir le bon côté des choses. Nous allons avoir droit à une augmentation de budget ces jours-ci.

La nuit obscurcissait déjà les reliefs du nord-est de l'Iran, mais le laboratoire souterrain du Professeur bouillonnait encore d'activité. L'homme que le Professeur avait chargé de superviser les aspects scientifiques de l'opération Khalid, Parvis Khanlari, docteur en physique nucléaire du MIT américain, étendit un rectangle de velours noir sur le bureau du Professeur.

Petit et maigrelet, Khanlari se singularisait par un visage aux pommettes exagérément saillantes. Ce trait hors du commun aurait pu se révéler extrêmement séduisant chez une femme, mais se réduisait chez lui à une bizarrerie. Il posa un à un, avec délicatesse, les douze krytrons de EG&G sur le carré de tissu.

Le Professeur en prit un et le considéra d'un air stupéfait.

— Mais c'est minuscule ! Quand je pense au prix que ça nous a coûté et au mal que ça nous a donné ! Il effleura les trois fils qui émergeaient de l'ampoule. Qu'est-ce que c'est ?

— Des câbles d'alimentation, répondit Khanlari. L'un d'eux sera relié au détonateur. Quand l'antenne du détonateur recevra le signal radio prévu, il fermera un commutateur qui libérera alors une charge de deux cent cinquante volts dans les krytrons de notre circuit d'amorçage. Ceux-ci dégageront des condensateurs une impulsion carrée qui passe de zéro à quatre mille kilovolts en moins d'une microseconde. À côté, un battement de cils dure une éternité.

Le Professeur hocha la tête avec l'air de respect admiratif qu'imposait l'évocation de tels phénomènes.

— La charge, poursuivit Khanlari, atteint l'explosif à tous les points de détonation en même temps.

— Pourrez-vous reproduire ces krytrons et en fabriquer en nombre suffisant ? En deux semaines ?

Khanlari hésita, le temps de laisser se dessiner sur son visage une expression d'indicible satisfaction.

— Ce ne sera pas nécessaire.

— Quoi ! Pourquoi ?

— La première génération de bombes au plutonium exigeait en effet le positionnement d'un krytron et d'un condensateur liés à tous les détonateurs. C'est la technique que l'on trouve préconisée, à mots couverts, dans la documentation accessible. Mais, depuis vingt-cinq ans, les Russes et les Américains appliquent des méthodes beaucoup plus sophistiquées qui leur permettent de n'utiliser qu'un krytron et un condensateur par hémisphère. C'est la méthode que je me propose d'employer.

Toujours rayonnant de fierté, Khanlari expliqua au Professeur :

— Depuis que vous avez quitté l'Iran pour l'Allemagne, nos ordinateurs n'ont pas cessé de tourner. Nous avons établi un schéma qui nous permettra de déclencher la détonation avec seulement deux krytrons par bombe, comme les Américains.

— Vous êtes sûr de ce que vous avancez ? Ne vaudrait-il pas mieux s'en tenir à l'ancienne méthode ?

— Absolument certain. Ce système de mise à feu est beaucoup plus fiable et efficace. Voyez-vous, ce qui importe, c'est avant tout de déterminer avec une précision parfaite l'emplacement des trente détonateurs, les lentilles, et ensuite d'activer les explosifs avec une parfaite simultanéité.

— Nous pouvons donc assembler nos bombes dès maintenant ? Avec six seulement des krytrons que j'ai rapportés d'Allemagne ?

— Absolument. Nous aurons cependant besoin d'un troisième krytron pour chaque bombe, afin d'amorcer le canon à neutrons au moment de l'explosion.

— Qu'est-ce que c'est que ça ? s'informa le Professeur. C'était la première fois qu'il entendait parler de canon à neutrons. On en possède un ?

Khanlari, de plus en plus gonflé d'orgueil, confirma :

— Oui. Nous en avons acheté six au professeur Boris Gregori à Ekaterinbourg. Il travaillait à l'ancien centre nucléaire soviétique Sverdlovsk 45. Ils ont tellement besoin de liquidités qu'ils les vendent pour la mise à feu des explosifs dans les forages pétroliers de grande profondeur. L'industrie pétrolière emploie des canons à neutrons pratiquement identiques à ceux des arsenaux russes. Seul le chemisage est différent.

Khanlari se leva.

— Professeur, descendez avec moi à notre atelier souterrain. Je pourrai vous montrer une maquette grandeur nature de notre bombe à l'état définitif et vous en expliquer plus précisément le fonctionnement.

Au dernier niveau du sous-sol, Khanlari conduisit le Professeur dans une petite salle de travail. Une grosse boule pendait du plafond. On aurait dit un ballon de foot coupé en deux et recouvert d'une enveloppe de métal. L'ingénieur du MIT la lui désigna en se rengorgeant, comme un père qui fait admirer son premier-né.

— Ceci, annonça-t-il d'une voix voilée par l'émotion, est la réplique exacte de ce que sera notre bombe.

Le noyau de plutonium était représenté par une

boule de plomb, de la taille d'un pamplemousse, tranchée au milieu. Elle était revêtue, comme le seraient les sphères de plutonium réelles, d'une fine couche de cuivre. Khanlari indiqua la troisième couche de métal qui enveloppait le cuivre.

— Ça, c'est ce que nous appelons la bourre, du béryllium entouré de tungstène. Quand nos bombes exploseront, la déflagration colossale des explosifs, là... Il montrait le revêtement extérieur, constitué d'une matière blanche crayeuse qui enrobait les deux demi-sphères... ira projeter le béryllium et l'encastrer dans le noyau de plutonium avec une force prodigieuse. Il maintiendra le noyau en cours d'explosion en place juste assez longtemps pour renvoyer les neutrons en débandade au centre du noyau, de façon à démultiplier la puissance de l'explosion nucléaire.

Le Professeur restait saisi de muette admiration devant le miracle accompli par ses ingénieurs. Tant de travail, tant de temps, tant de moyens mis en œuvre ! Il avait enfin sous les yeux le résultat, l'aboutissement de tous ces efforts. Avec cette arme, songeait-il, nous allons enfin pouvoir détruire Israël, ainsi que l'influence désastreuse de l'Amérique avec son matérialisme et ses déviations sexuelles qui infestent *Dar el-Islam*, la terre d'Islam. Il avança la main et caressa la bombe avec la tendresse d'un amant pour sa maîtresse.

— Et ce canon ? Ce canon à neutrons dont vous parliez tout à l'heure ?

— En effet, reprit Khanlari. Toute l'efficacité de la détonation réside donc dans la vitesse à laquelle elle se produit et dans sa parfaite symétrie. L'onde de choc se répand à l'intérieur, le plutonium métallique se liquéfie sous sa pression et sa densité est décuplée. À ce moment précis, le troisième krytron nous sert à amorcer le canon à neutrons.

Khanlari saisit entre ses doigts une sorte de tuyau de métal.

— Ce tube est un canon à neutrons. Il contient essentiellement du tritium. Le krytron envoie dans le canon une charge d'une puissance faramineuse, quatre mille volts, qui fait fondre les noyaux de tritium. En fondant, ils se mélangent et dégagent un flot de neutrons d'haute énergie.

Il tendit la main vers le tubc.

— Le canon bombarde cette pluie de neutrons à l'intérieur du noyau de plutonium au stade de compression maximale pour déclencher le processus de fission. En d'autres termes, l'explosion nucléaire. Le secret repose sur la synchronisation parfaite à l'infinitésimal de seconde près.

— Et vous savez faire ?

— Nous savons.

Le Professeur serra Khanlari et l'embrassa avec effusion.

— Vous vous êtes montré digne de la confiance que nous vous avons témoignée. Vos confrères ingénieurs et vous êtes les descendants directs des grands savants et humanistes musulmans des XIIIe et XIVe siècles qui ont jeté les bases du savoir du monde moderne. Grâce à vous, demain est à nous.

— Comme vous le savez, messieurs, je suis un adepte fervent de la doctrine de Colin Powell.

Le lieutenant général Charles « Corky » McCordle, commandant en chef du Central Command de l'armée américaine, s'interrompit pour laisser à ses paroles le temps d'imprégner les consciences des officiers qu'il avait convoqués à son quartier général du 715, South Boundary Boulevard, sur la base aérienne de McDill, dont le terrain se déploie jusqu'aux rives de Tampa Bay.

— Quand nous employons la force, reprit-il, ce doit être avec vigueur, contre un objectif bien défini, en ayant à l'esprit une idée précise des finalités de la mission, des moyens et du délai auxquels elle doit obéir.

Il se tut de nouveau avant de poursuivre, d'une voix presque assourdie :

— Dans le cas présent, nous avons reçu l'ordre de présenter au président et à la cellule de crise, la National Command Authority, des solutions faisant appel à la fois aux forces conventionnelles et aux opérations spéciales. Dieu sait que j'ai horreur d'avoir les tocards des opérations spéciales dans les pattes, mais, en l'occurrence, je n'ai pas le choix. Je vais devoir les laisser faire la roue devant le président.

Il toussa et alluma une Marlboro légère, au mépris des mises en garde réitérées de la Société de lutte contre le cancer.

— Donc, nous devons nous assurer qu'ils sont sur la même longueur d'onde que nous. Ils doivent avoir accès aux mêmes informations, aux mêmes vues satellite que nous. Mêmes données de départ que nous, de A à Z.

Il prit sur son bureau l'ordre de mission du Pentagone et le brandit sous le nez de son G2, son officier de renseignements.

— Allez vous accorder avec votre homologue de l'Ussocom. Je veux que lui et vous aboutissiez à une évaluation commune de la situation de l'ennemi. Sur le terrain. Quelle est leur base de renforts la plus proche ? Combien de temps faut-il à ces renforts pour arriver jusqu'à eux ? Quels moyens de transport ? Avions ? Hélicoptères ? Véhicules au sol ?

— Compris, assura le G2.

McCordle s'était tourné vers son commandant des forces aériennes, major général de l'armée de l'air.

— Vous, vous allez nous expliquer quel genre de couverture aérienne exigera l'opération et d'où elle proviendra. Pouvons-nous compter sur deux porte-avions classe *Nimitz* du Golfe ? Quel type de soutien peuvent-ils nous apporter ?

— Quarante bombardiers tout temps, plus quarante chasseurs Hornet FA18 et quarante Tomcat F14 D afin de contrarier les aviateurs iraniens qui tenteraient de se faufiler par la voie des airs pour venir malmener nos troupes d'assaut.

— Ne faudrait-il pas prévoir une attaque préventive massive pour mettre l'aviation iranienne hors d'état de nuire avant de passer à l'action, général ? demanda le chef d'état-major de McCordle.

— Naturellement, mais notre ordre de mission ne comporte rien de tel. Ce serait considéré comme un acte d'agression contre l'Iran et il est évident que le président ne le souhaite pas. Il attend de nous une intervention rapide et sans bavure. On fonce, on récupère les bombes et on s'en va.

— Il nous en demande beaucoup.

— C'est son droit. Maintenant qu'il sait que ces engins nucléaires sont là, il ne peut pas faire autrement qu'aller les chercher. À moi de le convaincre d'employer pour cela les moyens conventionnels de la meilleure mouture que nous ayons à offrir, déclara McCordle de sa voix rauque de fumeur invétéré. Et puis nous veillerons à mettre au pas les frérots de l'Ussocom. Nous partons mardi à treize heures et, dès notre arrivée, nous filons au Pentagone présenter notre rapport au ministre de la Défense et à l'état-major. Mercredi matin, nous serons à la Maison-Blanche. Tâchons d'être au point, messieurs.

Les « frérots » créchaient à un kilomètre de là, dans un bâtiment de crépi jaune à trois étages pratiquement identique à celui du commandement central, au 7701, Tampa Point Boulevard, siège de l'Ussocom, le commandement des opérations spéciales. Ce label réunissait trois organismes qui avaient fait couler beaucoup d'encre et alimenté des kilomètres de pellicule, les bérets verts, les marsouins de la marine américaine et la Force Delta.

Ce matin-là, c'était à la Force Delta que s'intéressait le commandant de l'Ussocom, la major général Clint Marker, car ce serait elle qui se retrouverait sur la sellette si le président décidait de confier l'intervention en Iran aux opérations spéciales.

Lui-même ancien de la Force Delta, Marker avait personnellement choisi celui qui conduirait la mission au cas où elle leur reviendrait, le colonel Charlie Crowley, surnommé « Crowbar ». Âgé de quarante-cinq ans, ce dernier était d'un naturel réservé, presque introverti, la parfaite antithèse du héros à la Sylvester Stallone incarnant aux yeux du public le modèle de l'officier des forces Delta. Cette représentation, née de l'imagination des réalisateurs de Hollywood, est en fait aussi éloignée que possible de la réalité. Un ancien ranger qui avait souvent eu l'occasion de se battre à leur côté disait d'eux : « Les types de la Force Delta, on peut passer une journée entière avec eux sans même s'apercevoir qu'ils sont là. »

La Force Delta se targue de n'admettre dans ses rangs que les meilleurs. Elle n'accepte en effet qu'un candidat sur cent. Ils subissent une sélection excessivement rigoureuse, au cours de laquelle ils sont soumis à une kyrielle de tests destinés à évaluer leur aptitude psychologique à réagir dans des conditions de tension et de privation extrêmes.

La sélection est la même pour les officiers et les hommes du rang et, une fois admis, on attend d'eux qu'ils se plient aux mêmes exigences, quel que soit leur grade. Les produits de West Point n'y trouvent pas leur place. Les officiers de la Force Delta sont par nature amenés à opérer en marge des structures hiérarchiques habituelles, ce que les diplômés des grandes écoles militaires ont du mal à supporter. Gradés et non-gradés fréquentent un mess unique où ils prennent leurs repas en commun. Les membres de la Force Delta ont un dicton qui résume parfaitement le principe régissant leurs relations : « Quand il faut charger le camion, tout le monde s'y met. »

Les officiers de l'armée régulière s'accommodent mal de cette philosophie, laquelle explique en partie les rivalités existant entre les deux entités sœurs. La Force Delta est née sous la présidence de Jimmy Carter, après le coup de force mené par le corps d'élite allemand, le GSG9, contre les pirates de l'air qui avaient détourné un vol de la Lufthansa sur Mogadiscio. Ils avaient libéré les passagers pris en otage sans verser une goutte de sang.

« Serions-nous capables d'en faire autant ? avait demandé Carter à son conseiller à la sécurité, Zbigniew Brezinski.

— Mais certainement », avait répliqué Brezinski.

En réalité, ce n'était pas le cas. Mais, sous l'œil attentif de Brezinski, le colonel Charlie Beckwith avait commencé à mettre en place un groupe du même type. Au grand dam des chefs et combattants de la Force Delta, le nom de l'organisation est toujours resté associé dans l'esprit du public à son échec le plus cuisant, sa tentative avortée de sauvetage des otages détenus par des étudiants radicaux iraniens à l'ambassade américaine de Téhéran. L'opinion publique préférait ignorer, par commodité, qu'il s'agissait d'une opération combinée, dont la Force Delta ne constituait qu'un élément parmi d'autres, lancée à la va-vite, sans préparation suffisante.

Depuis, les actions de la Force Delta ne sont plus rapportées par la presse. Pourtant, cette unité a joué un rôle capital dans les grandes opérations menées à Beyrouth, en Afghanistan, dans l'élaboration des conditions qui devaient permettre l'isolement, puis l'arrestation ou l'élimination de Pablo Escobar et des têtes d'affiche du cartel de Cali. Plus récemment, elle a dressé des plans détaillés en vue de la capture de criminels de guerre serbes comme Radovan Karadzic, au cas très improbable où les dirigeants occidentaux auraient manifesté la volonté politique d'entreprendre une action contre eux.

Malgré tous les succès accumulés depuis 1979, la Force Delta reste marquée du stigmate de son premier fiasco. Lorsqu'il présenta l'ordre de mission à « Crowbar » Crowley, les paroles du général Marker trahissaient l'amertume laissée par ce souvenir.

— Charlie, je crois que c'est l'occasion que nous attendons depuis des années.

Crowley examina le document. Sur le mur derrière lui, une affiche énonçait une de ces listes de préceptes que les militaires affectionnent. Celle-ci formulait les cinq étapes qui président au déroulement d'une mission Delta :

Observation de l'objectif
Répétition
Infiltration
Exécution
Repli

Crowley posa l'ordre de mission sur ses genoux en sifflant entre ses dents.

— Tu as raison, Clint. Si nous réussissons, nous redorons notre blason pour les siècles des siècles.

— Il n'y a pas de temps à perdre. À mon avis, ton plan opérationnel doit être prêt pour le coup d'envoi dans deux semaines.

— C'est juste, mais faisable.

— Écoute, Charlie, c'est ton opération, alors je ne vais pas te dicter ton topo pour le président. Je tiens cependant à préciser deux choses. Primo, l'opération doit débuter et s'achever à la nuit.

— Bien reçu.

— Deuzio, n'oublie pas les impératifs de durée.

Crowley soupira.

— OK, Clint. Je crois que je ferais bien de m'y mettre tout de suite.

Le général se leva et sa main s'abattit sur l'épaule de Crowley.

— Nous comptons sur toi. Il faut que tu fasses grande impression sur le président mercredi. Qu'il en oublie Colin Powell et sa doctrine.

— Professeur ?

Le Professeur leva un regard voilé de lassitude sur Parvis Khanlari. Il ne s'était accordé aucun repos depuis qu'il s'était levé à l'aube pour réciter ses prières.

— Qu'y a-t-il, mon frère ?

— Nous allons tester le circuit de mise à feu dont nous avons prévu d'équiper nos bombes pour les déclencher à distance au moyen d'un signal radio. Voulez-vous assister aux essais ?

— Certainement. Je vous suis.

Les deux hommes plongèrent une fois de plus dans les profondeurs de leur laboratoire souterrain. Les ingénieurs en électricité avaient disposé sur le banc d'essai une reproduction du circuit qu'ils s'apprêtaient à expérimenter. Khanlari saisit un objet qui ressemblait à un briquet.

— Notre poseur de bombe volontaire n'aura qu'à actionner ce dispositif. Il émettra un signal radio sur une fréquence très particulière établie à l'avance.

— Quelle fréquence ?

— Un point deux gigahertz. L'atmosphère est saturée de signaux. Nous avons donc choisi une fréquence très peu usitée, très éloignée des canaux empruntés par les radios, les télévisions, les téléphones cellulaires, etc., pour éviter tout risque d'interférence et d'explosion accidentelle.

— Je comprends bien, déclara le Professeur. Mais puisque la bombe ou les bombes, si nous décidons d'en placer deux, seront transportées dans des voitures volées, ne serait-il pas plus simple de brancher le détonateur directement sur une commande du tableau de bord ?

— Cela prendrait trop de temps d'installer le circuit, puis de camoufler les fils en cas d'inspection à un barrage de sécurité. Une fois que la bombe aura été transférée dans le coffre de la voiture, il faudra, je crois, que nos volontaires partent immédiatement pour Tel-Aviv. Si nous décidons par la suite d'en déposer une autre à Haïfa, par exemple, la confusion provoquée par la première explosion sera telle que nous aurons alors le temps d'effectuer tous les branchements dans le véhicule, comme vous le proposez.

Le Professeur inclina la tête en signe d'assentiment. Khanlari pointa l'index vers un boîtier de plastique à peine plus gros qu'un paquet de cartes à jouer.

— Ça, c'est la pile qui va alimenter le circuit des krytrons dès qu'elle recevra le signal.

Une sorte de paille émergeait du boîtier. Khanlari la désigna et poursuivit sa démonstration.

— Et ça, c'est l'antenne qui captera le signal radio.

— Vous avez eu du mal à vous procurer ces accessoires ?

Khanlari étouffa un rire.

— Aux États-Unis, ils sont en vente dans les magasins de hi-fi. À l'intérieur de la boîte noire, il y a un commutateur. Quand il est ouvert, rien ne se passe, mais, quand l'antenne reçoit le signal, elle donne l'ordre au commutateur de se fermer. À ce moment-là, deux bornes se rejoignent et créent une connexion au travers de laquelle la pile décharge un courant de deux cent cinquante volts dans le circuit de mise à feu de nos krytrons. Celui-ci déclenche l'explosion nucléaire, ainsi que je vous l'ai expliqué hier.

— Hosain, cria-t-il pour appeler l'un de ses assistants. Il lui fourra le déclencheur dans les mains, avec autant de désinvolture que s'il s'agissait en effet d'un briquet. Remonte avec ça et sors sur le terre-plein. À mon signal, tu appuies sur le bouton.

Hosain s'éclipsa. Le Professeur attendait la suite avec curiosité.

— Dites-moi, demanda-t-il, plus pour tuer le temps que par esprit d'inquisition. Est-ce que la bombe ou son système de mise à feu ne risquent pas d'être endommagés s'ils sont trop secoués sur des routes défoncées ? Ou si on les fait tomber malencontreusement ?

— Pas du tout, assura Khanlari. Bien empaquetés dans un emballage solide, ils résisteront à tous les chocs.

Le bipeur de Khanlari émit un tintement bref.

— Il est prêt.

Il renvoya un signal sur le récepteur de Hosain, qui actionna aussitôt le déclencheur. À l'instant même, un éclair bleu jaillit de la pile en attente sur le banc d'essai.

— Parfait, constata Khanlari, ça marche. Nous n'avons plus qu'à assembler les bombes.

Le Professeur récompensa ses paroles d'un sourire.

— Venez, cher ami, dit-il. La journée a été longue. Allons faire quelques pas à l'air libre.

Les deux hommes déambulèrent quelques minutes en silence sur l'esplanade qui s'étendait devant l'entrée de leur installation souterraine.

— Professeur, s'aventura enfin Khanlari. Il y a quelque chose dans cette opération Khalid qui me tracasse.

— Dites-moi tout, mon frère.

— Les Israéliens. Après l'explosion de notre bombe

à Tel-Aviv, leur puissance nucléaire demeurera intacte. Ne pensez-vous pas qu'ils vont contre-attaquer ? Et que la riposte sera dévastatrice ?

— N'ayez crainte, mon frère, ils riposteront. Avec force et vigueur.

Khanlari glissa vers le Professeur un regard effaré. Était-ce leur mort qu'il prédisait avec autant de calme ?

— Leur colère s'abattra avec une fureur vengeresse. Sur Bagdad. Ils anéantiront l'Irak.

— Comment cela ?

— Les Israéliens sont persuadés de posséder l'organisation de surveillance et de renseignements la meilleure du monde. Le département 8200. C'est ainsi qu'ils l'appellent. Ils ont un poste d'écoute sur le mont Miron, dans le Golan, à partir duquel ils guettent tout ce qui se dit au Proche-Orient sur les ondes courtes et par téléphone, fixe ou cellulaire. Une heure avant l'explosion de notre bombe à Tel-Aviv, ils intercepteront un message. Il sera rédigé dans un langage crypté, dont ils ont percé le code, et transmis à partir d'un téléphone qui, selon eux, appartient au Mukahbarat, les services secrets irakiens. Ce message leur apportera la certitude que c'est à Saddam Hussein qu'ils doivent la bombe de Tel-Aviv.

Le Professeur referma son bras sur les épaules de son compagnon abasourdi.

— Votre bombe, mon frère, causera la perte non pas d'un seul, mais de deux de nos ennemis.

Jim Duffy observait les visages de ceux qui attendaient, comme lui, le président. Pas un sourire. Pas un murmure. Quand une crise en arrive à réduire au silence une salle entière de carriéristes de la capitale à l'ambition mâtinée d'esbroufe, c'est que l'heure est grave.

Le président avait été bouleversé, jusqu'au malaise

physique, en voyant les cadavres des soldats américains exhibés dans les rues de Mogadiscio. C'étaient ses hommes, même si l'opération qui les avait amenés là avait été décidée par son prédécesseur. Il avait tergiversé pendant des mois avant d'engager les troupes américaines en Bosnie et encore ne l'avait-il fait qu'une fois acquis le soutien de leurs alliés de l'OTAN.

Et voilà qu'il s'apprêtait à envoyer des soldats à la mort dans l'exécution d'une opération décidée de sa propre initiative, sans l'aval de l'ONU, sans la bénédiction et même à l'insu de ses alliés. Cela représentait une terrible responsabilité, mais, philosophait Duffy, n'est-ce pas dans ce but que sont élus les présidents ? Quand on veut être le premier, il faut savoir se comporter en chef dans les moments difficiles.

Un agent des services secrets ouvrit la porte de l'extérieur et le président fit son entrée. Dérogeant à l'habitude, il alla s'asseoir directement à sa place, sans accomplir son tour de table pour saluer chacun personnellement. Il posa son regard sur le général Taylor, le chef d'état-major des armées. Pas une once de gaieté sur son visage ordinairement enjoué. Ses traits demeuraient figés en une expression aussi sérieuse et attristée qu'aux heures les plus sombres de sa présidence.

— Général, dit-il. Nous vous écoutons.

Taylor se leva.

— Nous avons préparé trois exposés, monsieur. Dans un premier temps, le G2, l'officier de renseignements du Central Command, va vous commenter les aspects communs aux deux options, conventionnelle et opérations spéciales. Ensuite, le brigadier général Jack Blum, commandant en second de la 82e aéroportée, vous présentera les modalités d'une intervention par les moyens conventionnels et, enfin, le colonel Charlie Crowley de la Force Delta vous décrira la solution que proposent les opérations spéciales.

Duffy regardait attentivement le major général qui se dirigeait vers l'extrémité de la table et disposait deux clichés sur le pupitre dressé à cet effet. Le premier montrait un agrandissement de la photo satellite de l'environnement extérieur de l'installation nucléaire secrète des Iraniens, l'autre une carte de la région avoisinante.

— Monsieur le Président, voyons d'abord l'aviation iranienne. Ils ont quatre bases relativement proches, en temps de vol, de notre zone d'assaut, Yazd, Kerman, Zahedan et une près de leur grande raffinerie de Bandar Abbas sur le golfe Persique. Ils possèdent en tout cent trente-cinq avions de combat. Ils ne constituent pas, à notre avis, une menace très importante. La majorité de leurs avions sont des appareils de fabrication américaine datant de plus de vingt ans et ne comportent aucun équipement électronique moderne de visée et d'armement, ni dispositifs radar et antiradar. En outre, ils n'ont plus de pièces de rechange depuis vingt ans. Ils ont d'excellents pilotes, mais sous-entraînés. Ils détiennent aussi quelques avions soviétiques que leur avait aimablement envoyés Saddam Hussein pendant la guerre du Golfe, si vous vous souvenez. Nous envisageons de mettre leur piste hors d'usage au moment de lancer notre attaque, mais, comme ce sont des aviateurs courageux et déterminés, il n'est pas impossible que certains d'entre eux parviennent à prendre l'air.

Il se pencha vers la tache bleue de la mer d'Oman qui s'étalait au bas de sa carte.

— Pour assurer la couverture aérienne de l'opération, nous proposons de stationner le *Washington* et le *Nimitz* ici. Ainsi, nous disposerons de cent vingt appareils de combat pour protéger les porte-avions et survoler la zone d'opérations. Nous positionnerons également en alerte deux Awacs de la base turque d'Incirlik pour repérer les chasseurs qui décolleraient éventuellement dès leur envol et guider nos avions vers eux.

Notre préoccupation la plus sérieuse au cours de l'opération consistera à protéger nos porte-avions. Ainsi, nous pourrons assurer une couverture aérienne efficace aux troupes en action sur le terrain. Des questions ?

— Non, continuez.

— Bon. La situation militaire sur le terrain. Nous estimons à soixante-quinze, au plus une centainc, le nombre de *pasdaran* qui vivent sur place. Ils ont deux canons de 105 au barrage situé sur la route d'accès au site et trois batteries antiaériennes disposées en arc de cercle aux abords de l'entrée. La base de l'armée régulière la plus proche se trouve à Bandar Abbas, à trois cent cinquante kilomètres de là.

— Ont-ils des hélicoptères qui leur permettraient de transporter des troupes sur la zone d'assaut ? s'enquit le président.

Pour un type qui n'avait jamais porté d'uniforme, il savait poser les bonnes questions, s'étonna Duffy.

— Non, répondit le G2. Ils nous ont acheté cinquante Bell 214 à l'époque où le Shah dirigeait le pays. Et ça fait vingt ans qu'ils n'arrivent pas à obtenir de pièces de rechange. Nous en concluons que la moitié au moins de ces appareils sont aujourd'hui hors d'état de voler. Ils ont aussi une flotte de Boeing 707 qu'ils ont transformés en transport de troupe en 1992-1993, mais, face à nos bombardiers, ils ont pris des allures de cercueils volants. Pour amener des renforts par terre, il leur faudrait à notre avis quarante-huit heures à cause du relief et du mauvais état des routes.

Le général effeuillait les documents qu'il tenait à la main. À l'entendre, ça a l'air trop facile, se disait Duffy. C'est maintenant qu'il va nous donner à entrevoir le revers de la médaille.

— Ce que nous craignons, monsieur le Président, c'est qu'ils ne choisissent de faire appel à des renforts autres que militaires. Tous les mollahs de Zabol vont sortir dans la rue en hurlant que le Grand Satan a lancé ses diables contre eux et rameuter des volontaires. Les gardiens de la révolution ont prévu, dans les moindres villages d'Iran, des planques dans lesquelles ils entassent des AK47, des grenades à main et des mortiers légers. Ils les distribueront à tous les volontaires de quinze à dix-sept ans qu'ils pourront trouver. La plupart d'entre eux seront massacrés par nos troupes, mais quelques-uns arriveront à se faufiler. Et alors ils peuvent présenter une menace pour le terrain d'aviation de Zabol dont nous devrons prendre le contrôle afin d'assurer l'évacuation de nos hommes. Le général Blum en parlera dans sa présentation.

Un autre général, le commandant en second de la 82e unité aéroportée, s'avança, les jambes de pantalon rentrées dans des bottes de cavalier tellement luisantes de cire que, de l'avis de Duffy, il n'avait plus besoin de miroir pour se raser.

— Monsieur le Président, entonna-t-il d'une voix de stentor à briser les vitres à trois mètres, l'opération que nous vous proposons comportera trois phases. Primo, nous déposons un bataillon renforcé de la 82e unité sur le site de l'objectif qui nous est assigné.

— Combien d'hommes cela représente-t-il ? demanda le président.

— Sans compter les administratifs et les auxiliaires, cinq cents, monsieur. Six compagnies de fusiliers et une compagnie antichar. Au cours de la phase deux, qui débutera en même temps que la phase un, nous larguerons quatre compagnies de rangers sur l'aérodrome de Zabol. Leur mission consistera à dégager un périmètre de sécurité autour du terrain d'aviation. Cela fait, nous enverrons une escadrille de C17 chargés de véhicules blindés. Pendant la phase trois, ces véhicules, encadrés par les rangers, se porteront sur les lieux de l'attaque, embarqueront les trois engins nucléaires qui auront été récupérés, nos soldats de la 82e et tous les morts ou blessés, et les ramèneront à l'aérodrome de Zabol pour être évacués par voie aérienne.

— Cela signifie, remarqua le président, que vous devrez laisser sur place vos camions et une bonne partie de votre matériel, que les Iraniens pourront exhiber devant les caméras de télévision de la presse mondiale après votre départ.

— Monsieur le président. C'était le ministre de la Défense qui intervenait. Le chef d'état-major des armées et lui avaient naturellement eu la primeur de ces exposés au Pentagone. C'est, par nature, une opération lourde. Si nous envoyons nos gars là-bas, c'est pour faire des dégâts. Elle provoquera sans doute un tollé politique, mais le monde saura que, quand des pays tels que l'Iran commencent à s'offrir des armes de destruction massive, une limite est franchie qui n'est pas acceptable. Du point de vue militaire, le risque d'échec est quasi inexistant.

— D'où opéreront les avions ?

— Là réside une des raisons pour lesquelles nous vous conseillons fortement d'adopter cette solution, reprit le commandant de la 82e unité. Grâce au ravitaillement en vol, ils peuvent intervenir en partant des bases situées sur le continent américain. Ce qui veut dire que nous n'aurons pas besoin de supplier nos alliés réticents de nous accorder le droit de passage sur leur sol.

— Bien, bien, dit le président. Voyons maintenant ce que les opérations spéciales ont à nous proposer.

Duffy observait le colonel Crowley alors qu'il s'approchait à son tour du pupitre. Il avait l'impression de l'avoir déjà vu quelque part. S'étaient-ils rencontrés précédemment ? En Afghanistan, peut-être.

— Monsieur le Président, demanda Crowley après s'être présenté. Puis-je poser une question à vos officiers de renseignements avant de commencer mon exposé.

— Je vous en prie.

— Comment pouvons-nous êtres sûrs à cent pour cent que les trois engins nucléaires se trouvent dans l'installation iranienne que nous allons attaquer ?

Le président regarda le directeur de la CIA, qui se tourna vers Duffy. Celui-ci rapporta patiemment toute l'histoire des krytrons et des messages interceptés par la NSA.

— Les krytrons que nous avons truffés d'émetteurs y sont forcément et il y en a toujours un qui envoie son signal toutes les heures. Les satellites ne peuvent le capter parce que les krytrons sont sous terre. Mais qu'ils sortent et nous les entendrons aussitôt. Or là où ils sont, nous trouverons les trois engins nucléaires, obligatoirement.

— Je veux bien admettre que les krytrons s'y trouvent, acquiesça Crowley. Mais les noyaux de plutonium ? Y a-t-il quelqu'un, un agent de renseignements, qui soit allé là-bas et qui les ait vus ?

Le rire que Duffy voulait lui offrir en guise de réponse résonna plutôt comme un grondement de colère.

— Vous n'êtes certainement pas assez naïf pour imaginer que la CIA a des agents, des espions, dans les institutions iraniennes.

— Je préférerais le croire si je dois envoyer mes hommes au casse-pipe.

— Eh bien, nous n'en avons pas. Mais je vais vous dire. J'ai la certitude absolue que ces engins sont gardés dans cette installation. Si cela peut vous convaincre, je suis prêt à y aller avec vos hommes.

Crowley dévisageait Duffy.

— Ne nous sommes-nous pas déjà rencontrés quelque part ?

— En Afghanistan peut-être.

— C'est ça. La lumière se fit dans l'esprit de Crowley. Vous êtes le patron de la CIA qui s'est lancé dans l'action au côté de ses moudjahidin malgré les ordres de Casey. Le genre qui me plaît. OK. Je vous crois. Je vous invite à venir nous prêter main-forte.

Crowley disposa sur le pupitre une affiche cartonnée énumérant les cinq préceptes gouvernant les opérations de la Force Delta.

— Observation, énonça-t-il. Vos images satellite sont très jolies, mais je veux que mes hommes observent l'objectif lui-même. À la Force Delta, nous ne nous fions à personne qu'à nous-mêmes.

— Et comment comptez-vous vous y prendre ? s'informa le président, incrédule.

— Demain soir, si vous nous donnez le feu vert, deux de mes gars sauteront d'un avions à trente-cinq mille pieds quelque part à soixante-dix kilomètres environ au sud-ouest de Zabol. Le parachutage s'effectuera à la faveur de la nuit et en se dirigeant par GPS, le système de positionnement par satellite, ils iront atterrir ici. Crowley indiquait un point sur la carte. À sept kilomètres de la barre rocheuse située en face de l'entrée du laboratoire des Iraniens.

« Là, ils se creuseront des terriers, dont ils garniront les parois de feuilles de plastique et qu'ils dissimuleront sous un toit de feuillages et d'herbes ou de matériels de camouflage puisés dans leur équipement. Ils vivront là, sans en sortir, pendant deux semaines. Ils y mangeront, dormiront, urineront, déféqueront, sans bouger, pour observer à l'aide de télescopes et de jumelles de vision nocturne Anvis les moindres faits et gestes des Iraniens aux abords de leur laboratoire. Ils nous communiqueront par radio les résultats de leur surveillance deux fois par jour.

— Seigneur ! s'exclama le président, visiblement impressionné. Vous avez des gens qui pourraient faire ça ?

— Monsieur, répondit Crowley non sans une certaine fierté, les membres de la Force Delta ne sont appelés à faire en mission que ce qu'ils ont déjà accompli à l'entraînement.

— Mon Dieu ! renchérit la Secrétaire d'État, tout aussi admirative. Et quel genre d'homme serait capable d'un tel exploit ?

— Une paire de zèbres géniaux, madame. Payés avec un lance-pierres.

Crowley reporta son attention sur sa pancarte.

— Répétition. J'ai une équipe au centre d'essai de Las Vegas dans le Nevada prête à nous installer des imitations parfaites des deux bâtiments qu'on aperçoit sur la photo satellite. Copie conforme, jusqu'au bouton de porte si possible. Alors mon groupe d'assaut pourra répéter, répéter et répéter encore. C'est la condition *sine qua non*.

Ses yeux revenaient toujours à son diagramme, comme vers une bouée de sauvetage à laquelle se raccrocher, un soutien rassurant au moment où il délivrait le briefing le plus intimidant de sa carrière.

— Infiltration, lut-il. Nous nous rendrons sur place à bord de notre nouvel avions de combat convertible V22. Cet avion-là vole à cinq cents kilomètres/heure comme un appareil ordinaire, en transportant un groupe d'assaut de vingt-cinq hommes. Et quand il arrive au-dessus de l'objectif, il oriente ses ailes vers le haut, il réduit sa vitesse et il se pose à la verticale, comme un hélicoptère.

Le président découvrait les possibilités extraordinaires du V22.

— Et d'où décolleront-ils ?

— Je crois, monsieur, que nous devrons demander aux Turcs l'autorisation d'utiliser leur base d'Incirlik pour les héberger, ainsi que les deux autres avions dont nous aurons besoin pour appuyer notre action au moment de l'attaque.

L'image de Belinda Flynn confessant à ses frères en toxicomanie les tortures de son âme prisonnière de l'héroïne dans la crypte d'une église londonienne s'imposa tout à coup à l'esprit de Duffy. Il comprenait soudain la raison pour laquellc personne ici n'accepterait jamais de faire pression sur le gouvernement turc afin de l'inciter à fermer les laboratoires d'héroïne d'Istanbul.

— Le premier avion qui se pointera sur les lieux, continuait Crowley, sera notre avion de reconnaissance furtif absolument indécelable, le Dark Star. Il balaie la zone avec ses caméras infra-rouges et ses capteurs ultrasensibles. Il discerne tout, les bonshommes, l'emplacement des pièces d'artillerie, les véhicules en mouvement, les ouvrages, et il projette les images en temps réel sur les écrans des V22 qui le suivent. Ainsi, les hommes du groupe d'assaut savent exactement à l'avance ce qui les attend au moment où ils toucheront terre.

« Ces images seront reçues également par deux avions mitrailleurs AC130 équipés de Gatling et de canons de 20 mm, qui commenceront par neutraliser les trois batteries antiaériennes et le barrage fermant la route d'accès au site. Puis ils pilonneront systématiquement la zone.

— Tout ça à la fois ? Vous êtes sûr ? s'inquiéta le président.

— Monsieur, ces types-là sont tellement précis qu'ils pourraient vous coller une balle dans la poche. Quand ils seront passés, il ne restera plus un *pasdaran* pour se demander s'il a encore la tête sur les épaules. Bonne chose de faite, parce que ensuite... Son doigt se planta sur le troisième précepte de son affiche. Exécution. C'est là que nous entrons en scène. Comme nous opérerons dans un environnement peu sûr, nous devrons assurer nous-mêmes notre sécurité. Nous appliquerons la technique du *doughnut*, le principe du beignet américain.

Une expression de perplexité éberluée se peignit sur les visages des civils présents dans la salle.

— Nous enverrons deux sections de rangers aguerris et baraqués, cinquante hommes en tout, nettoyer le périmètre entourant l'objectif, déblayer ce qu'il restera du barrage routier et fermer tous les accès au site. Le beignet en anneau autour du trou central, comme nos doughnuts, quoi.

« Au centre, donc, nous aurons trois pelotons de dix hommes des groupes de choc de la Force Delta, un pour chacun des deux bâtiments qui ressemblent à des casernes, et le troisième qui se chargera d'ouvrir à l'explosif les portes de leur installation et de foncer à l'intérieur récupérer les trois bombes.

Un silence stupéfait plana un instant, bientôt rompu par l'exclamation de Mme le ministre :

— Trente hommes seulement ! Mais vous allez être débordés par le nombre, à un contre trois.

— Madame. On ne percevait dans le ton de Crowley ni agressivité ni assurance brutale, que la tranquille assertion du fait constaté. Vous n'imaginez pas la vitesse à laquelle les hommes de la Force Delta anéantiront tout ce qui bouge. Ce sont des tireurs d'élite, les meilleurs, point barre, et, pour tuer, ils n'ont pas leur pareil. Psychologiquement et physiologiquement, ce sont des machines à tuer. Personne ne sortira vivant de cette installation.

Le directeur de la CIA secoua la tête, non pour marquer un quelconque désaccord, mais parce qu'il apercevait l'énormité de ce qu'impliquaient les paroles du colonel.

— Cela veut dire que l'Iran perdra d'un coup toutes les ressources humaines et intellectuelles qui lui permettent de développer son programme nucléaire. Ils mettront une génération à s'en remettre.

Crowley approuva.

— Nous emporterons une caméra de télévision digitale pour vous envoyer les images des engins que nous trouverons. Comme ça, les spécialistes pourront les examiner et s'assurer que nous rapportons bien les bibelots que vous attendez.

— Nous nous tiendrons prêts pour la vérification, promit M. Stein. Nous vous donnerons également des containers garnis de cuivre pour y enfermer lcs noyaux de plutonium et vous protéger des radiations.

— Très bien. Le colonel Crowley abordait la dernière étape. Repli, dit-il. Nos V22 nous attendront là où ils nous auront déposés. Nos trois groupes d'assaut les regagneront avec les bombes nucléaires, les rangers abandonneront leurs positions et nous quitterons les lieux.

Le président opinait, muet d'étonnement. À la façon dont le colonel le racontait, cela paraissait si simple, si facile. Était-ce vraiment si aisément réalisable ? Il demanda :

— Combien de temps cela prendra-t-il ?

— Trente minutes entre le moment où les ACI130 ouvriront le feu et le décollage pour évacuation, monsieur.

— Trente minutes !

Le président n'en croyait manifestement pas ses oreilles.

— Monsieur le Président, il s'agit là d'une opération chirurgicale. Une opération chirurgicale qui dure plus d'une demi-heure est vouée à l'échec.

— Les pertes en hommes ?

— Très lourdes chez les Iraniens, monsieur. Comme je vous l'ai dit, nos gars de la Force Delta sont des tireurs redoutables. Surtout, ils savent choisir leur cible avec une extrême précision. Quand ils investissent un bâtiment, ils font très vite le tri. Rapidité, discrétion, effet de surprise, si nous parvenons à réunir ces trois éléments comme nous le souhaitons, nous réduirons au minimum le nombre de nos victimes.

Nous pourrons même veiller à vous ramener M. Duffy sain et sauf.

Le président considérait la table d'un air sombre. Il prie, se dit Duffy. Il prie pour ceux qui perdront la vie dans l'opération. Ma foi, je pourrais peut-être en faire autant.

Le président releva la tête et regarda Crowley. Il parla d'une voix un peu vacillante.

— Selon vous, quelles sont les chances de succès de l'intervention que vous venez de nous décrire ?

— Cent pour cent, monsieur. Sinon, je n'y enverrais pas mes hommes.

Le président exhala un soupir et se redressa, quelque peu conforté dans sa décision par l'assurance de Crowley.

— Bien. C'est la bonne solution. L'intervention sera exécutée par les opérations spéciales aussi tôt que possible, mais sans précipitation pour être sûr que tout se passera bien.

Pour la première fois depuis qu'il avait entamé sa présentation, le colonel laissa poindre une amorce de sourire sur son visage réfléchi.

— Évidemment, monsieur, observa-t-il à l'adresse du président, on n'est jamais à l'abri du vieux dicton militaire allemand, qui date des guerres napoléoniennes, et qui dit : « Ça ne sert à rien d'être les meilleurs quand l'ange a décidé de pisser sur les mèches des mousquets. »

— Eh bien, colonel, lui rétorqua le président, nullement amusé, vous avez intérêt à mettre les anges de votre côté.

C'était le moment qu'attendaient les trois jeunes gens, vers lequel tendaient tous leurs efforts depuis des semaines, des mois, des années, le moment où l'un d'eux serait choisi pour aller à la mort. Ils avaient moins de vingt et un ans. L'un d'eux était vierge. Aucun n'avait encore entrevu les promesses de son existence. Pourtant, dans quelques secondes, le cheikh assis en face d'eux désignerait celui qui sacrifierait les lumineux espoirs de sa vie pour devenir un martyr de l'islam.

Autour de la petite mosquée qui jouxtait la grotte des Martyrs, un vent glacial balayait la campagne libanaise dans un concert de plaintes assez lugubres pour accompagner la cérémonie en préparation. Imad Mugniyeh se tenait en retrait. Placé de biais par rapport au trio de garçons, il observait l'élu et attendait de voir sa réaction. Mugniyeh était seul à savoir que, quand ce jeune homme partirait plus tard pour Tel-Aviv dans la voiture volée, il mourrait de toute façon, même s'il changeait d'avis à la dernière minute. Un pisteur qui le suivrait à son insu, armé lui aussi d'un détonateur, y veillerait.

— C'est en acceptant les vertus du martyre que nous, les faibles, les opprimés, semons la crainte et la frayeur dans le cœur de nos oppresseurs, disait le cheikh en conclusion à sa harangue. Le Coran nous enseigne que ceux qui subissent la tyrannie sont autorisés à se défendre. Aucun peuple n'a davantage souffert de la tyrannie que nos frères de Palestine dont nous allons venger les souffrances.

Il se leva. Il tenait à la main un bandeau vert élastique sur lequel étaient inscrites en caractères arabes blancs les paroles de l'ayatollah Khomeiny : « Le martyre est l'essence de l'histoire. » Il s'avança vers le jeune homme placé à gauche de la ligne qu'il formait avec ses camarades. Sans un mot, il lui posa le bandeau sur la tête de façon à lui en ceindre le front.

Le jeune homme demeura silencieux, mais Mugniyeh vit un bonheur éthéré illuminer ses traits.

— Lève-toi, valeureux guerrier de l'islam, ordonna le cheikh.

Puis il l'embrassa, imité par les deux autres garçons qui, à leur grand regret, n'avaient pas été choisis. Mugniyeh fut le dernier à l'étreindre avec ferveur.

— *Mabruk*, félicitations !

— J'attends ce moment depuis que j'ai treize ans, répondit le jeune homme.

Il s'appelait Saad el-Emawi et il ne se vantait pas en disant cela. Comme beaucoup de candidats au martyre, il était orphelin et la doctrine de l'islam militant avait remplacé dans son âme d'enfant les conseils d'un père. Son père était garde du corps du secrétaire général du Hezbollah, Cheik Abbas Mussawi. Il avait trouvé la mort en même temps que lui lors de l'attaque d'un hélicoptère israélien en février 1992. La mère de Saad avait été victime d'un arrêt cardiaque en apprenant la nouvelle.

Emawi s'était jeté sur le corps déchiqueté et ensanglanté de son père en jurant qu'il le vengerait. À dater de ce jour, sa vie s'était resserrée autour de deux centres de gravité, la mosquée de son village du Sud-Liban, où il s'imprégnait de la doctrine de l'islam radical prêchée par le cheikh local, et sa grand-mère, qui lui inculquait à la force de sa persévérance un savoir qu'il absorbait avec réticence. Elle lui avait même appris le français en prévision de l'avenir brillant qu'elle imaginait pour lui en Europe.

Il était tellement dévoué à la cause de l'islam tel qu'on le lui avait enseigné dans son village qu'il avait décidé de rester vierge, pour réserver les élans de son jeune corps fougueux aux soixante-douze épouses qui l'accueilleraient aux portes du paradis le jour de son martyre.

Le cheikh qui présidait la cérémonie le prit par la main.

— Viens, mon courageux guerrier, lui dit Mugniyeh en le conduisant dans la prairie qui s'étendait derrière la mosquée.

Dans un carré de verdure, une fosse d'un mètre vingt de profondeur avait été creusée récemment. Une planche de bois brut gisait en bordure.

Emawi reçut l'ordre de s'allonger sur la planche et de croiser les mains sur la poitrine. Comme le cheikh entonnait les versets du Coran pour les morts, on le descendit dans la tombe qu'on referma avec une autre planche de bois. Ainsi plongé dans les ténèbres, dans la froide étreinte de la terre humide, il devait éprouver les premiers frôlements de sa mort à venir. Il frissonnait, les psalmodies du cheikh s'éteignirent peu à peu, il voyait devant lui le corps fracassé de son père. Tandis qu'il se laissait envahir par la sérénité des justes, une autre image vint attiser l'ardeur de sa jeunesse, celle du cortège mouvant des soixante-douze fiancées qui l'attendraient au seuil de la mort.

Au bout de vingt minutes, on vint le ressortir. Il avait subi avec succès la dernière épreuve rituelle des candidats au martyre.

Il fut ramené triomphalement dans la cour de la mosquée où l'attendait un barbier. Ce dernier lui coupa les cheveux, lui rasa la barbe. Ses mèches furent soigneusement recueillies dans trois sachets destinés à ses trois sœurs.

On les leur offrirait vingt-quatre heures après sa mort, au cours d'une joyeuse cérémonie organisée pour célébrer son martyre. Ses amis apporteraient des friandises à ses sœurs et les féliciteraient de la mort de leur frère. Un représentant du Hezbollah leur annoncerait les pensions qui leur seraient versées jusqu'à la fin de leur vie en remerciement du sacrifice consenti par leur frère. Emawi se saisit d'un stylo et écrivit en belles lettres arabes la missive qui leur serait remise en même temps que ses mèches de cheveux.

« Puisse ma mort au nom de la guerre sainte constituer un acte de purification pour moi, pour vous, et servir la mémoire de nos parents bien-aimés... »

Un photographe prit de lui un portrait souriant à apposer sur le faux passeport français. Puis un cheikh lui donna les vêtements qu'il porterait lors de son expédition à Tel-Aviv : un pantalon de cuir noir étroit, des baskets Adidas, un pull à col roulé bleu et une veste de daim provenant d'une boutique parisienne. Ainsi accoutré, il aurait l'air d'un jeune Français enthousiasmé par son premier voyage en Terre sainte.

Ces préparatifs achevés, le cheikh présenta un Coran à Emawi. Il y posa les lèvres. Le cheikh le brandit alors au-dessus de sa tête. Emawi fit trois pas sous le livre saint en signe d'adieu et s'éloigna vers la voiture qui allait l'emmener vers la première escale de son dernier voyage, une maison de Nablus où il attendrait la livraison de la bombe qu'il emporterait à Tel-Aviv.

Mugniyeh le regarda partir. Lui aussi, il s'apprêtait à partir en voyage. Pour Zabol, où le Professeur avait convoqué une réunion du Comité des opérations secrètes afin de préparer la phase ultime de l'opération Khalid.

Les non-initiés auraient pu prendre les deux hommes de la Force Delta pour des figurants prêts à tourner une séquence de la Guerre des Étoiles. Ils avaient la tête enfouie sous un casque Gentex, une sorte de heaume en Kevlar avec son système de communication intégré comprenant écouteurs et micro. Un masque à oxygène était fixé au casque par des clips, bien ajusté sous les lunettes.

Ils portaient trois couches de sous-vêtements thermiques qui leur recouvraient la totalité du corps et se terminaient par un masque qui ne laisserait pas un centimètre de peau exposé à l'atmosphère quand ils seraient éjectés de l'avion à trente-cinq mille pieds d'altitude. L'ensemble disparaissait sous une combinaison de saut en Gore-Tex bien apprêtée. Tout le matériel qu'ils transportaient, depuis leur sac à dos jusqu'à la boussole qui tenait dans un emballage de la taille d'une boîte d'allumettes, en passant par les fusils collés à leur flanc gauche, était solidement amarré et étroitement rivé à leur corps. Le choc qu'ils encaisseraient en touchant le sol serait assez terrifiant pour assommer un bœuf.

Lc saut qu'ils s'apprêtaient à entreprendre représentait en effet l'exercice le plus difficile et le plus dangereux qui se puisse exécuter en parachute. Dix ans plus tôt, il n'aurait pas été envisageable. Ils avaient l'un et l'autre déjà effectué des dizaines de sauts analogues à l'entraînement, mais aucune répétition n'atténue le trac, la tension qui précède l'action réelle.

En collaboration avec les météorologistes de l'armée de l'air de la base de Dhahran en Arabie Saoudite et leurs experts de la Force Delta, ils avaient déterminé l'orientation et la force des vents dominants qu'ils rencontreraient sur leur trajet. À partir de ces calculs, ils avaient défini leur HARP, leur point de largage à haute altitude, c'est-à-dire le lieu exact au-dessus duquel ils sauteraient de l'avion pour profiter au maximum des courants aériens à l'œuvre dans les environs de leur cible.

En fait, ils devraient parcourir, en parachute, soixante-cinq kilomètres dans les airs pour atteindre leur objectif, une bande de terrain plat étirée au pied de la barre rocheuse située face à l'entrée de l'installation secrète de Zabol. Ils devraient viser juste pour avoir le temps d'escalader la montagne avant l'aube et de se blottir dans les terriers d'où ils pourraient observer les allées et venues des Iraniens.

Leur avion avait traversé la mer d'Oman avant de faire route au nord pour survoler le Pakistan à l'ouest de Karachi, puis l'Afghanistan. Là, le pilote n'aurait qu'une brève percée à faire dans l'espace aérien iranien, une incursion tellement rapide et limitée qu'aucun opérateur radar ne s'en apercevrait.

Une lumière rouge s'alluma au-dessus de la porte latérale. Un engagé tira le battant. Une bouffée d'air glacé s'engouffra. Une température de moins quarante degrés centigrades, qu'on entend sans émoi annoncée par le commandant de bord quand on voyage tranquillement sur une ligne commerciale, mais qui devient douloureusement réelle quand il faut s'y jeter.

Le premier s'approcha de l'ouverture et s'agrippa à l'encadrement. Je n'arrive pas y croire, se disait-il en contemplant l'obscurité opaque. Une sonnerie se déclencha. Il plongea dans le vide, à un angle de 45°.

Le choc se révéla brutal au contact de l'atmosphère. C'était toujours ainsi. Il planait à l'horizontale, à près de neuf cents kilomètres à l'heure. Grisant. L'air immobile avait la dureté d'un mur quand il l'avait heurté. Pourtant la gravité l'attirait vers le sol à une vitesse de cent quatre-vingts kilomètres à l'heure, celle d'un corps en chute libre. Prends appui sur l'air, se répétait-il, garde la bonne position pour ne pas te mettre à tournoyer comme une toupie.

Mais il n'était pas là pour renouveler l'expérience de la pomme de Newton. Il tira sur la poignée d'ouverture, ce qui lui valut une nouvelle secousse quand son parachute, en s'épanouissant, ralentit sa course.

Il souleva le couvercle de la boussole Silva attachée à sa ceinture, imprima à la voilure de son parachute l'inclinaison qui convenait et se mit à dériver vers l'objectif. Quelque part au-dessus de lui, son camarade effectuait les mêmes gestes.

À quinze mille pieds, l'air se réchauffant, il commença à se détendre et corrigea sa trajectoire d'après les indications de sa boussole. Déjà la terre se précipitait vers lui, pas vraiment un doux havre de paix, se dit-il en riant, mais, au moins, c'était le plancher des vaches.

Il atterrit en douceur et parvint, malgré le poids de

son équipement, à rester debout. Il ramassa son parachute et examina les alentours. Il vérifierait sa position par GPS, mais tout indiquait qu'il avait abouti tout près de l'emplacement choisi avant le décollage.

Il sortit de sa poche un petit criquet de métal, assez proche parent de celui dont s'étaient servis les hommes des 82e et 101e divisions aéroportées pour se repérer les uns les autres sur les plages de Normandie, la nuit du Débarquement.

Il le fit claquer. Un claquement analogue lui répondit sur sa droite. Les deux hommes marchèrent l'un vers l'autre, s'embrassèrent, enterrèrent leurs parachutes et se mirent en route dans le noir vers la barre rocheuse, qui dressait ses crénelures à moins de sept kilomètres de là.

L'aube les trouva confortablement pelotonnés au fond de leur trou de taupe, leur radio prête à émettre, les jumelles et les lunettes de vision nocturne braquées sur l'installation iranienne qui s'étalait devant eux. Ils avaient chacun un sniper belge FN30 et un .22 équipé d'un silencieux à portée de la main. Ils réservaient le pistolet aux éventuels bergers, moutons, chèvres, chats, chiens ou rats iraniens qui s'aviseraient de venir les rejoindre dans leur terrier. Ils n'avaient plus qu'à attendre que la vie reprenne dans le laboratoire au petit matin pour enregistrer les moindres gestes, mouvements ou manies des hommes qui en gardaient l'accès.

— Jimbo, au nom du ciel, arrêtez avec ça ! Vous n'avez rien à faire dans ce désert avec les gars de la Force Delta, plaidait Jack Lohnes.

Duffy, qui attaquait sa troisième tasse de café alors qu'il était à peine huit heures du matin, secoua la tête.

— Mais c'est impossible, Jack ! Si le colonel a accepté d'aller là-bas, c'est uniquement parce que je lui ai juré, en m'engageant personnellement, que les trois bombes nucléaires se trouvaient dans l'installation qu'ils vont investir.

— Jim, si le colonel Crowley y va avec ses hommes, c'est parce que le président leur en a donné l'ordre.

Le téléphone sonna, obligeant Lohnes à abandonner la partie. C'était le fonctionnaire qui recevait les images satellite du site iranien relayées à la salle de réunions de la CIA, à quelques pas de son bureau. L'Office national de reconnaissance de Chantilly les renvoyait à l'Agence et au quartier général de l'Ussocom, à Tampa, en Floride.

— Hé, lui signala-t-il, on dirait qu'ils tiennent un congrès. Vous devriez peut-être venir voir.

Lohnes et Duffy quittèrent à l'instant le bureau de la direction des opérations pour aller y regarder de plus près.

Le technicien leur expliqua :

— Depuis que je les observe, ils n'ont pas eu une seule visite et là, tout à coup, il est arrivé trois personnes en moins d'une heure. Et d'ailleurs, en voici une quatrième. Il désigna un véhicule genre Land Rover qui franchissait le barrage des *pasdaran*. Chantilly, pourrions-nous avoir un gros plan sur cette voiture ?

Duffy la vit s'immobiliser sur l'esplanade devant l'entrée de l'installation iranienne. Un comité d'accueil l'entoura aussitôt. Duffy plissa les yeux pour mieux observer l'homme qui en sortait. Le nouveau venu embrassa deux des hommes et adressa aux autres un salut fraternel à la mode islamique, en effleurant son front et sa poitrine de sa main.

— Ouais ! murmura Duffy dans un demi-soupir en suivant du regard la silhouette qui se dirigeait vers l'entrée. C'est mon vieux copain le Gucci Moudj, celui qui collecte l'impôt sur l'argent de la drogue. Il vient voir à quoi a servi tout le fric qu'il a extorqué.

— Les autres ont débarqué en Mercedes, précisa le technicien affecté à la console. Ils ont dû arriver par avion à l'aérodrome de Zabol.

— En provenance de Téhéran, compléta Lohnes. Ça m'a des allures de réunion au sommet. Faut-il en déduire qu'ils sont en avance sur leur emploi du temps ? Nous n'avons peut-être pas deux semaines devant nous, après tout.

Duffy gardait les yeux fixés sur son ami d'antan, l'ancien guerrier moudjahid. Les images du satellite étaient tellement nettes dans la vive lumière du jour finissant qu'il pouvait distinguer son ombre. Cela lui rappela un vœu en forme d'aphorisme persan que Djailani citait souvent : « Puisse ton ombre n'être jamais raccourcie. »

— Cela peut aussi vouloir dire le contraire, Jack. Ils ont peut-être des problèmes. Quel dommage que l'intervention n'ait pas lieu cette nuit ! Quand je pense à toutes les ombres qu'on aurait pu raccourcir.

— Les quoi ?

— Non, rien. Un vieil adage iranien.

Respect. Crainte. Vénération. Frayeur. Exaltation. Haine. Parvis Khanlari lisait tous ces sentiments à la fois sur les visages des membres du Comité des opérations secrètes penchés sur la première bombe enfin montée et armée. L'entreprise qui avait débuté par un rendez-vous nocturne dans les steppes du Kazakhstan arrivait à son terme. L'opération Khalid touchait à sa phase finale.

Khanlari n'avait pas l'intention de débiter un cours de physique nucléaire aux hommes qu'il avait devant lui. Aucun d'eux n'y aurait rien compris, de toute façon. Ce qu'ils avaient envie de savoir, c'était l'effet qu'ils pouvaient attendre de la bombe. Son fonctionnement leur importait peu.

La bombe reposait dans le container que Khanlari avait spécialement conçu pour elle. C'est dans ce container qu'elle serait transportée à Nablus sous la haute surveillance d'Imad Mugniyeh. Il ne resterait qu'à sceller le couvercle au moment de son départ. Khanlari leur montra rapidement l'antenne noire destinée à recevoir le signal radio qui déclencherait l'explosion, la pile qui déverserait son électricité dans le circuit d'amorçage, les boîtiers contenant les deux krytrons symétriques et le faisceau de fils reliant ces boîtiers aux quinze détonateurs de chaque hémisphère.

— Et là, elle est prête à marcher ? s'émerveillait un membre du Comité fasciné. Prête à exploser ?

— Dès qu'elle recevra le signal.

— Quelle puissance aura cette explosion ? s'informa Sadegh Izaddine, le mollah responsable de la *Gouroohe Zarbat*, la force de frappe, qui avait commandité l'assassinat de Tari Harmian à Londres parce que ce dernier avait osé mettre en doute la sagesse de l'opération Khalid.

— C'est impossible de le savoir avec exactitude, parce que nous n'avons pas pu, naturellement, les essayer. Mais, d'après mes calculs, la bombe devrait dégager une puissance de vingt-cinq à trente kilotonnes.

— Fort bien, commenta Izaddine, mais qu'est-ce que ça représente ?

— Une explosion d'une puissance bien supérieure à celle de la bombe de Nagasaki.

— Quel résultat sur Tel-Aviv ? insistait Izaddine.

— La ville ne sera pas balayée au sens propre, mais les effets seront terribles, dévastateurs. Pour les Israéliens, ce sera un deuxième holocauste.

Khanlari vit des sourires réjouis éclairer les visages de trois de ses auditeurs. Les autres demeuraient impassibles, figés, comme frappés de stupeur devant l'immensité du pouvoir qu'ils détenaient soudain.

Peut-être les Américains avaient-ils eu la même réaction en assistant à leur premier essai atomique dans le désert du Nevada.

— Combien de temps vous faut-il encore pour mettre au point les deux autres bombes ? demanda Ali Mohatarian, le président du Comité.

— Pour le faire bien, correctement, sans précipitation et sans prendre de risques, cinq jours par bombe, assura Khanlari.

— Nous devons laisser à ces brillants ingénieurs, qui ont prouvé leur dévouement à notre cause, tout le temps qu'ils jugent nécessaire, déclara le Professeur. Je vous ai invités pour que vous puissiez admirer le résultat de leurs travaux, mais surtout pour que nous décidions de ce que nous ferons des deux autres bombes quand elles seront terminées. Il baissa les yeux sur sa montre. Il est presque cinq heures. Je propose que nous allions dans mon bureau pour commencer à en parler.

— New York, proféra un membre du Comité en s'entassant avec les autres dans l'ascenseur. Ne pourrions-nous pas trouver un moyen d'en poser une à New York ?

Les membres du Comité des opérations secrètes venaient de s'installer autour de la table du Professeur lorsque sa montre, une Rollex GMT Master, indiqua dix-sept heures. La montre d'un homme aussi méticuleux que lui est, comme on peut s'y attendre, réglée à la seconde.

C'est donc précisément à cet instant que, deux étages plus bas, la puce d'arséniure de gallium dissimulée dans le krytron fixé sur l'hémisphère droit de la bombe toute neuve de Parvis Khanlari pour en commander l'amorçage émit, comme toutes les heures depuis trente-sept heures, son signal réglé sur

1,50012 gigahertz. Ce signal, tout comme les trente-six autres qui l'avaient précédé, resta confiné dans l'enceinte du laboratoire. Jamais ils ne débordaient vers l'extérieur pour tendre leurs tentacules électroniques vers le satellite chargé de les recevoir.

À cet instant, six émissions marginales s'échappèrent du krytron, tellement faibles que le plus sensible des appareils électroniques n'aurait pu les percevoir à quarante centimètres.

L'une de ces « bavures » emprunta une fréquence de 1,2001 gigahertz, d'une fraction plus longue que celle qu'avait choisie le professeur Khanlari pour programmer l'antenne noire de sa bombe.

Le krytron qui renfermait le petit émetteur de Eagle Eye se trouvait à exactement quinze centimètres de l'antenne. Le système radio qu'elle desservait reconnut le signal que sa programmation lui disait d'identifier.

Il ferma donc le commutateur électrique qui établit la connexion entre la pile annexée à la radio et les circuits d'amorçage de la bombe.

La pile déversa un courant de deux cent cinquante volts dans les krytrons. La charge ouvrit le circuit des krytrons qui projetèrent les quatre mille volts emmagasinés dans les condensateurs contre les trente détonateurs de la bombe en une impulsion carrée, propagée en un temps d'une brièveté inconcevable. Les trente détonateurs reçurent le courant exactement au même instant.

À cause de la forme en dôme de cuillère des charges explosives, les ondes de choc ricochèrent sous leurs coupoles au lieu de fuser vers l'extérieur, provoquant une implosion plutôt qu'une explosion. Elles allèrent percuter la bourre de béryllium enveloppé de tungstène avec une force aussi violente qu'instantanée, la comprimant de toute part comme une balle de caoutchouc sous la poigne d'un haltérophile. Dans le même temps, la pression gigantesque exercée par la conflagration avait liquéfié les cinq kilos de plutonium et libéré une nuée de neutrons.

Comme le plutonium approchait son degré de compression maximale, le troisième krytron déchargea à son tour ses quatre mille volts dans le canon à neutrons. Le noyau de tritium qu'il renfermait fondit aussitôt, dégageant une traînée de neutrons que le canon décocha au centre du noyau de plutonium.

Il en résulta une réaction en chaîne qui se déroula en moins d'un clin d'œil. Le vacarme de la première détonation n'avait pas atteint les tympans du technicien iranien le plus proche que c'était terminé.

M. Khanlari et ses ingénieurs avaient bien travaillé. Lorsque l'explosion atomique qui allait les tuer atteignit son point culminant, elle déployait une puissance de vingt-cinq kilotonnes. La bombe de Nagasaki paraissait bien faible à côté.

La première conséquence se traduisit par la diffusion de rayons radioactifs gamma, X et alpha, qui se répandirent à la vitesse de la lumière. L'éclair de l'explosion jaillit en même temps, cette vive clarté blafarde dont Robert Oppenheimer, le père de la bombe atomique, disait qu'elle était « plus brillante que mille soleils ». Suivit une déflagration de chaleur incandescente, tellement intense que les corps des ingénieurs, des techniciens, des *pasdaran*, des hommes réunis dans le bureau du Professeur ne furent pas déchiquetés, mais s'évaporèrent, réduits à d'infimes particules de chair, d'os et de sang qui se mêlèrent au métal des équipements du laboratoire désormais en fusion pour ne former qu'un même plasma de terre et de minéraux bouillonnant dans le cratère infernal qu'était devenu le laboratoire. Illustration exemplaire et terrifiante de la phrase de la Bible : « Tu es poussière et tu retourneras à la poussière. »

De l'autre côté de la vallée, les deux membres de la Force Delta sentirent la terre vibrer autour de leur tanière. En face d'eux, la montagne s'était mise à trembler. Zut, se dirent-ils, un tremblement de terre ! Les portes de métal qui fermaient le laboratoire volèrent en éclats, poussées par un tourbillon de feu qui se répandit sur l'esplanade. Les deux hommes comprirent aussitôt ce qui s'était passé. Leurs consignes prévoyaient cette éventualité. Ils avaient un plan pour « se carapater » : filer au nord, passer en Afghanistan et demander un hélicoptère pour les évacuer lorsqu'ils seraient hors d'atteinte des Iraniens. Dès le coucher du soleil, ils sortiraient de leur terrier et prendraient la poudre d'escampette.

À l'autre bout du monde, le technicien qui veillait, au siège de la CIA, à la réception des images satellite du site iranien comprit lui aussi.

— Seigneur ! s'étrangla-t-il. Ils ont une bombe qui a pété !

Aussitôt alertés, Jim Duffy et Jack Lohnes se ruèrent dans le couloir du septième étage et firent irruption dans la salle d'observation. Le manipulateur leur repassa la séquence, qu'ils regardèrent avec effroi.

— Est-ce qu'on peut mesurer par satellite la radioactivité dégagée par l'explosion ? demanda Lohnes.

— Et le président ? s'inquiéta Duffy. Il sait ?

Quelques minutes plus tard, le conseiller à la NSA débarquait au milieu d'une réunion que tenait le président avec ses ministres de la Défense et des Affaires étrangères pour discuter de l'aide financière à accorder à l'OTAN afin de moderniser l'aviation polonaise. Ils se précipitèrent tous les quatre dans la salle de crise de la Maison-Blanche pour visionner le film de l'explosion. Ils y revinrent à trois reprises, stupéfaits, épouvantés et soulagés à la fois.

— Où est le colonel Crowley ? finit par demander le président.

— Au centre d'essai de Las Vegas où il prépare

l'intervention avec ses hommes, l'informa le ministre de la Défense.

— Qu'on me l'appelle au téléphone. Colonel Crowley, dit-il quand il l'eut au bout du fil, nous annulons votre mission.

Il n'était pas besoin d'être diplômé en psychologie pour percevoir la déception du colonel quand il demanda pourquoi.

— Dieu nous a envoyé un ange pour pisser sur la mèche de leur mousquet, répondit le président.

À la suite de l'explosion de Zabol, le président prit trois décisions dans la journée. Les appareils de mesure sismique de la région avaient enregistré une secousse de 5,2 sur l'échelle de Richter. La zone étant connue pour être sujette aux tremblements de terre, le gouvernement de Téhéran préféra attribuer la trépidation constatée à un séisme naturel qui, s'étant heureusement produit dans une contrée relativement déserte, n'avait fait que peu de dégâts matériels et de victimes. La zone demeurait néanmoins interdite aux étrangers tant que les opérations de recherche et de sauvetage étaient en cours.

Personne ne saurait jamais en réalité ce qui avait provoqué l'explosion nucléaire. L'explication s'était perdue dans la déflagration. Pour cette raison, le président décida de ne pas contredire publiquement le gouvernement iranien. On envoya en secret des émissaires informer discrètement les dirigeants français, britanniques, allemands et israéliens de ce qui s'était réellement passé à Zabol, ou du moins de ce qu'en savaient les Américains.

Un autre émissaire alla trouver le prince régnant d'Arabie Saoudite pour lui demander de porter de la part du président des États-Unis un message verbal au président Khatemi. Il s'agissait d'expliquer au dirigeant iranien ce qui se tramait dans ce laboratoire souterrain, de lui transmettre les regrets personnels du président pour les pertes humaines et de lui dire son espoir que, fort de cette expérience, sachant quelles avaient été les intentions des religieux extrémistes de son pays, il serait désormais en mesure d'asseoir pleinement son autorité et de guider à la fois l'Iran et l'islam sur la voie de la justice, de la modération et de la sagesse qui avait toujours été la sienne.

Sa dernière décision concernait Jim Duffy.

— Je veux qu'on lui remette la médaille du mérite des services de renseignements, ordonna-t-il au directeur de l'Agence.

— Il en a déjà deux, monsieur.

— Eh bien, donnez-lui-en une troisième. Et puis vous allez lui confier de nouvelles fonctions. Je veux qu'il se charge de réorganiser les capacités d'action clandestine de l'Agence. Chaque fois que je vous demande d'aller me rendre un petit service en Irak, en Birmanie, à Beyrouth, en Iran, vous faites chou blanc ou vous m'expliquez que c'est impossible. Vous êtes devenus des tigres de papier. Il faut nous donner les moyens de mener avec succès des opérations occultes. C'est encore plus nécessaire dans ce monde détraqué que ça ne l'était du temps de la guerre froide. Cela demande de l'imagination, de la souplesse, une grande capacité d'improvisation. Vous direz à Duffy qu'il devra travailler en collaboration avec le Comité de surveillance du Congrès, mais que nous voulons des résultats.

En débouchant d'Eccleston Street dans Chester Square, Jim Duffy admira les belles façades blanches des maisons donnant sur les jardins. Il tenait à la main un bouquet de roses jaunes qu'il avait achetées en sortant de l'hôtel. Sans même s'en rendre compte, il se mit à fredonner l'air de *My Fair Lady* qu'il aimait tant,

« *On the street where she lives* ». Et, commenta-t-il pour lui-même, j'ai l'air aussi godiche que le personnage qui le chante. Comment s'appelait-il déjà ? Freddy Machintruc.

Deux semaines de vacances. En remerciement bien mérité de ses bons et loyaux services des derniers mois et à titre d'encouragement pour la nouvelle tâche qu'on lui avait assignée. À l'approche du numéro 5, il s'immobilisa, sidéré. La grille de fer forgé qui ornait l'entrée était barrée d'une pancarte « À vendre ».

Nancy vint lui ouvrir.

— Jim ! quelle bonne surprise ! Vos bons conseils me manquaient. Je comptais sur vous pour devenir mon gourou. Elles sont ravissantes ! s'exclama-t-elle en acceptant les fleurs qu'il lui tendait. Venez donc boire quelque chose là-haut. Ensuite, nous irons dîner.

Jim lui présenta ses excuses en même temps que son verre.

— Je suis désolé d'avoir disparu de la circulation sans vous prévenir. Pendant que j'étais dans le Nord, il s'est produit un événement qui m'a obligé à rentrer précipitamment à Washington. Cela fait partie des aléas de mon existence aventureuse.

— Ne vous en faites pas, le rassura Nancy en riant. Le mystère sied aux hommes.

Elle lui prit des mains le verre de sancerre qu'il venait de lui servir et le leva devant lui en déclarant :

— Bienvenue puisque vous voilà de retour. À propos de mystère, vous avez entendu parler de ce tremblement de terre en Iran ?

— J'ai lu quelque chose là-dessus dans la presse, oui.

— Certains journaux laissent entendre que ce n'était pas un simple tremblement de terre.

— Mais il ne faut pas croire tout ce que les journaux racontent, n'est-ce pas ?

— Surtout à Londres, admit-elle, amusée.

Duffy se dirigea vers la fenêtre et contempla les carrés de verdure des jardins de Chester Square. Une Anglaise, imposante et raide comme un chêne de la forêt de Sherwood, promenait son labrador dans les allées bien entretenues. C'était ici finalement qu'avait commencé la folle épopée qui venait de trouver son dénouement à Zabol. Il devait bien à Nancy quelques indications, au moins sur les aspects qui l'avaient directement touchée.

— Vous savez, Nancy, lui dit-il en se retournant vers elle, mieux vaut oublier les assassins de votre mari. Ils ont disparu. Personne ne retrouvera jamais leur trace.

Nancy lâcha un soupir plaintif.

— Oui, je me suis faite à cette idée.

— Ce que je peux vous dire en revanche, c'est que ceux qui les avaient envoyés sont morts. C'étaient des monstres abominables. Ils sont morts au moins en partie des suites d'une succession d'événements enclenchée par votre mari.

— Je vous remercie, Jim. Cela me console de le savoir. J'imagine que vous ne me direz pas comment vous le savez.

— Certes non. Pas ce soir en tout cas. Duffy avala d'un trait la moitié de son verre. Maintenant, parlez-moi de vous. Comment ça va ?

— Très bien depuis que j'ai décidé de suivre vos conseils.

— Ce qui signifie ?

— Vous connaissez l'Institut d'études stratégiques à Washington ?

— Bien sûr, comme tout le monde. Pourquoi ?

— J'ai appris qu'ils cherchaient un ethnologue. Spécialisé dans le domaine qui est le mien. J'ai donc envoyé mon curriculum vitae, et devinez quoi... je suis engagée.

— Ce qui explique la pancarte « À vendre » que j'ai vue en arrivant !

— Oui. Pauvre Terry. Son dernier cadeau. Le marché de l'immobilier est en plein boum ici. La maison vaut quatre fois le prix qu'il l'a achetée.

Duffy s'était assis sur le canapé près d'elle. Il s'était passé tant de choses en si peu de temps ! Quel tourbillon depuis ce matin d'hiver où Frank Williams avait surgi dans son allée pour l'arracher à ses bois du Maine !

— C'est une grande nouvelle. Vous savez, je ne suis pas de ceux qui croient que nos destinées sont inscrites dans le sable ou les constellations. Je crois que nous les bâtissons nous-mêmes. Curieusement, les trois, quatre derniers mois m'ont aidé à remettre ma vie d'aplomb. Au moment où la vôtre manquait être détruite. J'ai une dette envers vous. J'espère que, quand vous serez à Washington, vous me permettrez de vous aider à retrouver la sérénité qui m'habite à nouveau aujourd'hui.

— Oh, volontiers, Jim.

Quelques minutes plus tard, ils piaffaient sur le trottoir à la recherche d'un taxi.

— Où allons-nous ? demanda Nancy.

— J'ai réservé dans un restaurant qui s'appelle Daphné. C'est le grand rendez-vous à la mode.

Nancy laissa échapper un rire en cascade de gamine enjouée, une manifestation de gaieté réconfortante que Duffy ne lui avait encore jamais vue.

— Jim, vous êtes incroyable, dit-elle en lui serrant la main affectueusement. Vous débarquez à peine de l'avion et vous savez déjà quels sont les endroits chics du moment. Quand je serai à Washington, vous m'emmènerez dans vos repaires favoris ?

— Oh, ça oui, vous pouvez y compter.

— Promis ?

— Promis.

— Ah, Londres n'est vraiment plus ce qu'il était, déplora le vieux chauffeur de taxi qui vint se ranger le long du trottoir. Enfin, a-t-on jamais vu ça ! Deux grands adultes enlacés comme des tourtereaux dans une allée de Chester Square !

REMERCIEMENTS

Les lecteurs de ce livre se doutent que je n'aurais pu mener les recherches qu'il a nécessitées sans l'aide, les conseils, la sagacité et la science d'un grand nombre de personnalités spécialisées dans les divers domaines qui y sont évoqués. Il m'est hélas impossible de toutes les nommer, d'autant que certaines n'ont accepté de m'apporter leur contribution qu'à condition de garder l'anonymat. Il s'agit avant tout de ceux de mes amis qui ont travaillé ou travaillent pour la CIA ou les services de renseignements qui lui sont affiliés.

En ce qui concerne le trafic d'héroïne en provenance d'Afghanistan, j'ai une dette de reconnaissance envers Jim McGivney, de la Drug Enforcement Administration américaine, Phil Connolly, ancien directeur du Service des enquêtes sur l'héroïne des douanes britanniques, actuellement en mission auprès du Programme des Nations unies pour le Contrôle international des drogues basé à Vienne, M. Gilles Leclair, de l'Office français central de répression du trafic de stupéfiants, le colonel Moshe Roderick, chef de la police anti-drogue israélienne, et M. Ray Kendall, le très efficace secrétaire général d'Interpol à Lyon. Grâce à eux, j'ai pu bénéficier de la collaboration de leurs représentants de New York, Washington, Paris, Londres, Amsterdam, La Haye, Nicosie, Istanbul, Ankara, Islamabad, Tachkent et Almaty, au Kazakhstan.

Ma gratitude va aussi à Bobby Nieves, ancien chef des opérations internationales de la DEA, et à Arkadiusz Majsyk, justement surnommé « M. Magic », directeur régional du bureau d'Asie centrale du PNUCID à Tachkent, pour leur présentation avisée des situations auxquelles ils sont confrontés.

Le développement rapide du trafic de drogue international ne pose pas que des problèmes de police. La difficile réinsertion de ceux qui tentent d'échapper à l'esclavage de la drogue constitue un grave sujet de préoccupation que m'ont aidé à cerner, grâce à leur expérience, le Dr Richard Millman, directeur du Centre de désintoxication de l'hôpital de New York, et le Dr Brian Wells du Centre de recherche sur les drogues et les comportements sanitaires de Londres. Ils m'ont donné la possibilité de rencontrer des toxicomanes en cours de guérison qui m'ont amené à mieux comprendre l'angoisse et la souffrance dans lesquelles les avait plongés la drogue. Je dois beaucoup aussi à mon ami de toujours, Jim Burke, fondateur et longtemps directeur de l'Association pour une Amérique sans drogues (Partnership for a Drug Free America), et au zèle de ses associés.

Le trafic de drogue a cessé d'être un souci purement national pour prendre des dimensions planétaires, et son internationalisation sera certainement pour tous l'un des grands problèmes du prochain millénaire. J'ai été guidé dans mon étude de ses implications géopolitiques par Alain Labrousse et son entourage compétent de l'Observatoire politique de la drogue à Paris. Bill

Olsen, directeur de la commission du Sénat américain consacrée au contrôle international des drogues, m'a apporté dans ce domaine une aide précieuse, ainsi qu'un certain nombre des membres du Conseil national de sécurité des États-Unis, parmi lesquels Randy Beers, actuellement chargé du contrôle des stupéfiants au département d'État. Le président de la Colombie, Ernesto Samper, m'a invité dans son pays pour accompagner sur le terrain la police antidrogue qui s'efforce, dans des conditions difficiles et dangereuses, d'éradiquer le trafic qui sévit dans la partie colombienne du bassin amazonien.

Enfin, et cette tâche n'est pas la moindre, il faut arriver à contrôler le flot des gains du trafic de drogue qui sont injectés dans le système bancaire international légal. Tant que ne se manifestera pas au niveau international la volonté de mettre fin à l'existence de paradis du blanchiment de l'argent, tels que les îles Caïman, il sera difficile d'endiguer le trafic des stupéfiants. Rayburn Hess, expert en blanchiment d'argent auprès du département d'État américain, et Jack Blum, avocat à Washington, m'ont éclairé sur ces aspects.

J'ai pu initier mon esprit peu scientifique aux questions nucléaires abordées dans ce livre grâce à Frank Barnaby, autrefois l'un des grands concepteurs d'armes nucléaires du Royaume-Uni, au professeur J. H. de l'Imperial College de Londres, à David Kay, qui a présidé aux premières tentatives de l'ONU pour inspecter l'arsenal nucléaire de l'Irak après la guerre du Golfe, et à Paul Leventhal, le directeur très compétent et dévoué du Nuclear Control Institute de Washington.

Pour ce qui est de l'épineux problème du fondamentalisme islamique et de la menace qu'il représente — ou ne représente pas —, j'ai beaucoup appris des longues conversations que j'ai eues avec Mohammed Aït Ahmed, Fahmy Hovedi et Saad Eddin Ibrahim au

Caire, le Dr Khalid Duran du Centre national d'informatique stratégique (National Strategy Information Center) de Washington et le Dr Martin Kramer, professeur hors cadre de l'École d'études internationales de Georgetown.

Mes travaux personnels sur l'Afghanistan ont grandement bénéficié de l'excellent apport de Stefan Allix, brillant représentant d'une nouvelle génération de journalistes d'investigation français, et d'Anthony Fitzherbert, qui a collaboré au PNUCID en Afghanistan et participe maintenant au programme agricole de la CEE à Bishek, au Kirghizisthan. À l'ancien député Charley Wilson et à Jim Rooney, ancien béret vert qui l'a accompagné comme conseiller militaire dans ses nombreux voyages au Pakistan pour rencontrer les moudjahidin, merci pour les souvenirs enrichissants et souvent savoureux qu'ils m'ont fait partager.

Je ne suis pas allé en Iran car les mollahs ne m'aiment guère depuis un article que j'ai écrit pour *L'Express* sur les faux billets de cent dollars fabriqués par les Iraniens, mais j'ai pu me renseigner sur les événements récents survenus dans ce pays auprès d'Iraniens en exil. Sa Majesté Farah Diba Pahlevi m'a indiqué les pistes à suivre au début de mes recherches. J'ai pu rencontrer longuement, dans sa retraite près de Paris, Abol Hassan Bani Sadr, qui fut le premier chef du gouvernement de l'Iran révolutionnaire. J'ai été bien orienté et conseillé par des représentants du Drapeau de la Liberté de Manouchehr Ganji à Paris, les Moudjahidin du peuple en Allemagne et une organisation royaliste de Londres. Esham Naraghi, de l'UNESCO à Paris, lui-même auteur d'un récit passionnant, dans lequel il raconte les sages conseils restés sans suite qu'il a prodigués au Shah et son séjour dans les prisons des mollahs, m'a fait part de son point de vue avisé. Bernd Schmidbauer, conseiller des services de renseignements auprès du chancelier Helmut Kohl, qui a une grande expérience des relations avec le régime iranien, m'a accordé une interview instructive et approfondie. Uri Lubrani, le grand spécialiste israélien de l'Iran, m'a aussi été d'une grande aide. Deux des personnes concernées et l'une de celles qui ont été chargées d'enquêter sur l'achat par des Iraniens du petit aérodrome privé de Hartenholm, en Allemagne m'ont aidé à reconstituer les circonstances qui ont entouré cette opération. Ils ne souhaitent pas voir leur nom cité ici.

J'ai eu la chance de bénéficier des explications de spécialistes de certains domaines extrêmement pointus et complexes auxquels je me réfère dans ce livre. John Kuchjarski, le CEO, Deborah Lorenz, vice-présidente des communications, Paul Beech, directeur de la division des dispositifs électriques, et Ray Clancy, du Bureau des ventes de EG&G à Shannon, m'ont permis de comprendre le fonctionnement de ce petit appareil capital qu'on appelle krytron. Matthew Schorr de Eagle Eye Technologies m'a montré comment y cacher un mouchard.

John Coo, ex-commandant des opérations de la zone quatre de la Police métropolitaine de Londres, a retracé pour moi les étapes d'une enquête à Scotland Yard en cas de meurtre. Glenn Bangs, de l'US Parachute Association, m'a raconté les délices d'un saut à 35 000 pieds. Wayne Madsen m'a expliqué le processus compliqué de la surveillance des communications internationales. Un officier de l'armée américaine dont je dois taire le nom m'a décrit les modes opératoires de la Force Delta pendant un séjour à Sarajevo.

Je suis redevable à toutes ces personnes et aux nombreuses autres qui m'ont apporté leur aide et je tiens à préciser que les commentaires, conclusions et erreurs que peut contenir ce roman ne sont imputables qu'à moi-même.

Enfin, je dois remercier Nadia, mon épouse adorée, toujours présente à mes côtés pendant toutes les heures de labeur ponctuées de crises d'angoisse et d'assauts de mauvaise humeur qui sont les symptômes inévitables de toute œuvre de création.

TABLE

LIVRE UN : Cinq visiteurs en janvier ....
LIVRE DEUX : Nancy ....
LIVRE TROIS : Un pied au paradis ....
LIVRE QUATRE : La filière turque................
LIVRE CINQ : Rien ne va plus ....
LIVRE SIX : Le supplice de Belinda F.......
LIVRE SEPT : Le cheval de Troie de Menwith Hill...........................
LIVRE HUIT : La grotte des Martyrs..........
LIVRE NEUF : La bénédiction de l'ange.......

Achevé d'imprimer en août 2000
sur les presses de l'Imprimerie Bussière
à Saint-Amand (Cher)

POCKET - 12, avenue d'Italie - 75627 Paris Cedex 13
Tél. : 01-44-16-05-00

— N° d'imp. 1895. —
Dépôt légal : septembre 2000.

Imprimé en France